혼자서도 쉽게 배우는

자료
조직개론

제1권 이론편

혼자서도 쉽게 배우는 **자료조직개론**
제1권 〈이론편〉

초판 1쇄 발행 | 2019년 06월 05일
초판 2쇄 발행 | 2020년 03월 31일
초판 3쇄 발행 | 2021년 09월 08일
초판 4쇄 발행 | 2023년 12월 15일
초판 5쇄 발행 | 2025년 07월 25일

지은이 | 전창호
디자인 | 아르케
인 쇄 | 우일미디어디지텍

펴낸이 | 이우정
펴낸곳 | 책의학교
출판등록 | 2014년 9월 18일(등록번호 제 25100-2016-000017호)
주소 | 서울시 강서구 양천로 94, 2층 H24호
전화 | 070-7865-1919
전자우편 | humanlibrary@naver.com

ⓒ 전창호 2019
ISBN 979-11-961023-1-9 (03020)

* 책값은 뒤표지에 있습니다.
* 잘못된 책은 구입하신 곳에서 바꿔 드립니다.
* 이 책의 내용의 전부 또는 일부를 이용하려면 반드시 저작권자와 책의학교 양측의 동의를 받아야 합니다.

이 도서의 국립중앙도서관 출판예정도서목록(CIP)은 서지정보유통지원시스템 홈페이지 (http://seoji.nl.go.kr)와 국가자료종합목록시스템(http://www.nl.go.kr/kolisnet)에서 이용하실 수 있습니다. (CIP제어번호 : CIP2019018085)

(혼자서도 쉽게 배우는) 자료조직개론. 제1권 / 전창호 지음. — 서울 : 책의학교, 2019
p. ; cm

ISBN 979-11-961023-1-9 03020 : ₩22000

자료 조직론[資料組織論]
024-KDC6   CIP2019018085

혼자서도 쉽게 배우는

자료
조직개론

제1권 **이론편**

전창호 지음

책의학교

| 책머리에 |

　자료조직, 넓게는 문헌정보학 분야에는 이미 훌륭한 교재들이 단행본으로 다양하게 출간되어 있습니다. 그러나 이들의 대부분은 강의용 텍스트로 저술된 것이어서, 독학을 하거나 뒤늦게(?) 복습을 하고자 하는 분들의 요구를 충족시키기 어려웠습니다. 지금 이 서문을 읽고 계신 분은 아마도 "좀 더 쉬운 자료조직 개론서가 없을까" 하는 심정으로 자료를 찾다가 우연히 이 책을 발견한 독자일 듯합니다. 그렇다면 제대로 찾으신 게 맞습니다.

　미천한 현장 경력과 강의 경험을 바탕으로, 예비사서들에게 분류와 편목에 대한 '개념적 이해'를 돕기 위해 그간의 하찮은 강의 내용을 감히 단행본으로 엮어보았습니다. 이 책은 직무능력의 '상향평준화'에 일조하여 궁극적으로는 도서관 현장의 서비스 제고에 기여하는 데 본연의 목적을 두어, 주된 독자대상을 다음과 같은 세 가지 유형으로 상정하였습니다.

　첫째, 자료조직을 배운 후에 여러 가지 이유로 복습을 원하는 학생들입니다. 강의시간에 잘 이해했지만 시간이 흘러 자연스럽게(?) 전공지식을 잊어버린 학생들로서는 교재만으로 완벽하게 복습하기 힘든 형편입니다. 철저히 예비사서의 눈높이에 맞춘 이 책은 기존의 강의용 교재를 200% 활용할 수 있게 하는 유익한 자습서가 되어줄 것입니다.

　둘째, 사서 자격을 취득하고 도서관에서 일하게 되었지만 아직까지 정리업무에 자신이 없는 초보사서들입니다. 실무를 지향한 이 책은 초보사서가 붙잡을 수 있는 한 가닥 지푸라기가 되어줄 것입니다. 다만 우리나라에서 갓 일하게 된 사서가 곧바로 AACR과 MARC21, DDC나 LCC를 사용할 가능성은 현실적으로 1%도 미치지 못하는 점을 감안하여 공공도서관과 학교도서관에서 주로 사용하는 KCR, KORMARC, KDC만 집중적으로 다루었습니다.

　셋째, 사서직 임용시험을 준비하면서 자료조직개론 과목을 다시 공부하려는 수험생들입니다. 상당수 수험생이 단편적인 지식을 외우는 데에 치중하기 때문에 다른 과목보다 자료조직이 어렵다고들 말합니다. 애초 수험서의 목적이 아니어서 자료조직개론의 출제범위를 완벽히 커버할 수는 없겠지만, 개념원리의 이해를 통해 나무보다 숲을 볼 수 있는 통찰력을 길러줄 것입니다.

그 밖에도 고등학생, 자원봉사자, 출판인 등 문헌정보학을 배우지는 않았지만 사서가 어떤 일을 하는지, 정리업무는 어떻게 이루어지는지에 대해 평소 많은 관심을 가진 분들도 충분히 이 책의 독자가 될 수 있습니다. 비전공자들에게 내용이 다소 어려울 수 있더라도 자료조직이라는 아직 가보지 않은 세계를 어렴풋이나마 안내하는 일종의 여행가이드 역할을 하기에 부족함이 없을 것입니다.

이 책은 적어도 우리나라에서 유례가 없는 전혀 새로운 형태의 자료조직개론 학습서입니다. 간혹 뜬금없는 비유를 동원하거나 개념을 지나치게 단순화한 점에 대해 거슬릴 수도 있을 것입니다. 쉽게 설명하려는 데 따르는 부작용이라 할 것이므로 독자들께서는 이 책을 지식의 종착점으로 삼지 말고 장차 문헌정보학을 좀 더 깊게 공부하기 위한 입문서로 활용하기를 당부합니다.

또한 이 책은 어느덧 기성세대가 되어버린 한 사람의 선배로서 척박한 현실을 살아내는 후배들에게 좀 더 나은 환경을 물려주는 데 일조하지 못했음을 부끄럽게 여기는 마음에서 비롯된 결과물이기도 합니다. 어쭙잖은 이 단행본이 세상에 선보일 수 있게 된 것은 오롯이 은사님을 비롯한 선학들의 가르침 덕분이며, 출판을 강력히 권유하신 우리도서관재단 이우정 이사장님과 어설픈 원고를 번듯한 종이책으로 꾸며주신 출판관계자분들께 머리 숙여 감사드립니다.

차 례

| 책머리에 | iv

제1부 자료편목 이론 다지기

1장 목록의 기초 터잡기 ·· 2

1.1 자료조직이란 무엇인가 ··· 2
1.2 도서관에서 목록을 만드는 이유 ····································· 12
1.3 편목규칙과 ISBD ··· 18
1.4 서지기술이란 무엇이며 왜 필요한가 ································ 23

2장 목록의 요소 익히기 ·· 33

2.1 표목과 부출을 모르면 목록을 이해할 수 없다 ······················· 33
2.2 표목의 형식은 왜 중요한가 ··· 59
2.3 전거제어란 무엇이며 왜 필요한가 ·································· 70
2.4 주제편목과 주제명표목이란 무엇인가 ······························ 81

3장 목록의 역사 돌아보기 · 91

3.1 서양 목록과 편목규칙의 발달과정 · 91
3.2 우리나라 목록과 편목규칙의 발달과정 · 106

4장 목록의 공동이용 둘러보기 · 113

4.1 세계서지제어(UBC)란 무엇인가 · 113
4.2 출판예정도서목록(CIP)이란 무엇인가 · 118
4.3 국제표준도서번호(ISBN)란 무엇인가 · 120
4.4 종합목록이란 무엇인가 · 126

5장 현대의 목록 살펴보기 · 130

5.1 기계가독목록형식(MARC)이란 무엇인가 · 130
5.2 서지레코드의 기능상 요건(FRBR)이란 무엇인가 · 152
5.3 메타데이터란 무엇인가 : 더블린 코어와 MODS를 중심으로 · 174

제2부 자료분류 이론 다지기

1장 분류의 기초 터잡기 ··· 188

1.1 분류란 무엇인가 ··· 188
1.2 자료분류와 학문분류의 차이점은 무엇인가 ··············· 196
1.3 폭소노미란 무엇인가 ·· 199

2장 분류표 살펴보기 ··· 203

2.1 분류기호는 왜 사용하는가 ···································· 204
2.2 자료분류표는 어떻게 구성되어 있는가 ···················· 209
2.2 자료분류표는 어떤 유형이 있는가 ·························· 214

3장 분류업무 익히기 ··· 224

3.1 자료의 주제를 어떻게 분석할 것인가 ······················ 226
3.2 자료분류의 일반규정 이해하기 ······························ 235
3.3 자료분류의 특별규정 이해하기 ······························ 254
3.4 재분류란 무엇인가 ··· 267

4장 분류의 역사 돌아보기 ········· 270

4.1 서양 자료분류의 발달과정 ········· 270
4.2 동양 자료분류의 발달과정 ········· 292

5장 한국십진분류법 익히기 ········· 300

5.1 KDC의 본표와 보조표는 어떻게 사용하는가 ········· 300
5.2 분류기호는 어떻게 조합하는가 ········· 316
5.3 문학자료는 어떻게 분류하는가 ········· 335

6장 청구기호 익히기 ········· 351

6.1 별치기호란 무엇인가 ········· 354
6.2 도서기호란 무엇인가 ········· 359
6.3 저자명문자식기호법 : 엘러드 저자기호법, DDC 간략 저자기호법 ········· 367
6.4 열거식 저자명번호법 : 커터-샌본 저자기호표, 장일세 동양서저자기호표 ········· 372
6.5 분석합성식 저자명번호법 : LC커터기호표, 리재철 한글순도서기호법 ········· 379
6.6 도서기호의 중복은 어떻게 조정하는가 ········· 392
6.7 신규 도서관에서는 어떤 도서기호법을 사용할 것인가 ········· 401
6.8 자료는 어떤 방법으로 배가하는가 ········· 404

| 제1권을 마무리하며 | ········· 410
| 참고문헌 | ········· 412
| 도판출처 | ········· 414

제1부

자료편목 이론 다지기

1 목록의 기초 터잡기

1.1 자료조직이란 무엇인가

도서관이란 무엇일까요?

인류문명의 역사를 돌아보면, 몸짓이나 음성에 바탕한 의사소통수단인 **언어**가 먼저 생겨난 이후 그 내용을 보존하기 위한 기록수단인 **문자**를 만들었음을 알 수 있습니다.

구전으로만 이어지던 인류의 지식은 문자를 통해 기록되기 시작했고, 기록된 내용을 다른 사람들과 공유하기 위해 책이라는 도구를 만들었으며, 인류는 책에 담긴 기록을 체계적으로 축적·전달하기 위해 도서관이라는 사회적 기관을 고안하였습니다.[1]

도서관에서는 주로 무슨 일을 할까요?

우리나라 도서관법 제2조에서 도서관을 "자료를 수집·정리·분석·보존하여 공중에게 제공함으로써 정보이용·조사·연구·학습·교양·평생교육 등에 이바지하는 시설"로 규정하고 있듯이, 전통적으로 도서관의 업무는 자료의 수집·보존, 정리, 분석·제공에 해당되는 '장서관리', '자료조직', '이용자봉사'의 크게 세 가지 흐름으로 나눌 수 있습니다.

장서관리(collection management)란 한정된 예산의 범위 내에서 합리적인 정책과 절차에 의해 도서관에 적합한 자료를 선택·입수·등록·보존하는 업무를 말하며, 이에 따른 자료선택·장서평가·이용조사·분담계획·폐기 등을 포함합니다. 과거에는 자료의 선정과정에 주

---

[1] 이에 대해 버틀러(Lee Pierce Butler)는 "책은 인류의 기억을 보존하는 일종의 사회적 장치이며, 도서관은 이것을 살아 있는 개인의 의식에 환원하기 위한 일종의 사회적 기구"라고 설파하였습니다.

목하여 장서개발이라고 부르기도 했지만, 유지·보존의 개념이 강조되면서 현재는 장서관리로 통용하고 있습니다. 다만 도서관 현장에서는 주문·입수·지출·검수와 같은 서무 기능을 중시하여 통상적으로 협의의 용어인 수서(收書)라 칭하기도 합니다.

자료조직(organization of information)은 이용자들의 실질적이고 잠재적인 정보요구를 충족시키기 위하여 도서관자료에 접근하기 쉽도록 체계적으로 가공하는 업무를 말합니다. 도서관 현장에서는 입수된 자료가 각 자료실에 배가되기까지 행하는 일련의 작업을 정리업무(technical processing)라는 용어로 집약하고, 그중에서 특별히 분류와 편목 업무를 한정해서 분류편목(cataloging & classification)이라 부르기도 합니다.

이용자봉사(public services)는 수집·정리된 장서를 기반으로 이용자들이 필요로 하는 지식·정보·자료를 제공하기 위해 직접 도움을 주는 모든 업무를 말합니다. 장서관리와 자료조직이 이용자와 직접 대면하지 않는다는 점에서 '간접서비스'로 지칭되는 반면, 이용자봉사는 이용자를 직접 상대하기 때문에 열람·대출·상호대차·참고봉사·독자상담 등의 업무를 포함해서 '직접서비스'라 불리기도 합니다.

자료조직이란 도대체 무엇일까요?

글자 그대로 **자료**와 **조직**의 합성어인데요, 먼저 자료에 대해 알아봅시다. 왼쪽 그림의 사물을 무엇이라 부릅니까? '칼'이라고도 하고, 구체적으로는 '식칼'이라 부르지요. 그런데 이 사물을 일컫는 말은 한 가지 용어로 고정되지 않습니다. 무슨 뜻이냐면, 이 사물 그 자체를 지칭하는 말은 '식칼'임에 분명하지만, 음식을 만들기 위한 용도나 목적을 포함시켜 '조리도구'라고 부를 때도 있다는 말입니다. 만약 사람을 해할 목적으로 사용될 경우 '흉기'라고 불릴 때도 있겠지만요.

오른쪽 그림의 사물을 무엇이라 부릅니까? '책'이라고 하고, '도서'라고도 부르지요. 외국인이라면 '圖書'나 'book', 또는 다른 용어를 사용하겠지만요. 식칼과 마찬가지로, 이 사물을 일컫는 말은 한 가지 용어로 고정되지 않습니다. 이 사물 그 자체를 지칭하는 말은 '도서'임이 분명하지만, 연구 및 조사를 위한 용도나 목적을 포함시켜 '자료' 또는 '문헌'이라고 부를 때도 있다는 뜻입니다. 만약 수명이 다 될 경우 '종이쓰레기'로 불릴 때도 있겠지요.

위 그림의 사물을 각각 무엇이라 부릅니까? 'CD-ROM'과 '지구의'라고 부르지요. 형태적으로는 'CD-ROM'과 '지구의'이지만, 연구 및 조사를 위한 목적으로 사용될 경우에는 마찬가지로 '자료' 또는 '문헌'이라고 부릅니다.

이렇듯, 사전적 의미의 **자료**(資料)는 책이나 잡지 등의 형태와는 상관없이 특정 목적을 위한 "연구나 조사 따위의 바탕이 되는 재료"를 일컫는 용어입니다. 보잘것없는 담벼락의 낙서나 낡은 문서라 할지라도 특정한 목적의 연구·조사에 도움이 될 때 우리는 그것들을 자료라고 표현하지요.

도서관에서 자료라 함은 이용자의 연구나 조사 목적을 충족시키기 위해 도서관이 수집·정리·보존·제공하는 모든 형태의 자료를 총칭하는 말입니다. 시설, 직원과 함께 도서관을 구성하는 3요소의 하나인 자료(장서)는 도서관의 서비스의 중핵이자 원천이기도 합니다.

이제 자료에 대해서는 대충 알겠는데, 조직이란 무엇일까요?

조직(組織)은 사전적 의미로 "특정한 목적을 달성하기 위하여 여러 개체나 요소를 모아서 체계 있는 집단을 이루는 것 또는 그 집단"으로서, "개개의 요소가 일정한 질서를 유지하면서 결합하여 일체적인 것을 이루고 있는 형태"를 말합니다.

거창한 개념 같지만 우리 주변에서 조직을 어렵지 않게 찾을 수 있습니다. 기업에서는 회사의 목적을 달성하기 위해 인적자원을 사장, 전무, 상무, 부장, 과장, 대리, 사원으로 체계화하여 운영하잖아요. 그게 곧 조직(organization)입니다. 심지어는 폭력배들도 행동대원이 많아지면 이를 효율적으로 관리하기 위해 조직화한다는 의미로 일명 '조직'폭력배(줄여서, 조폭) 이라 부르지요. 그렇다고 해서 반드시 인적자원만이 조직화의 대상은 아닙니다. 이를테면 한 개인이 자신에게 주어진 시간을 효과적으로 통제하기 위해 사용하는 수첩을 우리는 오거나이저 다이어리라고 부릅니다. 업무 일정이나 계획을 체계화하는 도구이기 때문에 오거나이저(organizer)인 것이지요.

경영학에서 조직관리를 하는 목적은 개별 구성원들의 역량을 질서 있게 결합함으로써 인적자원의 시너지 효과를 극대화하려는 데 있습니다. 한 사람이 가진 역량을 10이라고 할 경우 열 사람을 잘 '조직'하면 100이 아니라 15, 20, 때로는 100의 역량을 발휘하게 할 수도 있습니다. 이미 실력이 검증된 국가대표선수를 모아 별도의 시간을 할애하여 단체로 훈련시키는 이유도 다름 아닌 조직된 힘, 즉 조직력을 기르기 위해서입니다. 그런 점에서, 시민의 힘은 나약할지 몰라도 시민의 '조직된' 힘은 강력하다는 것을 어느 대통령께서 설파한 적이 있습니다.

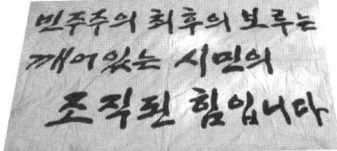

도서관에서 자료를 조직하는 목적 또한 큰 차이가 없습니다. 하나의 자료는 개별적인 아이템에 불과하지만, 모든 자료를 분류라는 날줄과 편목이라는 씨줄로 정교하게 조직함으로써 부가가치가 극대화된 장서(library collection)로 구축할 수 있습니다.

그렇다면 문헌정보학에서는 **자료조직**을 어떻게 정의할까요? 사전적 정의의 용법에 그대로 대입하자면 '도서관자료를 모아서 체계 있는 집단을 이루게 하는 것'이 되겠지요. 그리고 그 목적은 '이용자가 자신이 원하는 자료를 쉽고 빠르게 찾을 수 있도록' 하는 데 있습니다. 이를 조합하면, 자료조직이란 '이용자가 원하는 자료를 쉽고 빠르게 찾을 수 있도록 장서를 일정한 질서에 따라 체계화하는 것'으로 정의할 수 있겠습니다.

다른 건 다 이해가 가는데 '일정한 질서에 따라 체계화'한다는 말은 무슨 뜻일까요? 질서란 "혼란 없이 순조롭게 이루어지게 하는 사물의 순서니 치례"를 말합니다. 도서관자료에 질서를 부여한다는 의미는 '모든 이용자가 수긍할 수 있도록 자료를 순서대로 정리하는 것'이 되겠고, 반대로 질서가 없다는 건 '순서가 뒤엉켜 이용자로 하여금 혼란스럽게 만드는 상태'를 말합니다. 그러면, 어떤 순서로 도서관자료를 정리해야 이용자들이 받아들일 수 있는 순조로운 상태가 될 수 있을까요?

노래방에 가서 노래를 부른다고 가정해봅시다.

만약 노래방 책자에 수록된 곡들이 아무런 질서 없이 나열되어 있다면, 아마도 내가 부르고 싶은 노래를 찾는 데 꽤 많은 시간이 소요될 겁니다. 그러나 노래방 책자는 곡명의 자음순이라는 질서가 이미 부여되어 있기 때문에 우리가 곡을 찾는 데 큰 어려움을 느끼지 않습니다. 다시 말해, 노래방 책자는 누구나 수긍할 수 있는 객관적인 기준인 곡명순으로 체계화되어 있다는 뜻이지요. 각종 사전, 인명록, 색인 등은 이런 식으로 항목의 '문자순'으로 순서를 정렬하여 특정 항목을 빨리 찾을 수 있도록 하고 있습니다.

여기서 잠깐! "자모순은 뭔지 알겠는데 자음순은 뭐지?" 하고 궁금하게 여길 분이 있을 것 같아 보충 설명할게요. 자모순은 컴퓨터가 정렬해주는 것처럼 1, 2, 3, A, B, C, 가, 나, 다의 순으로 나열하는 것입니다. 자음순은, 쉽게 말해, 발음되는 순으로 가, 나, 다, B(비), 3(삼), C(씨), 2(이), 1(일)로 정렬하는 방법입니다. 특정 어구가 한글 표기인지 다른 문자 표기인지 모든 사람들이 정확한 표기법을 알고 있지 않다는 전제하에서는 자모순보다 자음순이 유용합니다. 가령, 노래방 책자는 고객의 편의를 위해 아래와 같이 자음순으로 곡을 배열하고 있어요.

자모순 배열	자음순 배열
Decalcomanie	널 너무 모르고
DNA	Decalcomanie
Marry Me	DNA
Stay With Me	Marry Me
TT	밤편지
널 너무 모르고	Stay With Me
밤편지	에너제틱
에너제틱	우주를 줄게
우주를 줄게	첫눈처럼 너에게 가겠다
첫눈처럼 너에게 가겠다	TT

참고로, 예전에 카드형목록을 사용하던 시절에는 저자목록을 자음순으로 배열하기 위해 아래 그림의 자료는 대표저자 'Holland'를 '홀란드'로 한글로 변환하여 배열하기도 했습니다. 한국목록규칙(KCR) 초판에서는 표목을 한글로 표기해야 한다는 규정이 있었거든요.

> 알기 쉬운 **핵심약리학**
>
> LELAND NORMAN HOLLAND, JR. · MICHAEL PATRICK ADAMS
> 최스미 박명숙 박혜숙 방활란 서민희 전상은 공역

    그렇지만 명칭의 문자순은 모든 경우에 사용할 수 있는 만병통치약(?)이 될 수는 없어요. 때로는 성립된 순서대로 나열하는 것이 좋은 경우도 있답니다. 은행에 볼일 보러 갔다고 가정해봅시다. 창구에서 고객 성명의 자모순으로 줄을 세워 업무를 처리한다면 가령 황씨 성을 가진 사람은 몇 시간씩 기다려야 할지 모릅니다. 그렇게 하는 건 누가 보더라도 불합리하기에, 은행에서는 어떻게 처리하고 있습니까? 은행에 도착한 순서, 다시 말해, 번호표를 먼저 뽑은 순서대로 고객을 호출하잖아요. 이에 대해 모두들 가장 합리적인 방법이라고 동의하기 때문에 아무도 '선착순'에 대해 이의를 제기하지 않습니다.

    도서관에서는 도대체 어떤 순서로 자료를 정리해야 이용자들이 받아들일 수 있는 순조로운 상태가 될 수 있을까요?

아주 먼 옛날부터 도서관은 여러 가지 순서로 서가배열을 시도해보았습니다.

[O. Von Corven의 고대 알렉산드리아도서관의 상상도]

이용자에게 서고 출입을 금지하던 폐가제 시절을 지나, 이용자에게 서고 출입을 허용하는 개가제 시대가 도래하면서 도서관은 "어떻게 자료를 배열하면 이용자에게 더 도움이 될까" 하는 궁리를 시작했습니다.

먼저, 표제의 자음순으로 배가(排架; shelving)하였습니다. 그랬더니, 이용자가 자신이 이미 알고 있는 책(known-item)을 찾는 데에는 참 편리했지만, 표제를 모르는 책을 찾거나 그냥 훑어보는 경우에는 마치 아무런 목적 없이 사전을 뒤적이는 것처럼 혼란스러웠습니다.

순서를 바꾸어, 저자명의 자음순으로 배가해보았습니다. 이용자가 자신이 이미 알고 있는 저자(known-authors)가 쓴 책을 찾는 데에는 참 편리하고 또한 그 저자의 저서들이 서가상에 모여 있다는 점이 유용했지만, 저자명을 모르는 책을 찾거나 그냥 훑어보는 경우에는 표제순 배가와 마찬가지로 혼란스러웠습니다.

세 번째 방법으로, 도서관에 들어온 순서대로 자료를 배열하였습니다. 도서관을 자주 이용하는 이용자들이 제일 끝에 있는 서가만 확인하면 새로 들어온 자료들을 손쉽게 파악할 수 있다는 장점이 있지만, 이 '입수순'(accession order)은 그 도서관을 자주 이용하지 않았거나 처음 온 이용자의 관점에서는 혼란스러운 배가 방법이었습니다.

네 번째로, 자료가 발행된 '연대순'(annalistic)으로 배가해보았습니다. 오래 전에 발행된 자료부터 최근에 발행된 자료까지 연대순으로 나열되어서 최신자료를 찾는 데에는 참 편리했지만, 그 외에는 …… 마찬가지로 혼란스러웠습니다.

다섯 번째 방법으로, 책의 크기별로 정렬해보았습니다. 그랬더니, 군대에서 관물대 정리한 것처럼 보기는 좋았는데 …… 보기만 좋았을 뿐이었습니다. 다른 장점은 없었다는 이야기죠.

이 방법 저 방법 다 동원해도 100% 만족할 만한 방법은 나타나지 않았습니다. 그러다가 같은 주제를 가진 자료들끼리 모아서 배열해보았습니다. 시는 시끼리, 소설은 소설끼리, 역사는 역사끼리…….

뭔가 어색하긴 했는데 이용자들이 이를 좋아했습니다. 시를 찾는 이용자는 시가 모여 있는 것을 반겼고, 역사책을 찾는 이용자는 역사책이 모여 있는 것을 선호했습니다. 왜냐하면 이미 알고 있는 특정 자료를 찾으려고(known-item searching) 도서관에 오는 이용자들보다는, 막연한 질문을 품고 어떤 주제에 관한 자료를 망라적으로 훑어보기(subject searching)를 원하는 이용자들이 훨씬 많기 때문입니다.

다시 말해, "제레드 다이아몬드가 쓴 『총, 균, 쇠』라는 책이 있는가?", "『법학개론』이라는 제목을 가진 책이 있는가?", "공지영 작가가 쓴 책이 어떤 것들이 있는가?" 등등 이렇게 구체적

인 질문을 갖고 도서관에 오는 이용자보다는,

"집 앞 공터를 텃밭으로 가꾸려고 하는데 정보를 얻을 만한 책이 있는가?", "최근에 새로 들어온 판타지소설은 어떤 것들이 있는가?", "요즘 인문학 열풍이라는데, 내가 읽을 만한 인문학 도서가 있을까?", "초등학교 1학년에게 적합한 과학동화는 어떤 게 있을까?" 등등 이런 식의 막연한 질문을 품고 오는 이용자들의 비율이 더 높기 때문에,

같은 주제를 가진 자료들을 같은 장소에 모아주는 방법이 제일 유용하더라는 겁니다.

공감한 이용자들이 "좋아요"를 연신 눌러대니, 자연스럽게 '주제순'은 도서관자료의 가장 유용한 배가법으로 정착되어 왔습니다. 이렇게 주제별로 모으면서 도서관자료에 질서를 부여하는 것을 **분류**(classification)라 합니다.

[Jacob van Swanenburgh의 1610년 그림을 통해 당시 라이덴대학 도서관이 장서를 신학. 법률. 의학. 수학. 철학. 문학. 역사 등의 주제별로 배가하였음을 알 수 있습니다]

모든 도서관들이 채택한 주제순 배가는 분명 장점이 많은 방법이지만 단점도 없을 순 없겠지요. 한 주제에 관한 자료를 살펴보는 데에는 참 편리하지만, 표제로 책을 찾거나 한 저자의

저작들을 한꺼번에 찾기는 힘듭니다. 전혀 불가능한 건 아니겠으나 책을 찾는 데 너무 오랜 시간이 걸리니까요.

앞서 예를 든 "『법학개론』이라는 제목을 가진 책이 있는가?"라는 질문은 법학 주제의 자료가 배열된 서가를 꼼꼼히 훑어보면서 겨우 해결할 수 있을지 몰라도 "제레드 다이아몬드가 쓴 『총, 균, 쇠』라는 책이 있는가?", "공지영 작가가 쓴 책이 어떤 것들이 있는가?"라는 질문을 해결하기 위해서는 서가 전체를 처음부터 끝까지 샅샅이 뒤져야 합니다. 상상만 해도 끔찍한 일이지요.2)

그래서 주제 이외의 요소로 도서관자료를 찾는 데 드는 시간을 절약하기 위한 방법을 고안합니다. 알고 있는 표제로 책을 빨리 찾을 수 있도록 자료의 표제를 모아 표제의 문자순으로 정렬해놓고, 알고 있는 저자명으로 책을 빨리 찾을 수 있도록 자료의 저자를 모아 저자명의 문자순으로 정렬한 검색도구인 '목록'을 만들었습니다. 그 결과, 표제목록을 통해 『법학개론』과 『총, 균, 쇠』로, 저자목록을 통해 '다이아몬드, 제레드'와 '공지영'으로 탐색함으로써 원하는 자료를 쉽고 빠르게 찾을 수 있게 되었습니다.

요컨대, 주제별로 배열된 서가에서 직접 훑어보면서 자료를 찾는 대신, 주제 이외의 요소(표제, 저자 등)로 자료를 빨리 찾게 하기 위한 간접적인 수단을 **목록**(catalog)이라 합니다. 그리고, 목록을 만드는 일을 **편목**(cataloging)이라 부릅니다.

> √ **분류 : 실제 공간에서 주제의 체계적 순서에 의한 자료 배열**
> √ **편목 : 가상 공간에서 표제, 저자 등 항목의 명칭순에 의한 자료 배열**

'특정 자료를 이 도서관이 소장하고 있는지'를 확인하려고 서지적으로 접근하는 이용자들에게 이미 알고 있는 자료(known-item)의 소장 여부를 빠르게 확인시켜주기 위해 도서관은 목록이라는 수단을 마련했습니다. 이런 부류의 이용자는 이미 알고 있는 표제, 이미 알고 있는 저자명 등의 구체적인 단서를 통해 목록을 검색합니다. 목록은 이 첫 번째 부류 이용자들의 요구를 충족시키는 충분한 수단이 될 수 있습니다.

'내가 관심을 갖고 있는 주제에 관한 자료가 어떤 것들이 있는지'를 훑어보려고 주제적으로 접근하는 이용자의 요구를 충족시키기 위해 도서관은 자료를 주제별로 배가하는 분류라는 수

---

2) 대부분의 이용자는 『총, 균, 쇠』의 정확한 주제가 무엇인지 모르거나, '공지영' 작가가 어느 다양한 주제에 대한 저서를 남겼는지 잘 모르기 때문입니다.

단을 마련했습니다. 이런 부류의 이용자는 서고를 직접 거닐며 원하는 주제의 자료를 망라적으로 탐색합니다. 분류는 이 두 번째 부류 이용자들의 요구를 완벽히 충족시키기는 어렵지만 나름 최선의 수단이라 할 수 있습니다.

백화점이나 쇼핑센터에 옷을 사러가는 소비자가 있다고 가정해봅시다. 트랙수트나 배기팬츠, 레이스가 달린 꽃무늬 드레스와 같은 특정 아이템을 찾으려는 사람도 있겠지만, 그보다 더 많은 사람들은 구체적인 목적이 아니라 그저 계절에 맞는 옷, 유행에 어울리는 옷을 구경(browsing)하기 위해 백화점을 방문합니다.

백화점과 같은 오프라인 매장에서는 망라적으로 훑어보려는 소비자들의 편의를 위해 상품을 종류별로 디스플레이하고 있습니다. 상의는 상의끼리, 하의는 하의끼리 '분류'를 해놓았다는 의미입니다. 그런데, 인터넷쇼핑몰에서만 의류를 판매하는 사업자가 있다면 굳이 종류별로 정리할 필요가 있을까요? 혹시 제품번호 등으로 배열하는 것이 주문받은 옷을 찾을 때 훨씬 빨리 찾아 더 빨리 배송할 수 있지 않을까요? 따라서 주제별 배가는 (이용자가 서가에 자유롭게 접근할 수 있는) 개가제 도서관에서는 필수적이지만, (이용자가 서가에 접근할 수 없는) 폐가제 도서관에서는 반드시 그렇지 않음을 알 수 있습니다.

요점정리

- 자료조직이란 '이용자가 원하는 자료를 쉽고 빠르게 찾을 수 있도록 도서관 장서를 일정한 질서에 따라 체계화하는 것'이며, 분류와 편목의 두 가지 영역으로 나눌 수 있다.
- 쉽고 빠르게 찾을 수 있도록 도서관자료를 주제별로 서가에 직접 배열하기 위한 일을 분류라고 한다.
- 주제가 아닌 수단으로 직접 자료를 찾기 어렵기 때문에 표제, 저자명 등의 다른 요소로 자료를 쉽고 빠르게 찾을 수 있도록 간접적인 검색수단을 만드는 일을 편목이라 한다.
- 즉, 주제별로 실제 공간에서 자료를 배열하는 활동이 분류이고, 표제나 저자명 등의 다양한 순서로 가상 공간에서 자료를 배열하는 활동이 편목이다.
- 편목을 통해 만들어진 검색수단이 목록이다.

1.2 도서관에서 목록을 만드는 이유

도서관에서 주제의 순으로 실제 공간에 자료를 배열하는 활동을 분류라 하고, 주제 이외의 표제나 저자명 등의 순으로 가상 공간에 자료를 배열하는 활동을 편목이라 합니다. 편목(編目)의 결과물로서 목록(目錄)이 만들어지게 되구요.3)

목록이란 무엇일까요?

목록은 사전적 의미로 "어떤 물품의 이름이나 책 제목 따위를 일정한 순서로 적은 것"을 말합니다. 우리에겐 '도서목록'과 같은 용어가 익숙하지만, '노래방목록', '상품 카탈로그', '게시판목록'처럼 그 대상이 반드시 책이어야 할 필요는 없습니다. 일반적으로 목록은 해당 상품이나 물건의 속성, 형태, 용도, 가격 등을 상세히 표시함으로써 그것을 필요로 하는 사람에게 원본을 대신하여 선택을 도와주는 기능을 합니다.

도서관이 입수한 방대한 자료들은 분류표상의 주제의 순으로 서가에 배열합니다. 이 방법은 어떤 주제에 관한 자료를 망라적으로 살펴보는 데에는 편리하지만 표제로 책을 찾거나 한 저자의 저작들을 한꺼번에 찾기는 힘들어요. 이 때, 원본을 대신하여 간단하고 편리하게 접근할 수 있도록 하는 대용물(surrogate)인 목록이 존재한다면 특정한 자료를 찾기 위해 모든 서가를 뒤져야 하는 수고를 덜어줄 수 있습니다.

이처럼 목록은 도서관의 자료와 이용자를 매개하는 도구가 되며, 이용자는 목록을 통해 필요한 자료에 더욱 빨리 접근할 수 있게 됩니다.

강의실에 들어왔다고 가정해봅시다.

학생들은 무슨 순서로, 어떤 기준으로 의자에 앉습니까? 대학은 특별히 지정석이 없기 때문에 학생들은 앉고 싶은 자리에 앉아서 강의에 임합니다. 그러나 한 반 학생이 60명이던 시절의 초·중·고에서는 시야 확보를 목적으로 대개 신체 기준을 적용했습니다. 즉, 키가 작은 학생을 교실 앞쪽부터 키가 큰 학생일수록 뒤쪽에 앉게끔 하였지요.

---

3) 목록(catalog)과 편목(cataloging)의 관계는 영화(film)와 촬영(filming)의 관계와 같다고 생각하면 됩니다.

키 순서로 줄을 세웠지만 학교에서는 간혹 다른 순서로 학생들을 줄 세워야 하는 일이 생깁니다. 이를테면 서류상의 학생을 빨리 찾기 위해 출석부는 '성명순'이라는 기준으로 정렬을 합니다. 학업을 평가하기 위해 '성적순'이라는 또 다른 기준으로 학생들을 정렬할 때도 있습니다.

학교에서 동일한 학생 집단을 대상으로 필요에 따라 서로 다른 순서로 정렬하듯이, 도서관 자료도 필요에 따라 얼마든지 서로 다른 순서로 배열할 수 있어야 합니다. 이 때 주제순으로 줄을 세운 자료들을 흩어서 다시 새로운 순서로 줄 세우기는 현실적으로 어렵습니다만, 그 줄을 그대로 둔 채 출석부나 성적표 같은 리스트를 만드는 일은 그나마 어렵지 않습니다.

목록은 자료의 리스트입니다.

무슨 기준으로 정렬했느냐-이용자의 관점에서는, 어떤 요소로 접근할 수 있느냐-에 따라 목록은 표제목록, 저자목록, 분류목록, 주제명목록 등으로 나눌 수 있습니다.

표제목록(서명목록)은 표제의 자음순으로 배열되어 있기 때문에 이미 알고 있는 표제를 단서로 자료를 빨리 찾을 수 있도록 해줍니다.

저자목록은 이미 알고 있는 저자를 단서로 특정 자료를 빨리 찾거나, 그 저자의 저작을 한꺼번에 찾아볼 수 있도록 해줍니다.

이처럼 목록은 특정 자료가 그 도서관에 소장되어 있는지 여부를 확인시켜 주는 기능을 합니다. 이를 목록에서 가장 중요한 '**검색기능**'이라 합니다.

그리고, 만약 유사한 자료(표제로 검색하였다면 동일한 표제를 가진 다른 자료)들이 더불어 검색되었다면 그 자료들 중에서 내가 원하는 자료가 정확히 어떤 자료인지를 나타내어 주어야 하는데, 이를 '**식별기능**'(가령, 동일한 표제를 가진 여러 자료들 중에서는 다른 요소인 저자명을 통해 내가 원하는 자료를 식별할 수 있음)이라 합니다.

또한, 내가 원하는 자료가 도서관에 소장되어 있다면 어느 서가에 배열되어 있는지 그 정확한 위치를 청구기호를 통해 알려주어야 하며, 이것이 '**소재지시기능**'입니다.

이와 같은 세 가지 기능을 가리켜 전통적인 목록의 3대 기능이라 합니다.[4]

---

[4] 전통적인 3대 기능인 검색기능, 식별기능, 소재지시기능 외에, 이용자의 요구에 적합한 서지자료를 선정할 수 있도록 도와주는 '선정기능', 기술대상이 되는 개별자료에 대한 접근을 확보할 수 있도록 하는 '접근기능', 목록의 안팎을 항해할 수 있도록 하는 '항해기능'을 추가하여 현대적인 목록의 6대 기능으로 표현하기도 합니다. (남태우, 김창하. 2007. 목록법이론. 대구: 태일사. p. 23)

예를 들어 조정래의 『아리랑』이라는 책을 도서관에서 읽고 싶어하는 '두치'라는 이름의 이용자가 있다고 가정해보겠습니다. 두치가 제일 먼저 해야 할 일은 무엇일까요?

무엇보다 그 책이 도서관에 소장되어 있는지 없는지를 제일 먼저 확인해야 할 것입니다. 소장여부를 확인하기 위해서는 직접 서가를 뒤지는 방법도 있지만 그보다는 목록을 찾아보는 일이 훨씬 빠르고 수월합니다. 다음과 같이 특정 자료의 소장여부를 확인하는 것이 목록의 검색기능입니다.

'아리랑'이라는 표제로 검색하니 다음과 같은 검색결과가 제시되었습니다. '아리랑'이라는 어구가 표제에 포함된 자료가 무려 241건에 달합니다. 이렇게 수많은 자료 중에서 두치가 찾는 자료가 정확히 무엇인지 헤아려 가리는 것을 목록의 식별기능이라 합니다. 두치는 '조정래'라는 저자명을 단서로 자신이 원하는 자료를 어렵지 않게 식별할 수 있습니다.

두치는 자신이 원하는 자료가 도서관에 소장되어 있다는 사실을 알고 기뻤습니다만, 엄청나게 많은 자료들 중에서 자신이 원하는 자료가 도대체 어디에 위치해 있는지를 알아야 그 자료를 손에 넣을 수 있습니다. 이렇게 검색된 자료가 어느 서가에 배열되어 있는지 그 정확한 위치를 알려주는 것을 목록의 소재지시기능이라 합니다. 두치는 검색결과화면에 제시된 청구기호를 메모하여 서가에서 직접 자료를 찾을 수 있습니다.

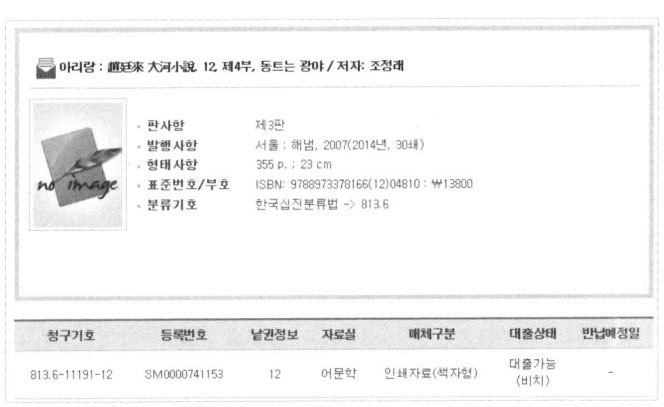

한번이라도 도서관목록으로 자료를 찾아본 경험이 있는 사람이라면 검색, 식별, 소재지시라는 목록의 3대 기능을 이해하는 데 큰 어려움이 없을 것입니다.

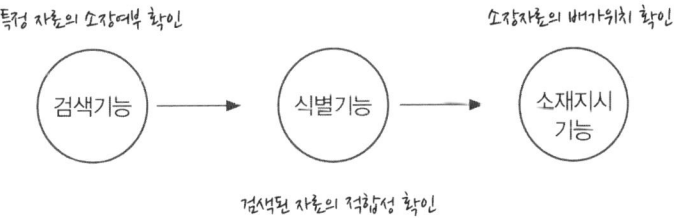

현재에도 목록이 중요합니다만,
과거에는 지금보다 더 목록의 역할이 중요했습니다.

지금은 여러분이 도서관에 가면 서가에 배열된 책을—누구의 제지도 받지 않고—자유롭게 꺼내 읽으면서 자료를 찾을 수 있지요? 그런데, 불과 20~30여 년 전만 하더라도 이용자는 책이 있는 서고에 함부로 출입할 수 없었습니다. 오직 사서들만 서고에 들어갈 수가 있었어요. 이를 **폐가제**(閉架制)라 하며, 국어사전에도 등재되어 있는 용어랍니다.

현재의 도서관은? 이용자들에게 서고가 개방된다고 해서 **개가제**(開架制)라고 해요.5) 폐가제 시절에는 이용자가 서고에 들어갈 수가 없으니, 그 도서관에 어떤 자료가 소장되어 있는지를 확인하는 방법은 오직 한 가지, 목록뿐이었습니다.

책의 제목으로 자료를 찾기 위한 표제목록, 저자의 이름으로 자료를 찾기 위한 저자목록은 어느 도서관이

[매일경제신문 1994.07.11]

건 갖추어 놓고 있는 가장 기본적인 목록이었습니다. 기실은 극히 일부의 도서관만 **주제명목록**을 만들었습니다. 나중에 따로 설명하겠지만, 주제명목록을 만들기 위해서는 반드시 **주제명표**라는 도구가 필요한데 우리나라에는 쓸 만한(?) 주제명표가 없었기 때문에 주제명목록을 만들래야 만들 수가 없었던 것입니다.

◆ ◆ ◆

표제목록, 저자목록, 주제명목록, 그리고 또 한 가지가 더 있다고 했지요? 네, 분류목록입니다. **분류목록**은 자료의 분류기호 순서대로 자료를 정렬한 목록을 말합니다. 여기서, 쉬운 문제 하나 낼게요. 도서관은 무슨 순서대로 서가에 자료를 배열하나요? 표제순? 저자명순? 아니면, 입수되는 순?

다 틀렸습니다. 정답은, 이미 알고 계신대로, 청구기호순이지요. 청구기호는 분류기호+도서기호의 조합으로 이루어지는 기호이니, 도서관자료는 서가에 분류기호의 순서대로 배열된다고 해도 크게 틀린 말은 아닙니다. 따라서, 분류목록은 서가에 배열된 원본 자료와 동일한 순서로 대용물을 배열한 목록이라 할 수 있습니다.

그런 점에서 이용자가 서고에 들어갈 수 없었던 폐가제에서 분류목록은 서가에 배열되어 있는 자료의 실상을 이용자에게 간접적으로 알려주는 수단이었습니다. 같은 주제의 자료를

---

5) 어느 특정 시점에 일제히 전환한 건 아니고 폐가제에서 개가제로 운영방식이 바뀌는 데에 꽤 오랜 시간이 걸렸습니다. 1974년에 서강대 도서관이 우리나라 최초로 개가제를 시행했으며, 고려대 도서관의 경우 2004년에 개가제로 전환했습니다. 공공도서관으로서는 1979년 남산도서관이 최초로, 국립중앙도서관은 1994년에 이르러서야 개가제를 도입합니다.

한 곳에 모으는 기능을 하는 것이 분류이므로, 특정 주제의 자료를 한꺼번에 찾기를 원하는 이용자는 분류목록을 훑어봄으로써 서고에 직접 들어갈 수 없었던 불편함을 그나마 해소할 수 있었어요.

분류목록은 또 다른 중요한 기능을 하였답니다. 두 가지 이상의 주제를 다룬 자료의 경우 물리적으로 한 장소에만 배열될 수밖에 없는데, 이 때 두 가지 이상에 대한 분류기호를 새로 부여하여 이를 부출한 후 또 다른 목록카드를 만들어 분류목록함에 배열함으로써 그 분류기호로도 해당 자료를 찾을 수 있도록 해줄 수 있습니다.

예를 들어, 『중국의 정치와 경제』라는 책이 있다면 이 자료는 '중국정치'와 '중국경제'의 두 가지 주제를 다루었다고 볼 수 있습니다. 분류는 서가상에서 자료의 배열위치를 결정하는 일이기 때문에 한 자료는 반드시 한 장소에만 배가해야 합니다. 만약 더 중요하게 다루어졌다고 판단된 중국경제(KDC 320.912)에 배열을 했다고 가정했을 때, 중국정치(340.912) 주제로도 자료를 찾을 수 있도록 분류기호를 하나 더 부여하여 분류목록카드를 만들면 이 자료는 서가상에서 경제학(320.912)에 배열되지만, 분류목록에서는 경제학(320.912) 주제에도 배열되고 정치학(340.912) 주제로도 배열되지요. 따라서 목록에서 경제학은 물론 정치학 주제로 접근하더라도 『중국의 정치와 경제』라는 책을 찾을 수 있게 된답니다.

요점정리

- 목록이란 실물을 직접 찾아보지 않고도 그 원본을 대신하여 간단하고 편리하게 장서에 접근할 수 있도록 하는 대용물이다.
- 목록의 3대 기능은 검색, 식별, 소재지시기능이다.
- 표제목록은 이미 알고 있는 그 자료의 표제를 단서로 자료를 빨리 찾기 위한 목록이다.
- 저자목록은 이미 알고 있는 저자를 단서로 특정 자료를 빨리 찾거나 그 저자의 저작을 한꺼번에 찾아볼 수 있도록 하기 위한 목록이다.
- 주제명목록은 특정 주제와 관련된 자료를 한꺼번에 찾기 위한 목록으로, 주제명표가 있어야 만들 수 있다.
- 분류목록은 서가 배열 상태와 동일한 순서로 배열한 목록으로, 한 자료가 두 가지 이상의 분류기호를 갖고 있을 경우 유용하다.
- 이용자가 서고에 직접 출입할 수 없었던 폐가제 시절에 목록의 역할이 더 중요했기에 도서관에서는 기본적으로 표제목록, 저자목록, 분류목록을 제공하였다.

1.3 편목규칙과 ISBD

특정 자료가 지닌 서지정보를 일정한 형식으로 기록하는 것을 **저록**(著錄; entry)이라 하고, 저록을 모아 일정한 순서로 배열 및 편성한 것을 목록이라 합니다.[6] 책을 한 권 읽고 감상문을 일정한 형식으로 기록한 독서카드를 저록으로 비유한다면, 여러 장의 독서카드를 일정한 순서로 묶을 경우 목록이라 할 수 있습니다. 만약 책의 제목(표제)순으로 묶는다면 표제목록, 지은이의 자음순으로 묶는다면 저자목록이 되겠지요.

저록을 작성할 때에는 일정한 규칙에 따라야 합니다.

가령 학생들에게 독서카드 양식을 제시하지 않고 임의로 써내라고 한다면, 어떤 학생은 제목, 지은이, 출판사, 읽은 날짜…… 이런 순서로 서술할 것이고 또 다른 학생은 읽은 날짜, 지은이, 제목…… 이런 순서로 쓸 수 있을 겁니다. 아마도 학생들마다 서로 다른 형식으로 독서카드가 만들어질 것입니다. 독서카드야 순전히 개인적 용도이기 때문에 사람들마다 형식이 조금씩 다르더라도 큰 문제가 되지는 않습니다만, 도서관목록은 공용으로 쓰는 것이므로 형식의 통일이 필요합니다. 통일되지 않은 목록을 사용한다면 상당히 불편한 결과를 초래하니까요. 그래서, 동일한 자료에 대해서는 어느 누가 편목하더라도 최대한 똑같은 목록이 만들어지도록 하기 위해 일정한 기준을 세웠습니다. 그 기준을 **편목규칙**(cataloging rule) 또는 **목록규칙**이라 합니다.

아래와 같은 식재료가 있다고 가정해봅시다.

> 쇠고기(양지머리) 600g, 무 200g, 숙주나물 2줌(100g), 토란대 100g, 대파 10cm 4개(80g), 물 15컵(3.0L), 양념 재료(고춧가루(굵은 고춧가루) 3큰술(30g), 참기름 1/2큰술(7ml), 소금 1/2큰술(5g), 재래간장 2큰술(30ml), 대파(다진 대파) 1큰술(10g), 마늘(다진 마늘) 1과 1/2큰술(15g), 후춧가루(약간))

A라는 사람과 B라는 사람에게 똑같은 재료와 똑같은 조리도구, 그리고 똑같은 시간을 주면서 '육개장'을 만들어보라고 부탁했을 경우, 과연 똑같은 맛의 육개장이 만들어질 수 있을

---

[6] 나무가 모여 숲이 되듯 "저록이 모여 목록이 된다"고 떠올리면 될 듯합니다

까요? 절대 그렇지 않을 것입니다. 똑같은 재료를 주더라도 누가 조리하느냐에 따라 육개장의 맛이 달라질 수밖에 없습니다. 목록도 마찬가지입니다. 똑같은 자료를 대상으로 누가 편목하느냐에 따라 각기 다른 목록이 만들어질 수밖에 없습니다.

똑같은 재료를 가지고 최대한 똑같은 요리를 만들기 위해서는 어떻게 해야 할까요? 다음과 같은 레시피 대로 조리할 것을 지시해야 합니다.

1. 양지머리는 찬물에 담가 핏물을 제거한다. 냄비에 양지머리와 무를 넣고 푹 끓인다.(약 1시간) 중간에 기름기와 거품을 제거한다. 체에 걸러 쇠고기 육수를 만든다.
2. 숙주는 끓는 물에 데쳐 찬물에 헹구어 물기를 꼭 짠다.
3. 토란대는 푹 삶아 1~2일간 물에 담가 아린맛을 제거한 후 6cm 길이로 썬다.
4. 삶은 양지머리는 결 반대방향으로 납작하게 썰고, 무는 2×5cm 크기, 0.5cm 두께로 썬다. 대파는 5cm 길이로 썬 후 길게 2등분한다. 볼에 양념 재료를 골고루 섞은 후 쇠고기와 무를 넣고 조물조물 무친다.
5. 쇠고기 육수에 토란대와 파를 넣고 한소끔 끓인 후 쇠고기, 무, 숙주를 넣고 끓인다. 소금으로 간한다.

위의 레시피와 같이 조리한다면, 요리하는 사람마다 미묘하게 손맛이 다른 관계로 완전히 똑같은 맛을 내기는 불가능하겠지만, 레시피가 없을 때보다는 맛의 차이가 훨씬 줄어들 것입니다. 따라서, 똑같은 재료를 갖고 누가 조리하더라도 최대한 똑같은 맛의 요리를 만들기 위해서는 레시피가 꼭 필요함을 알 수 있습니다.

목록도 마찬가지입니다. 똑같은 자료를 대상으로 누가 편목하더라도 최대한 똑같은 결과물(목록)을 만들기 위해서는 편목규칙이 꼭 필요함을 알 수 있습니다.

편목규칙은 똑같은 자료로 똑같은 목록을 만들기 위한 일종의 레시피입니다.

일찍이 영국의 파니치(Sir Anthony Panizzi), 미국의 커터(Charles Ammi Cutter) 등은 자신이 근무하는 도서관자료의 목록을 관리하기 위해 편목규칙을 만들었고, 다른 도서관으로 널리 보급되기도 했습니다. 그러다가 다른 문물과 마찬가지로 책이라는 물품이 국가들 간에 교류가 되면서 자연스럽게 목록도 공유하자는 움직임이 일어납니다. 하지만 목록을 함께 쓰기 위해서는 형식의 통일이 선행되어야 했기에, 국제도서관협회연맹(IFLA)7)은 목록의 형식에 대한 국제적인 기준인 **국제표준서지기술**(International Standard Bibliographic Descri ption; ISBD)을 1974년에 제정하였습니다.

목록을 표준화한다는 건 무슨 의미가 있을까요?

어떤 개체를 국제적으로 표준화하는 이유는 A국가에서 만든 것을 B국가에서도 통용될 수 있도록 하기 위함입니다. 이를테면 국제표준화기구(ISO)는 수출용 컨테이너의 규격을 폭 8피트, 높이 8.6피트로 정해놓았습니다(길이는 10피트, 20피트, 40피트 등으로 다양함). 만약 국가들마다 컨테이너의 규격이 다르다면 어떤 일이 벌어질까요?

예상되는 첫 번째 문제점은, 각 국가들로부터 수입된 컨테이너를 항만에 2단 이상 적재하기 어려워집니다. 아래 그림의 왼쪽처럼 규격이 통일된 컨테이너는 차곡차곡 여러 단으로 쌓을 수 있지만, 오른쪽처럼 규격이 다른 컨테이너는 그렇게 하면 무너질 가능성이 큽니다.

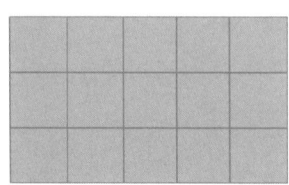 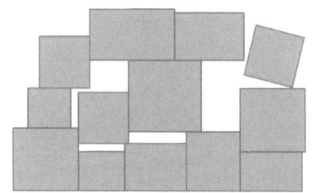

두 번째 문제점은, 가령 한국의 컨테이너 규격에 맞게 제작된 컨테이너 운반 차량에 외국의 컨테이너를 결속하기 어려워집니다. 운행 중에 컨테이너 이탈로 인한 대형사고가 일어날 가능성이 크겠지요. 어쩔 수 없이 외국의 컨테이너에 담긴 물건들을 번거롭게 한국의 컨테이너로 다시 옮겨 담아야 합니다. 그 과정에서 인건비가 발생할 뿐더러 운반 시간도 지체될 수밖에 없습니다. 요컨대, 컨테이너의 규격을 표준화함으로써 물류 비용 및 운반 시간을 절감할 수 있게 된 것입니다.

---

7) http://www.ifla.org

도서관목록도 마찬가지입니다.

A도서관에서 만든 목록을 B도서관, C도서관이 최소한의 수정을 거쳐 사용할 수 있도록 하기 위해 모든 나라에서는 국가 차원의 편목규칙을 제정하였습니다. 영어권 국가(영국, 미국, 캐나다 등)에서는 영미편목규칙(AACR)을, 한국에서는 한국목록규칙(KCR)을, 일본에서는 일본목록규칙(NCR)을 만들게 되었죠.

나아가, A국가에서 만든 목록을 B국가, C국가에서 통용할 수 있도록 하기 위해 서지기술을 국제적으로 표준화합니다. 그것이 국제표준서지기술, 즉 ISBD입니다.

다시 말해, 한 국가 내에서 목록의 호환성을 위해 편목규칙을 제정했고, 국가들 간의 목록의 호환성을 위해 ISBD를 제정했다는 뜻입니다.

ISBD를 제정한 궁극적인 목적은 도서관목록이 국제적으로 통용될 수 있도록 하는 데 있습니다. 즉, 미국에서 만든 목록을 사우디아라비아에서, 콩고에서 만든 목록을 한국에서 사용할 수 있게 하자는 것이지요. 다만 이러한 경우처럼 국가 간에 목록을 교류할 때에는 언어가 장벽이 될 수 있습니다.

다른 언어를 사용하는 이용자들에게도 쉽게 이해될 수 있도록 ISBD는 서지기술의 요소를 쉽게 구분할 수 있는 방법으로서 만국공용기호인 **구두점**(punctuation symbols)을 채용하였습니다. 이에 따라 그 언어를 전혀 해독하지 못하더라도 목록에 제일 앞에 기재되는 사항은 '내용형식과 매체유형영역'이며, 그 다음에 '본표제'로 시작하고, '/' 구두점 다음의 요소가 '첫 번째 책임표시'이며, ';' 구두점 다음의 요소가 '역할이 다른 성격의 책임표시'임을 쉽게 이해할 수 있게 됩니다.

진짜로 '쉽게 이해할 수' 있을까요? 한 가지 예시를 들어보겠습니다. 아래 그림은 스웨덴어 단행본에 대한 ISBD입니다. 여러분이 스웨덴어를 잘 하든 못 하든 중요하지 않습니다. 이 단행본의 표제는 무엇이고 저자는 누구일까요?

Area 0	Text (visuell) : oförmedlad
Area 1	Brev från Batavia : en resa till Ostindien 1782-1786 / utgivare: Christina Granroth ; under medverkan av Patricia Berg och Maren Jonasson
Area 2	
Area 3	
Area 4	Stockholm : Atlantis ; Helsingfors : Svenska litteratursällskapet i Finland, 2008
Area 5	418 s. : ill. ; 24 cm
Area 6	(Skrifter utgivna av Svenska litteratursällskapet i Finland, ISSN 0039-6842 ; 707)
Area 7	
Area 8	

혹시 잘 모르겠다면, ISBD의 두 번째 영역(Area 1)의 제일 앞부분에 기재된 요소는 '본표제'이고 표제사항이 끝나고 '/' 구두점 다음의 요소는 '첫 번째 책임표시'라는 사실만 기억해둡시다. 이것만 기억하면, 설령 스웨덴어를 전혀 모르더라도 어느 부분이 '본표제'인지 어느 부분이 '첫 번째 책임표시'인지 쉽게 분간할 수 있을 것입니다.

Area 0	Text (visuell) : oförmedlad
Area 1	Brev från Batavia : en resa till Ostindien 1782-1786 / utgivare: Christina Granroth ; under medverkan av Patricia Berg och Maren Jonasson
Area 2	
Area 3	
Area 4	Stockholm : Atlantis ; Helsingfors : Svenska litteratursällskapet i Finland, 2008
Area 5	418 s. : ill. ; 24 cm
Area 6	(Skrifter utgivna av Svenska litteratursällskapet i Finland, ISSN 0039-6842 ; 707)
Area 7	
Area 8	

네, 위 그림에서 첫 번째 밑줄을 그은 부분이 '본표제'이고, 두 번째 밑줄을 그은 부분이 '첫 번째 책임표시'에 해당합니다. ISBD를 조금 더 공부하면 'Christina Granroth'는 저자, 'utgivare'는 저작역할어임을 분간할 수 있게 됩니다. 표제인 'Brev från Batavia'의 뜻이 무엇인지, 역할어인 'utgivare'의 사전적 의미가 무엇인지가 지금 당장은 중요한 게 아니란 말이지요. 해석이 아니라 식별이 우선 필요하니까요.

마지막으로 『우리나라의 회계감리제도』라는 자료를 ISBD로 기술하면 다음과 같습니다. 이것은 최종적으로 기계가독목록형식(MARC)이라는 그릇에 담아서 고객(도서관 이용자)에게 제공됩니다.

Area 0	문자 (시각) : 기기불용
Area 1	우리나라의 회계감리제도 = A study on peer review system in Korean capital market / 이창우, 유재규, 고종권
Area 2	
Area 3	
Area 4	서울 : 서울대학교출판부, 2007
Area 5	189 p. ; 23 cm
Area 6	(서울대학교 경영연구소 기업경영사 연구총서 ; 16)
Area 7	부록: 1. 감사인의 선임제도 ; 2. 회사별 감리 지적사항 ; 3. 미국회계개혁법의 내용 등.— 참고문헌(p. 183) 및 색인수록.— 본 연구총서는 서울대학교 발전기금 연구비 및 서울대학교 경영연구소 연구비 지원에 의하여 이루어졌음
Area 8	ISBN 978-89-521-0750-3 (93320) : KRW 9000

1.4 서지기술이란 무엇이며 왜 필요한가

ISBD는 '서지기술'에 대한 세계 표준이라고 했습니다. 그러면 서지기술이란 뭘까요?

먼저, 서지는 무엇일까요?

서지(書誌)란 용어는 문헌정보학에서 크게 두 가지의 용도로 사용됩니다. 첫째, 문헌의 서지사항을 모아서 일정한 방식에 따라 배열하고 편성한 리스트를 말하며 이때에는 영어로 'bibliography'라 칭합니다.

목록과 서지는 저록을 편성한 결과물이라는 점은 같지만 수록범위에서 그 성격이 다릅니다. 목록은 특정 개인이나 기관이 소장하고 있는 자료로 그 대상을 한정하는 데 반해 서지는 소장여부와 무관하다는 점에서 차이가 있습니다.

예컨대 아래 그림의 자료 중에 『한국 기독교 교육학 문헌목록』, 『한중관계논저목록』, 『추천도서목록』 등은 목록이라는 낱말이 붙었지만 소장여부와 상관없는 주제별 문헌의 리스트라는 점에서 실제로는 서지라고 불러야 합니다. 뿐만 아니라, 전공도서나 학위논문의 말미에 수록되는 참고문헌도 넓은 의미의 서지입니다.

그러나 『장서각한국본목록』, 『창원도서관 장서목록』 등은 특정 기관이 '소장'하고 있는 장서의 리스트이기 때문에 서지가 아닌 '목록'이라 불러야 합니다.

더 쉽게 예를 들자면, 책장에 꽂혀있는 내 소유의 책들을 리스트로 작성한 것은 '나의 책 목록'이지만 인터넷서점에서 읽고 싶은 책을 골라 관심상품으로 찜해둔 인터넷상의 리스트는 '나의 책 서지'가 되는 셈이지요.

옷으로 비유하면, 내 옷장에 있는 옷을 리스트로 작성한 것은 '나의 옷 목록'이지만 인터넷쇼핑몰에서 사고 싶은 옷을 골라 관심상품(wish list)으로 찜해둔 리스트는 '나의 옷 서지'랍니다. 장바구니(cart)에 담아 결제하고 옷을 받아 수령확인 버튼을 누른 후에야 '나의 옷 목록'에 포함될 수가 있어요.

둘째로는 "문헌의", "문헌에 대한"이란 뜻으로 쓰이는데 이때에는 영어로 'bibliographic'을 사용합니다.

'서지기술'은 후자로 사용되면서 "문헌의 기술", "문헌에 대한 기술"을 의미합니다.

기술은 무엇일까요?

물론, 일상생활에서 자주 쓰는 技術(technology)이 아니겠지요. 목록에서 말하는 **기술**(記述; description)이란 사전적 의미로 "대상이나 과정의 내용과 특징을 있는 그대로 열거하거나 기록하여 서술함. 또는 그런 기록"을 뜻합니다. 따라서 **서지기술**(bibliographic description)은 간단히 표현해 "문헌에 관한 것을 그대로 옮겨 씀"을 말합니다. 길게 표현하자면, 기술은 "특정한 서지 개체가 지닌 속성 요소를 일정한 틀로 표현하는 과정으로서, 특정 자원과 이와 다른 자원 또는 동일 저작의 다른 판과 구별하기 위한 일련의 서지사항을 체계적으로 기록하는 행위, 또는 이렇게 기록된 일련의 서지사항"으로 정의됩니다.

"특정한 서지 개체가 지닌 속성 요소"를 '서지요소'라 줄여 쓸 수 있습니다. 문헌의 표제, 저자명, 출판사명, 발행연도, 페이지수 같은 속성들이 서지요소입니다. 다만 앞에서 독서카드의 사례를 들었듯이 누가 기술하느냐에 따라 표제가 제일 앞에 올 수 있고 저자명이 제일 앞에 올 수 있기 때문에 미리 약속해놓은 기준인 '일정한 틀'이 필요하다는 것이지요. 그 틀을 편목규칙이라 하고, 편목규칙은 기술부와 표목부에 대한 규정으로 나뉘는데, 기술부에 대한 세계 표준이 ISBD입니다.

그러면, 기술은 왜 필요할까요?

기술의 목적은, 문헌의 실물을 직접 확인하지 못하는 상황에서 목록을 통해 간접적으로 "특정 자원과 이와 다른 자원 또는 동일 저작의 다른 판과 구별하기 위해서"입니다.

간단한 예를 들어, 아래와 같이 두 권의 책이 있다고 가정해봅시다. 만약 두 권의 책을 실물로 직접 보고 만질 수 있는 상황이라면, 우리는 왼쪽의 책을 오른쪽의 책과 쉽게 '구별'할 수 있을 겁니다.

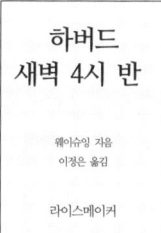 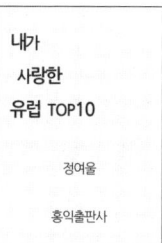

그런데, 실물로 직접 보고 만질 수 없는 상황이라면, 우리는 목록이라는 간접적 수단을 통해 각각의 책을 '구별'해야 합니다. 자, 아래 목록만으로 두 권의 책을 구별할 수 있겠습니까?

하버드 새벽 4시 반 / 웨이슈잉 지음 ; 이정은 옮김. — 서울 : 라이스메이커, 2014.
내가 사랑한 유럽 TOP10 / 정여울. — 서울 : 홍익출판사, 2014.

크게 어렵지 않게 구별할 수 있지요? 그런데 무슨 방법으로 두 권의 책이 서로 다르다는 것을 구별할 수 있었나요?

책의 표제가 서로 다르고, 저자도 다르고, 출판사도 다르기 때문에 두 권의 책은 서로 다른 개체라는 결론을 얻었다면, 정답입니다.

너무 당연한 거 아니냐구요? 네, 기술은 원래 그런 목적을 위해 하는 것이랍니다. 달랑 2건의 자료만 예시를 들었기 때문에 조금 허술해보였던 점도 있겠네요.

그러면 약간 복잡한(?) 예시를 들어보겠습니다. 이번 학기에 교육학개론을 수강하는 '두치'란 이름의 대학생이 레포트 작성을 위해 도서관에서 "홍길동이 지었고 학원출판사에서 나온 교육학개론이란 제목을 가진 책"을 꼭 읽어야 하는 상황입니다. 두치가 도서관에 가서 '교육학개론'이란 표제로 검색하니 아래와 같이 무려 100건의 자료가 결과화면에 나타났습니다.

1. 교육학개론 | 이순신 저 | 조선출판 | 2010
2. 교육학개론 | 을지문덕 지음 | 고구려출판사 | 2011
3. 교육학개론 | 강감찬 저 | 고려출판 | 2009
4. 현대교육학개론 | 연개소문 저 | 고구려출판사 | 2012
5. 교육학개론 | 홍길동 지음 | 학원출판사 | 2010
6. 교육학개론 | 홍길동 지음 | 학원출판사 | 2012
   ……
100. 교육학개론 | 해리 포터 지음 ; 홍길동 옮김 | 세계출판사 | 2007

두치는 자신이 필요로 하는 책을 어떻게 찾았을까요? 다시 말해, 두치는 자신이 지금 찾고자 하는 책과 그리고 함께 검색된 다른 책들을 어떻게 구별했을까요?

아마도 대부분은 이렇게 대답할 겁니다. "제목은 똑같지만 저자가 다르잖아요! 출판사도 다르고…"

네, 정답입니다. 만약 목록에서 저자명이나 출판사명을 나타내어주지 않는다면 두치는 표제만으로 자료를 서로 구별하기 어려웠을 것입니다.

두치는 간략서지화면의 5번과 6번 결과가 자신이 필요로 하는 자료로 판단했습니다. 그런데 5번과 6번은 같은 듯 다르게 표현되어 있습니다. 발행연도가 서로 다르니까요. 결국 두치는 5번과 6번을 마우스로 각각 클릭하여 상세서지화면으로 들어가서 6번 자료가 개정판이라는 사실을 확인한 후 6번 자료가 5번의 자료의 '다른 판'임을 '구별'할 수 있었습니다.

요컨대, 한 문헌이 갖고 있는 표제, 저자명, 출판사명, 발행연도와 같은 서지요소들은 다른 문헌과 다르다는 것을 구별해주는 기능을 하며, 그리고 이들 서지요소의 종류와 기재방법 등은 일관성 있는 목록을 위해 편목규칙에 따라야 합니다. 즉, 편목규칙이 규정한 순서와 형식에 따라 서지요소를 나열하는 것이 곧 기술입니다.

◆ ◆ ◆

그래도 잘 모르겠다구요? 그럼 할 수 없이 다른 예를 들어보겠습니다. 대학교 동아리에서 신입회원을 모집하고 있는데 홍길동이란 똑같은 이름을 가진 동명이인이 무려 10명이나 가입했습니다. 물론 얼굴을 보면 금방 구별하겠지만, 아래와 같이 서류상의 이름만으로는 10명을 구별하기 힘들겠지요.

1. 홍길동
2. 홍길동
3. 홍길동
4. 홍길동
5. 홍길동
6. 홍길동
7. 홍길동
8. 홍길동
9. 홍길동
10. 홍길동

여러분은 과연 어떤 방법으로 서류상의 10명의 홍길동을 구별하시겠습니까?

뭐, 여러 가지 방법을 동원할 수 있겠지요. 아래처럼 성별을 표기하는 방법도 좋은 방법인데, 2분법이라서 뭔가 많이 부족합니다.

1. 홍길동(남)
2. 홍길동(남)
3. 홍길동(여)
4. 홍길동(남)
5. 홍길동(여)
6. 홍길동(남)
7. 홍길동(여)
8. 홍길동(남)
9. 홍길동(여)
10. 홍길동(남)

'홍길동(국어국문학과)'처럼 학과명을 병기하는 방법도 괜찮은 방법이긴 한데, 한 학과에 동명이인이 있을 수도 있겠지요.

1. 홍길동(남/국어국문학과)
2. 홍길동(남/영어영문학과)
3. 홍길동(여/문헌정보학과)
4. 홍길동(남/국어국문학과)
5. 홍길동(여/신문방송학과)
6. 홍길동(남/물리학과)
7. 홍길동(여/제어계측공학과)
8. 홍길동(남/특수교육과)
9. 홍길동(여/간호학과)
10. 홍길동(남/미술학과)

아래처럼 생년월일을 병기하는 방법도 좋은 방법이긴 한데, 우연의 일치로 그마저도 똑같을 수 있지요.

1. 홍길동(남/국어국문학과/98-01-15)
2. 홍길동(남/영어영문학과/98-03-23)
3. 홍길동(여/문헌정보학과/99-12-25)
4. 홍길동(남/국어국문학과/98-01-15)
5. 홍길동(여/신문방송학과/99-01-02)
6. 홍길동(남/물리학과/96-04-22)
7. 홍길동(여/제어계측공학과/97-07-17)
8. 홍길동(남/특수교육과/98-03-23)
9. 홍길동(여/간호학과/98-11-11)
10. 홍길동(남/미술학과/98-12-08)

하지만 요소들을 많이 열거하면 할수록 인물을 구별하는 데 도움이 됨을 알 수 있습니다. 마침내 아래와 같이 네 번째 요소로 출신고등학교를 병기함으로써 모든 인물을 구별할 수 있게 되었습니다.

1. 홍길동(남/국어국문학과/98-01-15/우수고)
2. 홍길동(남/영어영문학과/98-03-23/최강고)
3. 홍길동(여/문헌정보학과/99-12-25/최강고)
4. 홍길동(남/국어국문학과/98-01-15/제일고)

5. 홍길동(여/신문방송학과/99-01-02/우수고)
6. 홍길동(남/물리학과/96-04-22/우수고)
7. 홍길동(여/제어계측공학과/97-07-17/무적고)
8. 홍길동(남/특수교육과/98-03-23/제일고)
9. 홍길동(여/간호학과/98-11-11/우수고)
10. 홍길동(남/미술학과/98-12-08/무적고)

어떤 사람의 성명만으로는 다른 사람과 구별되지 못하는 경우가 있으므로 이를 구별하기 위해 성별, 생년월일, 전화번호 등의 부가정보가 필요하듯이, 어떤 저작의 표제나 저자명만으로는 다른 저작과 구별되지 못하는 경우가 빈번하므로 이를 구별하기 위해 발행처, 발행년, 판차, 크기 등의 부가적인 요소가 필요합니다.

따라서, 서류상에서 어느 한 사람을 다른 사람과 구별하기 위해 이를테면 성명, 성별, 생년월일, 전화번호, 주소, 소속 등의 그 사람이 갖고 있는 사회적 속성을 나열하는 것처럼, 목록상에서 어느 한 문헌을 다른 문헌과 구별하기 위해 표제와 책임표시사항, 판사항, 발행사항, 형태사항 등의 그 문헌의 서지적 속성을 일정한 형식으로 나열하는 행위를 기술이라 합니다.

이제 기술하는 목적을 어렴풋이 이해하시겠지요? 목록에서 기술의 목적은 특정 자료와 다른 자료를 구분하고 해당 자료의 다른 판과 구분할 수 있도록 자료의 내용과 범위, 서지적 관계 등 그 자료가 지닌 중요한 특성을 기술하고, 해당 자료의 다른 판 및 다른 자료의 저록과 일관성을 유지하며 이용자들의 관심에 적합한 데이터를 제시하는 데 있습니다.

ISBD의 저록에 포함되는 일반적인 기술요소는 아래와 같이 크게 아홉 가지로 나눌 수 있으며, 다만 자료의 유형에 따라 기술요소 중 일부를 달리할 수 있습니다. 아래 요소들 중에 [M]은 필수요소, [MA]는 자원에 적용할 요소가 있을 경우 필수요소, [R]은 반복할 수 있는 요소임을 뜻합니다. 아마도 이 순서를 생애 최초로 접했을 때 큰 압박감(?)을 느낄 수도 있을 텐데요, 결코 두려워할 필요가 없습니다. 처음 보기 때문에 낯설게 여겨지는 것일 뿐, 기초적인 원리만 차근차근 습득한다면 나중에 충분히 이해할 수 있습니다.

0. 내용형식과 매체유형영역(Content form and media type area)
   내용형식(Content Form) [M][R]
   ( ) 내용한정어(content qualification) [MA]
   ; 두 번째 내용한정어(subsequent content qualification) [R]
   : 매체유형(Media Type) [M]

1. 표제와 책임표시영역(Title and statement of responsibility area) [M]

    본표제(Title proper) [MA]

    = 대등표제(Parallel title) [R]

    : 표제관련정보(Other title information) [R]

    책임표시(Statements of responsibility)

    / 첫 번째 책임표시(First statement) [MA]

    ; 역할이 다른 성격의 책임표시(Subsequent statement) [R]

2. 판영역(Edition area)

    판표시(Edition statement) [MA]

    = 대등판표시(Parallel edition statement) [R]

    판에 대한 책임표시(Statements of responsibility relating to the edition)

    / 첫 번째 저자표시(First statement) [MA]

    ; 역할이 다른 성격의 저자표시(Subsequent statement) [R]

    , 부차적 판표시(Additional edition statement) [MA][R]

    부차적판표시에 따른 저자표시(Statements of responsibility following an additional edition statement)

    / 첫 번째 책임표시(First statement) [MA]

    ; 역할이 다른 성격의 책임표시(Subsequent statement) [R]

3. 자료특성영역(Material or type of resource specific area) [R]

4. 발행영역(Publication, production, distribution, etc, area)

    발행지, 배포지(Place of publication and/or distribution)

    첫 번째 발행지(First place) [M]

    ; 두 번째 이하의 발행지(Subsequent place) [R]

    : 발행처, 배포처(Name of publisher, producer or distributor) [M][R]

    , 발행년, 배포년(Date of publication, producer or distribution) [M]

    ( ) 인쇄정보(Printing information)

5. 자료기술영역(Material description area) [R]

    수량(Extent)

    : 기타형태사항(Other physical details)

    ; 크기(Dimensions)

    + 딸림자료표시(Accompanying material statement) [R]

6. 총서영역(Series area) [R]

    총서, 하위총서 또는 다권본의 본표제(Title proper of series, subseries, or multipart monographic resource) [MA]

    = 총서, 하위총서 또는 다권본의 대등표제(Parallel title of series, subseries, or multipart monographic resource) [R]

: 총서, 하위총서 또는 다권본의 표제관련정보(Other title information of series, subseries, or multipart monographic resource) [R]

총서, 하위총서 또는 다권본에 대한 책임표시(Statements of responsibility relating to the series, subseries, or multipart monographic resource)

/ 첫 번째 책임표시(First statement)

; 역할이 다른 성격의 책임표시(Subsequent statement) [R]

, 총서 또는 하위총서의 ISSN(International Standard Serial Number of series or subseries) [MA]

; 총서, 하위총서 또는 다권본의 권호(Numbering within series, subseries, or multipart monographic resource) [MA]

7. 주기영역(Note area) [R]
8. 자원식별자와 입수조건영역(Resource identifier and terms of availability area) [R]

자원식별자(Resource identifier) [MA]

: 입수조건(Terms of availability) [R]

ISBD의 특징 중 가장 중요한 것은 구두법입니다. 구두법은 각 기술요소의 성격을 나타내고 기술요소의 구분을 위해 고안된 것이며, 기술요소 앞에 표기합니다.

구두점	명칭	용법
/	빗금(diagonal slash)	첫 번째 책임표시 앞
=	등호(equal sign)	대등표제, 총서의 대등표제
:	쌍점(colon)	표제관련정보 앞, 발행처 앞, 기타형태사항 앞, 입수조건 앞 등
;	쌍반점(semicolon)	역할이 나른 책임표시 앞, 크기 앞, 총서권호 앞 등
.	온점(full stop)	각 영역의 마지막
,	쉼표(comma)	역할이 동일한 책임표시 사이, 발행년 앞, 동일 자료기술사항 사이 등
-	붙임표(hypen)	표제와 책임표시사항을 제외한 모든 기술사항 앞에 온점, 빈칸, 붙임표, 빈칸(. -)으로 사용하며, 기술사항이 새 단락으로 시작할 때는 사용하지 않는다.
…	석점줄임표(mark of omission)	본표제가 매우 길어서 일부분을 생략할 때
( )	원괄호(parentheses)	총서주기 등 특정요소의 정보를 묶어서 표기할 때
[ ]	각괄호(square brackets)	기술사항을 기본정보원 이외의 정보원으로부터 채기하였을 때
+	덧셈표(plus sign)	딸림자료 앞

예를 들어, 클래식 애호가가 아닌 사람에게는 아래의 곡명이 어렵게 느껴질 수밖에 없습니다.

Mozart: Serenade No.13 for strings in G major, K.525 "Eine Kleine Nachtmusik"

하지만 클래식 음악의 표기는 서지기술에 비해 상대적으로 간단한(?) 편입니다. 작곡가, 곡명(악기종류, 음악종류), 조성, 작품번호, 별칭의 순서만 기억하면 되니까요. 작품번호는 보통 Op.와 No.를 쓰나 작곡가별로 바흐의 작품은 BWV, 모차르트는 K. 등 다른 기호를 쓰기도 한다는 사실만 알면 됩니다. 위 곡은 모차르트가 만든 13번째 세레나데, G major는 G장조, K.525는 모차르트의 525번째 작품임을 뜻하고, "Eine Kleine Nachtmusik"은 널리 알려진 별칭입니다. 우리말로 "모차르트의 세레나데 제13번 G장조, 작품번호 525번, 소야곡(小夜曲)"으로 풀어쓸 수 있습니다. 따라서 이 원리만 알아두면 클래식 음악의 곡명이 더 이상 두렵지(?) 않을 것입니다.

Bach: Orchestral Suite No. 3 in D major, BWV 1068: II. Air, "Air on a G String"
Beethoven: Piano Sonata No.14 in C# minor, Op.27 No.2 'Moonlight'
Elgar: Cello Concerto in E minor Op.85

바흐의 관현악모음곡 제3번 D장조, 작품번호 1068번, 제2곡 아리아, "G선상의 아리아"
베토벤의 피아노소나타 제14번 C#단조, 작품번호 27-2번, "월광"
엘가의 첼로 협주곡 E단조, 작품번호 85번

요점정리

- 서지기술이란 한 문헌이 여타의 문헌들과 서로 다르다는 것을 구별하기 위한 목적으로 문헌의 서지적 속성을 일정한 형식으로 나열하는 행위를 말한다.
- 서지기술을 국제적으로 표준화한 것이 ISBD이다.

2
목록의 요소 익히기

2.1 표목과 부출을 모르면 목록을 이해할 수 없다

편목을 공부할 때에는 세 번의 큰 고비를 만나게 됩니다. 표목과 부출, MARC의 구조, FRBR라는. 지금 막, 첫 번째 큰 산에 도착한 상황입니다. 이 '표목과 부출'이라는 산을 넘지 않고서는 나머지 2개의 큰 산을 절대 정복할 수 없습니다.

표목(標目: heading)이란 "목록에서 접근점을 제시하기 위해 저록의 첫머리에 놓는 낱말 혹은 어구"를 뜻합니다. 쉽게 비유하자면, 사전에서 설명할 용어들을 배열의 기준으로 삼는 동시에 접근점으로 사용하는 표제어와 같은 역할을 하는 요소입니다. 사전에서 특정 용어를 찾고자 할 때 표제어를 훑어보며 찾는 것처럼, 목록에서도 특정 자료를 찾고자 할 때 표목을 훑어보며 찾아야 합니다.

표목은 그렇다손 치더라도 **부출**(副出; added entry)에 대해 이해하려면, 어쩔 수 없이(?) 예전에 사용하던 카드형목록에 대해 알아야 합니다.

주지하다시피 초창기의 목록은 책자형으로 만들어졌습니다. 칼리마코스(Kallimachos)의 피나케스(Pinakes)를 기원으로 하는 **책자형목록**은 네덜란드의 라이덴(Leiden)대학에서 1595년에 편찬한 'Nomenclator'가 세계 최초로 알려져 있으며, 그밖에도 1674년 하이드(Thomas Hyde)가 펴낸 보들리언도서관목록(Catalogus Impressorum Librorum), 1874년 커터가 만든 보스턴애서니엄 도서관목록(Catalogue of the Library of the Boston Athenæum), 대한민국 국립중앙도서관이 1965년부터 2003년까지 발간한 대한민국출판물총목록 등이 대표적입니다.

책자형목록은 ① 한 면에 많은 저록을 수록하고 있으므로 훑어보기 편리하고, ② 휴대가 용이함에 따라 도서관이 아닌 다른 장소에서도 이용이 가능하며, ③ 부피가 작아 목록을 비치할 공간을 덜 소모하므로 경제적이고, ④ 복본을 마련하여 여러 곳에서 많은 사람이 동시에 이용할 수 있는 장점을 가집니다. 그럼에도 불구하고, 새로운 저록을 삽입하기가 사실상 불가능하므로 최신성을 유지하기 어려웠고, 한 번 제작할 때마다 인쇄에 많은 비용이 소요되는 단점이 만만치 않았습니다. 책자형목록의 이러한 단점을 보완하기 위해 나타난 형태가 카드형목록입니다.

카드형목록(card catalog)은 낱장의 카드에 한 건의 목록을 만들어 이를 서랍에 보관하는 형태를 말합니다. 개개의 자료에 대한 저록을 일정한 크기의 카드에 작성하고 이를 목록함에 삽입하여 일정한 순서로 배열하였습니다.

카드가 목록으로 사용된 것은 1789년경 프랑스 파리에서 출판물의 색인 작성에 카드를 활용하기 시작한 것이 시초이며, 1791년에 제정된 프랑스편목규칙(French Cataloging Code)은 프랑스의 혁명정부가 국유화한 왕실도서관, 수도원도서관, 귀족의 개인문고 등의 소장자료를 국가종합목록을 작성하기 위해 카드로 목록을 만들 것을 규정하였습니다. 이후 미국에서는 1835년에 하버드대학 도서관에서 최초로 카드형목록을 도입하였고, 1850년경부터 사무용과 열람용으로 보급이 확대되었습니다. 책자형목록을 만들었던 커터는 카드형목록의 가치를 알아차리고 듀이(Melvil Dewey)와 함께 카드형목록의 개발에 힘을 보탬으로써 카드형목록은 순식간에 책자형목록을 대체하게 되었습니다. 카드형목록은 20세기에 자동화목록이 나타나기 전까지 세계적으로 가장 널리 활용된 목록이었습니다. 뿐만 아니라 카드형목록의 편성을 위한 기본표목, 부출표목 등의 주요 개념은 근대의 편목규칙과 현대의 기계가독목록형식(MARC) 제정에 직접적인 영향을 주었습니다.

오늘날 사용하는 MARC은 카드형목록의 유산이라 해도 과언이 아닙니다.

특히 표목이나 부출은 과거 카드형목록의 흔적이 가장 짙게 남아 있는 부분이지요. 따라서 표목과 부출의 개념을 제대로 이해하기 위해서는 카드형목록부터 살펴볼 필요가 있습니다. 카드형목록을 경험해본 거의 마지막 세대로서, 제가 기억하고 있는 범위 내에서 천천히 설명을 드려볼까 합니다.

초창기에 나타난 목록의 형태는 책자형목록이라 했습니다. 요즘은 우리가 지인들의 전화번호를 휴대폰에 저장해놓고 필요 시 '통화' 버튼을 눌러 전화를 겁니다만, 휴대폰이 대중화되지 않았던 1990년대 초에는 전화번호-와 삐삐번호-를 다이어리에 기록해놓고 연락할 일이 있을 때 이를 뒤져 전화번호를 찾아야 했어요.

지인들이 스무 명, 서른 명 남짓이면 주로 나와 친한 순서-즉, 자주 연락하는 순서-대로 이름과 전화번호를 기록하는 방법을 택했습니다. 그러다 인맥을 쌓고 지인이 늘어나게 되면 알게 된 순서대로 그 사람의 연락처를 기록하는데, 100명, 200명이 넘어가면 특정인의 연락처를 찾기 불편해집니다. 어쩔 수 없이 전화번호 수첩을 새로 구입해 아래의 그림처럼 성명(상호)의 가나다순으로 재정리를 합니다. 그러면 특정인의 연락처를 찾기 수월해지니까요.

강하나	555-5000	...	...
김미영	517-5236	...	...
김선정	255-4567	조은시스템	867-4775
김성규	888-5267	최미란	755-6537
김정환	465-7455	한동연	445-8647
...	...	홍미화	674-8342
...	...	황성훈	956-4352

문제는 사회생활을 하다보면 연락처가 끊임없이 늘어난다는 사실입니다. 일례로 '김민희'란 사람을 알게 되었는데 그의 연락처를 수첩에 추가하기 어려웠습니다. 몇 명 수준이면 아래 그림처럼 억지로(?) 삽입하는 방법을 동원할 테지만, '김미영'와 '김선정' 사이에 수십 명의 연락처를 삽입하는 건 사실상 불가능합니다.

김민희 650-4978	강하나	555-5000	...	...
	김미영	517-5236	...	...
	김선정	255-4567	조은시스템	867-4775
	김성규	888-5267	최미란	755-6537
	김정환	465-7455	한동연	445-8647
	...	...	홍미화	674-8342
	...	...	황성훈	956-4352

여러분 같으면 어떻게 하시겠습니까? 수첩을 새로 구입해서 재정리하면 된다고 생각할 수 있을 건데, 또 연락처가 늘어날 텐데 그때마다 수첩을 구입할 수는 없잖아요.

발상을 전환해, 전화번호부를 수첩이 아닌 카드 형태로 바꿔보겠습니다.

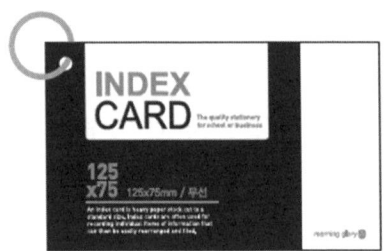

한 장의 카드에 한 사람의 연락처만 기록하고 이를 가나다순으로 정렬하면, 모양새는 비록 우스워 보일지라도, 훌륭한 전화번호부가 됩니다. 이 카드형 전화번호부가 수첩형보다 나은 점은, 중간에 새로운 연락처를 삽입하기 훨씬 수월하다는 것이지요. 아래 그림처럼 '김민희' 카드를 새로 만들어 고리를 푼 다음 '김미영' 카드와 '김선정' 카드 사이에 끼워 넣고 고리를 잠그면 깔끔하게 재정렬되니까요.

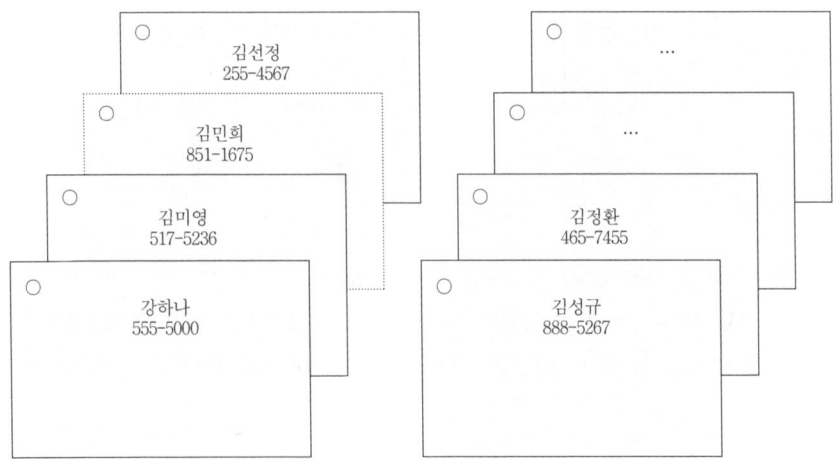

필요에 따라 카드를 제거하는 것도 어렵지 않습니다. 김성규와 크게 다퉈 더 이상 연락하지 않기로 했다고 마음먹었다면 그의 카드를 빼버리면 그만입니다. 수첩이라면 제거의 의미로 빨간색 줄을 그어서 흔적이 남을 테지만 카드는 아무런 흔적이 남지 않잖아요. 카드형 전화번호부는 이렇듯 항목의 추가 및 제거가 용이하다는 게 큰 장점입니다. 굳이 단점을 찾자면 수첩형 전화번호부에 비해 부피가 크다는 점을 들 수 있겠네요.

도서관목록도 마찬가지였습니다. 처음엔 책자형목록으로 만들었는데 도서관의 자료가 계속 증가하면 자연히 그에 따른 목록도 늘어나므로, 이미 인쇄된 목록에 새로운 저록을 삽입하기 위해서는 책자를 새로 만드는 방법밖에 없었습니다. 그러기 위해서는 비용이 너무 많이 소요되기 때문에 책자형목록의 단점을 보완하기 위해 결국에는 카드형목록으로 전환하게 되었답니다.

설명이 길었는데, 왜 도서관목록을 책자형에서 카드형으로 바꾸어 사용했는지 어렴풋이나마 이해가 될 것으로 생각합니다. 자, 그렇다면 카드형목록은 실제로 어떻게 만들어 썼을까요? 아래 그림과 같은 10책의 도서관자료가 있다고 가정해봅시다. 자료가 더 많을수록 이해에 도움이 되겠지만 지면 관계상 10개만 예시로 들었습니다.

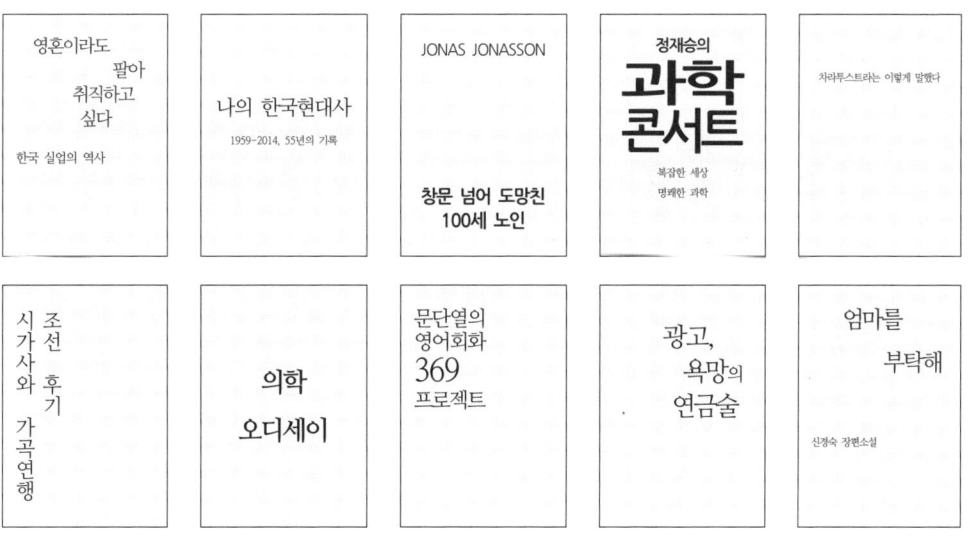

위의 자료들을 영미편목규칙(AACR2)에 따라 카드형목록으로 편목하면 아래의 그림과 같은 **기본저록**(main entry)을 만들 수 있습니다.[8]

```
321.526        강준만, 1956-
강76ㅇ             영혼이라도 팔아 취직하고 싶다 : 한국
               실업의 역사 / 강준만 지음. -- 서울 : 개
               마고원, 2010.
                 280 p. : 삽화 ; 21 cm.

                 ISBN 978-89-5769-117-5 : ₩12000

                 1. 321.526  2. 325.33  3. 실업(실직)
               [失業].  4. 취업[就業].  Ⅰ. 표제.
```

```
911.07         유시민, 1959-
유58ㄴ             나의 한국현대사 : 1959-2014, 55년의
               기록 / 유시민 지음. -- 파주 : 돌베개, 20
               14.
                 423 p. : 삽화, 도표 ; 23 cm.

                 참고문헌: p. 419-423
                 ISBN 978-89-7199-609-6 : ₩18000

                 1. 911.07   2. 한국 현대사[韓國現代
               史].  Ⅰ. 표제.
```

```
859.7          요나손, 요나스, 1961-
요192ㅊ            창문 넘어 도망친 100세 노인 : 요나스
               요나손 장편소설 / 요나스 요나손 지음 ;
               임호경 옮김. -- 파주 : 열린책들, 2013.
                 508 p. ; 19 cm.
                 원표제: Hundraaringen som klev ut gen
               om fonstret och forsvann
                 ISBN 978-89-329-1619-4 : ₩13800

                 1. 859.7  2. 스웨덴 문학[―文學].  Ⅰ.
               표제.  Ⅱ. 임호경.
```

```
404            정재승, 1972-
정73ㅈ             정재승의 과학 콘서트 : 복잡한 세상 명
               쾌한 과학 / 정재승 지음. -- 개정증보판.
               -- 서울 : 어크로스, 2011.
                 360 p. : 천연색삽화 ; 23 cm.

                 ISBN 978-89-965887-3-3 : ₩13500

                 1. 404  2. 과학(학문)[科學].  Ⅰ. 표
               제.
```

```
165.77         니체, 프리드리히, 1844-1900.
니83ㅊ             차라투스트라는 이렇게 말했다 / 프리드
               리히 니체 지음 ; 강두식 옮김. -- 서울 :
               누멘, 2010.
                 400 p. ; 19 cm

                 참고문헌: p. 400
                 원표제: Also sprach Zarathustra
                 원저자명: Friedrich Wilhelm Nietzsche
                 ISBN 978-89-93800-34-0 : ₩9000

                 1. 165.77   2. 독일 철학[獨逸哲學].
               Ⅰ. 강두식.  Ⅱ. 표제.
```

```
811.2509       신경숙, 1953-
신145ㅈ            조선 후기 시가사와 가곡 연행 / 신경숙
               지음. -- 서울 : 高麗大學校 民族文化硏究
               院, 2011.
                 413 p. : 악보 ; 23 cm. -- (民族文化硏
               究叢書 ; 117)

                 참고문헌(p. 383-393)과 색인수록
                 ISBN 978-89-7155-073-1 : ₩20000

                 1. 811.2509  2. 가사 문학[歌辭文學].
               3. 조선 시가[朝鮮詩歌].  Ⅰ. 표제.  Ⅱ.
               총서표제.
```

---

8) 한국목록규칙(KCR)로 편목하지 않은 이유는 3판 이후 표목부에 대한 규칙이 없기 때문입니다. 표목에 대한 설명을 위해 부득이하게 AACR2를 적용하였습니다. 또한 4인 이상 공저서의 경우 AACR2에서는 대표저자만 부출하도록 규정하고 있으나, 카드목록의 지면(紙面) 제약이 없는 오늘날 온라인목록의 환경을 반영하여 모든 공저자를 부출지시하였습니다.

```
510.9         의학 오디세이 : 인간의 몸, 과학을 만나다 /
의92ㅇ         강신익, 신동원, 여인석, 황상익 지음. —
              서울 : 역사비평사, 2007.
               279 p. : 삽화, 초상 ; 23 cm.

               ISBN 978-89-7696-269-0 : ₩12000

               1. 510.9   2. 의학 역사[醫學歷史].
              Ⅰ. 강신익.   Ⅱ. 신동원.   Ⅲ. 여인석.
              Ⅳ. 황상익
```

```
747.5         문단열, 1964-
문22ㅁ         문단열의 영어회화 369 프로젝트 / 문단
              열, 편글리시 지음. — 서울 : 길벗이지톡,
              2005.
               273 p. : 삽화 ; 23 cm. + CD 6매

               참고문헌과 색인수록
               ISBN 978-89-90279-79-8 : ₩19800

               1. 747.5   2. 영어 회화[英語會話].  Ⅰ.
              편글리시.   Ⅱ. 표제.
```

```
325.7         강준만, 1956-
강76ㄱ         광고, 욕망의 연금술 / 강준만, 전상민
              지음. — 서울 : 인물과사상사, 2007.
               414 p. : 삽화 ; 23 cm.

               참고문헌: p. 405-414
               ISBN 978-89-5906-066-5 : ₩13000

               1. 325.7   2. 광고[廣告].   Ⅰ. 전상민.
              Ⅱ. 표제.
```

```
813.7         신경숙, 1963-
신14ㅇ         엄마를 부탁해 : 신경숙 장편소설 / 신
              경숙 지음. — 파주: 창비, 2008.
               299 p. ; 22 cm.

               ISBN 978-89-364-3367-3 : ₩10000

               1. 813.7   2. 한국 현대 소설[韓國現代
              小說].   Ⅰ. 표제.
```

카드형목록에서 한건의 저록은 크게 네 가지의 요소로 나눌 수 있습니다.

① 표목 : 저록의 배열위치를 결정하는 요소로, 검색도구의 기능을 합니다.
② 기술 : 표제나 책임표시, 판사항, 발행사항 등 문헌의 외형에 관한 데이터로서, 특정 저작이나 특정 저작의 한 판을 다른 저작이나 다른 판과 식별하는 기능을 합니다.
③ 표목올림지시(tracing) : 기드형목록에서 열람용 **목록을** 편성하기 위해 복수의 저록을 작성할 때 저록의 표목을 부출할 것을 지시하는 기능을 하며, 부출지시라고도 합니다.
④ 청구기호 : 자료의 소재를 지시하는 기능을 합니다.

이 요소들이 카드형목록에서 어떻게 배치되는 지를 나타내면 다음의 그림과 같습니다. 이를 목록의 3대 기능에 대입하면 표목부는 검색(집중)기능, 기술부는 식별기능, 청구기호는 소재지시기능을 각각 수행하게 됩니다.

```
┌─────────────────────────────────────────────────┐
│  ┌──────────┐                                   │
│  │ 청구기호 │                                   │
│  ├──────────┤                                   │
│  │  325.7   ┌─────────────────────────┐         │
│  │  강76ㄱ  │ 강준만, 1956-           │  표목부 │
│  │          ├─────────────────────────┤         │
│  │          │ 광고, 욕망의 연금술 / 강준민, 전상민 지음.│
│  │          │ -- 서울 : 인물과사상사, 2007. │         │
│  │          │   414 p. : 삽화 ; 23 cm. │  기술부 │
│  │          │                          │         │
│  │          │   ISBN 978-89-5906-066-5 : ₩13000 │
│  │          ├─────────────────────────┤         │
│  │          │ 1. 325.7  2. 광고[廣告]. Ⅰ. 전상민. Ⅱ. │ 표목올림지시 │
│  │          │ 표제.                    │  (부출지시)  │
│  └──────────┴─────────────────────────┘         │
│                     ◯                            │
└─────────────────────────────────────────────────┘
```

카드형목록은 표목의 자음순으로 배열되기 때문에 이용자는 표목부를 훑어보면서 자신이 원하는 자료가 그 도서관에 소장되어 있는지 여부를 확인합니다. 그래서 '표목부 = 검색기능'입니다. 검색했는데 만약 표목이 동일한 자료들이 여럿 있다면 기술부를 훑어보면서 여러 자료들 중에서 자신이 원하는 자료를 구별해냅니다. 그래서 '기술부 = 식별기능'입니다.

내가 원하는 자료가 도서관에 소장되어 있다는 것을 식별했다면 청구기호를 통해 서가상의 위치를 확인할 수 있습니다. 그래서 '청구기호 = 소재지시기능'입니다.

표목은 목록의 배열수단이자 검색수단입니다.

앞서 언급한 바와 같이, 한국목록규칙(KCR)은 제3판부터 표목부에 대한 규정이 존재하지 않습니다. 따라서 영미편목규칙(AACR)을 기준으로 표목을 설명하겠습니다.

한 저록의 가장 기본이 되는 검색요소를 표목으로 설정한 사항을 **기본표목**(main entry heading)이라 합니다. 기본표목의 대상이 되는 요소는 **개인저자명, 단체저자명, 표제, 통일표제**의 네 가지 뿐입니다(더 줄이면, **저자명**과 **표제**만 기본표목이 될 수 있습니다). AACR은 저자명을 자료검색에 기본이 되는 사항으로 채택하여 이를 중심으로 저록을 작성하는 **저자기본저록 원칙**을 채택하였습니다. 저자명을 기본표목으로 규정한 이유는 특정 저자의 모든 저작과 특정 저작의 상이한 판(개정판, 번역서 등)을 저작 단위로 집중하기 위해서입니다.

AACR2의 표목부에 대한 규정은 그 분량이 방대합니다. 기본표목을 어떻게 선정하느냐에 관한 규정만 최소한으로 줄여보면 아래의 표와 같이 간추릴 수 있습니다.

표목대상		자료유형		기본표목	부출표목
저자명	개인명	개인저서		개인저자	
		공저서(3인 이하)		대표저자 또는 최초 기술된 저자	공저자
		개작·각색한 자료		개작자, 각색자	원저자
		원문과 주석을 수록한 자료	주석이 강조된 자료	주석자, 해석자	원저자
			원문이 강조된 자료	원저자	주석자
		번역서		원저자	역자
		전기서·비평서	책임저자	저자	피전자
			단순편찬	피전자	편자
	단체명	단체의 행정적 성격을 다룬 자료		단체명	
		법률자료, 정부간행물, 종교자료		단체명	
		단체의 집단적 사상을 기술한 자료		단체명	
		회의, 탐험, 회합		회의명	
표제	표제	무저자, 저자불명 도서		표제	
		저자책임이 분산된 자료(4인 이상)		표제	대표저자
		합집이나 편집자 주관 하의 저작		표제, 종합표제	공저자
		연속간행물		표제	
	통일표제	무저자, 저자불명의 고전작품		춘향전, Arabian Nights	
		종교경전(성서, 불전, 코란, 탈무드 등)		불전. 천수경 성서. 신약. 한국어	

위 규정에 따라 『창문 넘어 도망친 100세 노인』은 원저자인 요나스 요나손이 기본표목이 되며 번역자인 임호경은 부출표목이 됩니다. 공저서인 『광고, 욕망의 연금술』은 대표저자인 강준만이 기본표목이 되며 공저자인 전상민은 부출표목이 됩니다. 그러나 『의학 오디세이』처럼 공저서이지만 저자가 4인 이상인 경우에는 책임이 분산되었다고 보아 표제를 기본표목으로 채택하되 대표저자는 부출표목이 됩니다. 기본저록을 만드는 순서는 아래의 그림과 같이 설명할 수 있습니다. 먼저 ①과 같이 기술부를 작성합니다. 기술부를 완성한 다음에 기본표목을 선정하여 ②와 같이 기술부 상단에 작성합니다.9) 부출표목을 채택하여 ③과 같이 표목올림지시합니다. 마지막으로 ④와 같이 청구기호를 왼쪽 상단에 기재합니다. 이러한 절차로 기본저록을 만드는 방식을 **기본기입방식**이라 불렀습니다.

---

9) 단, 『의학 오디세이』처럼 표제가 기본표목인 경우에는 표제가 제일 앞부분부터 시작되는 기술부만으로 종결합니다.

①
```
       광고, 욕망의 연금술 / 강준만, 전상민
       지음. — 서울 : 인물과사상사, 2007.
       414 p. : 삽화 ; 23 cm.

       참고문헌: p. 405-414
       ISBN 978-89-5906-066-5 : ₩13000
```

②
```
   강준만, 1956-
       광고, 욕망의 연금술 / 강준만, 전상민
       지음. — 서울 : 인물과사상사, 2007.
       414 p. : 삽화 ; 23 cm.

       참고문헌: p. 405-414
       ISBN 978-89-5906-066-5 : ₩13000
```

③
```
   강준만, 1956-
       광고, 욕망의 연금술 / 강준만, 전상민
       지음. — 서울 : 인물과사상사, 2007.
       414 p. : 삽화 ; 23 cm.

       참고문헌: p. 405-414
       ISBN 978-89-5906-066-5 : ₩13000

       1. 325.7  2. 광고[廣告].  Ⅰ. 전상민.
       Ⅱ. 표제.
```

④
```
325.7
강76ㄱ
       강준만, 1956-
       광고, 욕망의 연금술 / 강준만, 전상민
       지음. — 서울 : 인물과사상사, 2007.
       414 p. : 삽화 ; 23 cm.

       참고문헌: p. 405-414
       ISBN 978-89-5906-066-5 : ₩13000

       1. 325.7  2. 광고[廣告].  Ⅰ. 전상민.
       Ⅱ. 표제.
```

　　기본저록을 수록한 카드는 자료의 서지정보가 완전히 기재된 기본적인 카드로서 이 카드를 복제한 후 부출(표목을 추가)해서 개개의 저록을 작성할 수 있습니다. 목록을 편성할 때 필요한 저록을 몇 장씩 복제하는 경우 그 기준이 되는 카드를 **단위카드**(unit card)라고 하며, 통상적으로 기본저록카드가 곧 단위카드가 됩니다.

　　기본저록 카드의 하단에 있는 표목올림지시는 부출지시라고도 하는데, 기본표목 이외에 표목이 될 수 있는 요소를 작성하는 영역입니다. 기본표목 이외에 표목이 될 수 있는 표목은 **부표목**이라 하며, **부출표목**과 **분출표목**으로 나눕니다. 분출표목의 사용법은 부출표목과 대동소이하므로 부출표목에 대해 먼저 설명하겠습니다.

　　표목이 될 수 있는 요소는 **저자명, 표제, 주제명, 분류기호**의 오직 네 가지뿐입니다. 이중에서 저자명과 표제만 기본표목이 될 수 있습니다. 기본표목으로 채택된 것 이외의 나머지 저자명, 표제, 주제명, 분류기호는 부출표목으로 채택하여 저자목록, 표제목록, 주제명목록, 분류목록의 용도로 사용하게 됩니다.

기본표목 위에 또 다른 표목을 덧붙이는 행위를 부출이라 합니다.

아래 그림에서 대표저자를 기본표목으로 채택한 ①의 기본저록은 저자목록으로 사용할 수 있습니다. 표목올림지시의 순서대로 부출하면 분류기호 '325.7'을 ②의 그림과 같이 기본표목 상단에 덧붙입니다. 위쪽에 덧붙인다(add)고 해서 부출을 영어로 'added entry'라고 합니다. 이렇게 부출한 ②의 부출저록은 분류목록의 용도로 사용하게 됩니다. 그 다음에 주제명 '광고[廣告]'를 ③의 그림과 같이 기본표목 상단에 부출하여 주제명목록으로 사용합니다. 세 번째로 표목올림으로 지시된 공저자 '전상민'을 ④의 그림과 같이 기본표목 상단에 부출하여 저자목록으로 사용합니다. 마지막으로 표제를 ⑤의 그림과 같이 기본표목 상단에 부출하여 표제목록으로 사용합니다.

①
```
325.7      강준만, 1956-
강76ㄱ        광고, 욕망의 연금술 / 강준만, 전상민
           지음. -- 서울 : 인물과사상사, 2007.
             414 p. : 삽화 ; 23 cm.

           참고문헌: p. 405-414
           ISBN 978-89-5906-066-5 : ₩13000

            1. 325.7  2. 광고[廣告].  Ⅰ. 전상민.
           Ⅱ. 표제.
```

②
```
325.7                           325.7
강76ㄱ      강준만, 1956-
             광고, 욕망의 연금술 / 강준만, 전상민
           지음. -- 서울 : 인물과사상사, 2007.
             414 p. : 삽화 ; 23 cm.

           참고문헌: p. 405-414
           ISBN 978-89-5906-066-5 : ₩13000
```

③
```
325.7      광고[廣告]
강76ㄱ      강준만, 1956-
             광고, 욕망의 연금술 / 강준만, 전상민
           지음. -- 서울 : 인물과사상사, 2007.
             414 p. : 삽화 ; 23 cm.

           참고문헌: p. 405-414
           ISBN 978-89-5906-066-5 : ₩13000
```

④
```
325.7      전상민.
강76ㄱ      강준만, 1956-
             광고, 욕망의 연금술 / 강준만, 전상민
           지음. -- 서울 : 인물과사상사, 2007.
             414 p. : 삽화 ; 23 cm.

           참고문헌: p. 405-414
           ISBN 978-89-5906-066-5 : ₩13000
```

⑤

```
325.7      광고, 욕망의 연금술.
강76ㄱ     강준만, 1956-
           광고, 욕망의 연금술 / 강준만, 전상민
           지음. — 서울 : 인물과사상사, 2007.
           414 p. : 삽화 ; 23 cm.

           참고문헌: p. 405-414
           ISBN 978-89-5906-066-5 : ₩13000
```

위 그림에서 실선으로 표시한 한 장의 카드는 기본저록이며, 점선으로 표시한 네 장의 카드는 부출저록입니다. 다시 말해, 기본저록의 표목올림지시를 통해 부출저록이 4개 만들어졌다는 뜻이지요. 결과적으로 자료 1건에 대해 목록카드가 5개 만들어진 것입니다. 4개의 부출저록은 순서대로 분류부출저록, 주제명부출저록, 저자명부출저록, 표제부출저록으로서 각각 분류목록, 주제명목록, 저자목록, 표제목록의 서로 다른 용도로 사용됩니다.

그럼 지금부터 목록을 실제로 편성해볼까요!

첫째, 앞에서 예시로 든 10권의 자료에 대한 기본저록을 바탕으로 분류부출저록을 만들어, 분류기호의 순으로 정렬하면 아래의 그림과 같습니다. 이것이 곧 분류목록입니다.

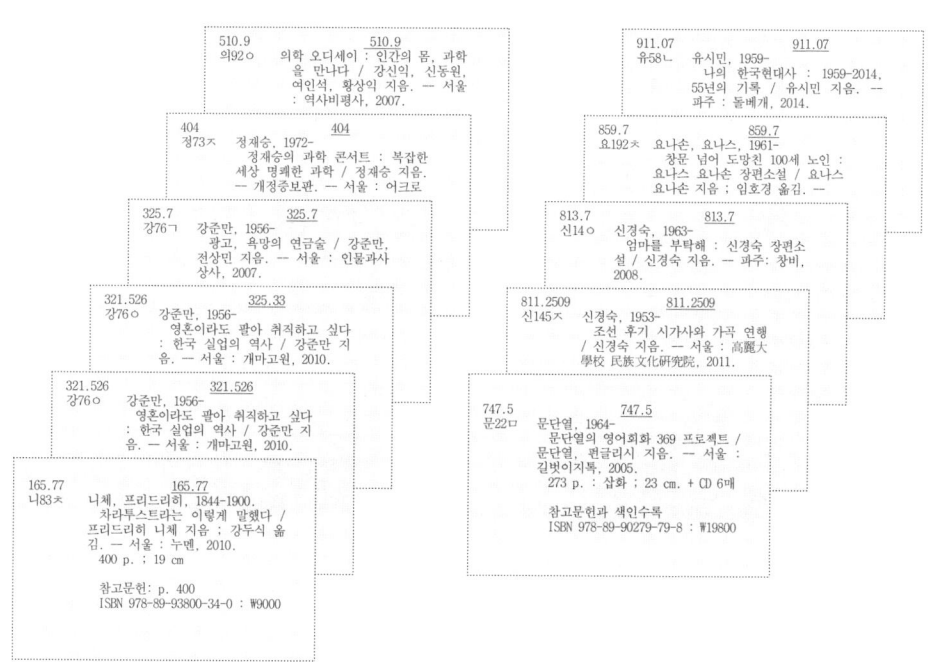

그런데 위 그림을 보면 10개가 아니라 11개의 카드가 정렬되어 있습니다. 왜 그럴까요? 그 이유는 『영혼이라도 팔아 취직하고 싶다』가 2개의 분류기호를 갖기 때문입니다. 한 자료가 두 가지 이상의 주제를 다룰 경우 2개 이상의 분류기호를 부여할 수 있습니다. 하지만 하나의 자료는 도서관 서가에 물리적으로 한 곳에만 배열할 수밖에 없으므로, 다른 주제를 통해 그 자료를 찾을 수 있도록 하기 위해서는 새로운 분류기호를 부출한 또 하나의 카드를 만들어야 합니다. 『영혼이라도 팔아 취직하고 싶다』의 경우 실직(321.526)과 취업(325.33)이라는 두 가지 주제를 다루고 있는데, 서가상의 배열을 위한 분류기호는 321.526을 부여하고 목록상의 또 다른 배열을 위해 325.33을 부출한 것이지요. 따라서 이 자료는 분류목록을 통해 321.526으로 접근해서 찾을 수 있고 325.33으로 접근해도 찾을 수 있게 됩니다.

둘째, 10권의 자료에 대한 기본저록을 통해 주제명부출저록을 만들어, 모든 카드를 주제명 순으로 정렬하면 아래의 그림과 같습니다. 이것은 곧 주제명목록이 됩니다.

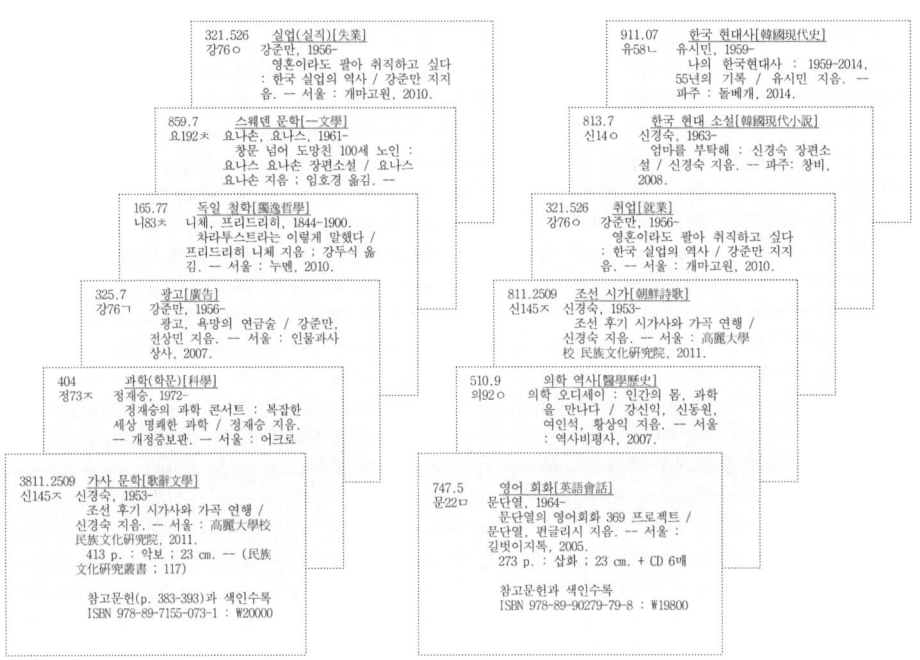

분류목록과 마찬가지로 하나의 자료에 대해 2개 이상의 주제명을 부여할 수 있기 때문에 위 그림과 같이 분류카드의 수는 자료의 수와 일치하지 않을 수도 있습니다. 이에 따라 『영혼이라도 팔아 취직하고 싶다』의 경우 주제명을 '실직'으로 접근해서 찾을 수 있고 '취업'으로 접근해도 찾을 수 있게 됩니다.

셋째, 10권의 자료에 대한 기본저록을 통해 저자명부출저록을 만들어, 모든 카드를 저자명 순으로 정렬하면 아래의 그림과 같습니다. 이것은 곧 저자목록이 됩니다.

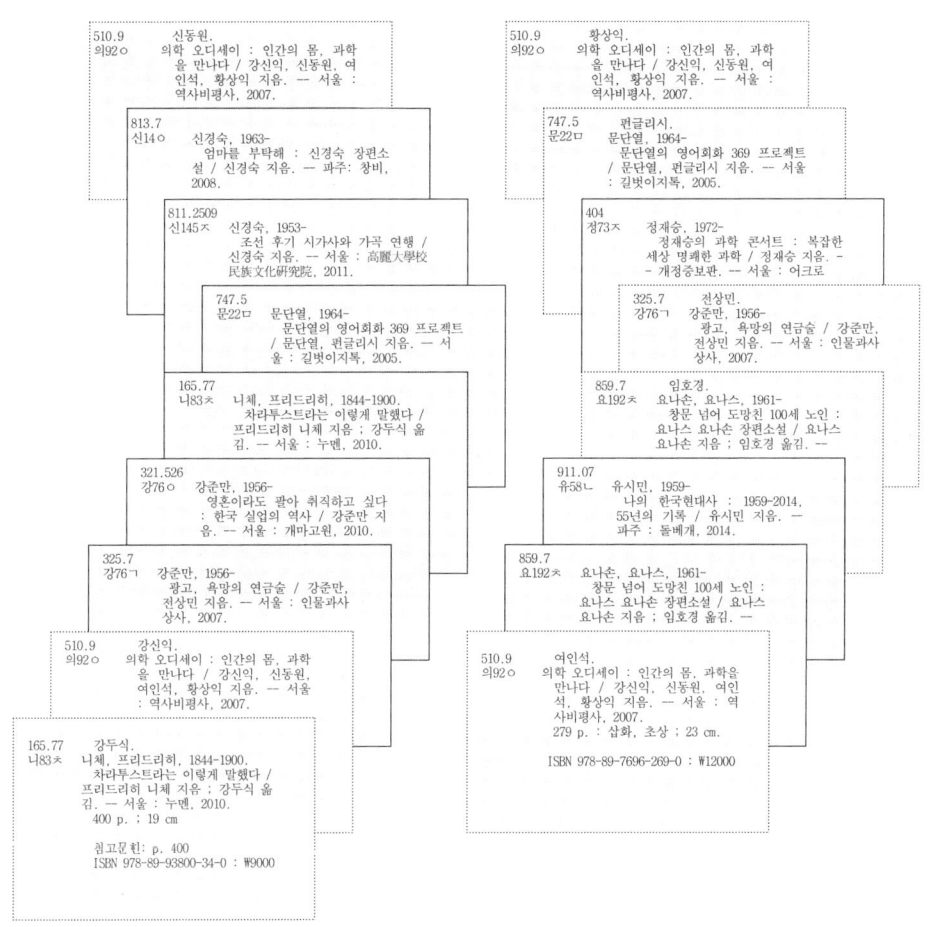

위 그림에서 실선으로 표시한 카드는 기본저록을, 점선으로 표시한 카드는 부출저록을 나타냅니다. 이렇게 저자명 순으로 정렬한 저자목록을 통해 공저자나 번역자로 접근해도 검색이 가능해집니다. 이를테면『의학 오디세이』의 경우 4명 중 1명의 저자명으로도 자료를 찾을 수 있게 되었지요.10)

---

10) 본디 4인 이상 공저서의 경우 AACR2에서는 대표저자만 부출하도록 규정하고 있으나 저자명 자료검색의 이해를 돕기 위해 카드목록의 지면 제약이 없는 오늘날 온라인목록의 환경을 반영하여 모든 공저자를 부출하였습니다.

넷째, 10권의 자료에 대한 기본저록을 통해 표제부출저록을 만들어, 모든 카드를 표제순으로 정렬하면 아래의 그림과 같습니다. 이것은 곧 표제목록이 됩니다.

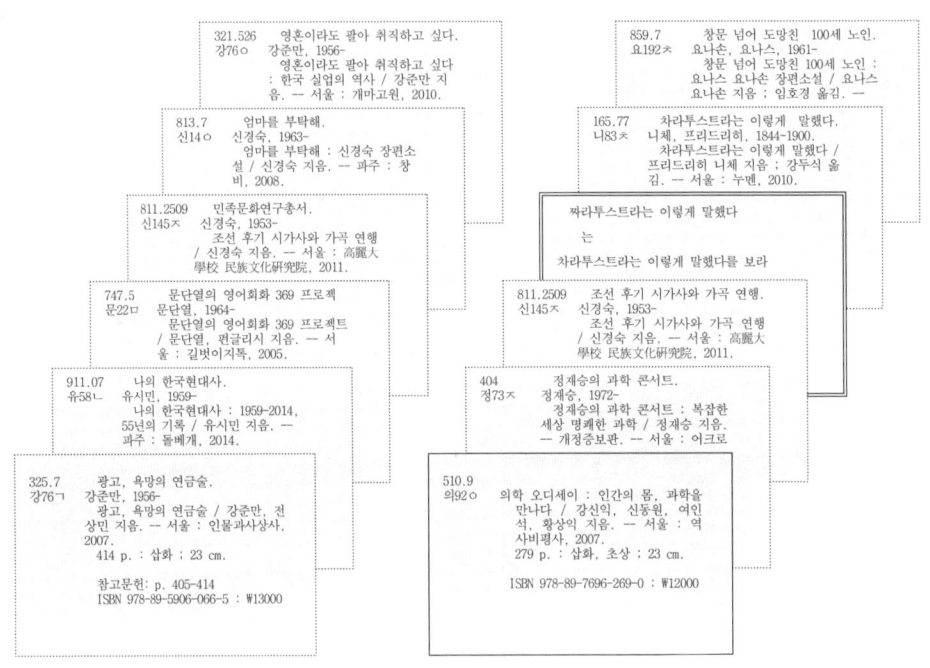

위 그림에서 실선으로 표시한 카드는 기본저록을, 점선으로 표시한 카드는 부출저록을 나타냅니다. 표제목록을 사용함으로써, 알고 있는 표제로 자료의 소장여부를 확인할 수 있게 됩니다. 참고로, 위 그림에서 이중실선으로 표시한 카드는 참조카드입니다.

참조는 이용자가 찾고 싶은 자료로 안내하는 일종의 표지판입니다.

참조(參照; reference)란 저자명이나 표제가 표목으로 사용되지 않은 형식으로 알려져 있는 경우 관련된 검색어를 통해 다른 표목으로 안내하여 서로를 연관시켜 주는 것을 말합니다. 차라투스트라(Zarathustra)는 '짜라투스트라' 혹은 '자라투스트라'라는 형식으로도 알려져 있기 때문에, 만약 『짜라투스트라는 이렇게 말했다』라는 제목으로 책을 찾는 이용자가 표제목록의 'ㅉ' 주변부를 열심히 찾지만 'ㅊ'까지 찾을 생각은 하지 않을 것이므로 그 책이 없다는 섣

부른 판단을 내리게 됩니다. 이런 상황을 감안하여 만약 『짜라투스트라는 이렇게 말했다』라는 제목으로 책을 찾을 경우 "짜라투스트라는 이렇게 말했다는 차라투스트라는 이렇게 말했다를 보라"고 지시해줌으로써 그 책이 자관에 소장되어 있다는 사실을 확인시켜줄 수 있게 됩니다.

  참조에는 표목으로 채택되지 않은 항목에서 채택된 다른 항목으로 안내하는 '보라(see)' 참조, 서로 관련된 표목 사이에 상호 참조하도록 하는 '도 보라(see also)' 참조가 있습니다. 예를 들어 이광수(李光洙, 1892-1950)의 저작에는 본명이 기재된 것도 있고 '춘원(春園)'이라는 호로 기재된 것도 있으므로, 이 경우 '이광수'를 기본표목으로 채택하고 '춘원'으로 자료를 찾는 이용자에게는 **통일표목**11)인 '이광수'로 '보라' 참조를 합니다. 『이상한 나라의 앨리스』 등의 동화를 펴낼 때 '루이스 캐럴'이라는 필명을 사용한 수학자 찰스 루트위지 도지슨의 경우 각기 다른 주제 분야에서 서로 다른 형식의 이름(본명과 필명)을 사용하였으므로 개개의 이름을 각각 표목으로 하고, 도보라(see also) 참조를 통해 양자를 연결합니다. 요즘은 카드형목록을 사용하지 않으므로, 참조는 **전거제어**를 통해 구현합니다.

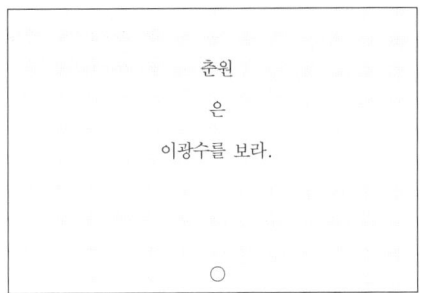 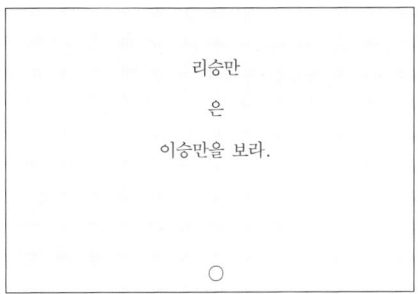

[보라(see) 참조]

---

11) 저자나 표제, 주제명 등이 복수의 상이한 형식으로 식별되는 경우, 그 중 특정 형식을 선정하여 목록에서 일관되게 사용되는 표목을 말합니다.

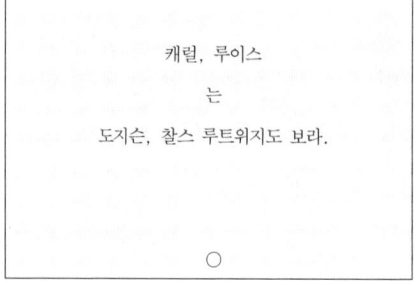 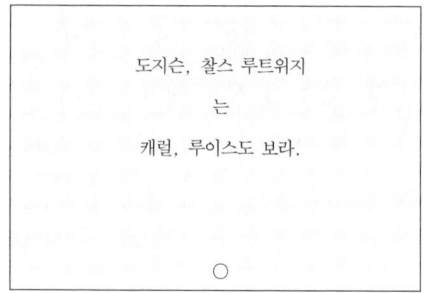

[도보래(see also) 참조]

　마지막으로, **분출**(分出; analytical entry)이란 다권본이나 합집에서 개별 저작의 표제, 저자명, 주제명, 분류기호 등을 내용주기하고 그 각각의 사항을 표목으로 채택하는 것을 말합니다. 예컨대 아래 그림은 한 저자의 여러 저작으로 구성된 중단편소설집으로서 이러한 유형의 자료를 **합집**이라 하는데, 대표표제로 채택된 저작(우리들의 일그러진 영웅)의 표제로는 목록에서 검색이 가능하나 다른 소설들은 목록을 통한 검색이 불가능합니다.

　이 경우 모든 저작을 독립된 서지적 단위로 취급하여 각 저작을 분출한 다음 표제목록으로 편성하면 각각의 소설명으로도 검색이 가능해집니다. 아래 그림은 기본저록카드를 바탕으로 표제를 부출하고, '타오르는 추억'과 '두 겹의 노래'를 분출하였음을 뜻합니다.12) 기본표목 위에 올린다는 점에서 분출은 부출과 사용방법이 동일합니다.

---

12) 그림으로 일일이 나타내지는 않았지만 '과객', '25년 전쟁사', '장군과 박사'로도 분출해야 합니다.

```
813.6      이문열, 1948-                          813.6      우리들의 일그러진 영웅.
이36ㅇ        우리들의 일그러진 영웅 / 이문열       이36ㅇ        이문열, 1948-
            저. -- 서울 : 아침나라, 2001.                        우리들의 일그러진 영웅 / 이문열
            353 p. ; 20 cm. - (이문열 중단편전                   저. -- 서울 : 아침나라, 2001.
            집 ; 4)                                              353 p. ; 20 cm. - (이문열 중단편전
                                                                 집 ; 4)
            내용: 우리들의 일그러진 영웅 -- 타
            오르는 추억 -- 두 겹의 노래 -- 과객                 내용: 우리들의 일그러진 영웅 -- 타
            -- 25년 전쟁사 -- 장군과 박사                        오르는 추억 -- 두 겹의 노래 -- 과객
                                                                 -- 25년 전쟁사 -- 장군과 박사
            1. 813.6  Ⅰ. 표제.  Ⅱ. 타오르는
            추억.  Ⅲ. 두 겹의 노래.  Ⅳ. 과객.
            Ⅴ. 25년 전쟁사.  Ⅵ. 장군과 박사


813.6      타오르는 추억.                        813.6      두 겹의 노래.
이36ㅇ        이문열, 1948-                          이36ㅇ        이문열, 1948-
            우리들의 일그러진 영웅 / 이문열                     우리들의 일그러진 영웅 / 이문열
            저. -- 서울 : 아침나라, 2001.                        저. -- 서울 : 아침나라, 2001.
            353 p. ; 20 cm. - (이문열 중단편전                   353 p. ; 20 cm. - (이문열 중단편전
            집 ; 4)                                              집 ; 4)

            내용: 우리들의 일그러진 영웅 -- 타                   내용: 우리들의 일그러진 영웅 -- 타
            오르는 추억 -- 두 겹의 노래 -- 과객                 오르는 추억 -- 두 겹의 노래 -- 과객
            -- 25년 전쟁사 -- 장군과 박사                        -- 25년 전쟁사 -- 장군과 박사
```

아래의 그림과 같이 여러 저자의 여러 저작으로 구성된 합집일 때에는 저자명도 분출합니다. 만약 『이상문학상 작품집』이라는 종합표제를 본표제로 채택하여 기본저록을 작성한 경우 분출저록을 몇 개나 새로 만들어야 할까요?

```
2009 제33회          산책하는 이들의 다섯 가지 즐거움 / 김연수
이상문학상            다시 한달을 가서 설산을 넘으면 / 김연수
작품집                그리고, 축제 / 이혜경
                      봄날 오후, 과부 셋 / 정지아
산책하는 이들의       보리밭에 부는 바람 / 공선옥
다섯 가지 즐거움     두 번째 왈츠 / 전성태
                      신천옹 / 조용호
                      龍龍龍龍 / 박민규
                      완전한 항해 / 윤이형
```

저자가 김연수, 이혜경, 정지아, 공선옥, 전성태, 조용호, 박민규, 윤이형 이렇게 여덟 명이므로 저자분출카드 8개, 저작이 아홉 편이므로 표제분출카드 9개(만약 기본저록의 기본표목을 '산책하는 이들의 다섯 가지 즐거움'이라는 대표표제로 채택했다면 이를 제외한 8개)를 만들어야 합니다. 즉, 자료

1책을 대상으로 분출카드만 17개 이상 만들어야 하는 것이지요.

하지만 그러한 노력의 결과, 이용자는 저작의 일부분인 가령 '신천옹'이라는 소설명이나 '윤이형'이라는 저자명으로 접근하더라도 위의 자료를 손에 넣을 수 있게 됩니다. 서가에서 자료의 실물을 훑어보며 직접 찾을 때보다 외려 목록을 통해 위의 자료를 발견할 확률이 더 높아질 것이고요.

결론인 즉, 분출은 비록 시간이 많이 걸리지만 이용자에게 큰 도움이 되는 작업입니다.

요점정리

- 표목과 부출은 과거의 카드형목록에서 비롯된 개념이다.
- 표목은 저록의 첫머리에 놓는 낱말 혹은 어구로서 사전의 표제어와 같은 역할을 한다.
- 표목이 될 수 있는 것은 저자명, 표제, 주제명, 분류기호이다. (→ 목록의 편성별 종류와 동일)
- 기본표목이 될 수 있는 것은 저자명, 표제이다.
- 표목은 도서관의 처지에서는 배열수단이, 이용자의 처지에서는 검색수단이 된다.
- 문헌에서 가장 기본이 되는 검색요소를 표목으로 설정한 사항을 기본표목이라 하며, 이를 바탕으로 작성한 것을 기본저록이라 한다.
- 기본표목으로 채택되지 않은 표목을 기본표목 상단에 올리는(add) 일을 부출이라 하고, 이러한 방법으로 새로 만든 저록이 부출저록이며 또 다른 검색접근점이 된다.
- 상이한 형식의 검색어로 접근하더라도 동일한 결과가 나타날 수 있게끔 관련 표목을 안내하는 것을 참조라고 한다. 채택되지 않은 표목에서 채택된 표목으로 안내하는 '보라(see)' 참조, 서로 관련된 표목 사이에 상호 안내하는 '도 보라(see also)' 참조가 있다.
- 다권본이나 합집에 포함되어 있는 개별 저작의 표제, 저자명 등을 표목으로 채택하여 검색이 가능하도록 만드는 일은 분출이라 한다.

호랑이 담배 먹던 시절의 목록카드 이야기

목록의 추가 및 제거가 어려웠던 책자형목록의 단점을 보완하기 위해 고안한 도구가 카드형목록이라 했습니다만, 이 목록 역시 장점만 있었던 건 아닙니다. 한 장의 카드에 한 건의 저록을 수록해야 하므로 카드의 분량이 엄청 많아진다는 게 단점이었지요. 카드를 대량으로 수납하고 검색의 편리함을 제공하기 위한 전용가구가 필요한데, 이 가구를 **목록함**이라 부릅니다.

카드형목록은 최소한 표제목록, 저자목록, 분류목록 등의 세 가지 이상의 형태로 제공해야 했기에 목록함을 비치할 만한 넓은 공간이 요구되었지요. 각 도서관에서는 일반적으로 건물 로비에 목록함을 두거나 별도의 **목록실**을 설치하기도 했습니다.

그러면, 목록카드는 어떤 방식으로 만들었을까요? 초창기의 목록카드는 손으로 본문을 써야 했습니다. 요즘처럼 프린터가 있었던 시절이 아니었으니까요. 그런데, 사서가 만약 악필이라면 그가 쓴 글씨를 이용자들이 읽지 못하는 일이 생길 수도 있습니다. 멜빌 듀이(Melvil Dewey)는 그러한 점까지 감안하여 '발명왕' 토마스 에디슨과 컬래버레이션(?)하여 목록카드를 작성할 때 사용할 수 있는 'Library Hand'라는 필기용 서체를 개발합니다. 당시 듀이의 뉴욕주립도서관학교(New York State Library School)에 입학한 예비사서들은 목록 작성을 위해 이 서체를 익혀야 했습니다.

우리나라에서는 사서들에게 특별한 서체를 강요(?)하지는 않았습니다. 대신, 목록 이용자들이 이해하는 데 불편을 주지 않아야 하므로 문헌정보학과(당시에는 도서관학과)에서는 학생들에게 펜글씨를 배우도록 했습니다. 펜글씨는 요즘으로 치면 워드프로세서 프로그램과 마찬가지여서 사무직으로 취업하기 위해서는 반드시 익혀야 하는 기술이었어요.

아래 그림은 펜글씨로 작성한 목록카드입니다. 한국인명임에도 성과 이름 사이에 컴마를 찍었고, 판사항과 발행사항 앞에 ISBN의 구두점인 '온점 빈칸 이중붙임표 빈칸(. --)'이 누락된 점으로 미루어보아 한국목록규칙(KCR) 초판을 적용한 듯합니다.

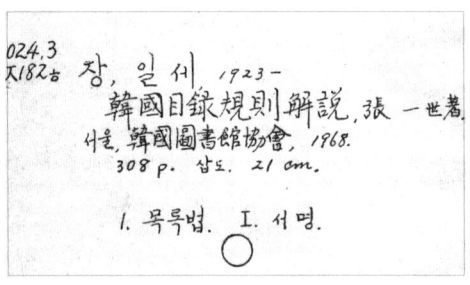

하나의 자료에 여러 장의 목록카드를 만들어야 하기 때문에 어쩌면 편목업무는 단순반복적인 노동이기도 했습니다. 기본저록을 통해 부출저록이 만들어지므로 일부분만 다를 뿐 사실상 동일한 카드를 여러 장 작성하는 일이었으니까요. 반복적인 노동을 줄이려면 원본을 하나 만들어서 사본으로 여러 장 복제하는 방법이 좋은데, 안타깝게도 그 때는 요즘의 그 흔한(?) 복사기도 프린터도 없던 시절이었습니다.

그래서 도입한 방법이 등사(謄寫; mimeograph)였답니다. 등사란 파라핀을 먹인 원지를 철필로 긁어 글씨를 쓴 뒤 잉크를 묻힌 롤러를 굴려 갱지에 잉크가 배어나게 하는 오프셋 인쇄 방법입니다.13)

현재는 소규모 사업장까지 복사기가 보급된 관계로 등사기를 찾아보기 어렵지만, 학교에서는 시험지나 가정통신문 인쇄를 목적으로 등사기의 현대적인 버전인 공판인쇄기를 사용하고 있습니다. "유인물을 배포한다" 라는 말을 종종 듣곤 하는데, 실은 유인물(油印物)이란 "기름 잉크를 써서 등사한 문서"를 가리키는 용어입니다. 3.1운동 때 뿌려진 독립선언서부터 1980년대 학생운동시대에 이르기까지 등사가 널리 사용되었기 때문에 아직까지도 유인물이란 낱말이 우리 입에 붙어 있는 것이지요.

부산시립시민도서관이 발간한 『도서관, 기억을 담다』라는 에세이집은 등사기로 목록카드를 만들었던 시절의 아련한 추억을 다음과 같이 묘사하고 있습니다.

---

13) 한 가지 재미있는 사실은 듀이가 듀이십진분류법(DDC)을 발표한 1876년에, 토마스 에디슨이 미국에서 자동인쇄(Autographic Printing)라는 이름으로 등사기에 대한 특허를 출원하였다는 점입니다.

가장 기억에 남는 것은 사서과에 근무할 때 목록카드를 작성하여 편목하는 과정이다. 한국목록규칙(KCR)에 따라, 표목, 표제사항, 출판사항, 형태사항 등을 기술하여 기본목록카드를 작성하려면 단행본 1권당 기본적으로 6장 이상의 카드가 필요하므로 등사하여 사용하였다. 일명 '가르방 긁는다'고 하는데, 그 작업이란 아주 미세하게 요철이 있는 쇠 철판을 깔고 그 위에 파라핀 종류가 얇게 묻어있는 원지를 놓고 쇠 철필로 글씨를 쓸 때는 손에 힘을 주어서 꾹꾹 눌러 적어야 등사할 때 글씨가 선명하게 잘 나왔다. 그러나 너무 힘을 주어서 쓰면 원지가 찢어지고, 철판의 요철 사이에 미세한 파라핀 원지 조각이 끼여 있거나 철필의 끝이 무디어지면 글씨가 희미하게 등사되어 못 쓰게 되니 고도의 기술과 노하우가 요구되는 작업이었다. 완성된 원지를 목록카드 규격에 맞춘 카드 전용 등사기에 올려놓고 밑에는 목록카드를 넣어 등사하자면, 등사용 잉크를 로울러에 묻혀 미는 사람과 카드 넣고 빼는 사람 2인 1조가 되어서 작업 중에 조금만 호흡이 흐트러져도 카드를 버리게 되므로 신경을 집중하여야 했다. 그렇게 공을 들여 등사되어 나온 목록카드는 해당 도서의 구입년월일, 등록번호, 가격 등을 추가로 기입하여 ① 도서구입할 때 복본조사용(기본, 서명)목록으로, ② 장서점검할 때 필요한 서가목록(SL)으로, ③ 이용자가 도서검색할 때 필요한 열람용(저자명, 공저자명, 번역자명, 서명, 총서명, 개별서명, 분류 등)목록으로 사용하였다. 그 당시는 도서 대출이 폐가제로 운영되어 도서검색할 때 목록카드가 이용자와 도서 사이에 매우 중요한 정보원이자 매개체 기능을 하였다. 예를 들면 목록 작성 시 저자가 외국인일 경우는 통일(기본)표목을 사용하여 각 출판사마다 동일 저자의 발음이 제각각일 때 한 곳으로 모이게 하고, 도서를 분류할 때는 한국십진분류표(KDC)를 기준으로 하되 양자택일 시에는 자관 특성에 맞는 세부 기준을 정하여 분류 담당자가 인사이동이 되더라도 일관성을 유지해야 한다. (pp.18-19.)

1970~1980년대에 타자기가 널리 보급되면서 등사에 의한 목록카드 작성은 서서히 사라졌어요. 그 대신 타자기로 목록카드를 작성하기 위해 예비사서들은, 오늘날 컴퓨터과목을 이수하는 것처럼, 타자를 배워야 했습니다. 아래 사진은 1970년대 모대학교 문헌정보학과의 타자실습 장면과, 타자기로 작성한 목록카드 예시입니다.

그러다가 1980년대 말에서 1990년대 초에 컴퓨터가 대중화되면서 도서관계에 기계가독목록형식(MARC)이 급속도로 확산됩니다. 컴퓨터에 MARC 포맷으로 입력한 후 '출력' 버튼을 누르면 기본카드뿐만 아니라 지시된 부출카드가 도트프린터를 통해 함께 출력되었습니다. 더 이상 손으로 쓰지 않아도 타자기를 치지 않아도 되는 최첨단(?) 시대가 온 것이지요. 얼마 후엔 목록카드도 더 이상 만들지 않게 되었습니다만.

아래 그림은 1990년대 국내 공공도서관에서 사용하던 MS-DOS용 KOLAS 3.6 버전의 MARC 입력 및 목록카드 출력 메뉴입니다.

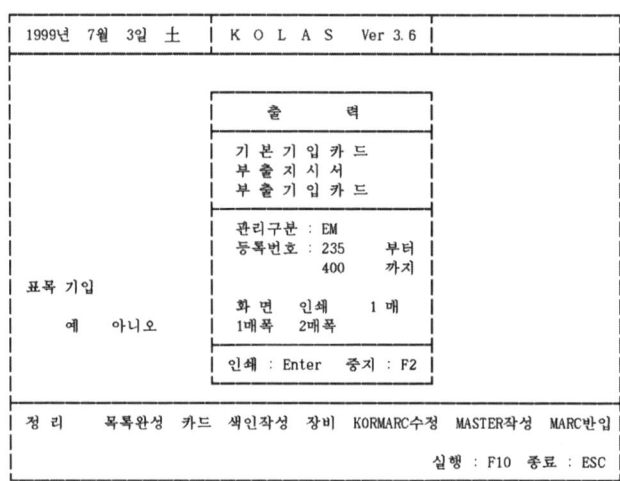

옛 이야기를 한 김에 덧붙이자면, 카드형목록이 자동화목록으로 대체되기 전까지 가제식목록과 COM목록이 잠깐 등장한 적이 있습니다. **가제식목록**(加除式; loose-leaf catalog)이란 외형은 책자형목록과 비슷하지만 필요에 따라 낱장을 추가하거나 제거할 수 있도록 만든 목록을 말합니다. 이것은 책자형목록과 카드형목록의 각각의 장단점을 보완하기 위해 고안된 목록입니다.

주요한 가제식목록으로는, 1871년에 라이덴대학 도서관에서 100여 매의 낱장을 다발철에 묶은 다발목록(sheaf catalog), 1890년 이탈리아 로마의 스타데리니(Aristide Staderini)가 발명한 다발목록, 이탈리아 최초의 여성사서로 알려진 사코니리치(Giulia Sacconi-Ricci)가 1891년에 고안한 다발목록, 1892년 영국의 브라운(Brown James Duff)이 낱장의 카드를 가제식커버에 쉽게 삽입할 수 있도록 만든 조절가능한 목록철(Adjustable Catalogue-Holder), 20세기 초까지 사용된 조절가능한 다발목록(Adjustable Sheaf Catalogue) 등이 있습니다.

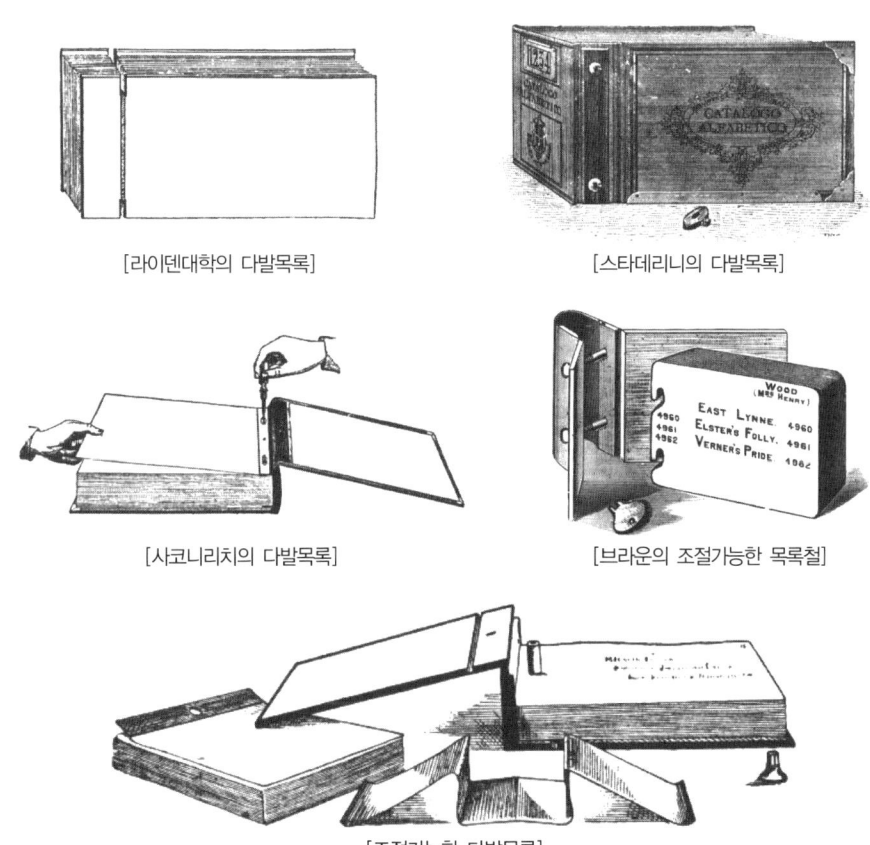

[라이덴대학의 다발목록]　　　　[스타데리니의 다발목록]

[사코니리치의 다발목록]　　　　[브라운의 조절가능한 목록철]

[조절가능한 다발목록]

가제식목록은 책자형목록이나 카드형목록에 비해 널리 사용되지는 않았으나, 일정기간 동안 입수되는 신착자료의 목록이나 이미 간행된 책자형목록의 뒷부분에 입수된 자료의 목록을 누적하는 누가목록(cumulative catalog) 등으로 사용되고 있습니다. 또한 이 가제식 형태는 도서관 밖에서 가제식출판물이라는 이름으로 가령 추록(追錄)을 주기적으로 삽입해야 하는 법령집과 같은 자료에 여전히 활용됩니다.

카드형목록을 대체할 목적으로 1960년대 중반에 개발된 COM목록은 목록을 마이크로폼에 수록하여 기계로 읽을 수 있게 만든 목록을 말하며 마이크로폼목록이라고도 부릅니다. COM이란 Computer Output Microform의 두문자어로 인쇄기록물을 마이크로필름이나 마이크로피시에 축소하여 출력한 것을 의미합니다. 105×148.5mm 규격의 마이크로피시 1매에 2,000매 이상의 카드목록을 수록하는 장점이 있었지만, 장서가 증가할수록 목록의 유지에 많은 인력과 비용이 요구되었을 뿐만 아니라 이용자들도 검색에 큰 불편을 느꼈습니다. 이러한 단점들과 곧바로 등장한 자동화목록의 장점에 밀려 전문도서관을 위주로 짧은 기간 사용되었을 뿐 널리 보급되지는 않았습니다.

[COM목록 단말기]

2.2 표목의 형식은 왜 중요한가

요즘은 세계 어느 도서관에서도 카드형목록을 만들지 않습니다. 또한 우리나라의 표준 편목규칙인 한국목록규칙(KCR)은 제3판부터 표목부에 대한 규정을 따로 두고 있지 않습니다. 그래서 카드형목록을 경험하지 못한 많은 분들이 오해하시는 게, "표제와 책임표시사항에 기재했던 대표저자를 그대로 MARC의 1XX 필드에 입력하는 것이 곧 기본표목이다"라고 여긴다는 점입니다.

절대 그렇지 않습니다! 재차 강조컨대, 기본표목은 기술부에 기재한 대표저자를 '복사'하여 1XX 필드에 '붙여넣기'하는 것이 아니에요.

1XX 필드를 사용한다고 해서 기본표목이 되는 게 결코 아닙니다.

본디 표목은 배열 및 검색기능을 하는 동시에 집중기능도 합니다. **집중기능**이란 한 저자의 저작을 목록상에서 모으거나 한 저작의 다른 판들을 목록상에서 모으는 것을 말합니다. 한 가지 예를 들어, 도서관에서 아래와 같은 4권의 책을 편목한다고 가정해봅시다.

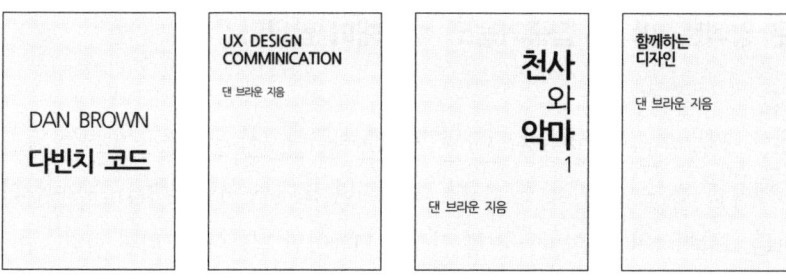

위 4개의 자료를 서지기술하고, 책임표시에 기재한 서양인 저자명을 도치하여 기본표목으로 채택하면 아래의 그림과 같습니다.14)

---

14) 나중에 다시 설명하겠지만, 서양인 저자명을 표목으로 사용할 때에는 성과 이름의 순서를 바꿔서 기재해야 합니다.

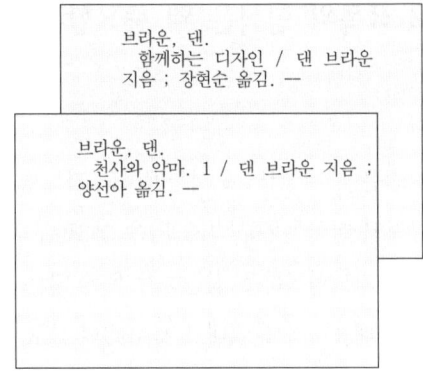

그림만으로는 별다른 문제는 없습니다만, 혹시 뭔가 이상한 점이 있지 않나요? "소설가 댄 브라운이 디자인 책도 썼어?"라고 의심되지 않나요?

네, 맞습니다. 소설을 쓴 댄 브라운과 디자인 책을 쓴 댄 브라운은 서로 다른 사람, 즉 동명이인입니다.

하지만 위 그림과 같이 '브라운, 댄'이라는 저자명으로 모여 있기 때문에 목록상에서 두 저자는 동일한 저자로 여겨질 수밖에 없습니다. 이는 요즘의 자동화목록에서도 마찬가지입니다. 저자명으로 검색했을 때 4개의 검색결과가 나타난다는 것은 결국 동일 저자와 다름없다는 뜻이 됩니다.

목록은 검색뿐 아니라 집중기능도 수행해야 합니다.

좀 전에 설명했듯이 집중이란 한 저자의 저작을 목록상에서 모아주고 한 저작의 다른 판들을 목록상에서 모아주는 일이라 했습니다. 모으려면 도대체 어떤 방법을 써야 할까요?

서로 다른 표목이라면 그 형식을 서로 다르게 기재하면 됩니다. 그러면 자연스럽게 목록상에서 같은 표목을 가진 저록끼리 모여지고 다른 표목을 가진 저록은 흩어지게 됩니다. AACR의 경우 동명이인 구별을 목적으로 개인저자는 아래의 그림처럼 생몰년을 부기하는 방법을 사용하도록 규정합니다.

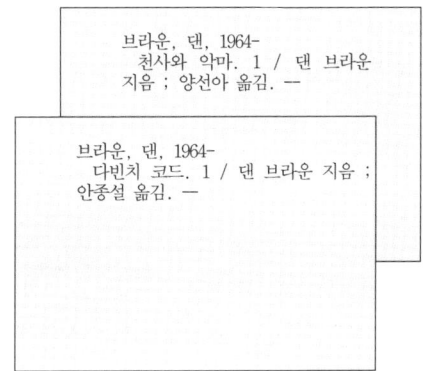

이렇게 생몰년을 부기함으로써 첫째, 목록 이용자에게 두 사람의 댄 브라운이 서로 다른 저자임을 알려주고 둘째, 기본표목을 기준으로 한 저자의 저작을 모아주되 동명이인의 저작은 분리할 수 있게 됩니다. 후자의 기능이 목록의 집중기능이지요.

집중기능에 대해 다시 한 번 설명하겠습니다. 본디 저자목록은 다음의 그림과 같이 저자명이 동일한 경우에는 표제의 자음순으로 배열합니다.

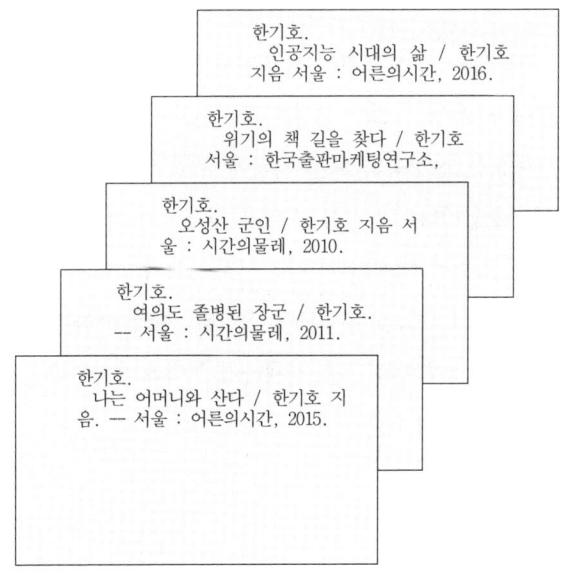

그런데 '한기호'라는 표목만으로는 목록상에 배열된 저자가 동일 인물인지 동명이인인지를 구별하기 어렵습니다. 실제로는 출판평론가 한기호(1958-)와 군인 출신의 前국회의원 한기호

(1952-)의 저작이 뒤섞인 상태입니다. 이 때 생몰년을 부기하면 아래 그림과 같이 목록상에서 동명이인을 분리함과 동시에 동일 저자의 저작을 집중시킬 수 있게 됩니다.

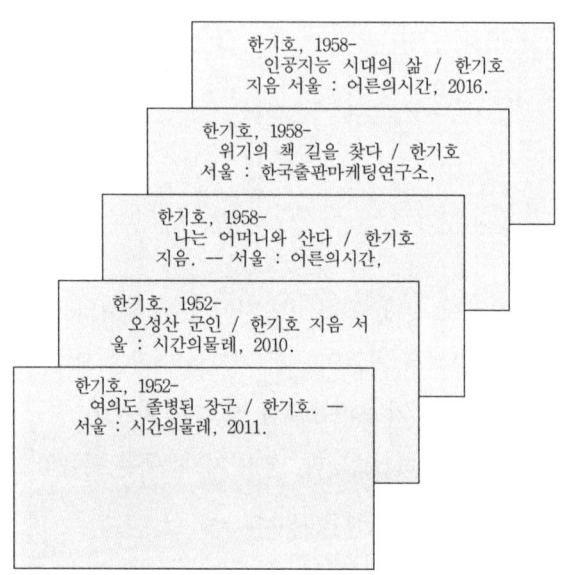

동명이인을 구별하기 위해서는 한 도서관의 목록에서 한 저자는 반드시 한 가지 종류로 표목의 형식을 통일해야 합니다. 유명 소설가 신경숙의 기본표목을 '신경숙, 1963-'으로 채택했다면 나중에 도서관에 들어오는 신경숙의 모든 저작에 대해 기본표목을 '신경숙, 1963-'으로 동일하게 기재해야 한다는 뜻입니다. 그러나, 소설가 신경숙이 아닌 동명이인의 문학자 신경숙의 저작이 도서관에 새로 입수될 때에는 기존의 신경숙과 구별하기 위해서는 이를테면 '신경숙, 1953-'이라는 다른 형식의 표목을 부여해야 합니다. 만약 생몰년으로도 동명이인 구별이 여의치 않다면, 서양인명의 경우 완전형을 기재하거나 아래의 예시처럼 괄호 안에 직업명 등을 부기하는 방법까지 동원합니다.

  Brown, Dan, 1949-
  Brown, Dan, 1964-
  Brown, Dan (Colorist)
  Brown, Dan (Percussionist)
  Brown, Dan (Project director)
  Brown, Dan (Teacher)

목록상에서 동명이인의 구별은 기본표목이 갖는 장점의 하나였습니다. 카드형목록에서는 동명이인이 기본표목의 형식을 통해 서로 쉽게 구별되었기 때문입니다. 기본표목을 거의 사용하지 않는(MARC에서 1XX 필드를 쓴다고 기본표목이 되는 건 아니라고 했어요!) 현재 우리나라 도서관의 자동화목록 환경에서는 오히려 예전보다 동명이인 구별이 더 어려운 실정입니다. 한 가지 예를 들어, 국립중앙도서관에서 저자명으로 '이용훈'을 검색하면 다음과 같은 결과가 나타나는데, 사실상 목록만으로 동명이인 여부를 확인하기 불가능합니다.

도서	보상평가실무의 이해	지은이: 이용훈	리북스커뮤니티	2010
도서	사필귀정의 신념으로 : 법과 정치와 나의 인생	李龍薰 지음	리틀웍스	2000
도서	지상의 평화	[교황 요한 23세] ; 이용훈 역	한국천주교중앙협의회	1995
도서	꽁은 엉덩이가 예쁘다 : 이용훈 시집	이용훈 지음	박우사	1995
도서	사람이여, 당신은 : 생명공학과 가톨릭 윤리	이용훈 지음	가톨릭출판사	2005
도서	(세계 골프 명사들의) 살아 있는 현장 레슨 108가지	조준동 지음 ; 이용훈 그림	아카데미북	2005
도서	(만화) 공인중개사 2차 문제풀이집	글·그림: 이용훈	청어람	2009

동명이인 저자에 대한 구별은, 정확성은 차치하고서라도, 오히려 민간 영역에서 더 잘 하고 있는 것 같습니다. 아래 그림처럼, 인터넷서점 알라딘에서 저자명으로 '이용훈'을 검색하면 왼쪽 패싯 네비게이션의 '저자' 필터링을 통해 24명의 동명이인이 쓴 저작들을 치밀하게 구별하였음을 확인할 수 있거든요.

참고로 기본표목은 동명이인뿐만 아니라 반대로 여러 이름을 사용하는 이명동인(異名同人)의 저작에 대한 집중기능도 수행합니다. 예를 들어, '리승만'이라는 다른 형식의 이름을 사용하기도 한 이승만의 저작을 편목할 때에는 한 가지 형식을 기본표목으로 선정하여야 동일 저자의 저작들이 목록상에서 집중될 수 있습니다. 아래의 왼쪽 그림은 한 가지 형식으로 통일하지 않아서 동일 저자의 저작이 분산되었음을, 오른쪽 그림은 한 가지 형식으로 통일하여 동일 저자의 저작이 집중되었음을 나타냅니다.

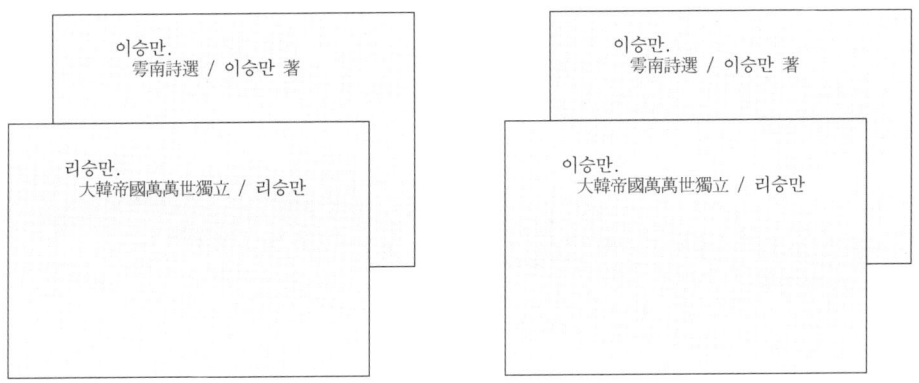

필요에 따라서는 아래의 왼쪽 그림과 같이 다른 형식의 이름을 부출할 경우 그 이름으로도 검색이 가능해집니다. 물론 그보다는 아래의 오른쪽 그림처럼 전거제어를 통해 해결하는 방법이 바람직합니다.

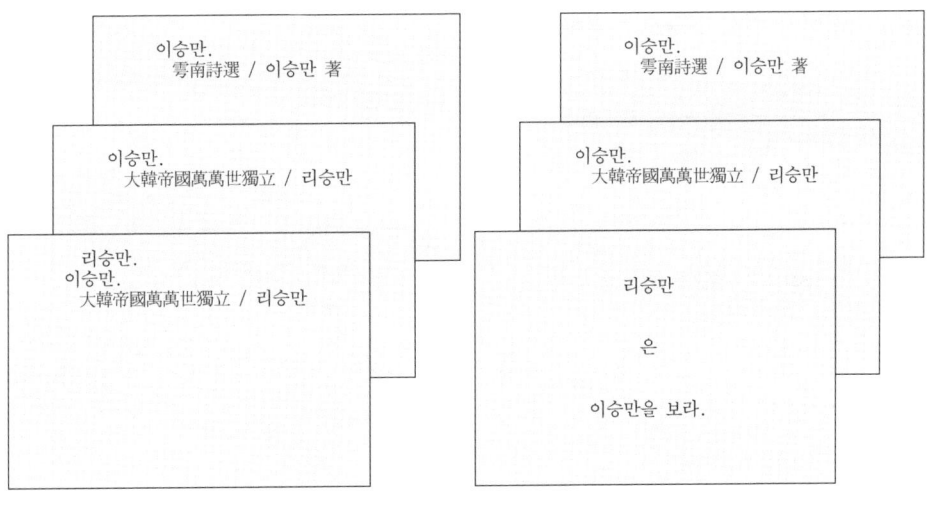

외국인의 경우 외래어 표기에 따라 한 사람이 다양한 이름을 갖게 되는 경우가 많습니다. 일례로, 벨기에 작가인 히도 판 헤네흐텐(Guido Van Genechten)은 우리나라에서 '기도 반 게네흐텐', '귀도 반 게네흐텐', '히도 반 헤네흐텐', '하위도 판 헤네흐텐', '휘도 판 헤네흐턴' 등 다양하게 표기되었는데, 여러 이름 중에서 한 가지 이름을 기본표목으로 선정하면 동일 저자의 저작들이 목록상에서 집중될 수 있습니다. 물론 아래 그림에서는 나타내지 않았지만 채택되지 않은 이름은 채택된 이름으로 보라 참조로 연결하는 것이 바람직합니다.

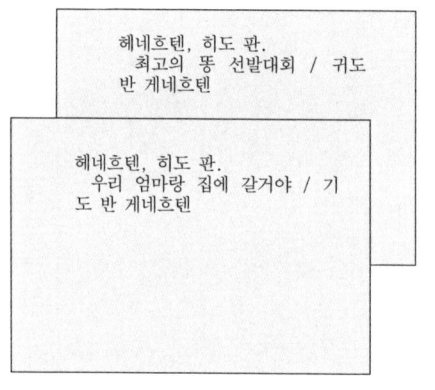
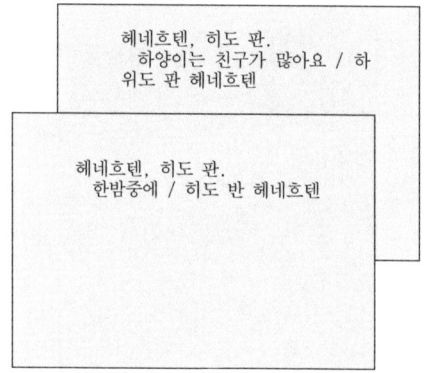

한편, 1962년 제정된 한국목록규칙(KCR) 초판은 표목의 형식을 한글로만 하고 외국인명이나 외국어표제는 **번자**(翻字)표목을 사용하도록 규정하였습니다. 이에 따라, 한자로 기재된 서지요소가 있더라도 표목에서는 더욱 빠르게 훑어볼 수 있게끔 한글로 바꾸어 써야 하며, 외국어 표기의 서지요소가 있다면 기술부에서는 **전사**(轉寫; 그대로 옮겨씀)하되 표목에서는 집중기능을 달성하기 위해 한글로 변환해야 합니다.

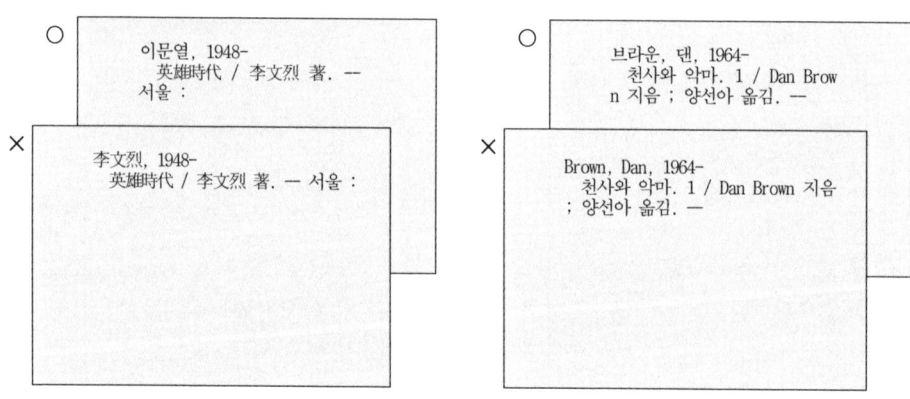

위 예시에서처럼, 기술부에는 '李文烈'이나 'Dan Brown'과 같이 전사하지만 표목부에서는 한글로 변환 및 번자해야 함을 알 수 있습니다.

그렇다면 KCR 4판을 적용한다면-기본표목을 규정하지 않기 때문에 기본표목을 사용할 수는 없지만-부출표목은 어떻게 기재해야 할까요?

KCR 4판의 경우 표목(접근점)의 선정과 형식에 대한 별도의 규정이 없습니다. 다만 초안에서 제2부에 별도로 마련되었다가 2003년 최종본 발행 시 삭제된 접근점 규정에 따르면, 예전(?)처럼 한글로 변환 및 번자하지 말고 기술부의 책임표시에 기재된 형식을 그대로 표목(접근점)의 형식으로 사용하되 상이한 형식끼리는 참조(전거제어)로 연결하고, 도서관에 따라 특정형식의 접근점을 표준형식(기본표목)을 사용할 수 있도록 하였습니다.

이 규정을 준용하면, 기술부의 책임표시에 '조지 버나드 쇼'로 기재했다면 표목의 형식은 '쇼, 조지 버나드'로, 'George Bernard Shaw'로 기재했다면 표목의 형식은 'Shaw, George Bernard'가 됩니다. 그리고 '쇼, 조지 버나드'와 'Shaw, George Bernard', 또는 '경제협력개발기구', 'OECD', 'Organisation for Economic Co-operation and Development'와 같은 상이한 형식은 각 도서관에서 전거제어로 해결해야 한다는 결론입니다.

서양 사람은 표목의 형식이 약간 다릅니다.

앞에서 잠깐 언급했듯이, 서양인 저자명을 표목으로 사용할 때에는 성(姓)과 이름의 순서를 바꿔서 기재해야 합니다. 서양인명은 일반적으로 '이름+성' 또는 '첫 이름+중간 이름+성'으로 이루어져 있습니다. 서양인들은 살아가는 동안에 이름이 바뀌는 경우가 잦고 때로는 중간 이름(middle name)이 삽입될 때도 있어요. 그래서 '이름 성'순으로 인명을 배열하면 동일 저자의 저작이 분산될 가능성이 높기 때문에 서양에서는 전통적으로 '성+이름'순으로 **도치**(倒置)하여 배열하는 관행이 있습니다.15) 다만 위치를 바꿨다는 의미로 목록에서는 성 다음에 컴마(,) 구두점을 찍습니다. 예컨대 기술부에서 저자로 기재할 때는 '댄 브라운'이라고 그대로 쓰지만, 표목으로 채택할 때는 '브라운, 댄'으로 기재해야 합니다. 이렇게 성을 이름 앞으로 도치하는 방식을 어휘적 성명순(lexical name order)이라 합니다.

대체로 서양인명의 경우 성은 가장 마지막에, 동양인명은 성이 가장 처음에 위치합니다. 그러나 헝가리, 인도, 파키스탄, 필리핀 등과 같이 예외가 많거니와 국적만으로 이를 판단하기도 어렵습니다.16) 다른 나라 사람의 성이 무엇인지 판단하기 어렵기 때문에 가령 체육계에서는 다음과 같이 성을 구별하는 관행이 있습니다. 아래 사진은 2008 하계올림픽 수영 남자 자유형 400m 결승에 진출한 선수들의 명단입니다.

---

15) 전화번호부나 여권 등에서도 성(surname)을 먼저, 이름(given names)을 나중에 기재하는 편입니다.
16) 게다가 아이슬란드, 미얀마, 티벳 및 상다수 동아프리카 국가의 대부분의 사람들은 성씨를 사용하지 않기도 합니다.

선수의 이름 중에서 어느 부분이 성인지를 구별하기 위해, 무슨 수단을 동원했나요? 네, 식별의 편의를—이름과는 다르다는 것을 나타내기—위하여 성에 해당하는 알파벳은 모두 대문자로 표기하였음을 눈치챌 수 있습니다. 한국의 박태환 선수와 중국의 장린 선수는 성이 앞부분에, 그랜트 해켓을 비롯한 나머지 국가의 선수는 성이 뒷부분에 있다는 뜻이지요.

일본, 대만, 홍콩에서는 성명을 알파벳으로 표기할 때 이름 뒤에 성을 도치하는 편입니다. 아베 신조(安倍晋三)를 'Shinzō Abe'로 표기하는 것처럼 말이지요. 헝가리인도 본디 성이 앞에 있지만 대외적으로는 가령 축구선수 푸스카스(Puskás Ferenc)를 'Ferenc Puskás'처럼 이름 뒤에 표기합니다. 그래서 2018 동계올림픽 쇼트트랙 남자 5000m 계주에 출전한 헝가리 선수 '리우 샤오린 샨도르'를 '샤오린 샨도르 리우'로 부르면 곤란합니다. 한국인 '홍길동'을 '길동 홍'으로 부르는 것과 마찬가지이기 때문이지요.[17]

아무튼, 체육계에서는 성을 대문자로 처리하는 방법이 관행으로 정착된 것인지는 잘 모르겠지만, 도서관계에서는 성을 맨 앞에 배치하는 것이 전통으로 굳었습니다. 다만 위치를 바꿨다는 사실을 나타내기 위해, 도치한 경우에는 성 다음에 컴마를 찍는답니다.[18]

---

[17] 한국인 인명의 로마자 표기는 한국의 전통과 언어적 정체성을 드러내도록 '국어의 로마자 표기법' 제4항에 따라 "성과 이름의 순서"로 띄어 쓰고 이름은 붙여 쓰는 것을 원칙으로 하되 음절 사이에 붙임표(-)를 쓰는 것이 허용됩니다. 예를 들어 '민용하'는 'Min Yongha'로 표기하는 것이 원칙이고 음절을 구분할 필요가 있을 때에는 'Min Yong-ha'도 가능합니다. 'Min Yong Ha'로 표기하면 서양인들에게는 middle name으로 잘못 인식되어 자칫 'Min Ha'로 사용될 우려가 있습니다.

[18] 이러한 어휘적 성명순 표기는 ISO 690을 비롯한 대부분의 논문작성 스타일가이드에 이미 반영되어 있습니다.

 **요점정리**

- 기본표목은 기술부의 표제와 책임표시사항에 기재한 대표저자 등을 그대로 기재하는 것이 아니다.
- 기본표목은 관련 저작을 모아주는 집중기능을 한다.
- 이를 위해 한 도서관에서 한 저자의 기본표목은 일관성을 가져야 한다. 즉, 반드시 한 가지 형식으로 기본표목의 형식을 통일해야 한다.
- 개인저자의 경우 동명이인이 있을 수 있으므로 생몰년을 부기하는 방법으로 표목의 형식을 개별화할 수 있다.
- 서양인명을 표목으로 기재할 때는 '이름 성'을 '성, 이름'으로 도치한다.

2.3 전거제어란 무엇이며 왜 필요한가

2017년 노벨경제학상 수상자로 행동경제학자인 Richard H. Thaler 시카고대학교 교수가 선정되었습니다.

그의 저서인 『넛지』, 『승자의 저주』 등이 국내에 번역출간되는 과정에서 'Richard H. Thaler'라는 저자명이 넛지에는 '탈러'로, 승자의 저주에는 '세일러'로 표기된 적이 있습니다. 그런데 이 저자명을 그대로 입력할 경우 목록에서 '탈러'로 검색하면 『승자의 저주』가 검색되지 않고, '세일러'로 검색하면 『넛지』가 검색되지 않는 결과를 초래하게 됩니다. 이렇게 어이없는 결과를 만들지 않기 위해, 전거제어가 요구됩니다.

전거(典據; authority)란 말이나 문장의 근거가 된 문헌상의 출처를 제시하는 활동을 뜻합니다. 편목에서 **전거제어**(authority control)는 가능한 모든 출처를 통해 저록에 사용된 형식을 일관되게 유지하여 관련 자료를 목록상에서 집중하기 위한 노력을 말합니다. 즉, 특정 인물이나 단체, 표제, 주제에 대해 하나의 형식을 **전거표목**으로 채택하여 이를 일관성 있게 사용함으로써 관련 자료를 목록상에서 집중시키는 활동을 전거제어라 합니다.19) 전거제어는 전거통제라고 부르기도 해요.

---

19) 대표표목으로 사용될 이름, 표제, 주제 개념의 형식, 참조, 다른 표목과 관계를 결정하는 일련의 과정을 전거업무라 하고, 전거업무를 통해 이루어지는 결정 과정을 기록한 것을 전거레코드라 하며, 전거레코드의 집합을 전거파일이라 합니다.

만약 목록에서 표목의 형식을 제어하지 않는다면 동일한 저작이나 동일한 인물이 서지적으로 각기 다른 개체로 분산될 수밖에 없습니다.

가령 『금방울전』과 『금령전(金鈴傳)』, 『노르웨이의 숲』과 『상실의 시대』, 『임을 위한 행진곡』과 『님을 위한 행진곡』과 같이 동일한 저작이 각기 다른 형식의 표제를 갖거나, '안재찬'과 '류시화', '강성수'와 '강도하'처럼 개명한 인물, '로맹 가리(Romain Gary)'와 '에밀 아자르(Émile Ajar)', 'J.K. 롤링(J.K. Rowling)'과 '로버트 갤브레이스(Robert Galbraith)'처럼 한 인물이 여러 이름을 사용한 경우, '류성룡'과 '유성룡', '리재철'과 '이재철' 등으로 두음법칙에 따라 다르게 표기된 경우, '율리우스 카이사르'와 '줄리어스 시저', '세익스피어'와 '셰익스피어', '카를 마르크스'와 '칼 맑스', '스티븐 킹'과 '스테판 킹'과 같이 동일 인물이 한글로는 다르게 표기되는 경우가 있습니다. 이 때에 표제나 인명의 형식을 적절하게 제어하지 않으면 이들 저작이나 저자는 각기 별개의 개체로 인식되어 목록의 집중기능을 달성하기 어려워집니다.

만약 어느 도서관에서 '시저'로 표목을 선정했는데 이용자가 저자명을 '카이사르' 또는 '케사르'로 검색한다면 자료를 온전히 찾을 수 없게 됩니다. 이 문제를 해결하기 위해서는 인명, 단체명, 서명, 주제명 등에 대하여 모든 표현을 수집하고 각각의 경우에 따라 대표표현(**전거형**; authority)과 상이한 표현(**이형**; variant)을 선정하여 전거제어를 해야 합니다.

◆ ◆ ◆

카드형목록을 사용하던 과거에는 주로 '참조'를 통해 전거제어를 수행했습니다. 일례로, 오른쪽의 인물은 국립국어원의 외래어 표기법에 의하면 '도스토옙스키'로 기재해야 합니다.

그런데 출판사에 따라 '도스또예프스끼'(열린책들), '도스또옙스끼'(창비) 등으로 다양하게 표기합니다. 어떤 표기법을 대표표현으로 선정하느냐는 공식적인 규정이 따로 있는 것이 아니라 도서관 마음대로(?)입니다. 보통은 가장 널리 알려진 표기법을 대표표현으로 선정합니다. 예를 들어 어느 도서관에서 '도스토옙스키, 표도르 미하일로비치'를 대표표현으로 선정하였다면 이 저자의 모든 저작들은 문헌에 나타난 표기법과는 상관없이 기본표목을 모두 '도스토옙스키, 표도르 미하일로비치'의 한 가지 형식으로만 사용해야 합니다.

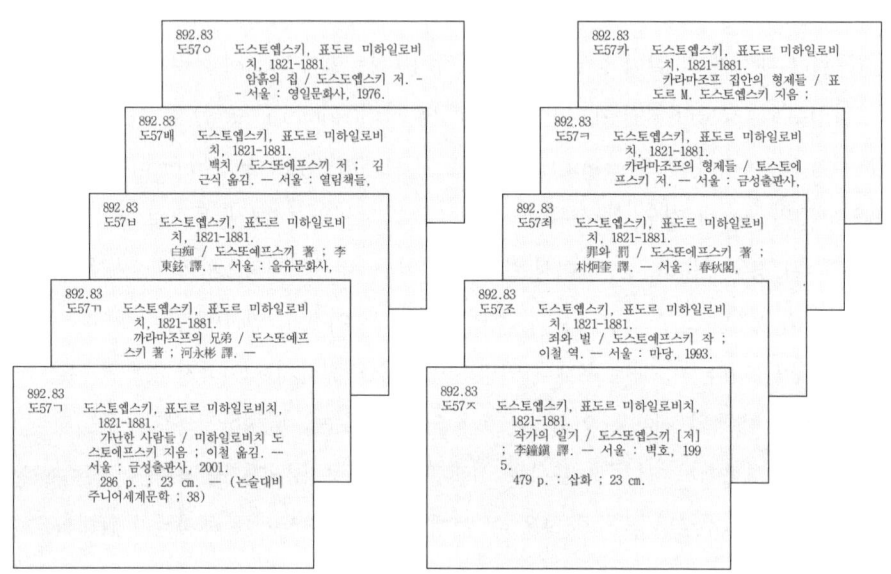

위 그림과 같이 토스토에프스키, 도스또에프스키, 도스토예프스키, 도스또예프스키, 도스또예프스끼, 도스또에프스끼, 도스또옙스끼, 도스도옙스키, 도스토옙스키, 토스토에프스키 등으로 매우 다양하게 표기된 자료들을 편목할 경우 기술부의 표제와 책임표시사항에서는 자료에 나타난 그대로 기재하되, 기본표목은 반드시 한 가지 형식으로 통일해야 합니다. 심지어 Достоевский라는 원어명도 표목에서는 한글로 바꿔주어야 합니다. 그렇게 해야 이 저자의 모든 저작들이 저자목록상에서 모여질(집중) 수 있기 때문입니다.

그 대신, 저자명의 상이한 표현들에 대해서는 아래의 그림과 같은 참조카드를 하나하나 만들어 해당 자음순에 끼워 넣습니다. 특히 이 저자의 경우 '도스…'로 시작되는 이름과 '토스…'로 시작되는 이름이 저자목록에서는 'ㄷ'과 'ㅌ'에 배열되어 목록상에서 상당히 멀리 떨어지게 되므로, 참조의 역할이 더욱 중요합니다. 이렇게 참조로 지시함으로써 이용자가 설령 '토스토에프스키'로 접근하더라도 대표표현으로 집중된 해당 저자명의 목록으로 무사히 인도할 수 있게 됩니다.

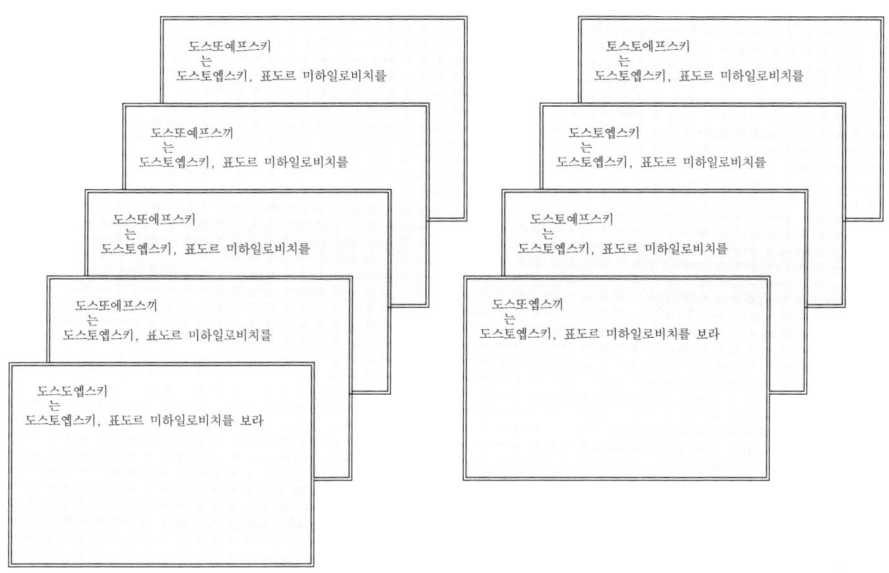

현재는 카드형목록을 사용하지 않는 자동화목록의 시대입니다. 참조카드를 사용하지 않는 대신 자동화목록 환경에서 전거제어는 **전거통제용 KORMARC**의 구축을 통해 이루어집니다. 이를테면 위 저자에 대한 **저자명전거제어레코드**를 아래와 같이 구축해놓으면, '도스또에프스키'로 검색하든 '토스토에프스키'로 검색하든 또는 러시아어로 검색하든 간에 동일한 결과로 검색되어 도서관이 소장한 도스토옙스키의 모든 저작을 나타내어줄 수 있게 됩니다.

100 1b ▾a도스토옙스키, 표도르 미하일로비치, ▾d1821-1881
400 1b ▾a토스토에프스키, 표도르 미하일로비치, ▾d1821-1881
400 1b ▾a도스또에프스키, 표도르 미하일로비치, ▾d1821-1881
400 1b ▾a도스토예프스키, 표도르 미하일로비치, ▾d1821-1881
400 1b ▾a도스또예프스키, 표도르 미하일로비치, ▾d1821-1881
400 1b ▾a도스또예프스끼, 표도르 미하일로비치, ▾d1821-1881
400 1b ▾a도스또에프스끼, 표도르 미하일로비치, ▾d1821-1881
400 1b ▾a도스또옙스끼, 표도르 미하일로비치, ▾d1821-1881
400 1b ▾a도스도옙스키, 표도르 미하일로비치, ▾d1821-1881
400 1b ▾a도스토옙스키, 미하일로비치, ▾d1821-1881
      ......
400 1b ▾aДостоевский, Фёдор Михайлович, ▾d1892-1950
400 1 ▾aDostoyevsky, Fyodor Mikhaylovich, ▾d1892-1950

단체명의 전거제어 예시는 다음과 같습니다.

 110 ▶▶▼a방탄소년단
 410 ▶▶▼aBTS

 110 ▶▶▼a동국대학교
 510 ▶▶▼a혜화전문학교

 110 ▶▶▼a혜화전문학교
 510 ▶▶▼a동국대학교

 표제도 마찬가지입니다. 특히 저자불명의 고전작품의 경우 다양한 표제를 갖고 있으므로 전거제어가 필수적입니다. 일례로 『춘향전』의 경우 춘향가, 열녀춘향수절가, 별춘향전, 남원고사, 옥중화, 춘몽연 등의 각기 다른 표제를 가진 120여 종의 이본(異本)이 전할 뿐만 아니라 희곡, 소설, 연극, 영화, 오페라 등으로 개작되면서 또 다른 새로운 표제가 생겨나기도 합니다. 단지 표제의 순으로만 배열한다면 표제목록상에서는 『남원고사』는 'ㄴ'에, 『별춘향전』은 'ㅂ'에, 『열녀춘향수절가』는 'ㅇ'에, 『춘향가』는 'ㅊ'에 각자 분산될 수밖에 없습니다. 동일한 저작임에도 불구하고 목록에서는 흩어진다는 뜻이지요.

동일한 저작을 목록상에서 집중시키기 위해서는
한 가지 형식의 대표표현을 선정해야 합니다.

 저자명전거제어와 마찬가지로 대표표현의 선정에 대한 규정이 따로 존재하는 건 아니고 통상적으로 가장 널리 알려진 표제를 대표표현으로 선정합니다. 이를 **통일표제**(uniform title)라 합니다. 만약 가장 널리 알려진 표제인 『춘향전』을 통일표제로 선정하기로 했다면, 성춘향과 이몽룡이 주인공인 모든 고전들은 문헌에 나타난 표기법과는 상관없이 기본표목을 모두 '춘향전'이라는 한 가지 형식으로만 사용해야 합니다. 물론 기술부의 표제와 책임표시사항에서는 자료에 나타난 그대로 기재하고, 상이한 표제들에 대해서는 "남원고사는 춘향전을 보라", "별춘향전은 춘향전을 보라", "열녀춘향수절가는 춘향전을 보라"와 같은 참조카드를 일일이 작성하여 해당 순서에 배열합니다. 그렇게 하면 이용자가 '남원고사' 라는 이형표제로 책을 찾더라도 참조카드의 지시를 받아 '춘향전'이라는 통일표제로 집중된 관련 저작을 한꺼번에 찾을 수 있게 되겠지요.

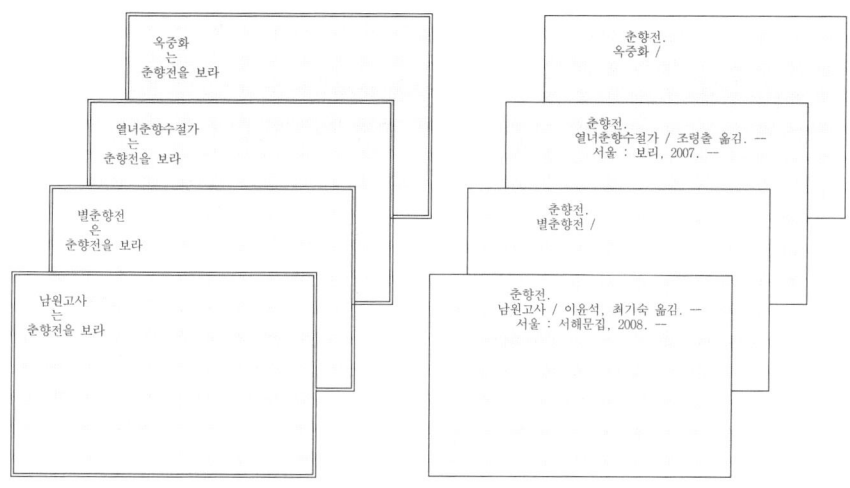

표제의 전거제어는 『아라비안나이트』와 『천일야화』와 같은 저자불명의 고전작품을 집중시키기 위해 절실하지만 간혹 현대의 저작물에 적용해야 할 경우도 있습니다. 이를테면 마이클 크라이튼의 『Congo』는 국내에서 『콩고』, 『고릴라 살인전쟁』, 『잃어버린 황금도시』 등으로, 『Eater's of the dead』는 『시체를 먹는 사람들』, 『죽은 자 먹어치우기』, 『13번째 전사』 등으로 매우 다양한 번역표제로 출간된 바 있기 때문에 만약 한 저작에 대한 두 가지 이상의 자료를 소장하고 있다면 전거제어를 통해 상호 연결시켜야 합니다.

저자명이나 표제뿐만 아니라 주제어와 지리명 등도 전거제어의 대상이 됩니다. 동일한 개념에 대해 '옷', '의류', '의복'과 같이 여러 형식의 용어를 쓰거나, 하나의 외래어를 두고도 가령 'chef'를 '쉐프'와 '셰프'로, 'Michelin'이라는 동일한 회사에서 제공하는 것에 대해 '미쉐린 타이어'와 '미슐랭 가이드'라는 식으로 다르게 표기하는 경우가 있습니다. 지리명 또한 'Italia(이탈리아)'와 'Italy(이태리)', 'Venezia(베네치아)'와 'Venice(베니스)'처럼 원어식 표기와 영어식 표기를 혼용하지요.

이렇듯 한 개념에 대한 용어의 형식을 통일하는 일이 전거제어입니다. 전거제어는 편목사서에게는 유일하고 일관성 있는 표목(접근점)으로부터 다양하게 변형된 형식에 대해 서로 참조할 수 있게 해주고, 이용자들에게는 검색하는 저자명, 표제, 주제명 등과 직접 관련된 모든 서지레코드를 누락 없이 찾을 수 있도록 도와줍니다.

전거제어는 목록의 검색효율성을 높여주는 수단입니다.

그럼에도 불구하고 우리나라에서 실제로 전거제어를 하는 도서관은 두 손에 꼽을 수 있을 만큼 흔치 않습니다. 전거제어레코드 구축에 많은 인력과 비용을 투입해야 하는데, 현실적으로 대부분의 도서관은 서지레코드(목록)를 구축하는 데에도 버거운 상황이기 때문입니다. 그리하여 일선 도서관에서는 저자명 혹은 표제의 다양한 표현들로 검색을 가능하도록 하기 위해 편법(?)으로 MARC에서 부출하는 방법을 동원합니다. 가령, 자료에 나타난 '도스토옙스키' 이외에 '도스토엡스키', '도스토에프스키' 등의 검색어로 예상되는 모든 상이한 표현들을 7XX나 9XX 필드에 부출하면 각각의 상이한 표현으로도 검색될 수 있으니까요. 근본적으로는 전거제어를 통해 해결해야 할 문제입니다만.

◆ ◆ ◆

전거제어는 목록의 검색효율성을 좌우하는 결정적인 요인이므로 세계 각국에서는 이를 핵심업무로 간주하여 많은 인력과 비용을 투자하고 있습니다. 그러나 일개 도서관이 단독으로 추진하기에는 힘들기 때문에 외국의 경우 국가도서관이나 도서관 간의 협력을 통해 수행합니다. 가령 미국의회도서관(LC)[20]의 공동편목프로그램인 PCC(Program for Cooperative Cataloging)에서는 회원도서관들이 전거제어를 분담하는 방식의 BIBCO(Monographic Bibliographic Record Cooperative Program), CONSER(Cooperative Online Serials Program), NACO(Name Authority Cooperative Program), SACO(Subject Authority Cooperative Program)를 진행하고 있습니다. 한편, OCLC[21]에서는 세계 주요 국가의 전거파일을 모은 VIAF(Virtual International Authority File)[22]라는 서비스를 제공합니다.[23]

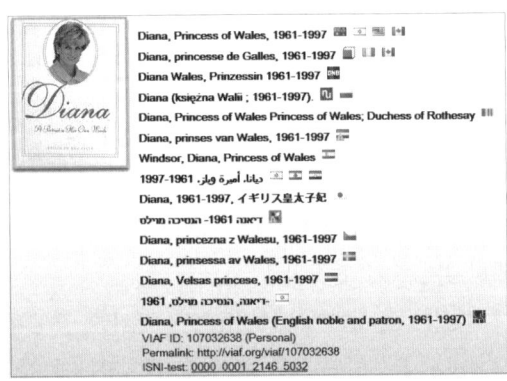

[VIAF의 전거제어 예시]

---

20) http://www.loc.gov
21) http://www.oclc.org
22) http://viaf.org
23) 우리나라의 국립중앙도서관도 VIAF에 가입하여 2016년 2월부터 한국인명의 ISNI를 제공합니다.

KORMARC으로 전거제어를 하려면 자관에서 사용하고 있는 도서관 자동화 시스템의 전거통제용 KORMARC 지원 여부를 먼저 확인해야 합니다. 전거통제용 KORMARC24)의 구조는 다음과 같이 1XX '표목' 필드, 4XX '보라' 부출필드, 5XX '도보라' 부출필드 등으로 구분됩니다. RDA 용어로 표현하자면 1XX 필드는 통일표목에 상당하는 '전거형 접근점'(authorized access point), 4XX 필드는 참조에 해당하는 '이형 접근점'(variant access point)의 역할을 합니다.

0XX	제어정보, 식별정보 및 분류기호 등
1XX	표목(채택 및 비채택)
2XX	복합 "보라" 참조
3XX	복합 "도 보라" 참조
4XX	"보라" 부출필드
5XX	"도보라" 부출필드
6XX	데이터처리정보, 주기 등

아래의 표는 동일 인명에 대한 전거레코드 예시로서, 각 도서관이 자체적으로 전거레코드를 구축하고 있음을 나타냅니다.

구분	S대학도서관	Y대학도서관	E대학도서관
한국인명 (이문열)	이문열, ▾d1948- 李文烈, ▾d1948- Yi, Mun-yol, ▾d1948- Lee, Mun-yol, ▾d1948-	이문열▾h李文烈 Yi,Mun-yol, ▾d1948-	이문열▾q李文烈, ▾d1948- Yi, Munyol Lee, Mun yol
일본인명 (미우라 아야코)	Miura, Ayako, ▾d1922- 三浦綾子, ▾d1922- 삼포능자, ▾d1922- 삼포릉자, ▾d1922- 미우라, 아야꼬, ▾d1922- 미우라, 아야코, ▾d1922- 미후라, 아야꼬, ▾d1922- San-pu, Ling-tzu, ▾d1922-	삼포능자▾h三浦綾子 Miura, Ayako 삼포능자 미우라, 아야꼬 미우라, 아야코 ミウラ, アヤコ	삼포능자▾h三浦綾子, ▾d1922-1999 Miura, Ayako 미우라, 아야코 미우라, 아야코
중국인명 (마오쩌둥)	Mao,Zedong, ▾d1893-1976 Mao,Tse-tung, ▾d1893-1976 毛澤東, ▾d1893-1976 모택동, ▾d1893-1976 마오쩌뚱, ▾d1893-1976 마오쩌둥, ▾d1893-1976	모택동▾h毛澤東 Mao, Ze-dong Mao,Tse-tung, ▾d1893-1976 마오쩌둥	모택동▾q毛澤東 Mao,Zeding Mao,Tse-tung 마오쩌둥 마오쩌둥

---

24) https://librarian.nl.go.kr/kormarc/kormarc_2016/

그러나 최근에는 국가대표도서관을 중심으로 각국의 전거제어파일을 공개함으로써 이를 자관의 전거제어 구축에 유용하게 활용할 수 있게 되었습니다. 한국 저자명과 통일표제의 경우 **국가전거파일**[25]을 통해 국립중앙도서관이 구축한 전거레코드를 확인할 수 있습니다.

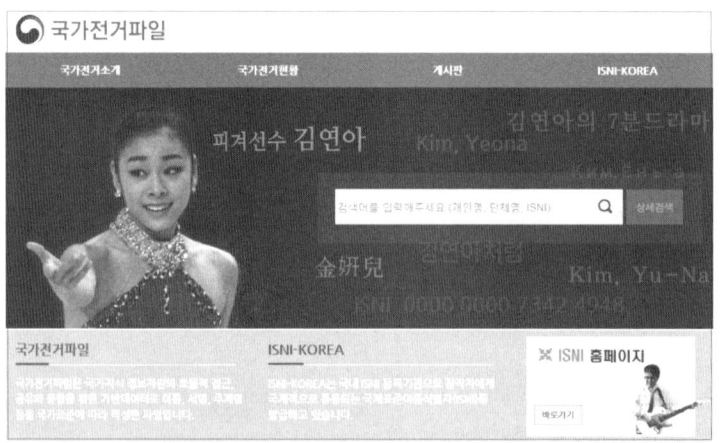

```
100 1♭ ▼a이광수, ▼g李光洙, ▼d1892-1950
400 0♭ ▼a춘원, ▼g春園, ▼d1892-1950
400 0♭ ▼a고주, ▼g孤舟, ▼d1892-1950
400 1♭ ▼a경서학인, ▼g京西學人, ▼d1892-1950
400 1♭ ▼a장백산인, ▼g長白山人, ▼d1892-1950
400 1♭ ▼a향산광랑, ▼g香山光郎, ▼d1892-1950
400 1♭ ▼a가야마 미쓰로, ▼d1892-1950
```

외국 저자명은 OCLC의 VIAF를 통해 전세계의 전거파일을 확인할 수 있습니다. 다음의 그림은 '마크 트웨인'에 대해 미국의회도서관에서 구축한 전거레코드를 나타냅니다.

---

25) https://librarian.nl.go.kr/

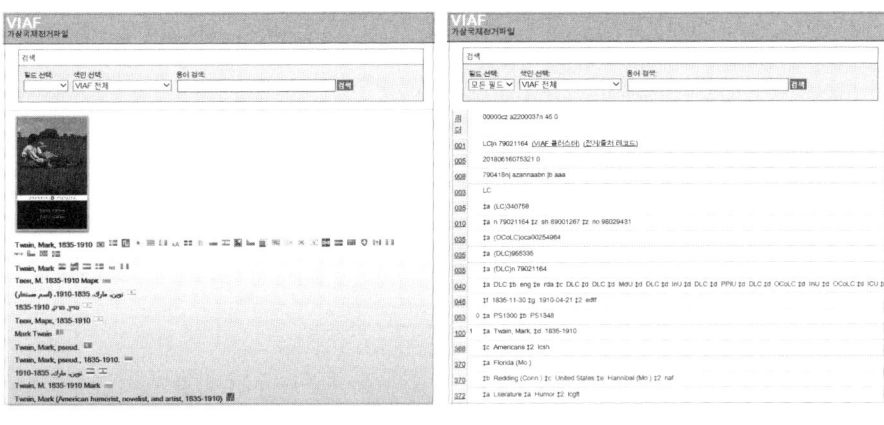

2008년에 'IU'라는 예명으로 데뷔한 가수를 많은 사람들은 '아이유'라고 부르기도 합니다. 둘 다 맞는 표현입니다. 그런데 노래방에서 이 가수의 노래를 선곡하려면 어떻게 해야 할까요? 어떤 사람은 '아이유'로 검색할 것이고 또 어떤 사람은 'IU'로 검색할 것입니다. 어떻든, 두 가지 형식의 이름으로 모두 이 가수의 곡을 찾을 수 있어야 합니다.

우리나라 업소용 노래방 산업을 양분하고 있는 업체인 '금영'과 'TJ미디어'는 비슷하면서도 다른 방법으로 이 문제를 해결하고 있습니다. 단, 도서관처럼 전거제어 기법을 사용하지는 않아요.

금영은 가수명 필드에 '아이유(IU)'라고 병기함으로써 두 가지 형식의 가수명 검색을 지원합니다.

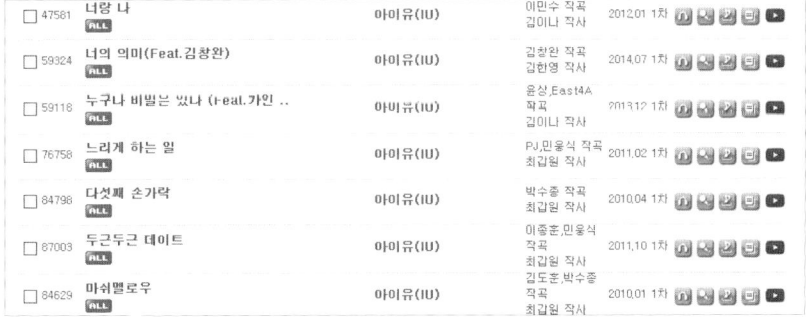

반면에 TJ미디어는 '아이유'와 'IU'의 두 가지 형식의 이름을 반복적으로 입력하여 검색을 지원하는 방식입니다. MARC으로 비유하자면 한 레코드에 저자명표목을 2개 만든 겁니다.

38476	너의의미	IU(Feat.김창완) 아이유(Feat.김창완)	김한영	김창완	2014-05-26
38467	사랑이지나가면	IU 아이유	이영훈	이영훈	2014-05-23
38466	나의옛날이야기	IU 아이유	조덕배	조덕배	2014-05-20
38320	봄사랑벚꽃말고	하이포,IU 하이포,아이유	아이유	이종훈,이채규	2014-04-16
37508	미운오리	IU 아이유	최갑원	PJ	2014-03-13

    재미있는 사실은 금영노래방은 피처링한 가수를 곡명에만 기술하고 가수명 필드에는 입력하지 않기 때문에, '김창완'이라는 가수명으로는 아이유와 함께 부른 『너의 의미』라는 곡이 검색되지 않습니다. 곡명을 '김창완'으로 검색해야 2014년에 발표된 『너의 의미』가 검색된답니다.

요점정리

- 전거제어란 동일 저자의 상이한 표현, 동일 저작의 다른 형식의 표현을 목록상에서 집중하기 위해 가장 널리 알려진 대표표현을 선정하여 상이한 표현들과 서로 연결해주는 활동을 말한다.
- 카드형목록 시절에는 '참조'를 사용했지만 지금은 전거통제용 MARC을 구축하여 전거제어를 한다.

2.4 주제편목과 주제명표목이란 무엇인가

한 가지 실토할 것이 있습니다. 실은 지금까지 우리가 익혔던 편목은 반쪽짜리(?) 편목입니다. 본래 편목은 기술편목과 주제편목으로 나뉘는데, 지금까지 기술편목만 다루었습니다. 편목은 아래의 그림과 같이 한 자료가 지닌 서지정보와 다른 자료와의 관련 정보, 또는 해당 자료의 소재확인에 필요한 속성 등을 일정한 형식과 규칙에 따라 기술하는 **기술편목**(descriptive cataloging)과 해당 자료가 다루고 있는 주제를 일정한 체계로 표현하는 **주제편목**(subject cataloging)으로 나눌 수 있습니다.

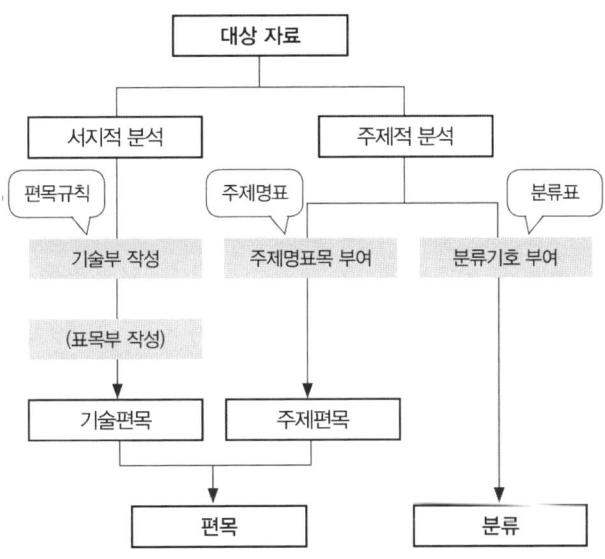

주제편목은 분류와 편목이 절반씩 섞인 업무라 할 수 있습니다.

자료의 주제를 분석(subject analysis)한 후에 '그 의미를 부호로 함축한' 분류기호를 부여하는 일을 분류라 한다면, '그 의미를 언어로 표현한' 주제명을 부여하는 일이 주제편목입니다. 그리고 주제편목의 결과로 **주제명목록**이 만들어집니다.[26]

다만, 주제명을 부여할 때에는, 아무 용어나 막 갖다 쓰는 것이 아니고, 반드시 통제된 용어로 표현해야 합니다. 그 통제된 용어를 목록의 주제명으로 채택하는 것을 **주제명표목**이라 하고, 주제명표목을 체계적으로 배열한 도표를 **주제명표**라 합니다.

아래의 그림과 같은 개체를 주제로 다룬 자료가 있다고 가정해봅시다.

A라는 사람은 위 개체의 주제를 '새'라고 쓸 수 있고, B라는 사람은 '조류'라고 쓸 수 있고, C라는 사람은 '날짐승'이라 쓸 수 있습니다. 심지어 D라는 사람은 'bird'라고 쓸 수도 있을 것입니다.

새나 조류나 날짐승이나 bird나, 실은 동일한 개념을 두고 각각 일컫는 용어입니다. 그러나, 동일한 개념에 대해 처음에는 '새'라고 썼다가 나중에 '조류'라고 쓴다면 일관성이 없어집니다. 일관성이 없다는 말은 목록에서 용어의 문자순으로 배열할 경우 '새'라는 주제명을 부여한 자료는 'ㅅ'에 배열되고 '조류'라는 주제명을 부여한 자료는 'ㅈ'에 배열되고 '날짐승'이라는 주제명을 부여한 자료는 'ㄴ'에 배열되므로, 동일한 주제임에도 불구하고 목록상에서는 분산될 수 있음을 뜻합니다.

이러한 현상을 방지하기 위해, 한 가지 의미를 갖는 개체에 대해서는 한 가지 형식의 용어로 통일해야 합니다.

만약 어느 도서관에서 "조강(鳥綱)의 척추동물"에 대한 주제명을 '조류'로 통일해서 사용하기로 결정했다면 그 형식의 용어를 우선어(preferred term; 대표표현 혹은 전거표목)라 합니

---

26) 이미 알고 있는 특정자료를 찾으려고 도서관에 오는 이용자들을 위해서는 '목록'이, 막연한 질문을 품고 어떤 주제에 관한 자료를 망라적으로 탐색하려는 이용자들을 위해서는 '분류'가 필요하다고 앞서 설명했는데, 기실은 전자의 목록은 기술편목에 따른 결과물을 의미합니다. 주제편목의 결과물인 '주제명목록'은 주제별로 자료가 분류된 서가를 직접 훑어보는 대신 목록만으로도 주제적 탐색을 가능하게 합니다.

다. 이와 개념이 같은 용어(동의어, 유사어)로 사용할 수 있는 '새', '날짐승', 'bird' 등은 모두 비우선어(이형표현)가 됩니다. 그리고, 주제가 될 수 있는 모든 개념에 대해 우선어와 비우선어, 상위어와 하위어를 선정하고 그들 간의 관계를 도표로 조직하는데, 이 표를 주제명표(주제명표목표)라 합니다.

예컨대 다음의 표와 같이 용어의 개념을 정리한 뒤,

우선어	조류
비우선어(동의어)	새 날짐승
상위어(Broader Term)	척추동물
하위어(Narrower Term)	고악하강 신악하강
관련어(Related Term)	새장 새총 조류독감 …

용어들 간의 계층관계와 상관관계를 반영하여 아래와 같이 자모순으로 정렬합니다.

고악류
  USE 고악하강
고악하강
  UF 고악류
  BT 조류
  NT 타조목
      도요타조목
      레아목
      …
날짐승
  USE 조류
새
  USE 조류
신악류
  USE 신학하강
신악하강
  UF 신악류
  BT 조류
  NT 닭기러기상목
      신조상목
  RT 신악류

조류
  UF 날짐승
  UF 새
  BT 척추동물
  NT 고악하강
      신악하강
  RT 새장
      새총
      조류독감
      …
척추동물
  BT 동물
  NT 어류
      양서류
      조류
      …
  RT 무척추동물

비우선어로 채택한 용어는 'USE'라는 기호를 써서 우선어로 참조하기 때문에 설령 위의 표에서 '날짐승'이나 '새'라는 용어로 찾더라도 '조류'라는 우선어를 사용해야 함을 쉽게 확인할 수 있습니다. 그리고 우선어로 채택된 표목에 대해서는 상위어(BT)와 하위어(NT), 관련어(RT)를 안내함으로써 이용자로 하여금 주제명 간의 개념 관계를 파악하는 데 도움을 줍니다.

용어들 간의 개념 관계를 파악하는 데 도움을 받을 수 있다는 측면에서 주제명표는 시소러스와 매우 유사합니다. 주제명표와 시소러스는 주제에 기반한 제어어휘집(controlled vocabularies)이기 때문입니다.

시소러스(thesaurus)는 정보검색에서 사용하는 일종의 용어관계사전으로, 어떤 개념을 가장 적절하게 표현할 표목을 선정하는 데 사용하도록 만든 용어집입니다. 일반적인 사전은 용어는 알고 있으나 그 뜻을 모를 때 사용하는 것인데 반해, 시소러스는 뜻(개념)은 알고 있으나 그 개념을 표현할 적절한 용어를 모를 때 사용하는 사전이라 할 수 있습니다. 시소러스에서는 우선어를 디스크립터(descriptor), 비우선어를 비디스크립터(non-descriptor)라 칭합니다.

주제명표와 생김새가 매우 비슷하지만 주제명표는 도서관의 주제편목을, 시소러스는 정보검색을 목적으로 한다는 점에서 차이가 있습니다. 다만 국립중앙도서관과 같이 주제명표를 검색의 목적으로 사용하는 경우도 있기는 합니다.

또 다른 차이점은 주제명표는 전조합색인, 시소러스는 후조합색인으로 이루어진다는 점입니다. 주제색인은 자료의 주제를 구성하는 개념의 조합이 발생하는 시점에 따라 전조합색인과 후조합색인으로 구분할 수 있습니다. 전조합색인(pre-coordinate indexing)이란 자료의 주제를 구성하는 각 개념을 미리 조합하여 이것을 단일표목으로 변환한 것으로서 자료분류표나 주제명표 등이 이에 해당하며, 후조합색인(post-coordinate indexing)은 자료의 주제를 구성하는 각 개념마다 색인어를 개별적으로 부여하고 탐색 시에 개별적인 색인어의 조합으로 검색하는 방식을 말하며 불리언 검색이나 시소러스 등이 이에 속합니다.

국내의 대표적인 시소러스로는 우리말 시소러스27), 국회도서관의 용어관계사전, 국사편찬위원회의 한국역사용어 시소러스28), 한국고전번역원의 고전용어 시소러스29), 한국법제연구원의 법령검색용어집, 한국언론진흥재단의 빅카인즈 사전(시소러스)검색, 한국사회과학자료원의 시소러스검색, 이지메타의 K-시소러스 등이 있습니다. 참고로 우리말 시소러스에서 '조류'를 검색한 결과는 다음과 같습니다.

주제명표목(subject headings)은 저자표목이나 표제표목과는 달리 한 자료가 취급한 주제, 논제 및 인명, 지명, 사건명 등을 나타낸 주제명을 표목으로 채택한 것을 말합니다. 이 때 주제명은 개념을 언어로 표현한 것이어서 언어의 특성상 동일한 개념에 대하여 다양한 언어적 표현이 가능하며, 또 동일한 용어가 주제영역에 따라 상이한 의미를 지닐 수도 있습니다. 이를 해결하기 위한 수단으로 **주제명표**(list of subject headings)를 반드시 마련하여, 주제편목 시에는 이 표를 근거로 주제명을 일관되게 부여해야 합니다.

따라서, 주제편목이란 자료의 주제를 분석하여 주제명표상의 주제명표목을 부여한 후 주제명목록을 편성하는 일을 말합니다. 이에 반해 분류란 자료의 주제를 분석하여 분류표상의 분

---

27) http://www.ontorus.net
28) http://thesaurus.history.go.kr
29) http://thesaurus.minchu.or.kr

류기호를 부여하는 일을 말합니다. 주제를 분석하는 단계까지는 실제로 동일한 업무인 셈이지요. 기술편목과 주제편목의 특징은 다음의 표와 같이 요약할 수 있겠습니다.

구분	기술편목	주제편목	분류
정의	자료의 서지적 정보, 소재확인에 필요한 속성 등을 일정한 형식과 규칙에 따라 기술	해당 자료가 다루고 있는 '주제'를 분석하여	
		주제명표목을 부여	분류기호를 부여
목적/효과	서지적으로	주제적으로	배가(shelving)
	자료를 검색		
검색접근점	저자명, 표제, (발행자명, ISBN) 등	주제명	분류기호
차이점		여러 개의 주제명 부여 가능	하나의 분류기호로만 배가 가능
필요 도구	편목규칙, 자동화목록형식(MARC)	주제명표	분류표

카드형목록의 예를 들어보면, 주제명표목을 부여하여 주제명의 자음순으로 배열하면 다음과 같은 주제명목록이 됩니다.

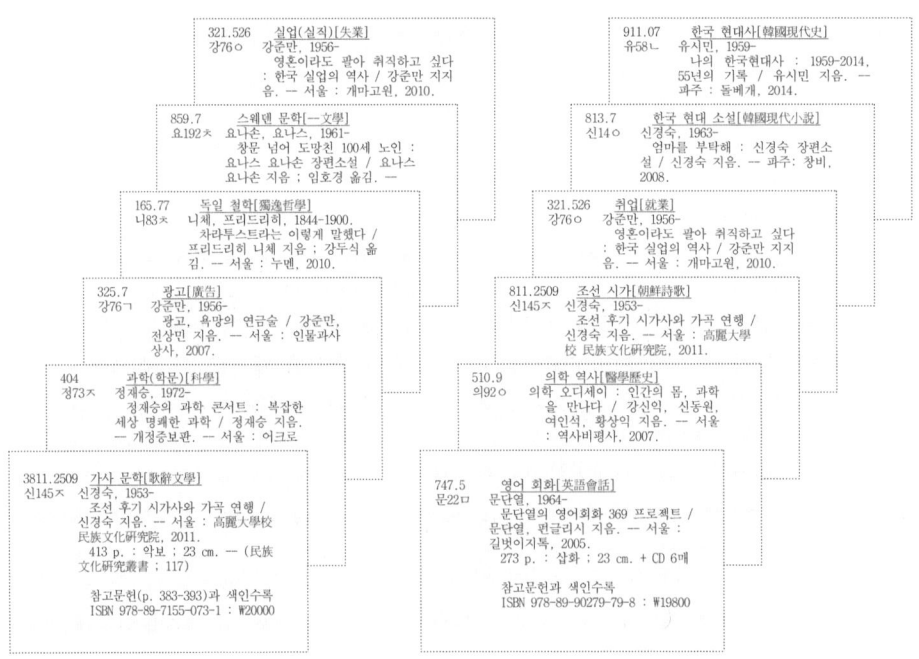

'주제'를 목록의 배열수단으로 삼는다는 측면에서 주제명목록은 얼핏 분류목록과 비슷해 보입니다. 하지만 분류목록은 분류기호순으로 배열하므로 앞뒤에 위치한 저록 간에 주제적인 연관성이 있는 반면, 주제명목록은 단순히 주제명의 자음순으로 배열하기 때문에 앞뒤에 위치한 저록 간에 연관성이 없다는 것이 차이점입니다. 아래 표와 같이, 분류목록에서는 가령 440, 450, 460의 순서는 자연과학의 체계를 따르고 있으나 주제명목록에서 차례대로 나열된 식물학, 정치학, 지학은 서로 직접적인 관련이 없음을 알 수 있습니다.

주제명목록 (용어순 배열)	분류목록 (주제순 배열)
경제학	320 (경제학)
광물학	330 (사회학)
교육학	340 (정치학)
국방	350 (행정학)
물리학	360 (법학)
법학	370 (교육학)
사회학	380 (풍속)
수학	390 (국방)
정치학	410 (수학)
지학	420 (물리학)
천문학	430 (화학)
풍속	440 (천문학)
행정학	450 (지학)
화학	460 (광물학)

그렇다고 해서 '어느 한쪽이 더 좋은 목록이다'라고 우열을 가릴 수 없거니와 그럴 필요도 없습니다. 주제명목록과 분류목록은 쓰임새가 서로 다른 목록이니까요.

주제편목은 주제명표가 없다면 불가능합니다.

분류를 하려면 분류표가 있어야 하는 것처럼, 주제편목을 하기 위해서는 반드시 주제명표가 있어야 합니다. 그런데 분류표는 한국십진분류법(KDC), 듀이십진분류법(DDC), 미국의회도서관분류법(LCC)처럼 어렵지 않게 구할 수 있지만 주제명표는 쉽게 구할 수가 없어요. 우리나라에서 현재 사용할 만한 주제명표는 사실상 『국립중앙도서관 주제명표목표』가 유일한데 이를 외부에 공개하지 않기 때문입니다. 따라서 사용가능한 주제명표가 없기 때문에 국립중앙도서관을 제외한 국내의 모든 도서관에서는 주제편목을 '하고 싶어도 할 수 없는' 형편이랍니다.

다만 외국의 경우에는 미국의회도서관의 LCSH(Library of Congress Subject Headings)30), 미국국립의학도서관의 MeSH(Medical Subject Headings)31) 등을 외부에 공개하고 있으므로 다른 도서관에서 주제편목의 용도로 사용할 수 있습니다.

― ◆ ◆ ◆ ―

주제편목은 이용자에게 자료의 소장 여부를 알려주는 데 그쳤던 기술편목의 한계를 극복하여 도서관목록을 진정한 자료탐색도구로 업그레이드할 수 있는 중차대한 업무라 해도 과언이 아닙니다. 그럼에도, 주제명목록이라는 도구를 체험해보지 못한 대부분의 한국인들은 주제편목의 효능(?)을 실감하기 어려울 것입니다. 한 가지 사례를 들어 주제편목의 유용성을 확인해보겠습니다.

영화로도 개봉되어 널리 알려진 『파이 이야기』라는 소설에 대해 미국의회도서관이 제공하는 목록은 다음과 같습니다. 물론 의회도서관뿐만 아니라 북미의 거의 웬만한 도서관에서는 주제편목을 한답니다.

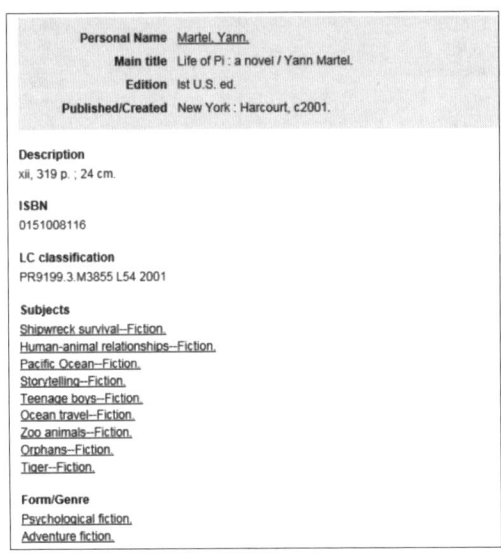

기본적인 서지정보 이외에도 'Shipwreck survival—Fiction', 'Human-animal relationships—Fiction', 'Pacific Ocean—Fiction' 등과 같이 소설의 테마에 관한 9개의 주제명표목을 부여하였음을 눈으로 확인할 수 있습니다. 만약 이 소설을 읽고 감명을 받은 이용자가 조난사고 생존을 주제로 한 또 다른 소설을 읽고 싶을 경우 목록에서 'Shipwreck survival—Fiction'을 클릭하면 아래 그림과 같이 주제명표목을 브라우징

---

30) http://www.loc.gov/aba/publications/FreeLCSH/freelcsh.html
31) http://www.nlm.nih.gov/mesh/

하면서 해당 주제명을 가진 229건의 자료를 쉽게 찾을 수 있겠지요. 또한, 태평양을 다룬 소설을 알고 싶다면 'Pacific Ocean—Fiction'을, 호랑이가 나오는 소설로는 어떤 것들이 있는지 알고 싶다면 'Tiger—Fiction'을 클릭하면 됩니다.

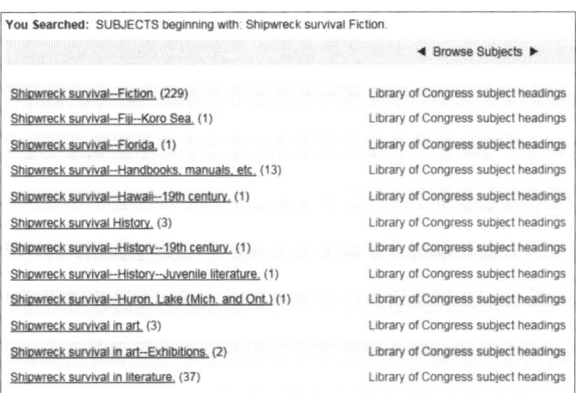

이렇듯 주제편목과 그 결과물인 주제명목록은 이용자로 하여금 주제를 넘나들며 자료의 바다를 항해할 수 있도록 하는 매우 유용한 기능을 제공합니다. 심지어는 네티즌들이 선호하는 Amazon보다 주제적 항해 경로가 더 많기도 합니다.

그러면 한국의 상황은 어떨까요? 이 소설의 번역서에 대해 국립중앙도서관이 제공하는 목록은 다음과 같습니다.

표제/저자사항	(얀 마텔 장편소설)파이 이야기 / 얀 마텔 지음; 공경희 옮김 공경희[1965-] Martel, Yann
발행사항	서울: 작가정신, 2004
형태사항	400p.; 23cm
주기사항	Martel, Yann 원표제: Life of Pi 수상: 부커상, 제34회
표준번호/부호	ISBN 89-7288-243-7 03840: ₩10000
분류기호	한국십진분류법-> 843 듀이십진분류법-> 813.54
주제명	영미 소설[英美小說]

미국의회도서관의 목록과는 어떤 차이가 있나요? 언어의 차이 그런 것 말고.

국립중앙도서관에서는 단순히 '영미 소설'이라는 주제명표목만 부여했는데, 자료를 배가하기 위한 분류기호(KDC 843)를 언어로 표현한 것에 불과하다고 해도 지나친 말이 아닙니다. 이것만으로는 목록에서 주제를 넘나들며 유유자적하게 자료의 바다를 항해하기 불가능합니다.

이처럼 목록이 진정한 자료탐색도구로 기능하기 위해서는 반드시 주제편목이 선행되어야 합니다만, 우리나라에서는 변변한 주제명표가 없다는 이유로 사실상 주제편목을 방기하고 있는 실정입니다. 더욱이 주제편목은 기술편목 못지 않은, 아니 그 이상의 시간이 소요되는 고도의 업무입니다. 그런 이유로 서두에서 "기술편목은 반쪽짜리 편목"이라고 함부로 폄하(?)했던 것입니다.

참고로, 도서관에서 자료를 편목하는 데 드는 비용은 얼마나 소요될까요? 1건당 5,000원? 3,000원? 10,000원? 1,000원?

외국의 사례입니다만, 아이오와주립대학교 도서관의 1999년 조사에 의하면 자료 1건당 자체편목(original cataloging) 비용이 $88.24, 카피편목(copy cataloging) 비용은 $12.22로 나타났습니다.[32] 예상보다 높지요? 심지어는 미국의회도서관의 경우 완전수준의 자체편목 비용이 자료 1건당 $138에 달한다고 합니다.[33] 아무리 한국보다 물가가 높고 인건비도 높다고는 하나 웬만한 자료의 정가보다 정리비용이 더 높은 현실이 선뜻 이해되지 않을 것입니다. 왜 그렇게 편목비용이 많이(?) 들까요? 가장 큰 원인은 주제편목에 있다고 보면 됩니다. 우리나라처럼 기술편목만 한다면 그 정도의 비용이 소요되지는 않습니다. 주제편목에 더 많은 시간과 노력이 투입되기 때문에 생각보다 많은 비용이 소요되는 것입니다. 그 대신 하나를 잃으면 하나를 얻는다던가요. 기술편목만 할 때보다는 비교 자체가 안될 정도로 목록의 품질은 향상됩니다.

요점정리

- 자료의 주제를 분석한 후에 기호로 함축하는 것이 분류이고, 언어로 표현하는 것이 주제편목이다.
- 주제를 언어로 표현하기 위해서는 주제명표라는 통제된 도구가 반드시 필요하다.
- 주제를 나타내는 용어와 관련어, 용어 간의 계층관계와 상관관계, 관련어를 조직한 표가 주제명표이다.
- 따라서, 자료의 주제를 분석한 후 주제명표상의 주제명표목을 부여하여 주제명목록을 만드는 일을 주제편목이라 한다.

---

32) Morris, Dilys E., and Gregory Wool. 1999. "Cataloging: Librarianship's best bargain." Library Journal, 124(11): 44-6.
33) Morris, Dilys E., Collin B. Hobert, Lori Osmus, and Gregory Wool. 2000. "Cataloging staff costs revisited." Library Resources & Technical Services, 44(2): 70-83.

3
목록의 역사 돌아보기

3.1 서양 목록과 편목규칙의 발달과정

목록의 역사를 훑으려면 고대 아슈르바니팔 왕립도서관의 점토판목록과 알렉산드리아 도서관의 피나케스(Pinakes)까지 거슬러 올라가야 합니다. 그러기에는 너무 범위가 방대해지는 관계로, 편목규칙이 제정되기 시작하는 근대 이후부터 영미계를 위주로 굵직한 일들만 살펴보도록 하겠습니다.

1) 재산목록의 시대에서 검색목록의 시대로

도서관자료를 구성하는 단위인 '책'은 옛날에는 귀한(?) 존재였습니다. 파피루스나 양피지에 일일이 손으로 글을 써서 책을 만들어야 했기에 생산단가가 매우 높았고, 그런 점에서 중세시대까지는 왕족이나 귀족, 종교인 등의 지배계층만 책을 접할 수 있었습니다.[34] 그때만 하더라도 도서관 장서는 이용의 대상이라기보다는 보존의 대상이었습니다. 심지어 열람용 장서까지 쇠사슬로 꽁꽁 묶어서 제공했을 정도니까요. 당연히(?) 목록도 이용을 위한 목적이 아니라 재산으로서의 장서를 관리하기 위한 목적으로 사용하였습니다.

---
34) 따라서 도서관도 처음에는 왕립도서관, 귀족도서관, 수도원도서관을 중심으로 발달했던 것이지요.

그러나, 중세에서 근대로 넘어가면서 엄청나게 많은 것이 바뀝니다. 활판인쇄술이 대량출판을 가능하게 함으로써 누구든 쉽게 책을 구할 수 있었고 도서관에도 이전과는 비교할 수 없을 정도로 많은 책들이 들어왔습니다. 시민사회가 대두되어 책은 더 이상 지배계층의 전유물이 될 수 없었으며, 책을 읽는 인구가 급격히 증가함에 따라 그 수요를 충족시키기 위해 더 많은 책이 공급되는 선순환 구조로 이어지게 되었습니다. 특히 인쇄로 만드는 **간본**(刊本; printed book)은 손으로 만드는 **사본**(寫本; manuscript)에 비해 동일한 책을 재입수하기가 까다롭지 않기 때문에, 도서관의 기능은 자료보존의 공간에서 자료이용의 공간으로 서서히 변화하였으며 목록의 목적도 재산관리용 도구에서 자료이용을 위한 도구로 전환됩니다.

고대부터 중세의 수도원도서관을 거쳐 16세기까지 지속되었던 **재산목록**의 시대는 17세기 이후 근대 도서관사상의 시조라고 할 수 있는 노데(Gabriel Naudé)가 마자랭도서관을 일반인에게 개방함으로써 시나브로 막을 내리고, 노데의 사상은 개인보다 전체의 이익을 우선시하는 라이프니츠(Gottfried Wilhelm Leibniz)의 보편주의로 이어져 **검색목록**의 시대가 도래하게 됩니다.

2) 최초의 편목규칙을 만든 파니치

파니치(Sir Anthony Panizzi, 1797-1879)는 본래 이탈리아 사람이나 자국의 통일운동에 참여했다는 죄목으로 사형선고를 받고 영국으로 망명한 후 여러 직업을 거쳐 사서가 되었습니다. 영국 국립박물관도서관(British Museum Library)에서 근무하며 역사상 최초의 성문화된 편목규칙을 제정하여 목록의 발전에 지대한 영향을 미쳤습니다. 칼리마코스35)가 목록의 시조라면 파니치는 중시조 쯤 되는 분이라 할 수 있겠지요.

19세기 중반 이후 저자명으로 자료를 찾으려는 이용자들이 점차 늘어나면서 저자목록의 필요성이 제기되었는데, 파니치는 가장 열렬하게 이를 지지했습니

---

35) 프톨레마이오스 1세가 개관한 알렉산드리아 도서관의 사서 칼리마코스(Callimachus, BC305-BC240)는 도서관자료의 정리를 위한 목록인 피나케스(Pinakes)를 고안하였습니다. 120권의 파피루스 권자본 목록이었던 피나케스는 실물이 현존하지 않지만 후대의 기록을 통해 전반적인 내용을 파악할 수 있는 세계 최고(最古)의 목록으로 평가됩니다.

다. 영국국립박물관도서관이 소장한 40만여 책에 달하는 장서에 대한 목록 편찬을 목적으로 1841년에 제정한 파니치의 **목록편성규칙**(Rules for the Compilation of Catalogue)은 이전까지 관습적으로 사용되어온 분류목록을 **저자명기본저록원칙**의 저자목록으로 전환한 최초의 규칙이라 할 수 있습니다.

이전까지 도서관에서는 단순히 자료 그 자체를 대상으로 표제 또는 저자명의 순서로 배열하는 데 머물렀는데, 파니치는 책(book)과 저작(work)의 개념을 구분하였습니다. 즉 책은 어떤 저작의 물리적인 판(edition)이고 저작은 책 속에 부호화되어 있는 지적 자산이라고 본 것입니다. 도서관 이용자들이 특정한 책을 찾을 때에 책들 사이의 숨은 관계까지 알 수 있어야 한다는 파니치의 구상은 편목의 발달에 중요한 전환점을 가져왔습니다. 그는 도서관 서가라는 실제의 공간에 흩어져 있는 자료 중에서 연관성이 있는 자료들을 가상의 공간에 모아서 제시해줌으로써 이용자로 하여금 원하는 자료에 효과적으로 접근하도록 돕는 것이 목록의 목적이라고 주장했습니다.

파니치가 생각하는 목록은 사서가 아니라 대중을 위한 도구였습니다. 그는 특권계층만 드나들던 도서관의 문턱을 낮춰서 책을 잘 모르는 서민들도 도서관을 이용하기를 원하며 "나는 가난한 학생들이 배움에 대한 호기심을 충족시키려 할 때에 이 나라의 부자들과 똑같은 수단을 갖기를 바란다"고 말했습니다. 파니치에게 도서관목록은 단순히 장서의 리스트나 지식 길잡이가 아니라, 사회를 변화시키려는 수단이었던 것이지요.[36] 파니치가 편찬한 영국국립박물관도서관 장서목록은 초판 5천부가 매진되고, 2판도 2만부가 판매될 정도로 인기를 모았다고 합니다.

3) 종합목록을 구상한 주이트

주이트(Charles Coffin Jewett, 1816-1868)는, '제위트'라고 표기하기도 하는데 실제 발음은 '주엣'에 가깝습니다만 아무튼, 그가 도서관장으로 재직하고 있던 스미스소니언협회(Smithsonian Institution)를 미국의 국가대표도서관으로 삼아 이를 중심으로 중앙집중식 편목계획을 수립하면서 39개조로 구성한 **편목규칙**(Rules for Preparing Catalogues)을 제안하였습니다.

---

36) Battles, Matthew. 2004. Library : an unquiet history. 강미경 옮김. 도서관, 그 소란스러운 역사. 서울: 넥서스Books. 182.

주이트의 규칙은 단위 도서관을 위한 편목규칙이 아니라 미국 내의 모든 도서관의 종합목록을 고려한 범국가적인 편목규칙을 제안했다는 데 큰 의의가 있습니다. 동일한 자료에 대상으로 미국 전체의 도서관에서 각각 편목하는 것은 인력낭비, 예산낭비, 시간낭비이므로 한 자료에 대해 한 번만 목록을 작성하여 이를 공유할 것을 제창했습니다. 주이트는 도서관의 목록이 책자형일 경우 두 곳 이상의 도서관의 목록을 합치기가 어려우므로 카드형목록이 바람직하다고 보았으며, 이러한 주장은 훗날 듀이에게 영향을 미치게 됩니다.

당시 각 도서관에서는 자관의 업무를 처리하는 데에 급급했기 때문에 도서관협력에 관한 주이트의 제안은 제대로 인정받지 못했습니다. 그러나 오랜 시간이 흐른 후 미국 내에서 분담편목이 현실화됨으로써 그의 혜안이 재조명받게 되었습니다. 주이트의 구상은 넓은 의미에서 오늘날의 종합목록뿐만 아니라 상호대차, MARC에 이르기까지 큰 영향을 주었다고 볼 수 있습니다. 또한 주이트는 서지요소를 기술할 때 "자료에 나타난 그대로 전사(轉寫; transcription)"해야 한다고 강조하였으며, 이 원칙은 향후 ISBD에서 더욱 강화됩니다.

4) 목록의 목적을 제시한 커터

커터(Charles Ammi Cutter, 1837-1903)는 전개분류법(EC), 커터-샌본 저자기호표 등과 함께 **사전체편목규칙**(Rules for a Printed Dictionary Catalog)을 남긴 유명한 사서입니다. 사전체목록이란 저자명, 표제, 주제명을 한꺼번에 자모순으로 배열하여 접근점을 다양화함으로써 검색의 효율성을 극대화시킨 목록이었습니다.

커터는 도서관목록의 가장 중요한 목적은 공공의 이용에 부합하는 데 있다고 믿었으며, 공공도서관의 이용자들은 학자들과는 달리 특정한 문헌을 찾으러 도서관을 오는 것이 아니라 막연한 질문을 품고 도서관을 찾는다고 생각하여 주제명목록의 유용성이 도서관의 성패를 좌우한다고 보았습니다. 그는 "도대체 도서관 이용자들이 목록을 통해 얻을 수 있는 것이 무엇인가?" 라는 본질적 물음을 바탕으로, 이용자의 편의를 최우선시하여 목록이 추구해야 할 기능을 아래와 같이 탐색, 집중, 선택의 3개 영역으로 구분하여 8가지의 구체적인 목적을 제시하였습니다.

① 이용자가 알고 있는
  ⓐ 저자(author) ⓑ 표제(title) ⓒ 주제(subject)
  로 자료를 찾을 수 있도록 해주고
② 소장자료를 주어진
  ⓓ 저자 ⓔ 주제 ⓕ 자료 유형(kind of literature)
  으로 나타내주며
③ ⓖ 판차(edition)[서지적으로(bibliographically)]나
  ⓗ 저작의 특성(its character)[문헌적 또는 주제적(literary or topical)]
  으로 자료 선택을 도와주기 위함이다.

이렇게 커터가 제시한 목록의 목적과 기능은 당대의 학자들에게 인정을 받으면서 근대 편목이론의 뼈대가 되었으며 향후의 편목규칙뿐만 아니라 1961년 ICCP와 1974년 ISBD 제정에 지대한 영향을 미쳤습니다.

5) 목록의 발전에도 기여한 듀이

DDC로 더 잘 알려진 **듀이**(Melvil Dewey, 1851-1931)는 1886년에 목록카드의 규격을 3×5 inch(7.5×12.5 ㎝)로 제시하여 이를 표준화하였고, 이에 따라 미국 내의 협동목록 구축이 급물살을 타게 되었습니다. 그는 'Library Bureau'라는 가구회사도 설립하여 표준규격 목록카드를 수납할 수 있는 목록함을 제작, 보급하기도 했습니다.

또한 듀이는 미국의회도서관(LC)에 목록카드를 인쇄하여 타 도서관에 배포할 것을 주장하였고, 영국과 미국이 공동으로 사용할 수 있는 편목규칙을 제정할 것을 제안하였습니다.

6) 최초의 국제적 편목규칙, AA code

듀이의 제안에 따라 1904년에 영국과 미국의 도서관협회는 협동편목규칙 준비위원회를 발족하여, 최초의 국제적인 편목규칙인 『Catalog Rules, Author & Title Entries』 일명 **AA Code**(Anglo-American Code; 영미규칙)를 제정하였습니다. 왜 '국제적'이냐? 영국과 미국

이라는 2개 국가가 참여하였으니까요.

　AA Code의 174개조 중 8개 조문은 양국의 협의가 이루어지지 않아 영국판과 미국판으로 각각 발행하였습니다. 이는 미국판은 커터의 이론을 규칙에 반영하고 영국판은 파니치의 이론을 반영하였기 때문인데, 가령 동일 저자의 저작들을 미국판에서는 최신의 저자명 또는 가장 잘 알려진 이름 아래 모은다는 처지인데 비해 영국판에서는 제일 처음 사용된 이름 아래 모은다는 차이점이 있습니다.

7) 미국 단독으로 개정한 ALA 편목규칙

　미국도서관협회(ALA)는 1936년에 AA Code를 개정하기 위해 영국도서관협회(LA)와 공동작업을 시도하였으나 제2차세계대전(1939-1945)의 발발로 협력이 불가능하게 됩니다. 이에 미국 단독으로 1941년에『편목규칙 개정을 위한 예비판(ALA Cataloging Rules: Author and Title Entries)』을 간행하였습니다.

　이 규칙은 AA Code와 같이 제1부 표목부, 제2부 기술부로 구성되어 있으며 주제명표목을 포함하지 않는 기술편목규칙을 기본으로 하였습니다. 그러나 예비판의 규칙이 지나치게 복잡하다는 비판에 직면하여 곧 개정에 들어가 1949년에 제2판을 제1부(표목부)만으로 발표합니다. 그리고 같은 해에 미국의회도서관(LC)에서 간행한『기술편목규칙(Rules for Descriptive Cataloging in the Library of Congress)』을 제2부인 기술부 규칙으로 준용합니다. 요컨대 ALA의『저자명 및 서명 저록을 위한 편목규칙(Cataloging Rules for Author and Title Entries)』과 LC의『기술편목규칙』의 두 가지 규칙을 합쳐서 통상적으로 **ALA편목규칙**이라 칭하는 것이지요.

8) 표목부의 통일을 확립한 ICCP

　국제도서관협회연맹(IFLA)는 1961년 10월에 편목규칙의 국제적인 통일을 목적으로 프랑스 파리에서 53개국의 도서관 전문가들이 모인 가운데 **국제편목원칙회의**(International Conference on Cataloging Principles; ICCP)를 개최합니다.

　이 회의에서는 루베츠키(Seymour Lubetzky)의『Code of Cataloging Rules』을 의안으로 상정하여 이를 중심으로 목록의 기능, 목록의 구성, 표목의 종류, 표목의 선정과 형식 등에 관해 각국 대표들의 협의를 거쳐 제원칙에 관한 성명(Statement of Principles)을 채택하였고, 이것을 통상적으로 **파리원칙**(Paris Principles)이라 부릅니다. 파리원칙은 목록의 목적(objects)이란 용어 대신 기능(function)을 사용하면서 다음과 같이 목록의 기능을 천명하였습니다.37)

> 목록은 다음의 사실을 확인하기 위한 유효한 도구가 되어야 한다.
> ① 한 도서관이 어떠한 자료를 소장하고 있는지
>   ⓐ 저자와 표제에 의해
>   ⓑ 저자가 미상일 경우에는 표제에 의해
>   ⓒ 저자나 표제가 불분명할 경우에는 표제에 해당하는 적당한 대용어로 보여주어야 하며,
> ② 그 도서관에는
>   ⓔ 특정 저자의 어떤 저작이 있는지
>   ⓕ 특정 저작의 어떤 판이 소장되어 있는지를 알려주어야 한다.

파리원칙의 의의는 무엇보다 편목규칙의 국제적인 통일을 이루었다는 데 있으며, 특히 저자명기본저록의 원칙을 채택한 점은 AACR을 비롯한 각국의 편목규칙 개정에 큰 영향을 주었습니다. 그리고 단체명도 표목으로 인정하였고, 기본표목과 부표목을 함께 기입하는 다중표목을 채택하였다는 점이 주요 특징이라 할 수 있습니다.

9) 현대 편목규칙의 원형, AACR

파리원칙에 따라 1967년에 ALA, LC, LA, 캐나디도서관협회(CLA)의 3개국의 4개 기관이 협력하여 **영미편목규칙**(Anglo-American Cataloging Rules; AACR)을 발간하였습니다. 이 규칙은 파니치의 편목규칙에서부터 ALA 편목규칙에 이르는 영국과 미국의 편목규칙을 집대성한 것이며, 또한 파리원칙을 반영한 최초의 규칙이라는 데 큰 의의가 있습니다.

AACR은 세계에서 가장 대표적인 편목규칙으로 널리 전파되었으며 우리나라를 비롯한 많은 국가의 편목규칙의 근간이 되었습니다.

---

37) http://www.nl.go.kr/icc/paper/20.pdf

10) 목록의 공유를 위해 출발한 MARC

LC는 1901년부터 목록카드를 인쇄하여 이를 각 도서관에 판매하는 방식으로 널리 보급하였습니다. LC는 목록을 좀 더 효율적으로 공유하기 위해 기계(컴퓨터)가 읽고 해석할 수 있는 형태의 **기계가독목록형식**(MAchine Readable Cataloging; MARC) 개발에 착수합니다.

1963년 킹(Gilbert W. King) 등이 작성한 『Automation and the Library of Congress』 보고서는 도서관의 업무 자동화는 목록을 핵심으로 개발해야 한다는 점을 강조했고, 이에 따라 LC는 도서관진흥재단(Council on Library Resources; CLR)의 재정지원을 받아 아브람(Henriette Avram)을 중심으로 MARC Pilot Project를 수행하였습니다.

1966년에 MARC Ⅰ을 개발하고 1968년에 최종적인 MARC Ⅱ 포맷을 확정하였는데, 이것을 **LCMARC**이라 부릅니다. MARC은 개발단계부터 공동이용을 목표로 삼았기 때문에 국제적인 표준의 설정이 필수적이었습니다. 1971년에 미국의 국가표준(ANSI/NISO Z39.2)으로 제정되었으며, 1973년에 ISO 2709로 제정된 이후 세계표준으로 정착하게 됩니다. 이들 표준은 모두 서지기술이 가능한 모든 자료에 대하여 어떤 시스템 내의 데이터처리보다는 여러 시스템 간에 목록데이터를 상호교환하기 위하여 고안된 구조입니다. 따라서 이들 표준에서는 일반적인 상호교환용포맷의 요건을 명시할 뿐 서지기술의 내용에 대한 구체적인 지시는 언급하지 않습니다.

MARC은 목록을 담는 틀입니다. MARC 그 자체로 편목할 수는 없습니다. MARC 포맷에 목록을 입력하기 위해서는 편목규칙을 따라야 합니다. 기계가독목록형식을 만든다는 것은 카드형목록을 전제로 한 기존의 전통적인 편목규칙에 따라 카드가 아닌 컴퓨터상의 포맷에 데이터로 입력함을 의미합니다.

MARC은 편목업무의 자동화를 바탕으로 도서관목록을 상호교환하는 데 궁극적인 목적을 두었습니다. 그런 점에서 MARC은 도서관 간의 목록데이터 공유를 실현함으로써 종합목록은 물론이고 도서관상호대차와 같은 오늘날 도서관협력의 마중물이었다고 할 수 있습니다. 한편, LCMARC은 1983년에 USMARC으로 개칭한 후 1999년에 캐나다의 CANMARC과 통합하면서 현재는 **MARC21**이라는 명칭을 사용합니다.[38]

---

38) http://www.loc.gov/marc/

11) 기술부의 표준을 실현한 ISBD

AACR로 대표되는 영미계 편목규칙은 대부분 저자명기본저록의 원칙에 따라 표목에 많은 관심을 기울였을 뿐, 기술은 서지적 식별요소의 역할과 기본표목에 대한 2차적인 배열요소로서만 다루어졌습니다. 그러나 20세기 이후 서지기술에 대한 중요성이 높아지게 되었고, 나아가 국제적으로 표준화해야 한다는 움직임이 일게 됩니다.

이에 IFLA는 1969년 개최된 국제편목전문가회의(IMCE)를 통해, 전세계 출판물에 관한 서지데이터를 신속하게 입수할 수 있도록 하는 **세계서지제어**(Universal Bibliographic Control; UBC) 계획을 수립합니다. 이후, 표준 서지기술 방법 및 포맷의 제정에 나서 1974년에 단행본용 **국제표준서지기술**(International Standard Bibliographic Description; ISBD)을 제정합니다. ISBD는 UBC 실현의 과정과 수단으로서, 편목규칙 중 서지기술의 기재 방법 및 형식에 대해서 국제적인 표준지침을 마련하는 것을 의미하며 이를 기반으로 작성된 목록들은 국제적으로 통용(상호교환)될 수 있게 하는 데 목적을 둡니다. 또한 IFLA는 각국의 국가서지 작성기관 간에 기계가독형식으로 작성한 서지데이터의 국제적 교환이 용이하도록 하기 위하여 **UNIMARC**(UNIversal MARC)을 제정하였습니다.

1974년 ISBD 제정은 1961년 파리원칙과 더불어 편목규칙의 국제적 통일을 위해 한 쌍을 이루는 것으로, 파리원칙이 표목부에 관한 표준이라면 ISBD는 기술부에 관한 표준이라 할 수 있습니다. ISBD는 원래 단행본용, 계속자료용, 비도서자료용 등의 자료유형별로 제정하였으나 2009년에 모든 자료유형을 수용한 통합판(Consolidated edition)으로 개정하였으며, 2011년에 기존 8개 영역에 내용형식과 매체유형영역(Content form and media type area)을 신설한 개정통합판(Revised consolidated edition)을 공표하였습니다.

12) 편목규칙의 대명사, AACR2

1967년 AACR 제정 이후 MARC의 개발, ISBD의 제정 등 국제적 목록환경의 변화를 반영하기 위해 ALA, LC, LA, 영국국립도서관(BL), 캐나다편목위원회(CCC)의 3개국 5개 기관이 AACR 개정을 위한 합동조정위원회(JSC)를 구성하여 1978년에 북미판과 영국판을 통합한 AACR 2판을 발행하였습니다.

AACR2의 특징은 첫째, 초판과는 반대로 제1부는 기술, 제2부는 표목으로 구성하였고 둘째, 기술부의 서지수준을 도서관의 규모에 따라 간략수준·중간수준·완전수준으로 3등분하였으며 셋째, 기술부에서 ISBD의 구두점을 채용하였고 넷째, 도서와 비도서의 규칙을 공통으로 규정하였습니다. 다섯째, 컴퓨터 응용 가능성을 전제로 저록(entry)과 표목(heading) 대신에 접근점(access point)이란 용어를 사용하기 시작하였는데 이는 카드형목록에서 온라인목록으로 변화하고 있음을 반영한 것입니다.

1988년에는 기존의 5개 기관에 오스트레일리아편목위원회(ACOC)가 참여한 JSCAACR이 2판의 기본적인 구조는 그대로 두고 부적절한 규정을 일부 수정한 AACR2R을 발행하였고, 2002년에는 'AACR2 Revision 2002'로 부분적으로 개정하였습니다.

13) 온라인목록의 등장과 카드형목록의 퇴장

MARC은 목록의 배포 및 공유를 위해 개발한 것이지만 애초부터 이용자검색을 지원하기 위한 목적은 아니었습니다. 컴퓨터로 입력한 데이터를 목록카드로 대량 인쇄하는 용도로 MARC을 개발했다고 봐도 틀림이 없습니다.

그러나 많은 도서관에서 MARC 포맷으로 목록데이터를 관리하였고, 이 목록데이터를 기저로 각종 도서관 업무를 자동화하였습니다. 기본적으로 도서관자동화는 목록을 생산하는 정리시스템과 더불어, MARC 포맷의 목록데이터와 이용자의 데이터를 연동한 대출시스템부터 개발했습니다. 여기에, 컴퓨터로 목록을 검색할 수 있는 **온라인목록**(Online Public Access Catalog; OPAC)을 추가하여 기초적인 통합도서관시스템(ILS)이 됩니다.

정리시스템에 실시간으로 목록이 저장됨에 따라 최신자료를 훨씬 빠르게 검색할 수 있을 뿐만 아니라, 시공을 초월-도서관 외부에서도, 개관시간이 아닌 시점에도 인터넷으로 연결-하여 목록을 이용할 수 있게 되었습니다(그전까지는 목록을 이용하기 위해 도서관에 직접 가야만 했거든요). 단점도 일부 있지만 온라인목록이 가진 장점이 너무도 탁월했기에 불과 몇 년 사이에 카드형목록은 역사의 뒤안길로 쓸쓸히 사라지고 맙니다. 카드형목록을 기저로 개발된 MARC이 온라인목록의 출현을 가져오면서 모태와도 같았던 카드형목록의 퇴출(?)에 앞장서게 된 셈이지요.

14) 목록을 위한 개념적 모형, FRBR

20세기 후반 들어 다양한 매체의 등장, 서지레코드 활용방법의 발전, 서지레코드에 대한 이용자의 다양한 요구 등 목록을 둘러싼 제반 환경이 또 다시 크게 요동쳤습니다. 이에 IFLA는 서지제어용 도구의 개정 필요성에 의견을 모아 서지레코드가 수행해야 할 기능에 대한 연구의 최종 결과물로서 1998년에 Functional Requirements for Bibliographic Records(FRBR)을 발표하였습니다.

FRBR은 물리적인 자료를 대상으로 이용자가 이미 알고 있는 저자명이나 표제 또는 주제명으로 소장여부를 검색하는 단계를 벗어나-파니치와 루베츠키가 언급했던-'저작'을 중심으로 관련 자료들을 집중시키는 기능을 위한 모형입니다. 따라서 FRBR은 편목규칙이 아니며 MARC처럼 목록을 담는 포맷도 아닙니다. FRBR은 컴퓨터가 목록을 탐색하여 계층적인 순서로 제시할 수 있도록 개발한 개념적 모형입니다. 다시 말해, 사람이 탐색하는 것이기보다는 컴퓨터가 서지레코드를 탐색하기 위한 모형이라 할 수 있습니다.

FRBR은 서지레코드가 갖추어야 할 기능들을 다음과 같이 정의하였습니다.

① 이용자가 지정한 탐색기준에 부합하는 자료를 탐색(find)하기 위하여
② 개체(entity)를 식별(identify)하기 위하여
③ 이용자 요구에 적합한 개체를 선정(select)하기 위하여
④ 기술된 개체를 획득(obtain)하거나 개체에 접근하기 위하여

FRBR에서 핵심이 되는 부분은 관계형 데이터베이스를 설계할 때 사용되는 개체-관계(Entity-Relationship) 분석기법을 사용하였다는 점입니다. 서지적 영역을 대상으로 이용자가 검색할 때 중요하다고 생각되는 10개의 개체를 추출한 후 다음과 같이 3개의 집단으로 나누었습니다.

제1집단: 저작, 표현형, 구현형, 개별자료(work, expression, manifestation, item)
제2집단: 개인, 단체(person, corporate body)
제3집단: 개념, 대상, 사건, 장소(concept, object, event, place)

FRBR은 "훠버"로 발음하며 국내에서는 『서지 레코드의 기능상 요건』으로 번역하였습니

다.39) 참고로, FRBR 외에도 **FRAD**(Functional Requirements for Authority Data), **FRSAD**(Functional Requirements for Subject Authority Data)이 있으며, IFLA는 FRBR, FRAD, FRSAD의 각 개념 모델을 통합한 **IFLA LRM**(Library Reference Model)을 2017년에 공개하였습니다. FRAD와 FRSAD는 국내에서 각각 『전거 데이터의 기능 요건』40), 『주제 전거 데이터의 기능 요건』41)으로 번역하였습니다.

15) ICCP의 개정판, ICP

1961 ICCP(파리원칙)는 최초로 목록의 기능을 제시한 원칙이지만 현대의 목록환경을 반영하여 이를 개정할 필요가 대두되었습니다. ICCP를 대체하는 목록의 기본원칙을 천명하기 위해 2009년에 **ICP**(International Cataloguing Principles; 국제목록원칙규범)을 제정하였습니다.

ICCP가 '목록의 기능'에 중심을 두었다면 ICP는 '이용자의 요구'에 중심을 둔 것으로, 편목규칙이 다루어야 할 최고의 원칙을 "이용자의 편의를 고려"하는 것이라 규정하였습니다. ICCP가 카드형목록에 기반한 원칙이라면 ICP는 컴퓨터 기반의 목록을 위한 원칙이라 할 수 있습니다. ICCP에서 언급한 '책', '저자', '목록카드', '표목'과 같은 용어는 ICP에서 '서지자원', '저작자', '서지레코드', '접근점'으로 변경하였습니다. 또한 ICCP의 저작(works), 도서(books), 판(edition)의 개념은 ICP에서 FRBR 모형인 저작, 표현형, 구현형, 개별자료로 바꾸었습니다.

뿐만 아니라 ICP는 ICCP에서 정의했던 목록의 기능을 다음과 같이 재정의하였습니다.42)

① 자원의 속성이나 관계를 이용하여 탐색한 결과로서 소장자료 중 서지자원을 탐색(find)하는 일
  ⓐ 단일 자원을 탐색하는 일
  ⓑ 다음과 같은 일련의 자원을 탐색하는 일
    - 동일 저작, 표현형, 구현형에 속하는 모든 자원
    - 특정 개인이나 가족, 또는 단체와 관련된 모든 자원
    - 특정 주제에 관한 모든 자원

---

39) https://blog.naver.com/chjeon/222205282827
40) https://www.ifla.org/files/assets/cataloguing/frad/frad_2011-ko.pdf
41) https://www.ifla.org/files/assets/cataloguing/frad/frad_2011-ko.pdf
42) http://www.ifla.org/files/assets/cataloguing/icp/icp_2009-en.pdf

- 일반적으로 탐색 결과의 이차적인 제한을 위해 기타 기준(언어나 발행지, 발행년, 내용유형, 매체유형 등)으로 한정한 모든 자원
② 서지자원이나 서지기관을 식별(identify)하는 일
③ 이용자의 요구에 적합한 서지자원을 선정(select)하는 일
④ 기술된 개별자료를 입수(acquire), 혹은 접근을 확보(obtain)하는 일
⑤ 목록의 안팎을 항해(navigate)하는 일

ICP는, ICCP와 마찬가지로, 편목규칙이 아닙니다. ICP는 각 국가에서 편목규칙을 제정할 때 지침으로 사용하기 위한 규범입니다. 따라서 한국목록규칙 제5판 개정 시 ICP가 적극 반영될 것입니다. 2016년에는 목록정보의 오픈 액세스, 검색도구 및 이용자 검색 방식의 변화 등을 반영하기 위하여 일부 개정되었습니다.[43]

16) 미래의 목록을 대비하는 RDA

AACR2를 개정하기 위해 처음에는 AACR3이라는 명칭을 사용하였지만 모든 유형의 자원과 모든 유형의 내용을 포괄하고, 새롭게 출현하는 자원을 수용할 수 있도록 하기 위하여 2005년에 **RDA**(Resource Description and Access)[44]라는 새로운 명칭으로 변경한 후 2010년 7월에 발간하였습니다.

AACR을 전면적으로 개정한 규칙인 RDA는 전통적인 도서관목록뿐만 아니라 웹기반 환경에서 사용할 수 있으며, 모든 매체에 대한 서지기술과 접근점을 제공하기 위한 다국적 내용의 표준을 지향합니다. 이를 위해 RDA는 개체와 속성, 그리고 이들 간의 관계를 묘사하여 이용자의 과업, 즉 이용자의 정보탐색과정을 지원하는 FRBR 모델을 수용하였습니다.

RDA는 이용자 과업의 내용을 발견(find)-식별(identify)-선정(select)-입수(obtain)로 정의합니다. 발견이란 이용자가 설정한 탐색기준에 일치하는 자원을 발견하는 일을, 식별이란 기술된 자료가 발견한 자료와 일치하는지 확인하고 유사한 특징을 가진 둘 혹은 그 이상의 자원 간을 식별하는 일을, 선정이란 이용자의 요구에 일치하는 적합한 자원을 선택하는 일을, 입수란 기술된 자원을 입수하고 접근하는 일을 각각 뜻합니다.

FRBR의 개념을 구현하고 ICP를 반영한 RDA는 과거 AACR이 그러했듯이 사실상 편목규

---

43) http://www.ifla.org/files/assets/cataloguing/icp/icp_2016-en.pdf
44) http://www.rda-rsc.org

칙의 표준모델이라 할 수 있습니다. 일본의 경우 RDA를 반영하여 2018년 12월에 일본목록규칙(NCR)을 개정하였으며, 한국목록규칙(KCR) 또한 현재 제5판 개정안을 마련하면서 RDA를 적극 반영하고 있습니다.

지금까지 살펴본 목록의 변천과정을 간추리면 다음과 같습니다.

사람들 간의 커뮤니케이션 수단인 언어가 먼저 생겨났고, 그 내용을 기록하기 위해 문자를 발명했고, 기록된 것을 다른 사람들과 공유하기 위해 책이라는 도구를 만들었고, 책을 효율적으로 보관·이용하기 위해 도서관이라는 사회적 장치를 고안하였습니다.

도서관에서 책(자료)을 체계적으로 관리하기 위해 목록(과 분류)라는 수단을 만들었고, 한 도서관 내의 목록 형식을 통일하기 위해 편목규칙을 제정했습니다. 손글씨로 책을 만들던 시대에서 인쇄술로 책을 대량생산하는 시대로 변모함에 따라 목록은 자료의 보존을 위한 목적에서 이용을 위한 목적으로 전환되었고, 그 형태또한 책자형목록에서 점차 카드형목록으로 바뀌게 되었습니다.

도서관자료의 국가간 교류에 따른 목록의 국제적인 통일을 위해 표목부에 대한 기준인 ICCP 파리원칙(1961), 기술부에 대한 표준인 ISBD(1974)가 발표되었습니다.

ICCP에 따라 AACR(1967)이 제정되었고, ISBD를 반영해 AACR2(1978)로 개정되었습니다. 그즈음 카드형목록을 수월하게 관리하기 위해 MARC(1968)이 개발되었고, MARC의 확산에 따라 카드형목록은 점차 온라인목록으로 대체되었습니다.

현대에 이르러, 모든 목록이 갖추어야 할 기능에 대한 모형인 FRBR(1998)와 모든 편목규칙을 제정할 때 적용해야 할 지침인 ICP(2009)가 등장했고, 대표적인 편목규칙인 AACR은 FRBR과 ICP를 수용하여 RDA(2010)로 개정되었습니다.

한편에서는, 책 중심의 전통적인 매체환경과는 전혀 다른 정보환경으로 변화함에 따라 인터넷자원을 편목하기 위한 수단인 더블린 코어(1995)가 만들어지고, MARC에 훨씬 가까운 메타데이터인 MODS(2002)가 개발되었습니다.

좀 더 줄여볼까요?

목록 형태는 책자형목록에서 카드형목록을 거쳐 온라인목록으로 발전해왔습니다.

카드형목록을 편리하게 관리하기 위해 MARC(1968)을 개발했는데, MARC이 널리 보급됨에 따라 결과적으로 온라인목록의 시대가 도래하였습니다.

목록의 형식을 통일하기 위해 편목규칙이 만들어지는데, ICCP(1961, 표목부의 통일)와 ISBD(1974, 기술부의 통일)가 역사적으로 중요합니다. ICCP에 따라 AACR(1967)이 제정되었고, ISBD를 반영해 AACR2(1978)로 개정되었습니다.

이후 모든 목록이 갖추어야 할 기능에 대한 개념적 모형으로 FRBR(1998)이 개발되었고, 편목규칙을 제정할 때 적용해야 할 가이드라인으로 ICP(2009)가 발표되었고, AACR은 이들을 수용하여 RDA(2010)로 개정되었습니다.

한편, 도서관자료의 편목 수단을 인터넷자원의 편목 수단으로 응용한 더블린 코어, MODS와 같은 메타데이터가 별도로 개발되었습니다.

요점정리

- 최초의 성문화된 편목규칙은 파니치의 91개조 규칙으로서, 저자명기본저록을 원칙으로 하여 각국의 편목규칙 제정에 많은 영향을 주었다.
- 커터의 사전체편목규칙에서는 목록의 기능을 제시하여 후대 목록의 발전에 큰 영향을 미쳤다.
- 1961년 ICCP(파리원칙)는 저자명기본저록을 채택하여 표목부에 대한 국제적 합의를 이루었다.
- ICCP에 의해 영어권 국가에서는 1967년에 AACR을 제정하였다.
- 미국의회도서관은 1968년에 기계가독형목록형식(MARC)을 개발하였다.
- 기술부에 대한 국제적인 표준지침을 마련하기 위해 1974년에 ISBD를 제정하였다.
- ISBD를 수용하고 MARC을 반영하여 AACR은 1978년에 2판으로 개정하였다.
- MARC은 온라인목록의 출현을 가져오면서 카드형목록을 도태시켰다.
- 컴퓨터가 서지레코드를 탐색하기 위한 개념적 모형인 FRBR이 1998년에 제정되었다.
- ICCP를 대체하고자 2009년에 ICP(국제목록원칙규범)를 제정하였다.
- AACR이 2010년에 RDA로 개정되어 MARC21이 이를 수용하였다.

3.2 우리나라 목록과 편목규칙의 발달과정

1) 조선동서편목규칙을 제정한 박봉석

1931년 조선총독부도서관 사서로 입문한 이래 광복 후에 조선도서관협회(1945) 결성, 국립도서관 부설 조선도서관학교(1946) 개교, 조선십진분류법(1947) 편찬 등 우리나라 도서관사에 위대한 업적을 남긴 **박봉석**(朴奉石, 1905-?)은 국립도서관 부관장으로 재임하며 국립도서관학교의 교재를 위해 **조선동서편목규칙**(朝鮮東書編目規則)을 만들었습니다.

이것은 후일 조선도서관협회의 규칙으로 인정을 받아 1948년에 간행된 우리나라 최초의 편목규칙입니다. 그 당시 저자명기본저록 원칙이 세계적인 추세였음에도 불구하고 이 규칙은 동양의 전통적인 표제기본저록의 원칙45)을 채택하였는데, 이는 목록에서 저자명보다는 표제의 식별성이 뛰어나다고 보았기 때문입니다.

이 규칙은 동서(東書)를 위한 규칙이며, 편목규칙과 편목법을 겸한 규칙이고, 카드의 기술은 3단식을 채용한 것 등이 특징입니다. 그러나 전체적인 구성과 내용은 일본의 和漢圖書目錄法을 답습한 것으로 평가됩니다.

2) 한은도서편목법

한은도서편목법(韓銀圖書編目法)은 고재창(高在昶)이 한국은행 도서관의 자료정리를 위하여 1954년에 편찬한 편목규칙입니다. 이 규칙은 세계적 추세였던 저자명기본저록의 원칙을 우리나라 최초로 채택한 것이 가장 큰 특징이라 할 수 있으며 조선동서편목규칙과는 달리 동양서와 서양서 공동으로 사용가능한 규칙으로 만들었습니다. 애초 한국은행 도서관의 업무용으로 만든 것이기 때문에 공개적인 규칙으로 널리 배포되지는 않았지만 근대적인 목록의 이론을

---

45) 본디 서양에서는 저자의 식별에 주목하여 저자명을 목록의 가장 기본이 되는 요소로 여기는 관행이 있었음에 반해 동양에서는 표제를 앞세워 목록을 작성하였습니다. 우리나라만 하더라도 물론 「금오신화」나 「홍길동전」, 「징비록」처럼 한 개인의 문학적 창작물 또는 기록물이거나 「격몽요결」이나 「목민심서」와 같은 한 개인의 오롯한 연구 성과물도 드물지는 않지만, 「경국대전」, 「악학궤범」, 「농사직설」, 「동국여지승람」, 「삼강행실도」처럼 다수의 저자가 참여한 집단적 저작물인 경우가 더 많았기 때문에 기실 문헌의 식별에서 대표 편찬자는 그다지 중요한 요소가 아니었습니다. 게다가 「고산유고」, 「연암집」, 「성호사설」, 「용재총화」처럼 저자명을 표제의 일부로 사용했던 것도 그러한 관행이 정착되는 데 기여를 했겠지요.

최초로 도입하여 목록 발전에 기여한 점은 높이 평가할 수 있습니다.

3) KCR 초판, 2판

1961년 ICCP(파리원칙)에서 저자명기본저록의 원칙을 재확인하였지만 당시 우리나라의 유일한 편목규칙인 조선동서편목규칙은 표제기본저록의 원칙을 채택하고 있었습니다. 이에 한국도서관협회는 국제적인 원칙에 준하는 새로운 편목규칙을 마련하기 위해 1964년에 165개조로 구성한 韓國目錄規則(KCR) 초판을 발간하였습니다.

국제적인 추세의 저자명기본저록을 반영한 KCR 초판은 표목의 형식을 한글로만 기재하고, 외국인명이나 표제 등은 번자표목으로 하며, 성과 이름 사이는 반점(컴마)을 사용한 점이 특징입니다. 2년 후인 1966년에 초판의 오자를 수정하고 조문을 간소화하여 142개조의 KCR 2판을 발행하였습니다.

성과 이름 사이에 반점(컴마)를 찍도록 규정한 것에 대해 당시 도서관계에 찬반 논쟁이 전개되었습니다. 한국도서관협회 목록분과위원장이던 장일세는 출판물의 국제적 교류와 목록의 표준화를 그 근거로 내세웠고, 천혜봉은 저록의 정확한 배열을 위해서는 반점이 있는 것이 유용하다고 거들었습니다. 그러나 리재철은 이 규정이 AACR을 무비판적으로 답습한 것이라 지적했고, 정필모도 반점이 오히려 배열과 검색의 혼란을 초래할 가능성이 있다고 비판했습니다. 결국 이러한 대립은 장일세가 타계하고 리재철 목록분과위원장이 주도한 3판 개정에 이르러서 자연스럽게 결론짓게 되었어요.

4) KCR 3판

KCR은 1983년에 ISBD, AACR2 등 변화된 국제적 원칙들을 반영하여 3판으로 개정하였습니다. 3판의 특징은 첫째, 초판과 2판이 동양서를 위한 편목규칙인 데 반해 3판은 동양서와 서양서 공용의 편목규칙이고 둘째, ISBD의 구두법을 채용하였으며 셋째, 한국인명의 표목에서 성과 이름 사이에 반점(컴마)을 생략하였습니다. 넷째, 가장 중요한 변화로서 저자명기본저록에서 기본표목 없는 기술단위방식으로 전환되었습니다.

편목규칙은 목록에서 검색의 접근점이 되는 표목에 관한 사항을 규정하는 표목부규칙과 이 접근점 아래에서 자료의 서지적 실체를 식별하기 위한 서지기술사항을 규정하는 기술부규칙으로 나눌 수 있습니다. AACR의 경우 표목부와 기술부에 관한 규칙을 모두 규정하고 있는 반면, KCR은 3판부터 표목부를 제외하고 기술부에 관한 규칙만 둔 것이지요. 리재철 목록분과위원장은 3판의 서문에서 그 이유를 다음과 같이 밝혔습니다.

> "書名[표제]을 그 도서의 첫째가는 識別要素로 삼아 그것을 앞세워 기입하는 書名主記入法[표제기본저록]은 …… 著者名을 한단계 거쳐서 著作에 接近하는 영미계목록을 위시한 西歐의 著者主記入法[저자명기본저록]보다 優位에 서는 것이라고 우리는 재평가한다. …… 이 KCR3은 우리의 전통적 書名主記入法과 흡사한 書誌記述을 유니트카드로 삼아 목록기입을 하는 방식…을 채용하였다."

3판은 기본표목에 관한 규정이 제외된 **기술단위방식**(description unit card)을 채택한 규칙입니다. 즉, AACR이나 KCR 2판처럼 기본표목을 작성한 단위카드를 사용하지 않고, 표제로 시작되는 기술단위카드를 사용하되 여기에 각종 검색요소들을 대등한 표목으로 덧붙여 목록을 편성하도록 하였습니다.

1990년에는 3판의 오자와 탈자를 교정하고 내용의 오류를 일부 수정한 3.1판을 발행하기도 했습니다.

5) KORMARC 포맷

국립중앙도서관은 1976년부터 도서관업무 전산화를 검토하면서 일차적으로 편목업무를 전산화하기로 결정하고, 기본구조는 LCMARC, 식별기호 규정은 UKMARC을 수용하고 입력될 데이터요소는 KCR2, AACR, ISBD 등을 참고하여 **한국문헌자동화목록법**(KORMARC) 단행본 실험용 포맷을 1980년 2월에 개발하였습니다. 이후 UNIMARC을 부분적으로 수용하여 KORMARC 단행본용 표준포맷을 1984년에 개발하는 등 다음과 같은 과정을 거쳐 KS로 제정, 공포하였습니다.

1980. 2. 한국문헌자동화목록법 단행본 실험용 포맷 개발
1981. 6. 한국문헌자동화목록법 단행본 표준용 포맷 개발
1984. 5. 한국문헌자동화목록법 단행본 표준포맷 개발
1993. 1. 한국문헌자동화목록형식 단행본용 KS제정 (KSC 5867)
1994. 12. KORMARC 연속간행물용 KS제정 (KSC 5795)
1996. 12. KORMARC 비도서자료용 KS제정 (KSC 5969)

1999. 12. KORMARC 소장정보용 KS제정 (KSX 6006-5)
1999. 12. KORMARC 전거통제용 KS제정 (KSX 6006-4)
2000. 11. KORMARC 고서용 KS제정 (KSX 6006-4)
2005. 12. KORMARC 통합서지용 KS제정 (KSX 6006-0)
2014. 12. KORMARC 통합서지용 개정 (KSX 6006-0)
2016. 7. KORMARC 전거통제용 KS제정 (KSX 6006-4)

참고로, 다른 국가들도 마찬가지입니다만, 편목규칙은 도서관협회에서, MARC은 국가도서관에서 제정과 개정을 담당하고 있습니다.

6) KORMARC 기술규칙

KORMARC 실험용 포맷이 보급될 당시 국내에서 주로 사용하던 KCR 2판은 ISBD에 의한 기술부 규칙이 반영되지 않은 상태였습니다. 그러한 이유로 KCR 2판의 규칙으로는 KORMARC을 아예 사용할 수 없었답니다(당시 LCMARC의 경우에는 ISBD를 반영한 AACR2를 적용하여 입력하였습니다).

국립중앙도서관은 KORMARC 포맷에 적용할 자체적인 편목규칙을 만들기 위해, ISBD를 국내 환경에 맞게 수정한 **한국문헌자동화목록 기술규칙**(KORMARC 기술규칙)을 제정하였습니다. 이 규칙은 향후 MARC 환경을 고려한 KCR 4판이 개정될 때까지 KORMARC을 채용한 도서관에서 널리 사용되었습니다.

다만 일선 도서관에서는 KCR과 KORMARC 기술규칙을 혼용했기 때문에 적지 않은 혼선이 빚어지기도 했어요. KCR 3판의 경우 기본표목을 채택하지 않는 기술단위카드 방식을 원칙으로 한다고 명시하였으나 KORMARC 기술규칙은 명확한 언급 없이 편목기관의 재량에 맡김으로써 상당수 도서관에서는 1XX 필드를 사용하였으며 이러한 관행은 오늘날까지 이어져 오고 있습니다.

7) KCR 4판

3판은 단행본이나 고서와 같은 인쇄매체로 편목대상이 제한되어 있었으므로 비도서자료나 전자자료 등 새롭게 나타나는 다양한 유형의 자료에 대한 기술규칙 제정의 필요성이 요구되

없습니다. 이에 한국도서관협회는 KCR 3.1판의 기술체계를 바탕으로 자료의 서지적 특성을 제시하는 기술사항을 추가하고 KORMARC 기술규칙을 전면적으로 수용한 4판을 2003년에 발행하였습니다. 원래 2001년 12월 30일에 공개된 KCR 4판 초안에서는 제1부 '기술'과 제2부 '접근점'으로 나누어 접근점에 대한 규칙을 포함하고 있었으나, 최종적으로는 제2부를 삭제하고 발표하였습니다.

KCR 4판의 특징을 살펴보면 첫째, 목록의 기능을 KCR 최초로 제시한 규칙입니다: ① 특정 저자의 저작과 특정 표제의 저작, 또는 특정 주제의 저작을 탐색한다. ② 특정 저자의 모든 저작과 특정 저작의 모든 상이한 판을 목록상에서 집중한다.

둘째, 종래 단행본 중심의 편목규칙에서 벗어나 다양한 매체로 발표되는 여러 유형의 자료를 수용하였습니다: 단행본, 지도자료, 고서와 고문서, 악보, 녹음자료, 화상 및 영상자료, 전자자료, 입체자료(실물), 마이크로자료, 연속간행물, 점자자료, [전자책, 전자저널]

셋째, 기본표목과 통일표목을 적용하지 않고 이를 전거제어를 통해 해결하도록 규정하였습니다. 3판과 마찬가지로 4판은 표제기본저록 원칙의 편목규칙이라 할 수 있습니다.

2013년 4월에는 정보환경의 급속한 변화에 따른 다양한 웹자원의 등장으로 기존의 4판에서 다룰 수 없는 자료 유형이 등장함에 따라 기존 11개 유형에 전자책, 전자저널을 추가한 보유편을 발간하였습니다.

향후 KCR은 ICP, FRBR, RDA 등을 반영하여 제5판으로 개정될 예정이며, 접근점(표목부) 규칙의 대대적인 변화가 예상됩니다.

8) KORMARC 통합서지용

국립중앙도서관은 ISBD, AACR2 등 국제적인 목록환경의 변화를 수용하고 개정된 KCR 4, MARC21 등과 한국교육학술정보원(KERIS)의 종합목록 입력지침을 반영하여 기존에 개발된 4종의 KORMARC 서지데이터용 포맷을 통합하는 작업에 착수하여 2005년에 **KORMARC 통합서지용**(KSX 6006-0)을 제정하였습니다.

KORMARC 통합서지용은 기본적으로 KCR 4판을 적용하였기 때문에 기존의 KORMARC 기술규칙은 자동으로 폐기되었습니다. 물론 KORMARC은 편목규칙으로 KCR만을 사용할 수 있는 건 아니고, AACR, ISBD 등도 적용할 수 있습니다.

이후 RDA 등의 국제적 목록환경의 변화를 반영하여 2014년 5월에 포맷을 일부 개정하였

고,46) 2016년 7월에는 KORMARC 전거통제용을 개정하였습니다.47)

◆ ◆ ◆

역사를 되돌아보면, 목록을 작성할 때 저자명을 먼저 기재하느냐 표제를 먼저 기재하느냐를 두고 팽팽히 대립하여 왔음을 알 수 있습니다. 전자의 주장을 '저자명기본저록', 후자를 '표제기본저록'이라 할 수 있는데, 그렇다면 왜 목록에서 가장 앞에 놓는 어구가 중요하다고 생각했던 걸까요? 그리고 1961년 파리원칙은 왜 저자명기본저록을 채택했던 걸까요?

한 가지 예를 들어보겠습니다. 아마 여러분 대부분은 음악을 감상할 때 CD보다는 mp3 음원으로 들으실 겁니다. 여러분은 직접 소장하고 있는 수많은 mp3 파일은 어떻게 관리하고 있나요? 파일에 곡명을 맨 앞에 기재하나요 아니면 가수명을 맨 앞에 기재하나요? 곡명과 가수명 중 어느 것을 먼저 기재하는 편이 합리적이라고 생각하시나요?

만약 곡명을 먼저 기재한다면 다음과 같은 화면으로 나타날 것입니다. 편의상 곡명을 먼저 기재한 방식을 A라고 하겠습니다.

이름	앨범	#	크기
BAAAM (Feat. Muzie Of UV) - 다이나믹 듀오.mp3	Luckynumbers	5	9,070KB
DADDY (Feat. CL of 2NE1) - 싸이.mp3	칠집싸이다	4	9,168KB
Heaven - 에일리.mp3	Heaven	1	8,366KB
LUV - Apink.mp3	Pink LUV	1	9,569KB
Mr. Chu (On Stage) - 에이핑크.mp3	Pink Blossom	2	8,309KB
NoNoNo - Apink.mp3	Secret Garden	1	8,968KB
U & I - 에일리.mp3	A's Doll House	1	7,978KB
그때의 나, 그때의 우리 - 어반자카파.mp3	그때의 나, 그때의 ...	1	7,884KB
다리꼬지마 - 악동뮤지션.mp3	SBS K팝 스타 시즌2...	1	4,712KB
마법소녀 - 오렌지캬라멜.mp3	The First Mini Album	1	3,197KB
보여줄게 - 에일리.mp3	Invitation	1	9,166KB
신촌을 못가 - 포스트맨.mp3	신촌을 못가	1	8,066KB
썸 (Feat. 릴보이 Of 긱스) - 소유 & 정기고.mp3	썸	1	8,458KB
우리 지금 만나 (Feat. 장기하와 얼굴들) - 리쌍.mp3	HEXAGONAL	2	8,497KB
이 소설의 끝을 다시 써보려 해 - 한동근.mp3	The 1st Digital Singl...	1	10,527KB
이러지마 제발 (Please Don't...) - 케이윌.mp3	The 3rd Album Part.1	3	8,379KB
좋니 - 윤종신.mp3	LISTEN 010 좋니	1	13,112KB
첫 사랑은 죽었다 (First Love End) - 케이윌.mp3	Will In Fall	4	11,018KB
퇴근하겠습니다 - 장미여관.mp3	오빠는 잘 있단다	3	9,558KB

---

46) http://www.nl.go.kr/common/jsp/kormarc_2014/
47) http://www.nl.go.kr/common/jsp/kormarc_2016/

반대로, 가수명을 먼저 기재한다면 다음과 같은 화면으로 나타날 것입니다. 이 방식을 B라고 하겠습니다.

이름	앨범	#	크기
Apink - LUV.mp3	Pink LUV	1	9,569KB
Apink - NoNoNo.mp3	Secret Garden	2	8,968KB
다이나믹 듀오 - BAAAM (Feat. Muzie Of UV).mp3	Luckynumbers	5	9,070KB
리쌍 - 우리 지금 만나 (Feat. 장기하와 얼굴들).mp3	HEXAGONAL	2	8,497KB
소유 & 정기고 - 썸 (Feat. 릴보이 Of 긱스).mp3	썸	1	8,458KB
싸이 - DADDY (Feat. CL of 2NE1).mp3	칠집싸이다	4	9,168KB
악동뮤지션 - 다리꼬지마.mp3	SBS K팝 스타 시즌2 ...	1	4,712KB
어반자카파 - 그때의 나, 그때의 우리.mp3	그때의 나, 그때의 우...	1	7,884KB
에이핑크 - Mr. Chu (On Stage).mp3	Pink Blossom	2	8,309KB
에일리 - Heaven.mp3	Heaven	1	8,366KB
에일리 - U & I.mp3	A's Doll House	1	7,978KB
에일리 - 보여줄게.mp3	Invitation	1	9,166KB
오렌지카라멜 - 마법소녀.mp3	The First Mini Album	1	3,197KB
윤종신 - 좋니.mp3	LISTEN 010 좋니	1	13,112KB
장미여관 - 퇴근하겠습니다.mp3	오빠는 잘 있단다	3	9,558KB
케이윌 - 이러지마 제발 (Please Don`t...).mp3	The 3rd Album Part.1	3	8,379KB
케이윌 - 첫 사랑은 죽었다 (First Love End).mp3	Will In Fall	4	11,018KB
포스트맨 - 신촌을 못가.mp3	신촌을 못가	1	8,966KB
한동근 - 이 소설의 끝을 다시 써보려 해.mp3	The 1st Digital Singl...	1	10,527KB

여러분은 A와 B 중에서 어떤 방식을 사용하나요? 아마도 A 방식으로 mp3 파일을 관리하는 분은 거의 없을 것으로 확신합니다. 왜냐하면 음반제작사에서 B 방식으로 기재한 mp3 파일을 출시하고, 사용자 대부분은 파일명을 바꾸지 않고 음원을 이용하기 때문이거든요. 그러면 왜 모든 음반제작사는 B 방식으로 mp3 파일명을 기술하고 있을까요? 그 이유를 스스로 고민해보시기 바랍니다. 한편, B 화면에서 동일한 가수임에도 'Apink'와 '에이핑크'라는 다른 형식으로 기술했기 때문에 목록에서 분산됨을 알 수 있겠지요? 이를 해결하기 위해 '기본표목'과 '전거제어'라는 집중수단이 필요한 것이랍니다.

요점정리

- 외국의 목록환경의 변화에 따라, 우리나라는 1964년 한국목록규칙(KCR)을 제정하였으며, 2003년에 4판으로 개정하였다.
- KCR 4판은 기본표목을 채택하지 않았으므로, 표목부에 대한 규칙은 없고 기술부에 대한 규칙만 두고 있다. 표목부에 대한 규칙은 3판부터 결여되었다.
- 국립중앙도서관은 LCMARC을 기저로 1980년부터 단행본용을 중심으로 KORMARC을 개발하였으며, 2005년에 KORMARC 통합서지용으로 개정하였다.
- 편목규칙은 도서관협회가, MARC은 국가도서관에서 개정의 책임을 담당한다.

4 목록의 공동이용 둘러보기

4.1 세계서지제어(UBC)란 무엇인가

서지제어(bibliographic control)는 서지통제, 서지조정, 서지컨트롤 등의 다양한 용어으로 표현되며 한때는 서지통정(書誌統整)이라는 일본식 번역어가 사용되기도 했습니다. 문헌정보학용어사전에서는 "출판물에 대한 서지 사항의 기록, 서지기술의 표준화 업무 등 서지 작업 전반"을 이르는 말로 정의합니다.

서지제어라는 용어 자체는 1946년에 미국의회도서관(LC)의 에반스(Luther Evans) 관장이 처음으로 사용했다고 합니다. 제2차세계대전 이후 세계 평화에 기여하기 위한 교육·과학·문화 분야의 국제협력기구인 UNESCO가 창설되었는데, 그 업무의 일환으로 LC에서 국제적 차원의 서지계획을 검토하면서 도출된 용어입니다. UNESCO는 UBC와 더불어 UNISIST(World Information System), NATIS(National Information System)를 통해 UAI(Universal Access to Information)의 실현을 최종목표로 삼아 '전세계의 모든 출판물을 입수하고 이를 전세계로 공급'하는 개념의 UAP(Universal Availability of Publications) 사업을 주도하기도 했습니다.

1950년에 UNESCO가 개최한 서지사업개량회의(Conference on the Improvement of Bibliographic Services)에서 각국의 정부로 하여금 서지제어기관을 설립하여 국가 단위의 서지를 편찬할 것을 권고한 이래 현대적 의미의 서지제어가 가동됩니다. 20세기 후반으로 접어들어 국내 수준에서 서지제어를 행하는 이른바 **국가서지제어**(National Bibliographic Control; NBC) 개념이 널리 퍼지면서 점차 세계적 수준으로 조정해간다는 **세계서지제어**(Universal Bibliographic Control; UBC)라는 개념으로 확대되었습니다.

UBC의 개념은 각 국가가 자국 내의 국가서지제어(NBC) 체제를 구축하는 것을 전제로 합니다. NBC 체제는 납본, CIP, ISBN 등의 제도를 통해 새로 출판되는 모든 자료의 서지사항을 그 자료의 발행과 동시에 제어되게 함으로써 UBC의 실현에 기여합니다. 이를 위해 국가서지기관(National Bibliographic Agency; NBA)은 다음과 같은 임무를 수행해야 합니다.48)

> 자국에서 출판되는 모든 자료에 대한 공신력 있는 서지데이터를 작성하여
> 최대한 빠른 시일 내에 정기적으로 국가서지에 공표하고
> 서지데이터를 MARC 등의 국제적 표준형식으로 생산·배포해야 하며,
> 외국의 국가서지기관에서 서지데이터를 입수하여 자국 내에 배포하고
> 가능한 한 자국의 소급적인 국가서지를 작성해야 한다.

문헌정보학용어사전에서는 UBC를 "서지정보를 구체적인 수준에서 조정하여, 국제적으로 교환하기 위한 시스템화 방법이나 계획"이라 정의합니다. UBC는 모든 국가에서 발간되는 모든 출판물에 대한 기본적인 서지정보를 국제적으로 통용할 수 있는 형식으로 전세계적으로 신속하게 입수할 수 있도록 하는 데 목적을 두고 있으며, 거슬러 올라가면 16세기에 게스너(Konard von Gesner)가 전세계의 문헌정보에 대한 완전한 검색을 주창하며 만든 세계서지(Bibliotheca universalis)에서 비롯된 개념이기도 합니다.

국제도서관협회연맹(IFLA)은 1954년에 편목규칙을 국제적으로 통일하기 위한 운영그룹을 설치하고, 1961년에 국제편목원칙회의(ICCP)를 개최하여 일명 파리원칙(Parais Principles)을 채택합니다. 1969년에는 국제편목전문가회의(International Meeting of Cataloging Experts; IMCE)를 개최하여 기술에서 서지사항의 구분과 순서를 협의하였고, 이에 따라 1974년에 국제표준서지기술(ISBD)을 제정합니다. ISBD를 통해 세계 각국의 자료의 서지정보를 통일된 원칙에 따라 기술할 수 있게 되었습니다.

1970년대에 IFLA는 세계 각국에서 발행되는 모든 출판물에 관한 서지데이터를 국제적으로 통용되는 기계가독목록형식(MARC)으로 정비하여 신속히 교환하고 이용하기 위한 목적으로 UBCIM(Universal Bibliographic Control and International MARC) 사무국을 설치하였습니다. 서지데이터의 교환을 위한 세계표준으로 ISO 2709가 이미 존재했으나, 각국에서는 각기 다른 MARC 포맷을 제정하여 국가 간의 서지데이터 교환이 어려운 상황이었습니다.

---

48) 한국의 국립중앙도서관과 같이 대체로 각국의 국가대표도서관이 NBA를 맡고 있습니다.

이에 서지데이터를 국가 간에 교환할 때 서로 호환될 수 있도록 하는 중개 포맷의 필요성이 생겨났고, IFLA는 국제적으로 서지데이터를 유통하기 위한 **UNIMARC**(Universal MARC) 포맷을 1977년에 개발하였습니다.

예를 들어 한국의 도서관에서 작성한 KORMARC 레코드는 JAPAN/MARC 포맷을 사용하는 일본의 도서관에 곧바로 반입될 수 없습니다. KORMARC 레코드를 UNIMARC 포맷으로 변환하고, 이 UNIMARC 레코드를 다시 JAPAN/MARC 포맷으로 변환하여 일본의 도서관에 반입할 수 있게 하는 원리입니다. UNIMARC 포맷은 MARC 형식을 개발할 여력이 없는 국가에서는 그대로 자국의 MARC 포맷으로 사용되기도 합니다.

기본저록방식을 기저로 한 MARC21과는 달리 UNIMARC은 모든 표목의 가치를 동일시하는 등가표목(equivalent headings)의 개념에 근거합니다. 그래서 아래 도표와 같이 UNIMARC의 구조는 MARC21와 확연하게 다릅니다. UNIMARC에 바탕하여 개발된 일본의 JAPAN/MARC이나 중국의 CNMARC은 MARC21에 기초한 KORMARC과는 그 계통이 다르다고 할 것입니다.

블럭	UNIMARC	MARC21
0XX	0— IDENTIFICATION BLOCK	00X : Control Fields 01X–09X : Numbers and Code Fields
1XX	1— CODED INFORMATION BLOCK	1XX : Main Entry Fields
2XX	2— DESCRIPTIVE INFORMATION BLOCK	20X–24X : Title and Title-Related Fields 25X–28X : Edition, Imprint, Etc. Fields
3XX	3— NOTES BLOCK	3XX : Physical Description, Etc. Fields
4XX	4— LINKING ENTRY BLOCK	4XX : Series Statement Fields
5XX	5— RELATED TITLE BLOCK	5XX : Note Fields
6XX	6— SUBJECT ANALYSIS AND BIBLIOGRAPHIC HISTORY BLOCK	6XX : Subject Access Fields
7XX	7— RESPONSIBILITY BLOCK	70X–75X : Added Entry Fields 76X–78X : Linking Entry Fields
8XX	8— INTERNATIONAL USE BLOCK	80X–83X : Series Added Entry Fields 841–88X : Holdings, Location, Alternate Graphics, Etc. Fields
9XX	9— NATIONAL USE BLOCK	9XX : Local Fields

요컨대 IFLA가 주도한 ISBD, UNIMARC, FRBR 등은 UBC라는 이상향을 실현하기 위한 수단이라 봐도 무방합니다. 또한 라퐁텐(Henri La Fontaine)과 오틀렛(Paul Otlet)이 결성

한 국제서지학회(IIB)의 세계서지(RBU), 그리고 이를 위해 만든 국제십진분류법(UDC) 등도 넓은 의미에서 UBC를 실현하기 위한 선구적 노력으로 평가할 수 있습니다.

2003년에 UBCIM의 활동이 공식적으로 종료되었지만 IFLA는 여전히 UBC의 원칙을 다음과 같이 견지하고 있습니다.

- 국가서지기관(NBA)은 자국 출판물에 대한 전거용 서지데이터를 제공하고 서지데이터의 오픈액세스 확대 및 적합·적시적 서비스를 통해 다른 NBA, 도서관 및 기타 커뮤니티(기록관, 박물관)와 데이터를 공유할 책임이 있다.
- NBA는 전거용 서지데이터 작성의 일부로서 개인, 가족, 단체, 장소의 이름, 그리고 자국 관련 저작에 대한 전거를 관리하고 다른 NBA, 도서관 및 기타 커뮤니티(기록관, 박물관)에서 사용할 수 있도록 전거 데이터를 유지할 책임이 있다.
- IFLA는 서지데이터의 공유를 위한 기반으로 2009년에 채택된 ICP(International Cataloging Principles)를 유지하고 홍보할 책임이 있다.
- IFLA는 관련 전문 부서 및 자문위원회의 활동을 통한 서지 및 전거데이터(예: ISBD, FRBR 개념 모델 등)의 공유를 용이하게 하기 위해 서지의 표준 및 지침을 작성, 유지 및 홍보할 책임이 있다.
- IFLA는 호환 가능한 데이터모델을 포함한 도서관의 표준 개발이 더 넓은 커뮤니티의 표준 개발과 조화될 수 있도록 표준의 제정 및 유지와 관련한 다른 국제기구(예: ISO, ICA, ICOM 등)와 협력한다.

전거제어와 서지제어가 여전히 헷갈리나요?

전거제어와 서지제어는 둘 다 편목에서 사용되는 용어이면서 제어(control)란 단어를 포함하므로 언뜻 비슷하게 보이지만 기실은 조금 다른 뜻을 갖고 있습니다.

먼저, **전거제어**(authority control)는 한 도서관에서 저록에 사용되는 형식을 일관되게 유지하여 관련 자료를 목록상에서 집중하기 위한 활동을 말합니다. 여러 형식의 이름을 가진 저자 또는 여러 형식의 표제를 가진 자료는 문자순으로 배열되는 목록에서 분산되기 때문에 이를 최대한 모으기 위해 그 형식을 일관되게 유지할 필요가 있습니다. 이름의 예를 들면, 도스토옙스키를 대표형식(전거형 접근점)으로 정하고 도스또예프스끼, 도스또옙스끼 등의 다양한 형식(이형 접근점)은 참조를 통해 제어하면, 도스토옙스키로 검색하든 도스또예프스끼로 검색하든 동일한 검색결과를 가져올 수 있게 됩니다. 표제의 예를 들면 열녀춘향수절가, 별춘향전, 남원고사 등의 다양한 형식을 가진 표제 중에서 춘향전을 전거형 접근점, 나머지 형식은 이형 접근점으로 선정합니다.

서지제어(bibliographic control)는 도서관 간에 목록을 교환하기 위해 서지사항의 기록이나 형식을 표준화하는 활동을 말합니다. 가령 A도서관에서 만든 목록을 B도서관이 사용하기 위해서는 A도서관과 B도서관의 서지기술 형식이 같아야 하기 때문이지요. 나아가 세계 각국에서 발행되는 모든 출판물에 관한 서지데이터를 국제적으로 통용하려는 활동을 세계서지제어(Universal Bibliographic Control; UBC)라 하며, 한 국가에서 만든 목록을 다른 국가에서 그대로 사용할 수 있도록 하는 데 목적을 둡니다.

전거제어는 목록의 품질을 높이기 위한 일이고, 서지제어는 목록을 공유하기 위한 일입니다. 따라서 전거제어는 주로 한 도서관 내에서 수행하는 일이고, 서지제어는 여러 도서관이 협력해야 하는 일입니다.

4.2 출판예정도서목록(CIP)이란 무엇인가

CIP(Cataloging in Publication)는 '출판예정도서목록'이라 부르며, 자료가 출판될 때 목록작성에 필요한 사항(표제와 책임표시사항, 판사항, 발행사항, 총서사항, 주기사항, 분류기호 등)을 편목규칙에 따라 이표제면(표제면의 뒷면)이나 판권기에 인쇄하는 것을 뜻합니다. 국내에서는 CIP를 '출판시도서목록'이라 칭하였으나 2014년 6월부터 현재의 명칭으로 변경되었습니다.

국립중앙도서관에서 시행하고 있는 우리나라의 CIP 부여 절차를 간략하게 살펴보면, 출판사에서 발간예정출판물에 CIP를 게재하고자 할 경우 ISBN을 신청하면서 서지정보유통지원시스템에 도서정보를 등록합니다. 국립중앙도서관은 며칠 이내에 CIP를 작성하여 통보해주며, 출판사에서는 아래 그림처럼 출판물 내에 인쇄합니다. 과거에는 표준목록 형식으로 CIP를 수록하였지만 현재는 이표제면이나 판권기에 안내문 형식으로 삽입합니다. 그리고 아래 그림과 같이 면수와 크기는 단위명칭(p., cm 등)만 기재되어 있는데, 출판물을 최종 인쇄할 때 면수와 크기가 바뀔 수도 있기 때문에 CIP에서 형태사항은 일부러 비워둔다고 생각하면 됩니다.

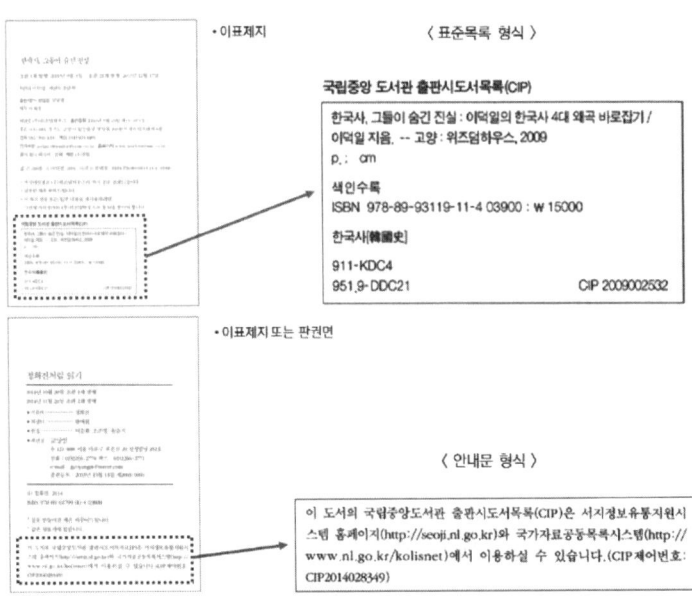

쉽게 말해, 출판사에서 인쇄하기 전에 자료(표지, 판권기, 서문, 목차 등)를 국립중앙도서관에 보내주면, 국립중앙도서관은 그 책에 대해 분류도 하고 목록도 만들어준다는 뜻입니다. 출판사는 그 목록, 즉 CIP를 출판물에 수록하는 것이구요.

다만, 국내에서 출판되는 것이라 할지라도 모든 자료가 CIP의 대상이 되는 것은 아닙니다. 단행본(다권본 포함), 정부간행물, 대학출판물, 번역출판물, 책자형태의 악보 및 지도, 대상자료의 신·개정판 등만 CIP 신청대상자료에 해당됩니다.

CIP를 운영함으로서 얻을 수 있는 장점으로는 첫째, 도서관의 관점에서는 자료에 기재된 목록데이터를 그대로 또는 일부 수정을 통해 편목에 활용할 수 있으므로 편목업무에 드는 시간을 절감할 수 있고, CIP 데이터는 국가대표도서관이 만든 기본적인 목록데이터이므로 이를 이용하는 단위 도서관의 목록 수준이 향상되며, 도서관자료의 정리 시간을 단축하여 더욱 신속하게 이용자에게 제공할 수 있습니다. 둘째, 출판사나 서점의 관점에서는 출판예정도서에 관한 정보를 도서관, 서점, 이용자에게 제공하게 되므로 홍보 및 유통을 촉진할 수 있습니다. 셋째, 이용자의 관점에서는 도서관의 신착도서 정리 시간이 단축되므로 원하는 자료를 더 빨리 입수할 수 있습니다. 따라서 CIP 제도는 도서관과 출판사, 이용자에게 직접적인 도움을 줄 뿐만 아니라 자국에서 생산되는 모든 출판물에 대한 서지정보를 국가기관이 관리함으로써 세계출판물의 서지정보의 원활한 유통에 기여한다는 UBC의 기본이념과 맥을 같이 한다고 하겠습니다.

국립중앙도서관은 신간도서의 사전홍보 및 판매촉진 효과, 목록데이터 작성에 소요되는 시간과 비용 절약, 출판예정도서에 대한 신속한 정보활용 등으로 출판계와 도서관계, 이용자 모두에게 도움을 줄 목적으로 2002년 7월부터 CIP 제도를 운영하였습니다. 그러나, 각급 도서관의 정리업무는 종합목록의 활성화에 따른 카피편목으로 전환함으로써 CIP는 사실상 거의 활용되지 않았습니다. 출판예정도서의 서지정보를 인터넷서점 웹사이트에 신속하게 등록하고 있는 출판사 측에서도 CIP 제도를 일종의 규제(?)로 여겼습니다. 이렇듯 CIP를 더 이상 편목업무에 활용하지 않는 도서관계와 CIP의 신간 홍보효과에 의문을 가진 출판계 양쪽 모두의 외면(?)에 따라, 본래의 목적을 달성하기 어렵다고 판단한 국립중앙도서관은 결국 2020년 12월 31일자로 CIP 제도를 폐지하기로 결정하였습니다.

4.3 국제표준도서번호(ISBN)란 무엇인가

편의점에서 상품을 사면 점원은 바코드를 스캔하여 물건값을 계산합니다. 그런데 바코드에는 도대체 어떤 정보가 들어 있을까요?

우리나라의 소매점에서 유통되는 모든 상품은 세계표준이라 할 수 있는 유럽상품번호(European Article Number; EAN)체계를 따라 13자리 번호인 'EAN-13'을 사용합니다. 이 EAN-13 코드에 상품에 대한 정보가 숨겨져 있습니다. 13자리 중 처음 3자리 숫자는 국가식별코드로, 대한민국은 '880'이 부여됩니다. 다음 4자리 숫자는 제조원 또는 판매원에 부여되는 업체식별코드입니다. 다음 5자리 숫자는 상품식별 코드이며, 마지막 숫자는 체크기호입니다. 예를 들어 바코드 숫자가 '8801037087550'이라면 '한국(880)의 동서식품(1037)이 만든 T.O.P 스위트 아메리카노(08755)'라는 뜻입니다. 이 13자리는 국제적으로 다른 상품과 중복되지 않는 고유한 상품번호로 사용됩니다.

책도 마찬가지입니다. 식품이나 의류처럼 생산자, 판매자, 소비자의 유통구조를 가지는 명백한 상품이지요. 그래서 EAN과 같은 번호 체계를 가집니다. 문헌정보와 출판 유통의 효율화를 목적으로 전세계에서 간행되는 각종 도서에 고유한 번호를 부여하는 것을 **국제표준도서번호**(International Standard Book Number; ISBN)라 합니다. 본래 ISBN은 10자리를 사용했으나 EAN 체계와 통합하기 위해 2007년부터 13자리로 늘렸습니다.[49]

우리나라에서는 국립중앙도서관의 한국서지표준센터(구 한국문헌번호센터)에서 ISBN과 ISSN(국제표준연속간행물번호), ISNI(국제표준이름식별기호)를 관장합니다. ISBN을 부여함으로써 얻을 수 있는 이점은 첫째, 출판물을 국제적으로 유일하게 식별하는 표준코드로서 복잡하고 긴 서지기술을 대신할 수 있고 둘째, 주문·판매 등 신속하고 효율적인 출판물 유통에 기여하며 셋째, 바코드로 기계적인 처리가 가능하여 오류를 방지합니다.

---

49) 2006년 이전에 10자리로 부여하여 발행한 단행본을 2007년 이후에 재쇄할 경우 13자리 ISBN을 새로 부여합니다. 그런데 해당 자료를 이미 입수한 도서관의 목록에는 과거의 10자리 ISBN만 입력되어 있을 확률이 높기 때문에 목록에서 13자리 ISBN으로 검색되지 않을 수 있다는 점을 유의해야 합니다

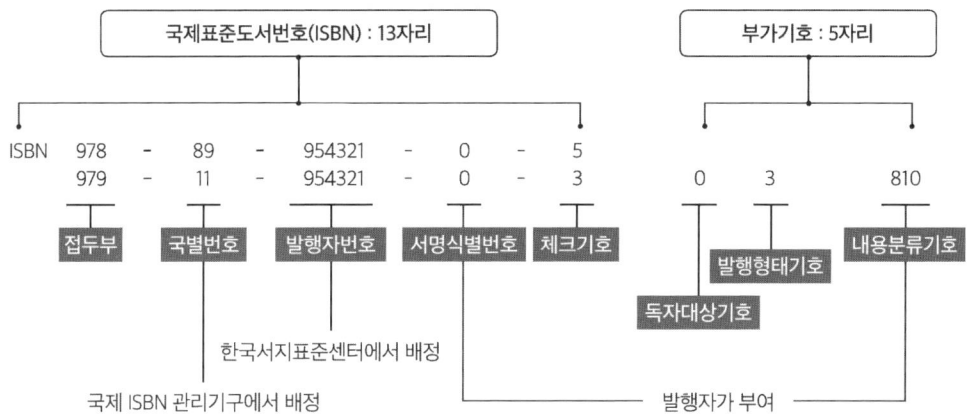

    ISBN의 구조는 위의 그림과 같이 **기본번호** 13자리와 **부가기호** 5자리로 구분됩니다. 기본기호의 접두부는 EAN에서 배정한 3자리(978 및 979)를 기재합니다. 국내에서는 2013년 2월까지 접두부 '978'를 사용하였으며, 사용가능한 번호가 포화되면서 2013년 3월 1일부터는 발행자번호 신규분부터 접두부 '979'를 쓰고 있습니다. 국별번호는 국제ISBN관리기구에서 배정한 고유 번호를 기재합니다. 2013년 2월까지 한국의 국별번호로 '89'를 사용하였으며, 접두부 '979'가 부여된 경우 국별번호는 '11'을 사용하고 있습니다. 발행자번호는 한국서지표준센터에서 배정하는 2~6자리를 기재합니다.

    만약 A라는 사람이 출판사를 차리고, A의 출판사에서 발간하는 출판물에 ISBN을 부여하려 한다고 가정해보겠습니다. 일단 국립중앙도서관 한국서지표준센터에 발행자번호를 신청하면 보통은 6자리 번호를 받게 됩니다. A의 출판사에서는 책을 펴내는 순서대로 서명식별번호를 직접 매깁니다. 첫 번째로 발간하는 책의 서명식별번호는 '0', 두 번째 책은 '1'의 순서로 '9'까지 사용 가능합니다. 그런데 이 6자리 발행자번호로는—서명식별번호가 1자리이므로—10권까지 서명식별번호를 줄 수 있겠지요. 11번째 책을 발간하여 ISBN을 부여하려면 발행자번호를 재신청하여 5자리 번호를 받아야 합니다. 이런 식으로 발행자가 출간하는 책이 증가할수록 짧은 발행자번호를 얻게 됩니다.[50]

---

50) 일례로 2006년 랜덤하우스코리아로 출발한 알에이치코리아의 경우 처음에는 "90627"의 5자리가 배정되었으나 발행종수의 증가로 "5757", "5924", "5986"의 4자리를 거쳐 현재는 "255"라는 3자리 발행자번호를 사용하고 있습니다. 따라서 발행자번호가 짧으면 짧을수록 해당 발행자(출판사)의 역사가 오래되고 발행종수도 많을 것이라는 가설이 가능해집니다. 참고로, 접두부 '978'에서 01부터 15번까지의 번호를 부여받은 발행자는 다음과 같습니다. 01 웅진씽크빅, 02 웅진씽크빅, 03 세광음악출판사, 04 생명의 말씀사, 05 지학사, 06 계몽사, 07 금성출판사, 08 범우사, 09 교학사, 10

ISBN의 가장 마지막 1자리로 붙는 체크기호(check digit)란 앞의 12자리가 정확하게 기재되었는지 오류를 검증할 수 있는 기호입니다. 체크기호의 계산 방법은 다음과 같습니다.

- ISBN 12자리 숫자에 가중치 1과 3을 번갈아 주어 곱셈한다.
- 곱한 값의 합을 계산하고, 가중치의 합을 10으로 나누어 나머지를 구한다.
- 10에 나머지를 뺀 값이 체크기호가 된다(나머지가 0인 경우 체크기호는 0이 되며, 참고로 10자리 ISBN에서는 X로 표기하였다).

예를 들어 발행자번호가 '955205'인 발행자가 처음 발간한 책에 서명식별번호 '0'을 주어 ISBN 12자리가 '979-11-955205-0'이라면, ISBN은 다음과 같이 만들어집니다.

접두부			국별번호		발행자번호						서명식별번호	체크기호
9	7	9	1	1	9	5	5	2	0	5	0	
×	×	×	×	×	×	×	×	×	×	×	×	
1	3	1	3	1	3	1	3	1	3	1	3	
‖	‖	‖	‖	‖	‖	‖	‖	‖	‖	‖	‖	
9	21	9	3	1	27	5	15	2	0	5	0	
합 = 97												
97÷10 (나머지 7)												
10-7 = 체크기호												3
ISBN 979-11-955205-0-3												

체크기호라는 것은 ISBN에서만 사용하는 방식은 아닙니다. 앞서 언급한 EAN-13 코드에도, 그리고 대한민국 국민이라면 갖고 있는 주민등록번호에도 체크기호(검증번호)가 들어 있습니다. 1968년에 12자리로 제정한 우리나라 주민등록번호는 1975년에 다음과 같이 13자리로 변경되었습니다.

생년월일 6자리 + 성별 1자리 + 행정기관 4자리 + 출생신고순서 1자리 + 체크기호

박영사, 11 국민서관, 12 고려원, 13 음악춘추사, 14 삼성당, 15 삼성출판사. 다만 이는 말 그대로 가설에 지나지 않을뿐 예외도 많습니다.

만약 1989년 12월 12일에 여자로 태어나 '2276'이라는 행정기관 코드를 가지는 지역에서 첫 번째로 출생신고할 경우 주민등록번호는 다음과 같이 만들어집니다.[51]

생년월일						성별	행정기관 코드			출생신고순서	체크기호
8	9	1	2	1	2	2	2	7	6	1	
×	×	×	×	×	×	×	×	×	×	×	
2	3	4	5	6	7	8	9	2	3	4	5
‖	‖	‖	‖	‖	‖	‖	‖	‖	‖	‖	
16	27	4	5	6	14	16	18	4	21	24	5
합 = 160											
160÷11=14 (나머지 6)											
11-6 = 체크기호											5
주민등록번호 891212-2227615											

행정기관코드는 3천7백여 개의 읍·면·동에 대한 기호로, 우편번호처럼 전국 각 지역을 구분한 것입니다(서울: 00~08, 부산 : 09~12, 인천 : 13~15, 경기: 16~25, 강원: 26~34, 충북: 35~39, 대전 : 40, 충남: 41~47, 세종 : 44, 96, 전북: 48~54, 전남: 55~64, 광주: 65, 66, 대구: 67~70, 경북: 71~80, 경남: 81~84, 86~90, 울산: 85, 제주: 91~95). 이렇듯 외국에서 사례를 찾아볼 수 없을 만큼 개인의 '연령', '성별', '출생지'에 관한 민감한 정보를 포함하기 때문에 주민등록번호는 줄곧 비판을 받아 왔고 이를 보완하기 위해 아이핀과 같은 대체 식별번호가 생겨난 것이지요.

그뿐만 아닙니다. 우리가 갖고 있는 통장의 계좌번호에도 체크기호가 들어있어요. NH농협은행을 예로 들면 계좌번호의 체계는 지점번호(3)-계정과목(2)-일련번호(5)-체크기호(1)로 구성됩니다. 최초 3자리는 지점의 코드, 두 번째 2자리는 상품을 나타냅니다(보통예금: 01, 저축예금: 02, 당좌예금: 05 등). 세 번째 5자리는 그 지점에서 해당 상품으로 발행한 통장의 순서를 나타내는 일련번호이고, 가장 마지막 1자리는 체크기호입니다. 다른 은행들의 계좌번호 체계도 대동소이합니다.

그렇다면 체크기호는 왜 존재하는 것일까요? 정답은, 오류를 방지하기 위해서입니다. 만약 편의점에서 1,000원짜리 캔커피를 샀는데 마침 바코드가 훼손되어 스캐너가 상품을 500원짜리의 다른 상품으로 인식할 수 있습니다. 이 때 편의점의 처지에서는 금전적인 손실을 보게 되겠지요. 그러나 실제로는 EAN 코드의 앞 12자리 숫자 중 한 글자라도 바뀌면 체크기호의 값도 달라져야 하기 때문에 다른 상품번호로 인식되지 않습니다. 계좌번호도 마찬가지예요. 만약 체크기호 체계가 없다면 인터넷뱅킹으로 친구에게 10만원을 송금하려다 계좌번호를 한 글자 잘못 기재할 경우 그 계좌번호를 가진 엉뚱한 사람에게 이체될 수가 있겠

---

51) 가중치는 ISBN과 다르게 부여되고, 가중치의 합을 11로 나눈 후 11에 나머지를 뺀 값이 체크기호가 됩니다. 단 값이 10일 경우 0, 11은 1로 표기

지요. 체크기호가 있음으로써 계좌번호 중에 한 글자라도 틀리게 쓰더라도 그 계좌번호는 유효하지 않는 번호가 되어 '입금계좌 검증오류'로 이체가 중단됩니다. 따라서, ISBN의 체크기호는 출판물의 '정확한' 유통을 위한 목적이라 이해하시면 되겠습니다. 적어도 서점에서 ISBN 바코드로 결제하다가 50,000원짜리 책이 10,000원으로 계산되는 상황은 일어나지 않는다는 말이지요.

다시 ISBN 구조로 돌아가겠습니다. 기본번호 13자리에 대해서는 충분히 살펴봤고, 부가기호가 남았네요.

부가기호는 독자대상기호 1자리, 발행형태기호 1자리, 내용분류기호 3자리의 총 5자리로 구성됩니다.

첫째, **독자대상기호**는 판매대상에 관한 의도를 명확히 나타내기 위한 기호입니다. 다음의 기호표를 바탕으로 발행자가 직접 적절한 기호를 부여합니다.

기호	내 용	설 명
0	교양	일반 독자층을 대상으로 한 것으로, 주로 전문적인 내용을 비전공 일반 독자들이 쉽게 알 수 있도록 풀어 쓴 교양도서
1	실용	주로 실무에 관계된 실용적인 내용의 도서, 실생활에서 활용할 수 있는 도서, 일반인을 대상으로 한 어떤 목적을 가진 수험서적
2	(예비)	
3	(예비)	
4	청소년	'교·지·학·참1'에 해당되지 않는 것으로 중.고등학생을 대상으로 한 도서
5	교·지·학·참1(중.고교용)	중학생, 고등학생을 대상으로 한 교과서, 지도서, 학습서, 참고서
6	교·지·학·참2(초등학생용)	초등학생을 대상으로 한 교과서, 지도서, 학습서, 참고서
7	아동	'교·지·학·참2'에 해당되지 않는 것으로 초등학생 이하의 아동을 대상으로 한 도서
8	(예비)	
9	전문	주로 학술·전문적인 내용의 도서

우리는 ISBN 부가기호 첫 번째 자리를 통해 어떤 독자를 대상으로 그 출판물을 발행했는지 발행자의 의도를 짐작할 수 있게 됩니다. 가령 어느 출판사에서 발간한 『어린 왕자』란 책이 성인을 대상으로 했는지 어린이를 대상으로 했는지 판단이 어려운 경우가 있겠지요. 이 때 부가기호 첫 번째 자리가 '7'이라면, 어린이를 위한 책으로 발간했다는 뜻으로 받아들여 KORMARC 008 필드의 22번지(이용대상자 수준)을 'j'로 입력하면 됩니다.

둘째, **발행형태기호**는 발행형태나 형식을 나타내는 기호로, 다음의 표와 같이 발행자가 직접 부여하는 기호입니다.

기호	내용	설명
0	문고본	A6판(국반판)
1	사전	辭典.事典類(책크기에 관계없음)
2	신서판	B40판(3·6판), B6신(신4·6판)
3	단행본	"문고본"과 "신서판"에 해당되지 않는 도서
4	전집·총서·다권본	전집·총서·다권본
5	전자출판물	E-Book(PDF, EPUB, XML), CD, DVD, CD-ROM 등
6	도감	도감류
7	그림책.만화	그림책·만화
8	혼합자료·점자자료·마이크로자료	혼합자료·점자자료·마이크로자료
9	(예비)	

셋째, **내용분류기호**는 내용의 주제를 나타내는 3자리 기호로, 발행자가 한국십진분류법(KDC)를 바탕으로 강목(100구분) 기호를 부여합니다. 다시 말해 출판사에서 자신의 출판물에 대해 직접 분류해놓은 것입니다. 따라서 우리는 ISBN 부가기호 마지막 3자리를 통해 어떤 주제로 그 출판물을 다루었는지 발행자의 의도를 짐작할 수 있게 됩니다. 이를테면 KDC 분류기호를 194.2(사교, 처세술)로 주어야 할지 325.211(개인적 성공)로 주어야 할지, 또는 199.1(인생훈)로 주어야 할지 8X4(수필)로 주어야 할지 선뜻 판단하기 어려운 경우가 많습니다. 이 때 내용분류기호를 통해 발행자의 의도를 간파할 수가 있습니다.

4.4 종합목록이란 무엇인가

한 도서관이 외부의 도움을 구하지 않고 스스로 편목하는 것을 **자체편목**(original cataloging) 또는 **원목**(原目)이라 합니다. 자관 장서에 대해 자관 스스로 목록을 만드는 것은 지극히 당연한 일이죠.

그런데, 자료의 양이 폭발적으로 증가함에 따라 편목에 소요되는 시간도 덩달아 늘어나기 시작했습니다. 이에 따라 이용자들에게 자료를 제공하는 시점이 지연되는 현상이 심화되었습니다. 가만히 생각해보니, 동일한 자료를 대상으로 모든 도서관에서 동일한 목록을 만들어야 하는 것은 중복된 노동이 아닐까, 나아가 국가적 낭비가 아닐까 하는 의문이 생겨났지요.

한 가지 예를 들어보겠습니다. 『이기적 유전자』라는 책을 아마도 우리나라 수백 곳의 도서관에서 소장하고 있을 겁니다. 가령 900곳의 도서관이 이 자료를 소장한다고 치면, 동일한 자료에 대해 900곳의 도서관의 900명의 사서가 900번의 동일한 편목업무를 수행해야 합니다. 만약 이 자료를 편목하는 데 30분이 소요된다고 가정하면, "1책 × 30분 × 900관 = 26,970분 = 449시간 30분"으로 '1명의 사서가 56일 동안 일하는 시간'이 낭비되겠지요.

이러한 비효율적인 문제점을 해소하기 위해, 목록데이터를 도서관끼리 공동으로 이용하는 방법을 고안하였습니다. 즉 1곳의 도서관에서 목록을 만들어 899곳의 도서관에 나눠주면, 899곳의 도서관은 편목하는 시간을 20분씩 절감할 수 있게 됩니다.[52] 그러면 899곳의 도서관에서는 20분 동안 차 마시고 쉬느냐? 그건 아니겠죠. 절감된 시간만큼 다른 자료를 편목하여 다른 도서관에 나눠주거나 또는 다른 업무에 역량을 투입하여 이용자들에게 더 나은 서비스를 제공할 수 있게 되었습니다. 쉽게 말해 목록정보의 공동이용은 상부상조(相扶相助)의 정신과 비슷합니다. 도서관이 많이 참여하면 할수록 원원(win-win)하는 효과를 갖고 오겠지요.

목록정보의 공동이용 시스템은 중앙집중식편목과 공동편목의 두 가지 방식으로 구분할 수 있습니다.

중앙집중식편목(centralized cataloging)은 특정 도서관 또는 서지기관에서 목록을 작성하여 협력도서관에 데이터를 제공해주는 방식입니다. 과거 LC의 인쇄카드 배포, 국가서지 편찬, CIP 제도뿐만 아니라 국가도서관 또는 특정 서지기관이 도서관그룹을 대상으로 하는 편

---

[52] 목록데이터를 반입하고 자관의 환경에 맞게 수정하는 데 나머지 10분의 시간을 써야 해서 20분을 아낄 수 있다는 뜻입니다. 물론 본문에서 언급한 30분, 20분, 10분이라는 시간은 과학적 근거가 아니라 예시로 든 것이므로 오해하지 말기 바랍니다.

목작업, 서점 등이 도서관 납품자료를 대상으로 하는 편목작업, 중앙도서관이 분관을 대상으로 하는 편목업무 등이 이에 해당합니다.

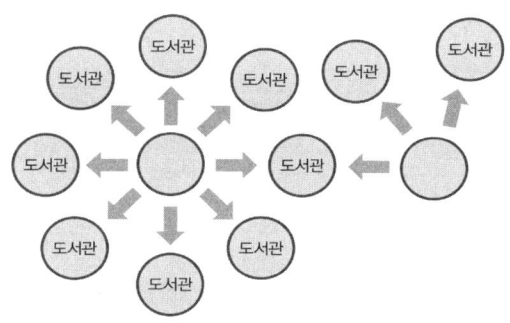

공동편목(cooperative cataloging)은 각 협력도서관에서 자관의 자료에 대한 목록을 작성하여 이를 공유하는 방식을 뜻합니다. 주로 협력체에 참여한 회원 도서관들끼리 목록정보를 공유하지만 때로는 미참여 도서관에도 접근할 수 있도록 해주기도 합니다. 중앙집중식과는 달리 일방적으로 목록정보를 받기만 하는 것이 아니라 종합목록에 구축되지 않은 자료에 대해서는 자체편목하여 이를 업로드한 후 다른 도서관이 공동으로 이용할 수 있도록 합니다. 쉽게 말해 '기브 & 테이크' 개념입니다. 편목에 대한 책임이 부여되고 편목한 결과를 공유하기 때문에 **분담편목**(shared cataloging)이라고도 부릅니다.

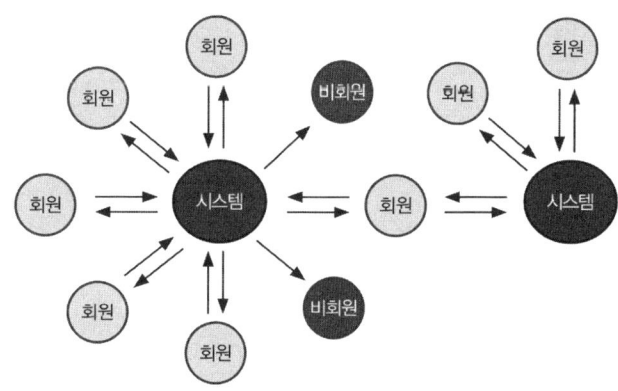

이 방식은 본래 ILL/DDS[53] 등의 절차를 통한 '자료의 공동이용'을 목적으로 하기 때문에

---

53) ILL(Inter-Library Loan)이란 미소장 등의 사유로 이용자가 요구하는 자료를 해당 도서관에서 제공하지 못할 때 다른

공동편목의 결과물인 종합목록(union catalog)을 동시에 운용하게 됩니다. 외국의 경우 OCLC의 WorldCat[54], NII의 Webcat Plus[55] 등이 이에 속하며 우리나라에서는 공공도서관의 종합목록시스템인 KOLIS-NET[56], 대학도서관의 종합목록시스템인 UNICAT[57] 등이 대표적입니다. 다수 도서관이 참여해 공동편목을 목적으로 형성된 조직이라는 점에서 서지 유틸리티(bibliographic utility)라고도 칭하는데, 1967년에 발족한 OCLC[58]는 세계 최대의 서지 유틸리티라 할 수 있습니다.

◆ ◆ ◆

참, 처음에 자체편목이라는 용어를 언급했었군요. 그것과 반대되는 말이 있습니다. 타 도서관 또는 서지기관에서 생산한 목록데이터를 그대로 자관의 목록으로 반입하거나 일부 수정하여 반입하여 자관의 목록으로 활용하는 방식을 카피편목(copy cataloging) 또는 복제편목이라 합니다. 선행연구에 따르면 카피편목은 자체편목에 걸리는 시간의 절반 정도가 소요된다고 합니다. 따라서 카피편목은 절감된 시간만큼 이용자봉사 등의 다른 업무에 매진할 수 있게 하는 장점이 있습니다. 2000년대 초에 캐나다의 88개 대학도서관을 대상으로 한 조사에 따르면 편목업무의 85%가 카피편목이었던 것으로 나타났고,[59] 국내의 경우에도 대부분 e-CIP, KOLIS-NET, UNICAT 등의 종합목록을 통한 카피편목으로 이루어지고 있으며 자체편목의 비율은 15~20% 남짓합니다.[60]

그러나 사서의 업무량을 경감시켜준다는 탁월한 장점에도 불구하고 카피편목이 무조건 좋은 방법이라고 보기는 어렵습니다. 종합목록에 구축된 목록데이터의 품질이 부실할 경우 카피편목으로 반입한 자관의 목록 품질이 연쇄적으로 낮아질 개연성이 높기 때문입니다. 그렇다고 "카피편목하지 말고 자체편목하자!"고 주장하려는 건 아닙니다. 어차피 카피편목은 거스를 수 없는 대세거든요. 제가 하고 싶은 말은, 내실이 부족하면 '오류까지도 카피'할 수 있으니 그렇게 되지 않도록 편목의 기초를 단단히 다져놓자는 것입니다.

한편, 요즘 도서관의 편목업무를 아웃소싱하는 사례가 눈에 띕니다. 이러한 아웃소싱은 첫째, 외부 업

도서관에 해당 자료를 신청하여 이용자에게 제공하기 위하여 협정을 맺은 도서관 간에 소장 자료를 서로 빌려주는 '도서관상호대차'를, DDS(Document Delivery Service)란 학술잡지의 한 부분이나 논문의 복사물 등을 우편이나 팩스를 통해 제공하거나 전자복제물을 온라인으로 제공하는 '원문제공서비스'를 말합니다.

54) https://www.worldcat.org
55) http://webcatplus.nii.ac.jp
56) http://www.nl.go.kr/kolisnet/
57) http://unicat.riss.kr
58) http://www.oclc.org
59) Beheshti, Jamshid, Andrew Large, and Pat Riva. 2002. "Cost savings to Canadian university and large urban public libraries from their use of National Library of Canada MARC records." Library Resources & Technical Services, 47(2): 44-57.
60) 노지현. 2009. 편목업무 아웃소싱의 성과에 대한 논의. 한국도서관·정보학회지, 40(2): 47-67. ; 이유정. 2009. 대학도서관에서의 정리업무 아웃소싱 품질관리에 관한 연구. 한국도서관·정보학회지, 40(2): 69-86.

체(서점 등)에서 편목한 데이터를 도서관에 납품하여 이를 해당 도서관의 목록레코드로 구축하는 반입 방식과 둘째, 외부 업체의 파견직원이 해당 도서관에 상주하며 편목업무를 수행하는 외주 방식으로 나눌 수 있습니다. 인건비 절감의 차원에서 일부 도서관에서 편목업무에 대한 아웃소싱을 추진하는 것으로 보이는데, 자료조직은 영속성을 가지는 대표적 업무이므로 아웃소싱할 경우 업무의 일관성 및 품질의 저하가 우려되는 심각한 문제점을 초래합니다. 기왓장 아끼려다 대들보 썩는다는 걸 왜 깨닫지 못할까요?

요점정리

- 국가서지제어(NBC)란 한 국가에서 발간되는 모든 출판물을 납본·CIP·ISBN 제도을 통해 발행과 동시에 제어하여 국가서지를 작성·배포하는 일을 말한다.
- 세계서지제어(UBC)란 모든 국가에서 발간되는 모든 출판물에 대한 서지정보를 국제적으로 교환·통용할 수 있도록 하는 제반 활동을 말한다.
- 출판예정도서목록(CIP)은 자료를 출판하기 직전에 국가대표도서관이 부여하는 간략한 형식의 목록데이터를 말한다.
- 국제표준도서번호(ISBN)는 출판물의 신속·정확한 유통을 목적으로 부여되는 국제적으로 유일한 13자리 표준코드이다.
- 도서관이 스스로 편목작업을 수행하는 것을 자체편목, 타 기관에서 만든 목록데이터를 자관으로 반입하는 일을 카피편목(복제편목)이라 한다.
- 목록데이터를 공동으로 이용하기 위한 방법으로는 중앙집중식편목과 공동편목(분담)이 있다.
- 공동편목은 상호대차 등을 통한 자료의 공동이용을 전제로 하며, OCLC의 WorldCat, 국립중앙도서관의 KOLIS-NET, 한국교육학술정보원의 UNICAT 등이 대표적이다.
- 카피편목은 업무의 절감시간을 다른 일에 사용할 수 있도록 하는 장점이 있으나, 외부 목록데이터는 목록의 품질이 반드시 보장되지 않는다. 카피편목을 하더라도 자관의 목록 품질을 유지하기 위해서는 목록에 대한 기본적 이해가 뒷받침되어야 한다.

5 현대의 목록 살펴보기

5.1 기계가독목록형식(MARC)이란 무엇인가

1) 카드형목록에서 MARC으로…

목록을 만들려면 반드시 편목규칙이 있어야 합니다. 편목규칙(cataloging rule)이란 목록 작성에 필요한 서지요소(bibliographic element)의 채기, 기술방법 등의 원칙을 정한 규칙을 말합니다.

가령 마이클 샌델(Michael J. Sandel)의 『정의란 무엇인가(Justice)』라는 단행본 자료를 편목한다고 가정해봅시다. 아마 다음과 같은 의문들이 꼬리에 꼬리를 물게 될 것입니다.

> 자료의 표제(Title)은 무엇인가? 'JUSTICE'가 표제일까, '정의란 무엇인가?'가 표제일까?
> 만약 'JUSTICE'가 표제라면 대문자 그대로 'JUSTICE'라 기술해야 하는가, 아니면 'Justice'로 기술해야 하는가?
> 저자명은 한글로 '마이클 샌델'이라 기술해야 하는가, 원어로 'Michael J. Sandel'이라 기술해야 하는가?
> 발행처는 '㈜김영사'로 기술해야 하는가, '주식회사 김영사'로 기술해야 하는가, 아니면 '김영사'라고 기술해야 하는가?
> 그리고 이들 각각의 서지요소들은 어디서 채기(採記)하고 어떤 순서로 정렬해야 하는가?

편목규칙은 이러한 의문을 해결할 수 있는 원칙들을 포함하고 있기 때문에, 누구나 편목 규칙만 숙지한다면 다음과 같이 서지요소를 채기하여 ISBD에 따라 기술할 수 있습니다.

정의란 무엇인가 : 하버드대 20년 연속 최고의 명강의 / 마이클 샌델 [지음] ; 이창신 옮김. — 서울 : 김영사, 2010. — 404 p. : 삽화 ; 21 cm + 디스크 1매. — 원표제: Justice. — 원저자명: Sandel, Michael J. — 색인수록. — ISBN 978-89-349-3960-3 : ₩15000

이렇게 작성한 저록을 과거에는 다음과 같은 카드형목록에 담았어요.

```
샌델, 마이클.
  정의란 무엇인가 : 하버드대 20년 연속 최고의
명강의 / 마이클 샌델 [지음] ; 이창신 옮김. --
서울 : 김영사, 2010.
  404 p. : 삽화 ; 21 cm + 디스크 1매.

  원표제: Justice
  원저자명: Sandel, Michael J.
  색인수록

  ISBN 978-89-349-3960-3 : ₩15000
```

그러나, 현재는 카드에 목록을 작성하는 도서관은 없습니다. 카드형목록을 사용하지 않는 대신 다음과 같이 기계가독목록형식(MARC)으로 목록을 만듭니다.

020 ▼a9788934939603:▼c₩15000%
24500 ▼a정의란 무엇인가 :▼b 하버드대 20년 연속 최고의 명강의 /▼d마이클 샌델 [지음] ;▼e이창신 옮김%
24619 ▼aJustice%
260 ▼a파주 :▼b김영사,▼c2010%
300 ▼a404 p. :▼b삽화,▼c23 cm +▼e디스크 1매%
500 ▼a원저자명: Sandel, Michael J.%
500 ▼a색인수록%
7001 ▼a샌델, 마이클%
7001 ▼a이창신%
9500 ▼b₩15000%

컴퓨터라는 기계(MAchine)가 읽을 수 있도록(Readable) 편목(Cataloging)한 것이기 때문에 당연히 우리 인간의 눈으로는 읽기 불편할 수밖에 없습니다. 그럼에도 요상하게(?) 생긴 기호와 숫자들이 너저분하게(?) 붙었다는 점 말고는 카드형목록에 수록한 내용과 대동소이하다고 느낄 수 있을 겁니다. 그렇지만 실제의 MARC은 위의 내용이 전부가 아닙니다. 위 내용은 기존의 카드형목록과 최대한 유사하게 보이도록 예쁘게(?) 손질한 것이기 때문입니다.

2) 필드와 레코드란 무엇인가

MARC을 이해하기 위해 반드시 알아두어야 할 개념으로 컴퓨터의 파일구조에서 다루는 '필드'와 '레코드'가 있습니다. **필드**(field)는 자료를 구분하기 위한 각각의 항목을 말하며 자료처리의 최소단위가 됩니다. **레코드**(record)란 하나 이상의 필드들이 모여 구성된 것을 말합니다.

엑셀(EXCEL)로 주소록을 작성한다고 예를 들어 봅시다. 주소록을 도표로 나타내면 다음과 같습니다.

	필드1	필드2	필드3	필드4	필드n
	A	B	C	D	E
1	학번	성명	생일	주소	…
레코드1 2	201104001	강하나	1991-08-11	경남 합천군 삼가면	…
레코드2 3	201104002	김나리	1990-03-23	부산 연제구 연산9동	…
레코드3 4	201104003	김수지	1992-09-23	울산 동구 남목1동	…

위 도표의 열(列, column)에 해당하는 '학번', '성명', '생일', '주소' 항목은 각각 하나의 필드입니다. '201104001', '김나리', '1992-09-23' 등은 해당 항목의 값으로 입력한 데이터(data)입니다. '성명' 필드와 '생일' 필드 등을 행(行; row)으로 모아놓은 '강하나' 라는 사람의 개인정보 기록은 한 건의 레코드가 됩니다. 그리고 동일한 필드로 구성된 레코드의 집합을 **파일**(file)이라 합니다. 가령 어느 도서관에서 소장한 모든 자료의 서지적 기록(즉, 목록)은 서지 파일이 됩니다. 끝으로, 파일의 집합을 **데이터베이스**(database)라 합니다. 예컨대 서지 파일, 전거 파일, 이용자 파일, 대출기록 파일, 수서 파일 등의 집합은 도서관 데이터베이스가 됩니다.

MARC에서 각각의 서지요소는 하나의 필드 단위가 됩니다. 아래의 도표처럼, 대상자료를 편목규칙에 따라 각 필드의 데이터를 입력한 한 건의 목록은 한 건의 레코드 단위로 취급됨을 알 수 있습니다. 따라서 MARC 형식으로 저장한 1건의 저록을 가리켜 **서지레코드**(bibliographic record) 또는 **목록레코드**라 부르기도 합니다. 아래 도표의 경우 4건의 서지레코드가 존재함을 나타냅니다.

필드	245 필드	250 필드	260 필드	필드
	표제와 책임표시사항	판사항	발행사항	…
레코드1	허수아비춤 / 조정래		파주 : 문학의문학, 2010	…
레코드2	정치학개론 / 김영국	개정판	서울 : 박영사, 2001	…
레코드3	대장경 / 조정래		서울 : 해냄, 2010	…
레코드4	인간사색 / 강준만		서울 : 개마고원, 2005	…

3) 고정길이와 가변길이란 무엇인가

컴퓨터가 자료를 저장하거나 처리하기 위한 논리적 기본 단위를 레코드라 하며, 논리적 레코드를 하나의 물리적 레코드, 즉 **블록**(block)에 저장시키는 것을 **블로킹**(blocking)이라 합니다. 블로킹 방법은 고정길이 블로킹과 가변길이 블로킹으로 나눌 수 있습니다.

고정길이 블로킹은 사용되지 않은 구역도 용량을 차지하기 때문에 저장공간을 낭비할 수 있는 단점이 있습니다. 만약 기계가독목록형식을 고정길이로 블로킹하기 위해, 하나의 서지 레코드에 대한 길이를 넉넉히 10,000byte로 설정했다고 가정해봅시다. 각 자료마다 갖고 있는 서지데이터의 요소가 다르기 때문에 저록의 분량도 달라지고, 따라서 레코드의 길이도 달라지게 됩니다. 대부분의 레코드는 10,000byte에 못 미칠 것이므로 상당량의 공간이 낭비될 것입니다. 왜냐하면 컴퓨터는 빈 공간을 저장할 때에도 일정한 용량을 사용하기 때문입니다. 이를테면 다음의 그림은 10,000byte씩 부여된 4건의 레코드로서 격자 무늬 부분은 데이터를 입력한 공간, 사선 무늬 부분은 사용되지 않은 빈 공간을 나타냅니다. 즉, 사선 무늬 부분의 저장용량이 불필요하게 낭비되었다는 것을 의미합니다.

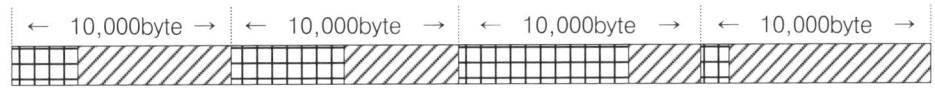

반면, **가변길이 블로킹**은 이러한 단점을 보완할 수 있는 방법입니다. 다만 한 블록 내의 다양한 레코드를 컴퓨터가 처리할 수 있도록 레코드의 시작 부분과 끝 부분을 식별하기 위해 표시(mark)를 할 필요가 있습니다. 고정길이 블로킹의 경우 주어진 길이만 알면 각각의 레코드를 구분할 수 있지만, 가변길이 블로킹에서는 레코드를 구분하기 위해 블록 자체 내에 블로킹을 나타내는 정보를 반드시 포함해야 합니다.

참고로 MARC 레코드에서는 최초 5자리를 길이지시자(length indicator)로 사용하고 레코드 끝에 레코드종단기호를 표시합니다. 그러면 컴퓨터는 한 레코드가 어디서부터 시작해서 어느 부분에서 끝나는지를 정확히 식별할 수 있게 됩니다. 다음의 그림은 '&' 기호를 레코드 종단기호로 사용한 예시입니다. 이 기호를 통해 컴퓨터는 레코드의 끝 부분을 쉽게 확인할 수 있습니다. 이런 식으로 가변길이 블로킹을 할 경우–사선 무늬였던–빈 공간을 두지 않아도 되므로 그만큼 저장용량을 절약할 수 있는 이점을 얻습니다. 동일한 용량의 데이터를 수록했음에도 고정길이 블로킹에 비해 전체 용량이 확연히 줄어들었음을 눈으로 확인할 수 있겠지요?

이러한 가변길이 방식은 레코드 내의 '필드'에서도 구현될 수 있습니다. 예를 들어 학생의 개인정보를 4개의 필드로 수록한 1건의 레코드를 다음과 같은 그림으로 나타낼 수 있습니다.

| 201104001 | 강하나 | 1991/08/11 | 경남 합천군 삼가면 |

그런데 위 레코드를 실제로 저장할 경우, 컴퓨터는 각각의 필드에 입력된 데이터를 서로 구별할 수 없습니다. '201104001', '강하나', '1991/08/11' 등의 데이터는 인간의 두뇌로는 의미가 있는 정보로 인식되지만, 컴퓨터에게는 문자로 입력된 데이터에 지나지 않기 때문입니다.

이 때, 컴퓨터로 하여금 각 필드를 식별할 수 있도록 하려면 두 가지의 방법이 가능합니다. 첫째, 각 필드의 길이를 고정하는 방법으로 예를 들어, 학번은 9byte, 성명은 20byte, 생일은 10byte 등으로 고정한다면 컴퓨터는 그 길이만큼 읽어서 각 필드를 구별할 수 있습니다. 이를 가리켜 **고정길이필드**(fixed length field)라 칭하는데, 학번이나 생일처럼 고정된 길이를 가진 데이터를 저장하기는 적합하지만 주소처럼 다양한 길이를 가진 데이터를 저장할 경우 상당량의 공간이 비어진 채 저장될 수 있다는 것이 단점입니다.

←9byte→	← 20byte →	←10byte→	← 50byte →
학번	성명	생일	주소

두 번째는, 필드의 길이를 고정하지 않는 대신 각 필드마다 데이터의 입력이 끝났다는 것을

알리기 위하여 특정 기호를 표시하는 방법입니다. 아래 그림에서는 '%'란 기호를 필드종단기호로 사용한 것을 나타내는데, 컴퓨터는 '%' 기호 앞부분에 입력된 모든 내용을 해당 필드의 데이터로 인식하게 됩니다. 입력된 데이터에 따라 필드의 길이가 변할 수 있기 때문에 **가변길이필드**(variable fields)라 칭합니다.

| 학번 | % | 성명 | % | 생일 | % | 주소 | % |

MARC에서는 고정길이필드와 가변길이필드를 적절히 혼용하고 있습니다. 이를테면 날짜나 시간, 언어부호, 국가부호와 같은 데이터는 정형화된 자릿수를 가지므로 가급적 고정길이필드를 적용합니다. 하지만 표제, 책임표시사항 등을 비롯한 대부분의 서지정보는 자료마다 매우 다양한 길이를 가지기 때문에 고정길이필드로 표현하기가 사실상 불가능하므로 가변길이필드를 적용하고 있습니다.

요컨대, 도서관의 편목대상자료들은 서지정보의 입력항목과 내용이 매우 다양하기 때문에 그것을 담는 MARC은 가변길이 구조를 대거 적용하고 있으며, 따라서 고정길이 구조를 가진 일반적인 데이터베이스보다 레코드의 구조가 상당히 복잡하다고 느껴질 수 있을 것입니다.

마지막으로 넌센스 퀴즈 한 문제 나갑니다. 가변길이필드와 테트리스 게임의 공통점은 무엇일까요?

정답은, "빈 공간을 줄이는 데 목적이 있다." 입니다.

4) MARC 레코드의 구조

이제 진정한(?) MARC을 영접할 마음의 준비가 되셨습니까? 공지영 작가의 『의자놀이』를 예시자료로 편목하여 KORMARC 레코드로 저장하면 그 생김새는 다음과 같습니다.

이것이 MARC의 본모습입니다!

```
00567nam a2200181 c 45000010014000000005001500014008004100029020003400070035002500104
04000190012905600110014824501000015926000300025930000200028965300510030970001400360
950001100374%UB20120243750%20120911131523%120911s2012    ulk           000 kor %▼
a9788958625254 ▼g03810: ▼d₩12000% ▼a(144061)KMO20120309④% ▼a144061 ▼c144061% ▼a818 ▼25%00 ▼a의
자놀이 : ▼b공지영의 첫 르포르타주, 쌍용자동차 이야기 / ▼d공지영 지음% ▼a서울 : ▼bHumanist,
▼c2012% ▼a204 p. ; ▼c21 cm% ▼a르포르타주 ▼a쌍용자동차 ▼a의자놀이%1 ▼a공지영%0 ▼b₩12000%&
```

뜬금없는 질문인데, 혹시 '갈매기살'이 돼지의 어느 부위인지 아십니까? 잘 모르겠다구요? 네, 몰라도 괜찮습니다. 우리와 같은 일반 소비자들은 갈매기살이 어느 부위인지 잘 모르더라도 그것을 먹는 데에는 아무런 불편이 없기 때문이죠. 하지만, 소비자가 아닌 요리사라면 더 맛있는 요리를 개발하기 위해서라도 식재료에 대한 상식을 기본적으로 알아둘 필요가 있습니다.

마찬가지로, 도서관목록을 사용하는 이용자들은 MARC을 몰라도 괜찮습니다. MARC을 전혀 모르더라도 목록을 검색하는 데에는 아무런 불편이 없기 때문이죠. 그렇지만, 일반 이용자가 아닌 사서라면 더 나은 도서관 서비스를 개발 및 제공하기 위해서 MARC의 구조 정도는 기본적으로 이해해두어야 합니다. 그런 의미에서 지금부터 본격적으로 MARC 레코드를 해부(?)해보도록 하겠습니다.

◆ ◆ ◆

곤충을 머리, 가슴, 배의 세 부분으로 나누듯이, MARC 레코드의 구조는 크게 '리더', '디렉토리', '가변길이필드'의 세 부분으로 나눌 수 있습니다.

첫째, 앞의 부분(00567nam a2200181 c 4500)은 '리더'라고 합니다. 리더(leader)란 컴퓨터가 MARC 레코드를 처리하기 위해 필요한 정보를 갖고 있는 24자리의 고정길이필드입니다. 리더는 매개변수(parameter)를 정의하는 부호값으로 구성되며 각각의 부호값은 아래

비아숫자 또는 영문소문자를 사용합니다.

조직을 이끄는 사람을 리더라고 부르듯, MARC 레코드를 이끄는 부분이 리더입니다. 24자리의 리더의 구조를 그림으로 표현하면 다음과 같습니다.

의미	레코드 길이	레코드 상태	레코드 유형	서지 수준	제어 유형	문자 부호화 체계	지시기호 자리수	식별기호 자리수	데이터 기본번지	입력 수준	목록기 술형식	다권본 자원의 레코드 수준	엔트리맵
자수 위치	00-04	05	06	07	08	09	10	11	12-16	17	18	19	20-23
예시 MARC의 값	00567	n	a	m		a	2	2	00181		c		4500

최초의 5자리는 MARC 레코드의 길이를 나타냅니다. 0번지[61]부터 4번지까지 5자리로 기재된 '00567'은 예시 MARC 레코드의 길이가 총 567byte임을 뜻합니다. 또한, 18번지의 1자리로 기재된 'c'는 예시 MARC 레코드가 '한국목록규칙 3판 이상'을 적용하였음을 의미하는 부호값입니다. 리더에 대한 세부적인 내용은 제2권에서 살펴보겠습니다.

둘째, "UB20120243750"으로 시작하는–MARC에서 가장 많은 양을 차지하는–부분은 가변길이필드로서 실제 저록이 수록되는 부분이기도 합니다. 이 가변길이필드를 보기 편하도록(?) 강제로 문단을 나누면 다음과 같습니다.

```
UB20120243750%
20120911131523%
120911s2012    ulk         000 kor %
   ▼a9788958625254 ▼g03810 : ▼c₩12000%
   ▼a(144061)KM0201203094%
   ▼a144061 ▼c144061%
   ▼a818 ▼25%
00 ▼a의자놀이 : ▼b공지영의 첫 르포르타주, 쌍용자동차 이야기 / ▼d공지영 지음%
   ▼a서울 : ▼bHumanist, ▼c2012%
   ▼a204 p. ; ▼c21 cm%
   ▼a르포르타주 ▼a쌍용자동차 ▼a의자놀이%
 1 ▼a공지영%
 0 ▼b₩12000%&
```

MARC에서는 각 서지사항을 컴퓨터가 빨리 식별할 수 있도록 각 필드에 3자리 아라비아숫

---

61) 원래는 '자수위치'이지만 편의상 '번지'라고 표현하겠습니다.

자로 약속된 **표시기호**를 덧붙입니다. 이를테면 표제와 책임표시사항은 '245', 발행사항은 '260', 형태사항은 '300', 개인명부출표목은 '700'이라는 표시기호를 사용합니다. 다시 말해 컴퓨터는 '245'라는 표시기호 다음에 입력되는 내용을 "표제와 책임표시사항"의 데이터로 식별한다는 의미입니다.62)

인간은 어떤 개념을 설명할 때 주로 언어라는 수단을 사용합니다. 이 때 개념을 나타내는 언어가 동음이의어일 경우 혼란이 생길 수 있어요. 가령 '눈'이라는 용어는 'eye'와 'snow'라는 두 가지 다른 뜻을 가집니다. 인간은 앞뒤 문맥(context)을 파악하여 문장에서 사용된 '눈'이 'eye'을 뜻하는지 'snow'을 뜻하는지 쉽게 구별할 수 있지만, 컴퓨터는 동음이의어를 구별할 수도 없거니와 기실은 인간의 언어가 갖는 의미를 전혀 이해하지 못합니다. 컴퓨터가 개념적 데이터를 서로 쉽게 구별할 수 있게 하고 전산입력상의 오류를 최소화하기 위해서는 그 개념을 간략한 형태의 기호(code)로 표현하는 것이 바람직합니다. 대표적인 사례로, 회계에서 사용되는 계정과목에 대해 아라비아숫자의 코드를 부여한 것을 들 수 있습니다.63) 아래 예시와 같이 '109', '111', '115', '117', '121'이라는 각기 다른 코드를 부여함으로써 '대손충당금'이라는 동일한 용어가 회계에서 각기 다른 목적으로 사용됨을 구별합니다.

계 정 과 목			코 드
당 좌 자 산	현금 및 현금성자산	현 금	101
		당 좌 예 금	102
		보 통 예 금	103
		기 타 제 예 금	104
	단 기 투 자 자 산	정 기 예 적 금	105
		기타단기금융상품	106
		단 기 매 매 증 권	107
	매 출 채 권	외 상 매 출 금	108
		대 손 충 당 금	109
		받 을 어 음	110
		대 손 충 당 금	111
		단 기 대 여 금	114
		대 손 충 당 금	115
		미 수 수 익	116
		대 손 충 당 금	117
		미 수 금	120
		대 손 충 당 금	121

---

62) 표시기호는 태그(tag)라고 칭하기도 합니다. 이를테면 '표시기호 245' 또는 '245 필드'라고 부르기도 하지만 도서관 현장에서는 '245 태그'라고 칭하는 곳이 더 많아요.
63) 굳이 전산처리를 요구하지 않더라도 빠른 업무진행을 위해 이미 우체국에서는 우편번호, 도서관에서는 분류기호와 같은 코드체계를 만들어 사용하고 있지요.

가변길이필드는 다시 가변길이제어필드와 가변길이데이터필드로 나눌 수 있습니다. 이 둘을 구분하는 방법은 쉽습니다. 표시기호가 '00'으로 시작하는 필드는 **가변길이제어필드**, 그 이외의 모든 필드는 **가변길이데이터필드**입니다.

KORMARC의 경우 가변길이필드는 200여 종의 표시기호로 구분할 수 있습니다. 표시기호의 첫 번째 숫자에 따라 다음과 같이 0-9까지의 블록(큰 묶음)으로 나눕니다. 예컨대 '5'로 시작하는 모든 표시기호는 주기사항의 목적으로 사용되는 필드임을 의미합니다.

　　　0XX 　제어정보, 식별정보, 분류기호 등
　　　1XX 　기본표목
　　　2XX 　표제와 책임표시사항(표제, 판사항, 발행사항)
　　　3XX 　형태사항
　　　4XX 　총서사항
　　　5XX 　주기사항
　　　6XX 　주제명부출표목
　　　7XX 　주제명이나 총서표제 이외의 부출표목, 연관저록필드
　　　8XX 　총서표제부출표목, 소장정보 등
　　　9XX 　로컬필드

하지만 3자리 표시기호만으로는 어느 부분부터 어느 부분까지가 데이터임을 컴퓨터가 정확히 식별하지 못합니다. 그 이유는 본래 컴퓨터는 인간의 언어를 전혀 인식할 수 없기 때문입니다. 예컨대 아래의 그림과 같은 자료가 있다고 가정하고 이를 목록으로 기술하면 표제와 책임표시사항은 '집에서 즐기는 이/탈/리/아 요리 / 260 레스토랑 지음'이 되는데, 컴퓨터는 '260'이라는 데이터를 표시기호로 오인하여 그 뒷부분에 있는 '레스토랑 지음'을 발행사항의 데이터로 잘못 인식할 수가 있습니다.

컴퓨터가 '260'이 데이터인지 표시기호인지 정확히 구별하지 못하면서 큰 혼란에 빠지는 것이지요. 이러한 혼란을 방지하고자 컴퓨터로 하여금 하나의 필드가 정확히 어디서 끝나는지를 식별할 수 있도록 하기 위해 **필드종단기호**인 '%'를 사용합니다. 따라서

245 집에서 즐기는 이/탈/리/아 요리 / 260 레스토랑 지음%

　로 입력하면 컴퓨터는 '245' 다음 부분부터 '%' 앞부분까지를 표제와 책임표시사항으로 정확히 식별할 수 있게 됩니다.64)
　이렇게 하면 컴퓨터는 '260 레스토랑 지음'을 책임표시사항으로 제대로 인식할 수 있을까요? 안타깝지만 불가능합니다. 편목규칙을 숙지하고 있는 사람은 '/' 구두점 다음의 내용인

　　　260 레스토랑 지음

　을 책임표시사항으로 충분히 이해할 수 있지만 컴퓨터는 '집에서 즐기는 이/탈/리/아 요리'라는 표제의 첫 번째로 나타난 '/' 다음의 '탈'을 책임표시사항으로 오인할 수 있습니다. 인간은 의미와 맥락을 통해 네 번째로 나타난 '/' 기호를 편목규칙에서 규정한 구두점임을 인식할 수 있지만 컴퓨터는 이것들을 그저 문자열(character string)의 일부분으로 취급하기 때문입니다. 무조건 '/' 다음의 내용을 책임표시로 인식하는 오류를 해결하고자 컴퓨터로 하여금 어떤 요소가 표제이고 어떤 요소가 책임표시인지 정확히 식별하도록 돕기 위해 MARC에서는 식별기호라는 장치를 씁니다.

　식별기호(subfield codes)란 가변길이필드 내의 각 데이터요소를 식별하기 위하여 사용하는 부호입니다. 예컨대 KORMARC을 기준으로 245 필드에서는 본표제 앞에 '▾a', 표제관련정보 앞에 '▾b', 첫 번째 책임표시 앞에 '▾d', 두 번째 이하 책임표시 앞에 '▾e'라는 부호를 쓰도록 규정합니다. 따라서

　　　245 ▾a집에서 즐기는 이/탈/리/아 요리 / ▾d260 레스토랑 지음%

　이라고 입력하면 컴퓨터는 245(표제와 책임표시사항) 필드의 '▾a' 다음에 기술된 '집에서 즐기는 이/탈/리/아 요리'라는 요소를 본표제, '▾d' 다음에 기술된 '260 레스토랑 지음'이라는 요소를 첫 번째 책임표시로 구분할 수 있게 됩니다.65)
　식별기호는 표시기호에 따라 서로 다른 의미를 가집니다. 가령 245 필드에서 '▾a'는 본

---

64) 필드종단기호가 왜 필요한지 이해하셨나요? 이해될 때까지 반복해서 읽어보세요.
65) 식별기호가 왜 필요한지 이해하셨나요? 이해될 때까지 반복해서 읽어보세요.

표제, 260 필드에서 '▼a'는 발행지, 300 필드에서 '▼a'는 특정자료종별과 수량이라는 의미로 각각 사용됩니다.

그리고, 표시기호가 나타내는 정보 이외의 정보를 추가하여 나타내기 위해 가변길이필드의 첫 번째 2자리에 **지시기호**(indicator positions)를 붙입니다.[66] 가변길이데이터필드에서 처음 2자리 문자위치에 기술되는 지시기호의 2자리 값은 2자리가 함께 의미를 갖는 것이 아니라 1자리씩 각각 독립적인 의미를 가집니다. 지시기호는 아라비아숫자 혹은 빈칸(ASCII Space)을 부호값으로 사용합니다. 예를 들어, 245 필드에 입력한 본표제를 부출하지 않고 관제 및 관사를 그대로 인쇄한다면 '00'이라는 2자리를 부가하여

24500▼a집에서 즐기는 이/탈/리/아 요리 /▼d260 레스토랑 지음%

이라고 입력합니다. 그러면 컴퓨터는 표시기호 '245'를 통해 이 필드가 표제와 책임표시사항임을 인식하고, '▼a' 다음의 데이터를 본표제로, '▼d' 다음의 데이터를 책임표시로 식별할 수 있게 됩니다. 뿐만 아니라 지시기호 2자리를 확인하여 본표제를 부출하지 않고 관제 및 관사를 그대로 인쇄하게 됩니다.[67]

이쯤에서 예시 MARC 레코드를 다시 가져오겠습니다. '▼a의자놀이' 앞에 '00'이라는 2자리 지시기호가 붙어 있는 것이 눈에 띄지요?

```
UB20120243750%
20120911131523%
120911s2012    ulk         000  kor  %
   ▼a9788958625254▼g03810：▼c₩12000%
   ▼a( 144061)KM0201203094%
   ▼a144061▼c144061%
   ▼a818▼25%
00 ▼a의자놀이 :▼b공지영의 첫 르포르타주, 쌍용자동차 이야기 /▼d공지영 지음%
   ▼a서울 :▼bHumanist,▼c2012%
   ▼a204 p. ;▼c21 cm%
   ▼a르포르타주▼a쌍용자동차▼a의자놀이%
 1 ▼a공지영%
 0 ▼b₩12000%&
```

---

66) 단, '00'으로 시작되는 가변길이제어필드에서는 지시기호를 사용하지 않습니다.
67) 지시기호에 대해서는 제2권에서 자세히 설명하겠습니다.

그런데 '▼a서울' 앞에는 지시기호가 없네요? 실은 없는 게 아니라 2자리가 빈칸으로 입력된 것이랍니다. 또 다른 필드인 '▼a공지영' 앞의 지시기호는 '1'과 빈칸의 총 2자리로 채워진 것으로 생각하시면 됩니다. 잠시 휴식하면서 지금까지 익힌 내용을 중간정리해봅시다.

> 하나. MARC의 구조는 리더 + 디렉토리 + 가변길이필드로 구성된다.
> 둘. 리더는 컴퓨터가 MARC 레코드를 처리하기 위한 24자리의 부호값으로 구성된다.
> 셋. 가변길이필드는 표시기호 + 지시기호 + 식별기호와 데이터요소 + 필드종단기호로 구성된다.

근데, 혹시 이상한 점이 없습니까? 분명 가변길이필드는 표시기호를 통해 구분된다고 했는데, 강제로 문단을 나누었다는 위 예시에는 아라비아숫자 3자리의 표시기호가 보이지 않지요? 네, 맞습니다. 실은 표시기호는 가변길이필드에 있는 게 아니고 디렉토리에 위치하기 때문입니다.

아라비아숫자로만 기재된 부분(001001400000005001500014008004100029020003400070035002500104040001900129056001100148245010000159260003000259300002000289653005100309700001400360950001100374%)이 바로 디렉토리입니다. 디렉토리(directory)란 MARC 레코드 내에 있는 가변길이필드의 위치를 지시해주는 기능을 합니다.

디렉토리는 MARC 레코드에서 리더 다음의 25번째 자수위치부터 시작되며, 각 가변길이필드의 표시기호, 필드의 길이, 필드의 시작위치를 나타냅니다. 가변길이필드에 대한 디렉토리 항목은 표시기호의 순서로 배열되며 마지막 디렉토리 항목은 필드종단기호로 끝납니다.

하나의 디렉토리 항목은 표시기호(3자리), 필드길이(4자리), 필드시작위치(5자리)의 총 12자리로 구성됩니다. 예시 MARC의 디렉토리를 3자리, 4자리, 5자리로 보기 좋게 손질한(?) 후에 리더와 가변길이필드를 앞뒤로 덧붙이면 다음과 같습니다.

```
00567nam a2200181 c 4500
001 0014 00000
005 0015 00014
008 0041 00029
020 0034 00070
035 0025 00104
040 0019 00129
```

056 0011 00148
245 0100 00159
260 0030 00259
300 0020 00289
653 0051 00309
700 0014 00360
950 0011 00374%
UB20120243750%
20120911131523%
120911s2012   ulk   000   kor   %
　　▼a9788958625254▼g03810：▼c₩12000%
　　▼a(144061)KMO2012O3094%
　　▼a144061▼c144061%
　　▼a818▼25%
00 ▼a의자놀이 : ▼b공지영의 첫 르포르타주, 쌍용자동차 이야기 / ▼d공지영 지음%
　　▼a서울 : ▼bHumanist, ▼c2012%
　　▼a204 p. ; ▼c21 cm%
　　▼a르포르타주▼a쌍용자동차▼a의자놀이%
1　▼a공지영%
0　▼b₩12000%&

　첫 번째 디렉토리 항목인 '001001400000'은 표시기호가 '001', 필드의 길이는 '0014', 필드의 시작위치는 '00000'을 뜻합니다. 가변길이필드가 0번지부터 시작한다고 전제하면 이 항목은 "001 필드는 시작위치 0번지에서 14byte까지이다"라고 해석합니다. 첫 번째 필드의 내용은 'UB20120243750%'입니다. 총 몇 글자인가요? 직접 세어보세요.

　14글자, 즉 14byte입니다. 두 번째 디렉토리 항목은 '005001500014'입니다. 이걸 어떤 식으로 해석하라고 했지요?

　"005 필드는 시작위치 14번지에서 15byte까지이다"라고 이해하면 됩니다. 그런데 시작위치가 왜 14번지일까요? 첫 번째 항목이 0번지부터 14자리를 차지했기 때문입니다. 즉, 첫 번째 디렉토리 항목이 14byte의 데이터를 0, 1, 2, 3, 4, 5, 6, 7, 8, 9, 10, 11, 12, 13번지까지 소진했으므로 두 번째 디렉토리 항목은 14번지부터 시작하게 되는 것이지요. 그리고 '20120911131523%'은 몇 byte입니까?

　15byte 맞지요? 혹시 틀렸다면 다시 세어보세요. 세 번째 디렉토리 항목은 '008004100029'입니다. 해석하면?

"008 필드는 시작위치 29번지에서 41byte까지이다"가 됩니다.68) 왜 29번지에서 시작합니까? 이제는 이해하시겠지요? 그런데, 어떤 패턴 같은 게 눈에 띄지 않나요?

네, '한 디렉토리 항목의 시작위치 = 이전 디렉토리 항목의 필드시작위치 + 필드길이'의 산출공식이 만들어집니다. 가령 056의 필드시작위치는 '040의 필드시작위치 129 + 필드길이 19 = 148', 260의 필드시작위치는 '245의 필드시작위치 159 + 필드길이 100 = 259'의 결과임을 쉽게 짐작할 수 있습니다.

물론 "디렉토리의 필드시작위치나 필드길이를 일일이 계산해야 하나?" 라고 두려워할 필요는 없습니다. 그 정도는 컴퓨터가 알아서 척척 해주니까요. 그러니 MARC 구조 중에서 디렉토리에 대해서는 더 이상 걱정하지 않아도 됩니다.

참, 한 가지 빠뜨린 부분이 있네요. 700 필드의 디렉토리를 봐주세요. '700 필드는 시작위치 360번지에서 14byte까지'인데요, '1 ▼a공지영%'가 몇 byte인지 세어보세요. 8byte 아닌가? 갑자기 큰 혼란에 빠질 수 있을 겁니다.

컴퓨터에서 아라비아숫자나 영문자는 1byte를 차지합니다. 빈칸도 마찬가지구요. 그러나 한글이나 한자 또는 일부 특수문자의 경우 1byte로는 표현이 불가능합니다. 특히 유니코드 UTF-8에서는 한·중·일 문자들은 3byte로 표현됩니다. 따라서 한글을 3byte로 계산해보면 '1 ▼a공지영%'는 "1(1)+빈칸(1)+▼(1)+a(1)+공(3)+지(3)+영(3)+%(1) = 14byte'가 나옵니다.

이 정도면 MARC에서 디렉토리가 무엇인지 이해되었으리라 생각됩니다. 그렇다면 MARC 레코드는 도대체 어떤 방법으로 만들까요? 메모장과 같은 에디터 프로그램으로도 불가능한 건 아니지만 엄청난 중노동(?)이 뒤따르게 됩니다.

---

68) 008 필드는 본디 40byte의 고정길이지만 필드종단기호(%) 1byte를 더해 41byte가 됩니다.

그래서 실제로는 MARC 편집을 위한 전용 프로그램을 사용합니다. 도서관에서 사용하는 모든 자동화시스템에는 다음의 그림과 비슷하게 생긴 편목 모듈이 포함되어 있습니다.

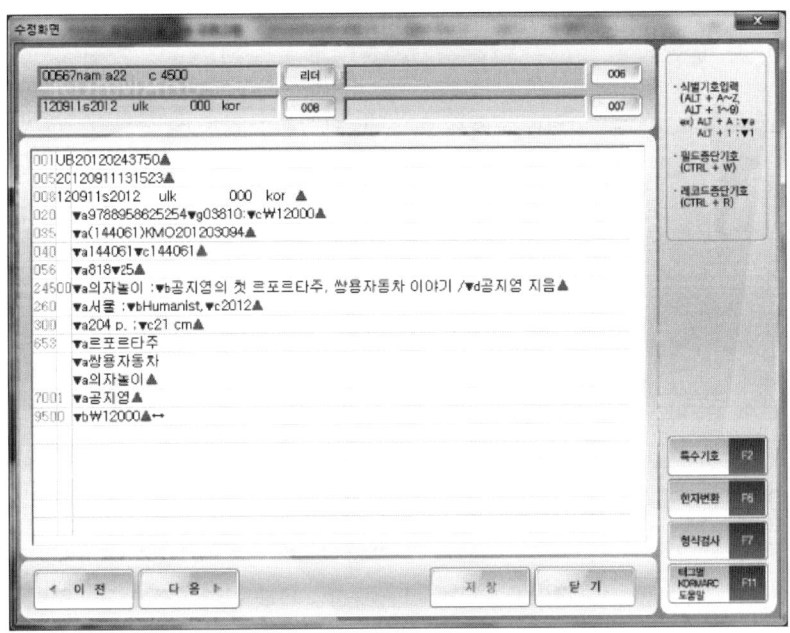

위 그림은 국립중앙도서관이 개발 보급한 'KORMARC 교육프로그램'의 입력 화면을 갈무리한 것입니다. 좀 전에 설명했듯이 디렉토리를 직접 입력하는 게 아니라 각각의 필드 앞에 표시기호를 기재한 후 저장하면 프로그램이 자동으로 디렉토리를 계산해주면서 MARC 레코드를 생성하게 됩니다. 이 프로그램에서 식별기호는 '▼', 필드종단기호는 '%' 대신에 '▲'을 사용합니다.

5) 가변길이필드의 필요성

먼 길을 달려왔네요. 알 듯 모를 듯 MARC의 구조에 대해 어느 정도 감이 잡혔으리라 봅니다. 그럼에도 MARC의 구조가 여전히 복잡하고 어렵게 느껴진다면 그 원인은 십중팔구 가변길이필드 때문일 것입니다. 도대체 왜 MARC은 가변길이라는 복잡한 방식을 도입했을까요?

저는 그 이유를 세 가지로 요약하고 싶습니다. 첫째, 도서관자료가 가진 속성정보가 다른 어느 분야의 그것보다 훨씬 다양하고 둘째, 레코드를 최소의 용량으로 저장하기 위해서이며 셋째, 가변길이 방식이 의외로 작업능률이 높기 때문입니다.

먼저, 도서관자료의 속성정보가 다양하다고 했습니다. 어떤 사물을 표현하는 특성의 정보유형을 속성정보라고 하며, 이를 **메타데이터**(metadata)라고도 부릅니다. 가령 '자동차'라는 사물의 특성을 표현하기 위해서는 제조사, 명칭, 사용연료, 엔진형식, 배기량, 구동방식, 변속기, 승차인원, 최대출력, 최대토크, 최고속도, 연비, 전장/전폭/전고/축거, 색상, 중량, 가격 등의 속성을, '옷'이라는 사물의 특성을 표현하기 위해서는 브랜드, 색상, 치수, 소재, 제조사, 제조국, 제조일, 착용계절, 성별, 가격 등의 속성을 나열해야 합니다.

도서관자료의 가장 많은 양을 차지하는 '책'의 경우 본표제, 대등표제, 표제관련정보, 저자, 판, 발행지, 발행처, 발행년, 총서 등의 매우 다양한 종류의 속성정보를 가집니다. "속성정보가 다양하다"는 말은 책이 갖는 속성정보의 종류(가짓수)가 다른 사물의 속성정보에 비해 더 많다는 뜻이 아니라, 책의 속성을 표현하는 데이터의 출현변수와 기재형식이 다른 사물의 그것보다 복잡다단하다는 의미입니다. 예컨대 자동차나 옷은 앞서 열거한 속성을 '반드시' 가지는 데 반해 책은 그 고유의 속성을 '가질 수도 있고 갖고 있지 않을 수도' 있습니다. 다시 말해 어떤 책은 대등표제를 갖고 있지만 어떤 책은 대등표제가 없을 수 있으며, 어떤 책은 저자가 1명이지만 어떤 책은 저자가 3명, 심지어 어떤 책은 저자가 없을 수도 있습니다. 기재형식은 더 심각(?)합니다. 어떤 책은 본표제가 1글자일 수 있고 어떤 책은 본표제가 100글자일 수 있기 때문이지요.

이렇게 다양한 출현변수와 기재형식을 가진 도서관자료의 속성정보를 표현하려면―고정길이필드가 전혀 불가능한 것은 아니지만―가변길이필드로 처리하는 방법이 더 유용합니다.

가변길이필드를 도입한 두 번째 이유로 저장용량의 문제를 들었습니다.

생뚱맞게 웬 저장용량이냐구요?

여러분은 hwp, pptx, mp3, avi와 같은 다양한 유형의 파일을 어디에, 어떤 방법으로 저장하고 계십니까? 대부분은 하드디스크에, USB 플래시 드라이브에, 또는 클라우드에 저장할 겁니다. 그런데 MARC이 개발된 1960년대 후반도 과연 지금과 같은 환경이었을까요?

1990년대만 하더라도 클라우드는커녕 플래시 메모리도 없었습니다. 플로피디스크(Floppy

disk)에 저장을 하던 시절이었지요. 당시 플로피디스켓의 저장용량은 1.2MB 또는 1.44MB였습니다. 물론 처음부터 플로피디스켓이 이만큼 대용량(?)인 건 아니었어요. 1971년 IBM에서 최초로 시판한 플로피디스켓의 용량은 79.7KB에 불과했습니다.

더 거슬러 올라가, 1960년대에는 파일을 과연 어떤 방법으로 저장했을까요? 아래의 사진은 1964년 미국국립의학도서관이 운영한 MEDLARS입니다. 두드러지게 눈에 띄는 게 있지요? 네, 그렇습니다. 1960년대69)만 하더라도 대표적인 저장매체는 자기테이프였습니다. 자기테이프(Magnetic tape)는 1928년에 독일의 프리츠 플로이머(Fritz Pfleumer)가 발명하여 주로 음원기록매체로 사용되다가 1951년에 컴퓨터 파일 저장매체로 도입되어 현재까지도 백업장치로 널리 사용되고 있습니다.

LC의 아브람은 자기테이프를 기저로 하여 MARC을 개발하였습니다.70) 물론 당시에 하드디스크가 아예 없었던 건 아닙니다. 1956년에 IBM 305 RAMAC71)가 출시된 이래 하드디스크가 보급되긴 했습니다만, 상당히 비쌌기 때문에 그나마 저렴한(?) 자기테이프가 저장매체로 널리 사용된 것이지요. 저렴하다고는 하나 그래도 만만치 않은 비용이었습니다. 가령 비싼 돈 주고 구입한 아파트에 쓸모없는 공간이 많다면 얼마나 아깝겠습니까? 마찬가지로 저장매체 비용을 한푼이라도 아끼기 위해서라도 자기테이프에 저장할 때에 레코드와 레코드 사이, 필드와 필드 사이에 데이터의 공백(빈칸으로 처리되는 데 따른 용량의 손실)을 줄이기 위해 가변길이 방식을 채택한 것이랍니다.

한편으로 MARC이 자기테이프를 저장매체로 고려했다는 점은 애초에는 자료의 검색을 위한 목적이 없었다는 것을 방증합니다. 자기테이프는 데이터를 순서대로 저장하고 이를 불러오기 위해 순차 접근(Sequential Access)만 가능한 기억장치입니다. 특정 위치에 저장된 데이터를 찾아내려면 테이프를 처음부터 끝까지 재생해야 하므로 현실적으로 검색이 힘듭니다.

---

69) 당시에는 하드웨어의 덩치가 커서 컴퓨터(computer)보다 계산기계(computing machine) 또는 기계(machine)라는 용어를 더 많이 썼습니다. MARC의 MA가 'MAchine'에서 따온 두문자인 까닭입니다. 본디 컴퓨터는 계산하는 사람(one who computes)을 지칭했던 단어로, 예컨대 영화 『히든 피겨스』에서는 수학공식으로 비행궤도나 착륙지점을 손수 계산하던 NASA의 직원을 'computer'라 부르는 장면이 나옵니다.
70) 참고로, 1969년 3월부터 시행한 MARC 배포 서비스는 자기테이프 1개에 약 1,000건의 레코드를 수록하여 1주일 단위로 각 도서관에 배포하는 방식이었습니다.
71) 무려 1톤의 무게를 가진 이 장치의 저장용량은 5MB였습니다.

반면 하드디스크 기억장치의 데이터는 순서에 상관없이 개별적으로 저장되고 임의 접근(Random Access)이 가능하므로 정보의 구조적 검색이 용이합니다. 따라서 하드디스크가 보편화된 이후에야 MARC은 검색의 목적으로 그 활용범위를 넓힐 수 있게 되었습니다.

가변길이필드를 도입한 세 번째 이유는, 속성정보를 가질 수도 있고 갖고 있지 않을 수도 있는 복잡한 환경에서는 가변길이 방식이 고정길이 방식에 비해 작업능률이 훨씬 뛰어나기 때문입니다.

잡화점에서 물건을 판매한다고 가정해보겠습니다. 어느 손님이 500원짜리 물건 6개를 갖고 와서 1만원권 지폐를 내밀었습니다. 얼마를 거슬러줘야 할까요? 대부분은 "500원 × 6개 = 3,000원이니, 10,000원 - 3,000원 = 7,000원"이라고 답할 겁니다. 다만 이 계산 방법은 구구단을 숙지하고 있는 사람만 가능합니다. 만약 구구단을 아직 외우지 못하는 사람이라면 "500원 + 500원 + 500원 + 500원 + 500원 + 500원 = 3,000원"으로 계산하거나 또는 구구단표를 보고 5×6 또는 6×5의 값을 확인해야 할 것입니다.

어릴 적에 구구단(곱셈구구)을 암기하기 위해 오랜 시간 고생했지만 그 당시 억지로라도 외웠기 때문에 구구단표를 따로 갖고 다닐 필요가 없잖아요.

KORMARC을 예로 들면 200여 종류의 가변길이필드가 있습니다. 만약 가변길이가 아니고 고정길이필드라 가정해볼까요? 200여 개의 필드(표시기호)를 종이에 한 줄씩 나열하면 A4용지 5매의 분량이 됩니다. 즉, 사용할 필드와 사용하지 않는 필드를 각각 O와 X로 간단히 표기한다고 가정하더라도 편목대상자료 1건당 5매씩의 체크리스트가 필요합니다.

```
001  제어번호                      [    ]
003  제어번호 식별기호              [    ]
005  최종 처리일시                  [    ]
006  부호화정보필드-부가적 자료특성  [    ]
007  형태기술필드                   [    ]
008  부호화정보필드                 [    ]
010  미국국회도서관 제어번호         [    ]
012  국립중앙도서관 제어번호         [    ]
013  특허제어번호                   [    ]
015  국가서지번호                   [    ]
```

```
876  개별자료 식별정보- 기본서지자료  [    ]
877  개별자료 식별정보- 부록          [    ]
878  개별자료 식별정보- 색인          [    ]
886  외국 MARC 정보 필드             [    ]
887  MARC가 아닌 필드 정보           [    ]
890  미입력문자표시                  [    ]
```

그러나, 다음의 예시 그림과 같이 편목대상자료에 사용할 필드만 기재(사용하지 않을 필드는 기재할 필요가 없으므로)하는 방식이라면 굳이 종이 5매의 체크리스트가 필요하지 않고, 빈 종이 1매만 있어도 충분합니다. 불필요한 필드가 눈에 띄지 않기 때문에 시각적으로도 훨씬 간명합니다. 이제 왜 가변길이필드가 고정길이필드보다 우수한 방식인지 이해되겠지요?

```
001  제어번호
003  제어번호 식별기호
005  최종 처리일시
007  형태기술필드
008  부호화정보필드
020  국제표준도서번호
245  표제와 책임표시사항
246  여러 형태의 표제
250  판사항
260  발행, 배포, 간사사항
300  형태사항
500  일반주기
504  서지 등 주기
653  비통제 색인어
700  부출표목 - 개인명
950  로컬정보 - 가격
```

'체크리스트 = 고정길이필드, 빈 종이 = 가변길이필드'로 단순화시켰는데, 아직 MARC에 익숙하지 않은 초심자의 경우 빈 종이에 새로 쓰는 것보다는 체크리스트에 '예, 아니오'로 기재하는 방식이 더 도움이 될 수 있습니다. 그렇지만 조금만 숙달하게 되면 빈 종이에 쓰는 방식이 훨씬 더 편리하다고 느끼게 될 것입니다. 처음에 구구단을 외우기는 어렵지만, 외운 이후에는 평생토록 편하게 곱셈할 수 있는 것처럼 말이지요. MARC이 가변길이필드를 도입한 마지막 이유가 바로 여기에 있습니다.

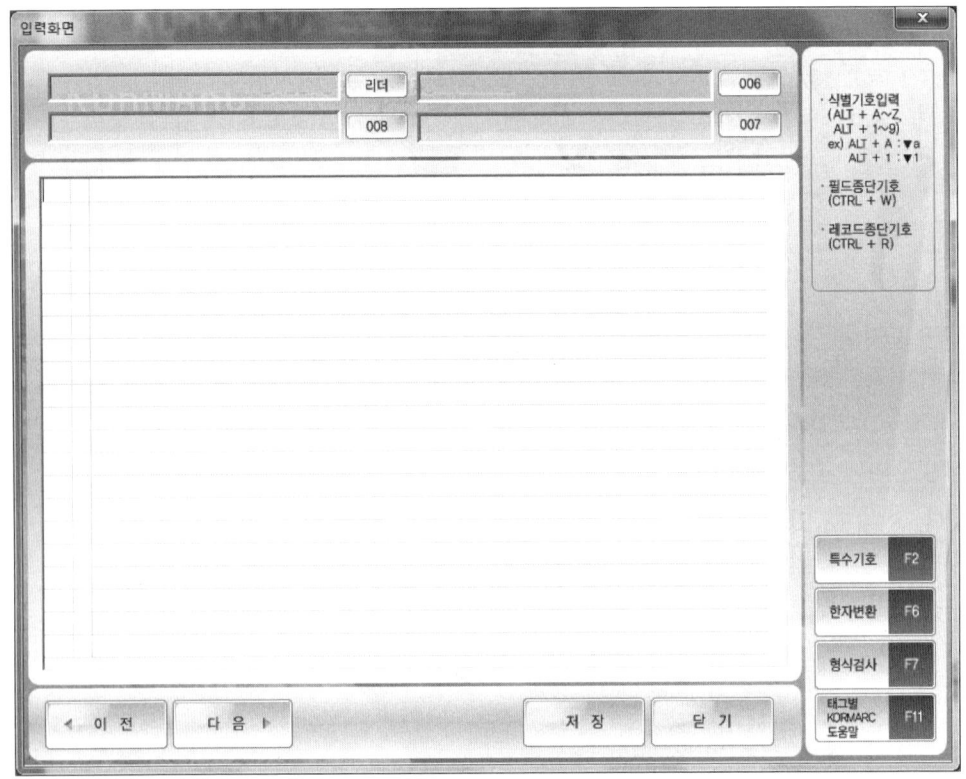

[MARC 입력화면은 마치 빈 종이와 같습니다]

끝으로, 초심자의 경우 MARC의 방대한(?) 분량에 지레 겁을 먹고 이걸 언제 다 외우나 한숨부터 내쉴 수 있을텐데 결론부터 말씀드리면, 처음부터 모든 내용을 외우지 못하거니와 일부러 외울 필요도 없습니다. 난다긴다하는 EXCEL의 고수들이 모든 함수를 외우지 못하듯이 베테랑 편목사서들도 MARC의 모든 필드를 외우지는 못합니다. 자주 사용함으로써 자연스럽게 외워진다고 생각하십시오. 다만 표제와 책임표시사항(245, 246), 판사항(250), 발행사항(260), 형태사항(300), 총서사항(490), 부출표목(700, 710) 등 저록의 뼈대를 이루는 기초적인 필드는 되도록 암기해두는 편이 좋습니다.

요점정리

- MARC(기계가독목록형식)이란 컴퓨터가 읽을 수 있는 목록의 형식을 말한다.
- MARC은 도서관 간의 목록데이터 공유를 위해 비롯되었다.
- 카드형목록의 대량인쇄 목적으로 개발했으나 애초부터 검색을 지원하기 위한 것은 아니었다.
- 1건의 카드형목록은 1건의 MARC 레코드로 저장된다.
- MARC은 자기테이프를 저장매체로 고려하여 빈 공간, 즉 저장용량을 최소화하기 위해 가변길이필드를 적용하였다.
- MARC의 구조는 리더, 디렉토리, 가변길이필드로 구성된다.
- 리더는 컴퓨터가 MARC 레코드를 처리하기 위한 24자리의 부호값으로 구성된다.
- 디렉토리는 표시기호 + 필드시작위치 + 필드길이로 구성되며, 가변길이 구조를 결정한다.
- 가변길이필드는 지시기호 + 식별기호와 데이터요소 + 필드종단기호로 구성된다.

5.2 서지레코드의 기능상 요건(FRBR)이란 무엇인가

국제도서관협회연맹(IFLA)에서 일련의 ISBD 규칙을 발표한 이후, 다양한 매체의 등장, 서지레코드 활용방법의 발전, 서지레코드에 대한 이용자의 다양한 요구 등 도서관을 둘러싼 환경이 크게 변화함에 따라 1990년 스톡홀름에서 개최된 회의에서 서지제어용 도구의 개정 필요성에 의견을 모았습니다. 이 회의에서 편목 비용의 최소화에 대한 논의를 통해 최소수준(minimal level)으로 목록을 작성하기 위한 9가지 수준을 결정하였고, 서지레코드가 수행해야 할 기능에 대한 연구에 착수합니다.72) 그 결과물로서 1998년에 **서지 레코드의 기능상 요건(Functional Requirements for Bibliographic Records; FRBR)**을 발표하였습니다.

편목규칙(AACR, KCR, RDA 등)이나 MARC(MARC21, KORMARC 등)도 그 개념을 알듯 말듯 한데 FRBR은 도대체 뭘까요? 이 세 가지의 관계를 간략히 정의하자면,

FRBR은 목록이 제 기능을 하려면 어떤 요건을 갖추어야 하는가에 대한 모델을 만들어놓은 것이고, 편목규칙은 표준화된 목록을 만들 수 있도록 서지요소의 종류와 순서, 기술방법, 접근점의 선정과 형식에 대한 기준을 마련해놓은 것이며, MARC은 편목규칙에 따라 만든 목록을 모니터 화면으로 출력하고 정교한 검색을 지원하기 위해 컴퓨터가 읽을 수 있도록 인코딩(encoding)한 포맷을 말합니다.

이를 음식으로 비유하자면, FRBR은 음식점을 차리면서 "백반을 제공하기 위해 밥, 국, 반찬이 필요하다"며 나름대로 구상한 메뉴이고, 편목규칙은 똑같은 재료를 갖고 누가 조리하더라도 표준화된-비주얼과 맛을 가진-음식을 만들 수 있도록 하기 위한 레시피이며, MARC은-레시피에 따라-완성된 음식을 담는 그

---

72) 당시 회의의 주된 이슈는 '서지레코드의 품질 제고'와 '비용 최소화' 간의 대립을 절충하는 방안이었습니다. 주지하다시피 품질과 비용은 반비례의 관계를 가집니다. 목록의 품질을 높이려면 자연스럽게 편목 비용이 상승되며, 비용을 절감하려면 상대적으로 품질이 낮아지기 마련입니다. FRBR은 최소한의 비용으로 최대한의 품질이 보장되는 가성비(?) 좋은 목록을 확보하기 위한 노력의 산물이라고 해도 과언은 아닙니다.

릇의 한 종류입니다. 밥은 공기에, 국은 대접에, 생선구이는 접시에 담았을 때 가장 편리하게 먹을 수 있듯이, 과거에는 목록을 카드라는 그릇에 담았던 적도 있지만 현재는 컴퓨터라는 그릇에 담는 것이 가장 편리합니다.

FRBR은 본디 "이용자의 요구를 충족시키기 위해 서지레코드는 어떤 데이터 요소를 포함해야 하는가?", "이용자들의 내용적·물리적 접근을 지원하기 위해 서지데이터는 어떻게 구조화되어야 하는가?" 라는 두 가지의 근본적인 질문에서 시작하였습니다. 이에 따라 기능적 관점에서 FRBR은 두 가지의 목적을 갖게 되었습니다. 첫째는 서지레코드에 수록된 데이터를 레코드 이용자의 요구와 관련짓기 위해 분명하게 정의되고 구조화된 틀을 제공하는 것입니다. 둘째는 국가서지기관이 작성한 레코드에 대한 최소수준의 기능적 권고안입니다. FRBR에서 서지레코드는 '도서관목록과 국가서지에 수록된 개체와 관련된 데이터의 집합'으로 정의되며, 이 데이터 집합은 다음의 다섯 가지 요소들을 포함합니다.

- ISBD에서 규정한 기술데이터 요소들
- 개인, 단체, 표제, 주제명 등 표목으로 사용된 데이터 요소들
- 분류기호 등의 레코드 파일을 조직하기 위해 사용된 기타 데이터 요소들
- 초록이나 요약과 같은 주석
- 입수번호 및 청구기호와 같이 도서관 장서에 특정하게 붙여진 데이터 요소들

그리고, 이용자의 과업(user tasks)과 관련하여 FRBR이 정의하고 있는 서지레코드가 갖추어야 할 기능들은 다음과 같습니다.

- 이용자가 진술한 탐색기준에 맞는 자료를 탐색(find)하기 위하여 데이터를 사용합니다. 예를 들면, 특정 주제에 관한 모든 문헌을 탐색하거나 특정한 표제로 발매된 녹음자료를 탐색할 수 있어야 합니다.
- 개체를 식별(identify)하기 위하여 검색된 데이터를 사용합니다. 예를 들면, 이용자가 찾는 문헌과 레코드에 기술된 문헌의 일치여부를 확인하거나 동일한 표제를 가진 두 가지 텍스트 또는 녹음자료 간을 구분할 수 있어야 합니다.
- 이용자 요구에 적합한 개체를 선정(select)하기 위하여 데이터를 사용합니다. 예를 들면, 이용자가 이해할 수 있는 언어로 작성된 텍스트를 선정하거나 이용자가 이용할 수 있는 하드웨어 및 운영체

제와 호환성을 지닌 컴퓨터 프로그램의 버전을 선정할 수 있어야 합니다.
- 기술된 개체를 획득(obtain)[73]하거나 개체에 접근하기 위하여 데이터를 사용합니다. 예를 들면, 출판물의 구입을 위하여 주문하거나, 도서관 장서로 소장된 도서에 대해 대출신청을 하거나, 원격컴퓨터에 저장된 전자문서에 온라인으로 접근할 수 있어야 합니다.

FRBR은 사람이 탐색하는 것이기보다는 컴퓨터가 서지레코드를 탐색하기 위한 모형이라 할 수 있습니다. 즉, FRBR은 컴퓨터가 목록을 탐색하여 계층적인 순서로 제시할 수 있도록 개발한 서지세계를 위한 개념적 모형(conceptual model for bibliographic universe)입니다. 이 모형은 서지레코드의 요소들과 이용자 요구와의 관계 및 기능요건을 제시하기 위한 하나의 틀입니다. FRBR에서 특히 핵심이 되는 부분은 데이터베이스를 설계할 때 자주 사용되는 개체-관계(Entity-Relationship) 분석기법을 사용하였다는 점입니다.

따라서 FRBR을 이해하기 위해서는 개체-관계 모델을 먼저 이해해야 합니다.

데이터의 체계는 현실 세계, 개념 세계, 컴퓨터 세계의 3가지로 구분할 수 있습니다. 현실 세계(real world)는 인간이 오관(五官)을 통해 감지할 수 있는 실체를, 개념 세계(conceptual world)는 현실 세계에 존재하는 실체의 의미로부터 얻은 개념을, 컴퓨터 세계(computer world)는 개념 세계를 컴퓨터가 처리할 수 있는 데이터로 표현하는 것을 말합니다.

인간의 이해를 돕기 위해 현실 세계에 대한 인식을 추상적 개념으로 표현하는 과정을 정보 모델링(information modeling)이라 하며, 개념 세계의 정보 구조를 컴퓨터 세계의 환경에 맞도록 변환하는 과정을 **데이터 모델링**(data modeling)이라 합니다. 데이터 모델링의 가장 대표적인 방법은, 속성들로 기술된 개체와 이 개체들 간의 관계를 이용하여 현실 세계를 표현하는 개체-관계 모델입니다. 바꿔 말하면, 개체-관계 모델이란 개체, 속성, 관계를 기본으로 현실 세계를 개념적으로 표현하는 방법입니다.

대학의 학사관리시스템을 예로 들면, 학사를 구성하는 요소들을 다음과 같이 몇 가지로 정리할 수 있을 겁니다.

---

73) 참고로, obtain은 '확보' 또는 '입수'라고 번역되기도 합니다.

- 학생 : 학번, 학과, 성명
- 교수 : 직번, 학과, 성명
- 강좌 : 과목번호, 과목명, 학점

이렇게 보통의 언어로 표현된 것은 한눈으로 알아보기 쉽지 않을뿐더러 각 요소들끼리 서로 복잡한 관계를 갖고 있기 때문에 이해하기 어렵습니다. 이런 어려움을 해결하기 위한 형식화된 방법 중의 하나가 **개체-관계 모델**입니다. 이 모델을 시각적으로 표현하는 방법을 개체-관계 다이어그램이라 합니다. 다이어그램에서 사각형은 개체 타입을, 다이아몬드형은 개체와 개체 간의 관계를, 그리고 타원형은 속성을 표현합니다.

개체(entity)란 어떤 의미를 나타내며 독립적으로 존재하면서 서로 분별할 수 있는 대상을 뜻합니다. 개체는 학생, 교수 등과 같이 물리적으로 존재하는 대상일 수도 있고 강의, 학과 등과 같이 개념적으로 존재할 수도 있습니다. 물리적이든 개념적이든 간에 하나의 개체는 고유한 특성을 가지는데 그것을 개체의 속성(attribute)이라고 합니다. 예컨대 학생 개체와 그 속성을 다이어그램으로 표현하면 다음과 같습니다.

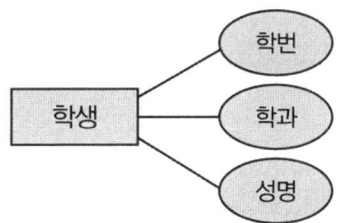

관계(relationship)는 개체들 간의 연관을 통해 의미를 표현하는 것을 말합니다. 데이터들이 서로 관련되어 있고 그 대상들이 개체일 경우에는 이들 개체들 간에 관계를 정의할 수 있습니다. 예컨대 학생은 강좌에 대해 '수강한다' 라는 관계를 가지며, 교수는 강좌에 대해 '강의한다' 라는 관계를 가집니다. 이 개체-관계를 다이어그램으로 다음의 그림과 같이 표현할 수 있습니다.

개체와 마찬가지로 관계에 대해서도 속성을 부여할 수 있는데, 학생이 강좌와 수강이라는 관계를 가진다고 가정할 때 수강은 그 학생의 성적을 속성으로 갖게 될 것입니다. 이 성적이

라는 속성은 학생이 어떤 강좌를 수강하는 경우에만 정의할 수 있으므로 수강 관계의 속성이 될 수 있으며, 이를 다이어그램으로 표현하면 다음과 같습니다.

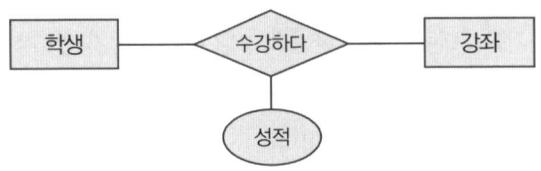

이렇게 학생, 교수, 강좌의 각 개체의 속성 및 관계를 치밀하지는 않지만 다음과 같은 다이어그램으로 종합적으로 표현할 수 있습니다.

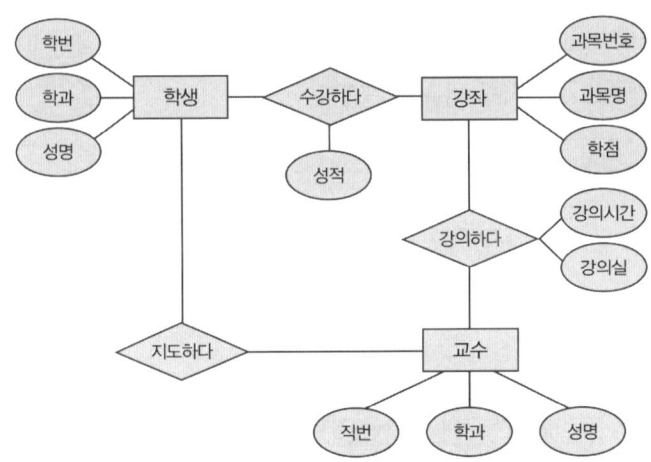

다른 예를 들어보겠습니다. 은행과 고객이라는 개체는 어떤 관계를 가질까요? 여유 자금이 있는 고객은 은행과 '저축'이라는 관계를 가질 것이고, 자금을 필요로 하는 고객의 처지에서는 은행과 '대출'이라는 관계를 가질 것입니다. 병원에서는 어떨까요. 환자는 원무과와 '접수'와 '수납'이라는 관계를 가질 것이고, 의사와는 '진료'라는 관계를 가질 것입니다. 은행시스템이든 병원시스템이든 오늘날의 정보시스템은 이러한 개체–관계 모델을 적용하여 개발되는 것이 대부분입니다. 물론 도서관시스템도 마찬가지로 자료, 사서, 이용자 등의 개체와 그 관계들을 토대로 개발됩니다.

FRBR은 도서관자료를 대상으로 다양하게 파생되는 개체와 그 관계를 분석하기 위해 개체-관계 모델을 적용했습니다.74) 우리가 그동안 혼용하던 '문헌' 또는 '자료'에 대해 FRBR은 4가지로 개념화하여 이를 저작, 표현형, 구현형, 개별자료라는 새로운 명칭을 부여하였습니다. 그리고 자료를 이루는 가장 기본적인 요소를 저작(work)으로 규정합니다.

과거에는 도서관자료를 조직할 때 자료 그 자체를 대상으로 하였습니다. 가령 도서라는 형태의 자료가 있다면 도서 그 자체를 편목의 대상으로 본 것이지요. 그러다 코페르니쿠스의 태양중심설(지동설) 못지않은 패러다임의 전환이 일어납니다. 그 주인공은 파니치(Sir Anthony Panizzi)였습니다. 파니치는 도서(book)와 저작(work)을 구분했습니다. 그는 도서란 물리적인 판이며, 저작은 도서 속에 부호화되어 있는 지적 자산이라고 보았습니다. 이런 구분은 편목에 중요한 개념적 도약을 가져왔습니다.

파니치는 도서관 서가라는 실제의 공간에 흩어져 있는 자료 중에서 연관성이 있는 자료들을 가상의 공간에 모아서 제시해줌으로써 이용자로 하여금 원하는 자료에 효과적으로 접근하도록 돕는 것이 목록의 목적이라고 주장했습니다. 자료를 물리적 요소와 지적 요소로 구분한 것은 마치 인간을 육신과 영혼으로 구분한 것처럼 획기적인 발상이었습니다. 그전까지는 저작(work)과 판(edition), 개별자료(item)라는 개념을 크게 구별하지 않았거든요. 현재의 일상생활에서도 실제로는 여러 가지 의미로 도서(book)로 통칭하는 경향이 있습니다. 예컨대 종이로 제본된 물리적인 사물을 설명하기 위해 도서(book)라고 말하기도 하지만, 영어권 국가에서는 문을 열 때 사용하는 버팀대나 책상다리의 버팀대에 대해서 언급할 때에도 'book'이라는 단어를 가끔 사용합니다. 또한 서점에서 책을 살 때에는 출판물(publication)의 의미로도 사용합니다. FRBR은 이것을 구현형(manifestation)이라고 규정합니다. 우리가 도서(book)에 대해 말할 때 그 책의 번역자가 누구인가에 따라 서로 다른 텍스트로 된 것이라는 의미를 가질 수 있습니다. FRBR은 이것을 표현형(expression)이라고 부릅니다. 우리가 도서(book)에 대해 말할 때 그 책을 누가 썼는가에 따라 더 높은 수준에서 추상적인 개념과 모든 언어의 버전에 기초한 개념적인 내용(content), 도서가 말해주는 스토리, 책에 대한 개인의 생각을 의미할 수 있습니다. FRBR에서는 이것을 저작(work)이라고 부릅니다.

설명이 좀 어렵지요? 실은 외국자료75)를 발췌한 것이어서 더 어렵게 느껴질 수 있을 겁니다. 더 간단히 예를 들어 설명해볼게요. 제가 소설을 한편 구상했습니다. 미완성 상태가 아니

---

74) 다만 FRBR은 하나의 참조 모델이지 데이터 모델은 아닙니다.
75) http://www.loc.gov/catdir/cpso/WhatIsFRBR_Korean.pdf

라 머릿속으로는 완전한 작품을 한편 써둔 것이지요. FRBR은 이것을 **저작**(work)이라 합니다. 즉, 저작은 추상적인 상태입니다. 소설을 남이 읽을 수 있도록 하려면 글로 써야겠죠. 원고지에 손으로 쓰거나 컴퓨터의 워드프로세서로 쓸 수 있습니다. 아무튼 저는 제 머릿속의 추상적인 저작을 외부로 표현하기 위해 제가 구상한 소설을 원고로 다 썼습니다. FRBR은 이것을 **표현형**(expression)이라 하며 이것 역시 실체가 없는 추상적 개체입니다. 그리고는 남들이 제 소설을 구해 읽을 수 있도록 책으로 출판했습니다. 종이책이라는 물리적 형태로 구현한 것이죠. FRBR은 이것을 **구현형**(manifestation)이라 합니다. 근데 요즘은 전자책으로도 출판할 수 있습니다. 만약 제 소설을 종이책으로도 출판하고 전자책으로도 동시에 출판했다면 2개의 구현형이 생긴 셈입니다. 저작과 표현형은 동일하지만 구현형은 여러 개가 될 수 있다는 뜻입니다. 한편, 출판한 책을 제 친구에게 선물했습니다. 그러면 친구가 입수한 제 소설책은 그 친구에게 아이템(**개별자료**; item)이 됩니다. 또한 제 소설책을 어느 도서관에서 구입하였다면 그 도서관에서 제 소설책은 개별자료가 됩니다. 이러한 저작, 표현형, 구현형, 개별자료의 4가지 개체를 가리켜 FRBR에서는 제1집단이라고 칭합니다.

책이 아닌 음악으로 예를 들어보겠습니다. 제가 대중가요 한 곡을 제 머릿속으로 작곡했습니다. FRBR은 이것을 저작이라 합니다.76) 제 곡을 연주하고 가창할 수 있도록 악보로 그렸습니다. FRBR은 이것을 표현형이라 합니다. 제 곡을 대중들에게 알리기 위해 연주하고 가창한 것을 녹음하여 mp3 음원으로 제작했습니다. FRBR은 이것을 구현형이라 합니다.77) 즉, 일반 대중이 공식적으로 접할 수 있는 상태가 구현형이라 이해하면 되겠습니다. 그리고 제 곡을 구입한 사람에게 그 음원은 개별자료가 됩니다.

더 짧게 요약해볼까요. 지적·예술적인 창작물을 저작이라 합니다. 그 창작물을 글, 음성, 영상 등으로 실현한 것을 표현형이라 합니다. 표현형을 대중에게 널리 보급하기 위해 물리적 매체로 제작한 것을 구현형이라 합니다. 구현형을 누군가 소유하게 되었을 때 개별자료가 됩니다.

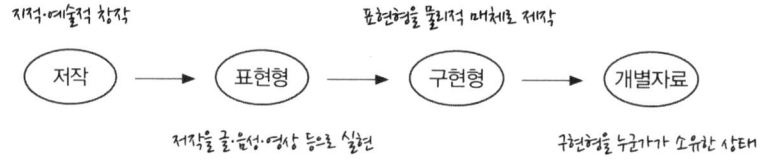

---

76) 다만 몇 마디 수준의 멜로디를 떠올린 게 아니라 머릿속으로 완전한 한 곡을 써둔 상태여야 저작이라 볼 수 있겠죠.
77) 음원이 아닌 CD로도 제작할 수 있겠죠. 그러면 저작과 표현형은 동일하지만 mp3 파일과 CD라는 각기 다른 형태의 구현형으로 만들 수 있는 셈입니다.

우리가 통상적으로 접할 수 있는 자료는, FRBR의 개체로 말하자면, 대부분 구현형입니다. 서점에 가보면 같은 책이 수십 권 쌓여 있지요. 그렇게 일반적으로 출판된 책은 곧 구현형이라 보면 틀림이 없습니다. 그 책 중에 한 권을 구입했다면, 그 한 권은 나의 개별자료가 됩니다. 도서관이 두 권을 구입했다면 그 두 권은 도서관의 개별자료가 됩니다. 다만 그 두 권의 책이 도서관의 처지에서는 개별자료 상태이지만 실제로 그 책은 내가 구입한 책이나 서점에 아직 남아 있는 책이나 사실상 똑같은 책입니다. 소유 관계만 달라졌을 뿐 책의 내용이 바뀌는 게 아니잖아요. 그러니 도서관에서 그 두 권의 책을 편목할 때에는 구현형이라 간주합니다. 조금 전에 '과거에는 도서관자료를 조직할 때 자료 그 자체를 대상으로 하였다'고 했는데, FRBR의 개념으로 접근한다면 도서관에서는 전통적으로 모든 자료를 구현형으로 간주하여 편목한 셈입니다.

기존의 목록이 아래 그림처럼 도서관자료 중에서 이용자가 원하는 자료를 찾을 수 있도록 하는 것을 목적으로 한 평면적 구조를 가진다면,

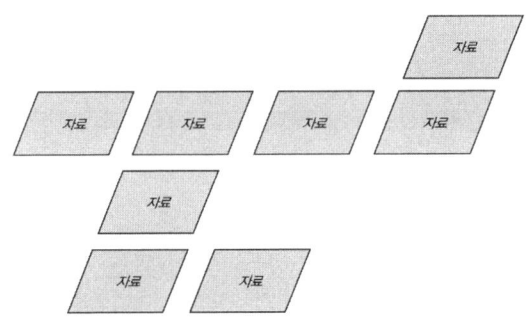

FRBR은 아래 그림처럼 저작을 중심으로 도서관자료 간의 서지적 관계를 명확하게 나타내는 것을 목적으로 하는 다면적 구조를 제시합니다.

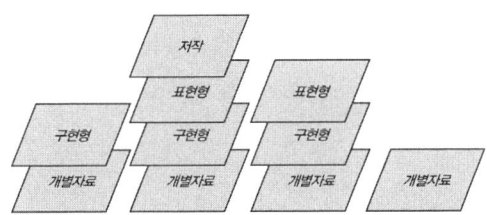

FRBR이 굳이 4가지의 계층구조로 세분한 이유는 도서관자료를 저작 단위로 관리하기 위해서입니다. 물론 지금까지 저작 단위로 모으려는 노력을 게을리 했던 건 아닙니다. 통일표목이나 참조와 같은 전거제어는 도서관자료를 저작 단위로 집중하려는 노력의 일환이었거든요. 하지만 전거제어는 한계를 극복하려는 임시방편이지 근원적으로 해결할 수 있는 수단은 아니었습니다. 예를 들어 『로미오와 줄리엣』이라는 저작을 봅시다. 세익스피어의 이 작품은 영어로 발표되었지만 한국어를 비롯한 수많은 언어로 번역되었고, 소설이나 영화로도 개작된 바 있습니다. 가령 영어로 된 로미오와 줄리엣 도서와 한국어로 된 로미오와 줄리엣 도서는 FRBR에서는 서로 다른 구현형이지만 같은 저작을 모태로 합니다. 목록에서 이 2개의 구현형을 모으는 것은 크게 어렵지 않습니다. 그렇지만 2개가 아니고 20개, 200개라면 관리하기 까다롭겠지요. 이를 해결하고자 '목록을 데이터베이스처럼 관리해보자!' 하여 특별히 설계한 모델이 FRBR입니다. 따라서 FRBR은 세익스피어의 로미오와 줄리엣의 원전(저작)을 맨 위에 올려놓고 우리가 알고 있는 전세계의 모든 로미오와 줄리엣 작품(개체)들 간의 관계를 총정리하여 하나의 계보 내지 족보를 만들어보자는 취지를 갖고 있습니다. FRBR을 완전히 실현한다면 한국어번역서냐 일본어번역서냐와 같은 언어의 문제, 또는 책이냐 영화냐와 같은 매체의 문제와 상관없이 '이탈리아 베로나를 배경으로 금지된 사랑에 빠진 로미오와 줄리엣이라는 이름을 가진 두 사람의 비극적인 이야기'를 다룬 모든 자료는 하나의 족보에 빠짐없이 올릴 수 있게 됩니다.

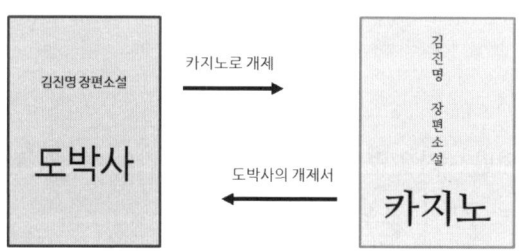

　전통적인 목록에서는 위 두 작품은 참조나 연관저록을 통해 서로를 연결해주는 데 그쳤습니다. 반면 FRBR은 다음의 그림과 같은 족보(?)로 관리합니다.

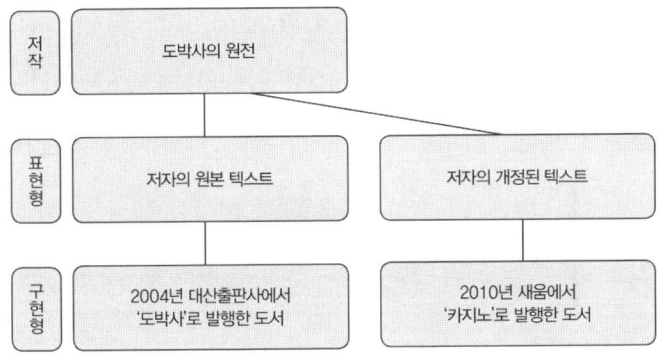

FRBR은 이용자의 관점에서 서지레코드가 수행하는 제 기능을 명확하게 정의된 용어로 기술하고 그 요건을 모델화하여 도식화한 것입니다. 즉 FRBR은 목록 자체를 하나의 데이터베이스 모델로 만들려는 수단이라 볼 수 있습니다. 이를 위해 FRBR에서는 서지적 영역을 대상으로 이용자가 검색할 때 중요하다고 생각되는 10개의 개체를 추출한 후 그것을 3개의 집단으로 나누었습니다. **제1집단**은 지적·예술적 노력의 산물인 4개의 개체 즉 저작, 표현형, 구현형, 개별자료로 구성됩니다. **제2집단**은 제1집단의 지적·예술적 내용, 물리적인 생산·배포·관리에 책임을 지는 2개의 개체 즉 개인, 단체로 구성됩니다. **제3집단**은 지적·예술적 활동의 대상이 되는 주제가 되는 개념, 대상, 사건, 장소의 4개 개체로 구성됩니다.

제1집단	제2집단	제3집단
지적·예술적 노력의 산물	지적·예술적 내용 또는 물리적인 생산·배포·관리에 책임을 가진 대상	저작의 주제
저작(work) 표현형(expression) 구현형(manifestation) 개별자료(item)	개인(person) 단체(corporate body)	개념(concept), 대상(object), 사건(event), 장소(place) 〈제1집단과 제2집단의 개체도 주제가 될 수 있음〉

FRBR 모형의 핵심이 되는 3개 집단 간의 관계를 그림으로 나타내면 다음과 같습니다.[78]

---

78) 도태현. 2014. KCR 제4판 개정판의 구성을 위한 제안. 제51회 전국도서관대회 주제발표논문집. p. 331.

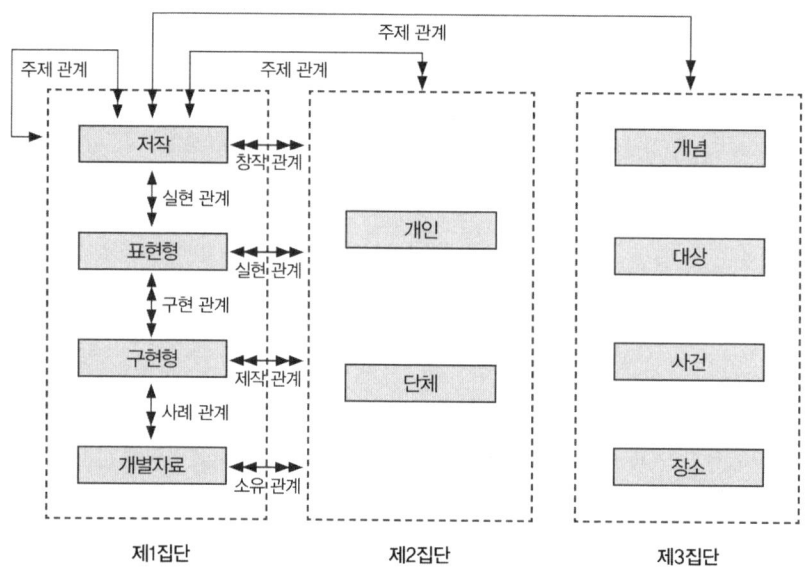

　제1집단은 지적·예술적 노력의 산물인 4개의 개체 즉 저작, 표현형, 구현형, 개별자료로 구성됩니다. 여기서 저작과 표현형은 지적·예술적 내용을 의미하고, 구현형과 개별자료는 물리적인 형태를 나타냅니다.

　FRBR 모형의 핵심인 제1집단을 좀 더 자세하게 살펴보겠습니다.

　저작(work)은 지적·예술적 창조물을 말합니다. 다만 이것은 추상적인 개체로서 문학작품이나 음악작품이 언어나 음성으로 표현되기 이전의 상태를 가리킵니다. 예컨대, 세익스피어의 『햄릿』은 전세계적으로 매우 다양한 판과 많은 포맷이 존재하지만 FRBR에서는 그것들이 모두 햄릿이라는 동일 저작으로 간주됩니다.

　표현형(expression)은 한 저작을 지적·예술적으로 표현한 것으로, 문자/숫자에 의한 표기, 음악 또는 무용의 기보(記譜), 음성, 영상, 실물, 동작 또는 이것들의 조합을 통해 실현된 상태를 말합니다. 편목에서는 표현형을 통해 한 저작의 특정한 실현물이 지닌 지적·예술적 속성을 기술할 수 있으며, 이들 속성 간의 차이를 이용하여 지적·예술적 내용상의 차이를 표현할 수 있습니다.

참고로, 텍스트의 개정 또는 갱신, 언어를 달리한 번역서, 축약이나 증보, 개작이나 편곡, 반주부나 파트보를 추가한 악보, 더빙하거나 자막을 추가한 필름 등은 동일 원작의 상이한 표현형으로 취급됩니다. 다시 말해 지적·예술적 내용이 조금이라도 변경되면 이것은 표현형이 변경된 것으로 봅니다. 다만 유의해야 할 사항은 지적·예술적 노력을 기울여 저작의 내용을 독립적으로 개정한 경우, 즉 특정 저작이 지닌 문학형식이나 예술형식을 다른 형식으로 변경한 개작서, 의역서, 아동용 및 풍자용 개작서, 테마와 관련된 변주곡, 음악 작품에 대한 자유편곡, 초록이나 요약문 등은 새로운 저작으로 취급된다는 점입니다. 다음의 그림은 영화로 개작된 로미오와 줄리엣이 새로운 저작으로 취급된 사례를 나타냅니다.

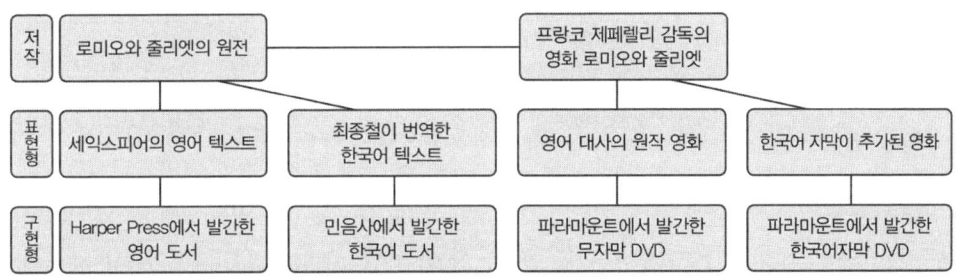

구현형(manifestation)은 추상적인 저작의 표현형이 물리적으로 구체화된 것을 말합니다. 표현형은 원고, 도서, 연속간행물, 지도, 점자, 녹음물, 영화, 웹페이지, CD-ROM, DVD 등과 같은 다양한 물리적 매체에 기록될 수 있습니다. 편목에서 구현형은 자료의 물리적 특성, 제작 및 배포와 관련된 특성을 기술할 수 있으며, 이러한 특성을 통해 이용자에게 그가 원하는 형태적 조건에 맞는 자료를 선정하여 어떤 매체로 정보원을 제공할 수 있는지를 알려주는 기능을 수행합니다. 과거부터 현재까지 대부분의 도서관목록은 이 구현형을 대상으로 만들어진다고 볼 수 있습니다.

개별자료(item)는 구현형의 일례(一例)를 말합니다. 즉, 구현형을 도서관에서 소장하게 되는 하나의 사례입니다. 편목에서 개별자료는 구현형의 사본(寫本)들을 식별하게 하여 이용자에게 그것을 어디서 입수할 수 있는가를 알려주는 기능을 수행합니다.

아래의 도표는 FRBR에서 저작, 표현형, 구현형, 개별자료의 관계를 문학작품인 김진명의 『카지노』를 예로 들어 나타낸 것입니다. 소설 그 자체는 저작이고, 이 저작을 문자로 실현한 것이 표현형이며, 표현형을 책이라는 물리적 매체에 담은 것이 구현형입니다. 2004년에 지은

『도박사』의 내용을 일부 개정하여 2010년에 새로운 표제로 발표한 것이므로 상이한 표현형과 구현형이 됩니다.

```
저작1  김진명의 『도박사』
└ 표현형1-1  이 저자의 원본 텍스트
    └ 구현형1-1-1  2004년 대산출판사에서 『도박사』로 발행한 도서
└ 표현형1-2  개정된 텍스트
    └ 구현형1-2-1  2010년 새움에서 『카지노』로 발행한 도서
```

만약 조세희의 『난장이가 쏘아올린 작은 공』처럼 내용의 개변 없이 단순히 출판사를 바꾸어 발행한 경우라면 아래와 같이 구현형1-1-1에 대한 상이한 구현형1-1-2로 취급됩니다.

```
저작1  조세희의 『난장이가 쏘아올린 작은 공』
└ 표현형1-1  이 작가의 원본 텍스트
    └ 구현형1-1-1  1978년 문학과지성사에서 『난장이가 쏘아올린 작은 공』으로 발행한 도서
    └ 구현형1-1-2  2010년 이성과힘에서 『난장이가 쏘아올린 작은 공』으로 발행한 도서
```

마이클 샌델의 『Justice : What's the Right Thing to Do?』를 이창신이 번역하여 2010년 김영사에서 펴낸 『정의란 무엇인가?』와 김명철이 새로 번역하여 2014년 와이즈베리에서 펴낸 동명의 도서는 아래와 같이 각각 상이한 표현형과 상이한 구현형이 됩니다.

```
저작1  Michael J. Sandel의 『Justice : What's the Right Thing to Do?』
└ 표현형1-1  이 작가의 원본 텍스트
    └ 구현형1-1-1  2009년 Farrar Straus & Giroux에서 『Justice : What's the Right Thing to Do?』로 발행한 도서
└ 표현형1-2  이창신에 의한 한국어 번역 텍스트
    └ 구현형1-2-1  2010년 김영사에서 『정의란 무엇인가』로 발행한 도서
└ 표현형1-3  김명철에 의한 한국어 번역 텍스트
    └ 구현형1-3-1  2014년 와이즈베리에서 『정의란 무엇인가』로 발행한 도서
```

아래의 도표는 무라카미 하루키의 『노르웨이의 숲』를 예로 들어 원작과 번역서, 개작의 관계를 나타낸 것입니다. 한국어, 중국어, 영어 번역 텍스트는 동일 저작의 상이한 표현형이지만, 다른 형식으로 개작된 영화 『노르웨이의 숲』은 독립된 저작으로 취급됩니다. 그리고 원작 영화에 자막을 추가한 것은 상이한 표현형으로 간주되며, 동일한 내용을 담은 상이한 물리적 매체는 상이한 구현형으로 취급됩니다.

```
저작1   무라카미 하루키의 『노르웨이의 숲』
  └ 표현형1-1   이 작가의 원본 텍스트
      └ 구현형1-1-1   1987년에 일본 講談社에서 『ノルウェイの森』으로 발행한 도서
  └ 표현형1-2   노병식에 의한 한국어 번역 텍스트
      └ 구현형1-2-1   1988년에 한국 삼진기획에서 『노르웨이의 숲』으로 발행한 도서
  └ 표현형1-3   林少華에 의한 중국어 번역 텍스트
      └ 구현형1-3-1   1987년에 중국 上海译文出版社에서 『挪威的森林』으로 발행한 도서
  └ 표현형1-4   정성호에 의한 한국어 번역 텍스트
      └ 구현형1-4-1   1989년 한국 성정출판사에서 『개똥벌레 연가』로 발행한 도서
  └ 표현형1-5   유유정에 의한 한국어 번역 텍스트
      └ 구현형1-5-1   1989년에 한국 문학사상사에서 『상실의 시대』로 발행한 도서
  └ 표현형1-6   Jay Rubin에 의한 영어 번역 텍스트
      └ 구현형1-6-1   2000년 미국 Vintage에서 『Norwegian Wood』로 발행한 도서
저작2   Trần Anh Hùng 감독의 영화 『노르웨이의 숲』
  └ 표현형2-1   일본어로 된 원작 영화
      └ 구현형2-1-1   2011년 일본 VAP에서 제작한 DVD
      └ 구현형2-1-2   2011년 일본 VAP에서 제작한 Video-tape
  └ 표현형2-2   한국어 자막이 추가된 원작 영화
      └ 구현형2-2-1   2011년 한국 C사에서 제작한 DVD
      └ 구현형2-2-2   2011년 한국 C사에서 생산한 avi 파일
저작3   이영욱에 의한 '무라카미 하루키(村上春樹)의 『노르웨이의 숲(ノルウェイの森)』론' 연구
  └ 표현형3-1   이영욱의 연구 원본 텍스트
      └ 구현형3-1-1   2008년에 제작한 인쇄형 석사학위논문
      └ 구현형3-1-2   2008년에 제작한 전자형 석사학위논문
```

아래의 도표는 음악작품을 대상으로 저작, 표현형, 구현형, 개별자료의 관계를 나타낸 예시입니다. Ennio Morricone가 영화 『Mission』의 OST를 위해 작곡한 'Gabriel's Oboe'는 다양한 아티스트들에 의해 연주되었습니다. 음악을 기보한 악보와 연주 결과물들은 모두 같은 저작의 상이한 표현형이며, 악보를 발행한 것과 녹음된 연주를 CD나 인터넷과 같은 물리적 매체에 수록하여 배포한 것들은 모두 각 표현형에 대한 상이한 구현형으로 취급됩니다.

```
저작1   Ennio Morricone의 Gabriel's Oboe
  └ 표현형1-1   이 작곡가의 악보
      └ 구현형1-1-1   1995년에 아름출판사에서 발행한 『엔니오 모리꼬네 베스트 콜렉션』
  └ 표현형1-2   David Agnew의 연주
      └ 구현형1-2-1   1986년에 Virgin에서 발매한 LP
      └ 구현형1-2-2   1996년에 EMI에서 발매한 CD
  └ 표현형1-3   Yo-Yo Ma의 연주
      └ 구현형1-3-1   2004년에 Sony에서 발매한 Yo-Yo Ma Plays Ennio Morricone
  └ 표현형1-4   뮌헨방송교향악단의 연주
      └ 구현형1-4-1   2005년에 유튜브에 업로드된 동영상 파일
  └ 표현형1-5   Sarah Brightman의 가사를 포함한 노래
      └ 구현형1-5-1   2006년에 EMI에서 발매한 CD
  └ 표현형1-6   남자의 자격 합창단의 노래
      └ 구현형1-6-1   2010년에 유튜브에 업로드된 동영상 파일
```

그러나 위 사례처럼, 연주곡에 가사를 새롭게 추가하여 부른 노래의 경우 이것을 동일 저작에 대한 상이한 표현형으로 취급해야 할지, 아니면 상이한 저작으로 취급해야 할지에 대한 판단이 모호할 경우가 생깁니다. FRBR에서도 저작의 개념이 추상적이기 때문에 정확한 경계를 규정하기 어렵다는 것을 인정하고 있습니다. 아래의 도표에서도 편곡한 곡들을 상이한 저작으로 취급하였지만 실제적인 경계는 모호합니다.

```
저작1   Johann Pachelbel의 Kanon und Gigue für 3 Violinen mit Generalbaß
  └ 표현형1-1  1791년에 작곡한 악보
      └ 구현형1-1-1  1791년에 발행한 Musicalishe Ergetsung 소나타집
  └ 표현형1-2  1983년에 녹음된 Berliner Philharmoniker의 연주
      └ 구현형1-2-1  1996년에 Universal에서 발매된 CD
저작2   George Winston의 Variations on Canon by Pachelbel
  └ 표현형2-1  1982년에 편곡한 악보
  └ 표현형2-2  1982년에 녹음된 George Winston의 피아노 연주
      └ 구현형2-2-1  1982년에 Dancing Cat Records에서 발매된 LP
      └ 구현형2-2-2  1990년에 Windham Hill Records에서 발매된 CD
저작3   숙명가야금연주단의 Canon 변주곡
  └ 표현형3-1  2006년에 편곡한 악보
  └ 표현형3-2  2006년에 녹음된 숙명가야금연주단의 합주
      └ 구현형3-2-1  2006년에 로엔에서 발매된 CD
      └ 구현형3-2-2  2006년에 유튜브에 업로드된 동영상 파일
저작4   JerryC의 Canon 변주곡
  └ 표현형4-1  2005년에 편곡한 악보
  └ 표현형4-2  2005년에 녹화된 JerryC의 기타 연주
      └ 구현형4-2-1  2005년에 유튜브에 업로드된 동영상 파일
  └ 표현형4-3  2007년에 녹음된 JerryC의 기타 연주
      └ 구현형4-3-1  2007년에 HIM International Music에서 발매된 CD
  └ 표현형4-4  2005년에 녹화된 임정현의 기타 연주
      └ 구현형4-4-1  2005년에 유튜브에 업로드된 동영상 파일
```

모든 저작들이 이렇게 복잡한 구조를 가진다면 얼마나 까다롭겠습니까만은, 선행연구에 따르면 다행스럽게도(?) 모든 도서관자료에 FRBR을 적용할 필요는 없을 듯합니다. OCLC의 WorldCat를 대상으로 한 연구[79]에서 78%의 서지레코드는 한 저작이 하나의 구현형만을 가지고 있다고 보고하였습니다. 국내서를 대상으로 한 연구[80]에서도 82.5%의 서지레코드는 한 저작이 하나의 구현형만을 가지는 단일저작(elemental work)이며 FRBR 모형을 적용할 경우 유용성이 있는 저작은 16.9% 이내일 것으로 예측하였으며, 다만 문학류 및 사회과학류의 경우 복수의 표현형 또는 구현형을 가지는 복잡저작(complex work)의 비율이 다른 주제에 비해 상대적으로 높다고 분석하였습니다.

---

79) Bennett, Rick, Brian F. Lavoie, and Edward T. O'Neill. 2003. The concept of a work in WorldCat an application of FRBR. Dublin, Ohio: OCLC Office of Research.
80) 김정현. 2007. 한국어 서지레코드에 있어 FRBR 모형의 유용성에 관한 연구. 한국문헌정보학회지, 41(4): 295-314.

이제, 개체들 간의 '관계'에 대해 세부적으로 살펴보겠습니다.

제1집단에서 각 개체는 저작을 최상으로 하는 계층을 형성하며, 하나의 저작은 여러 저작들로 구성될 수도 있으며 개체 간에는 일대다(一對多) 또는 다대다(多對多) 관계를 가집니다. 다음의 그림과 같이 하나의 저작은 하나 이상의 표현형으로 실현될 수 있습니다. 반면 표현형은 단 하나의 저작을 실현한 것입니다. 마찬가지로 하나의 표현형은 하나 이상의 구현형으로 구현될 수 있으며, 하나의 구현형은 하나 이상의 개별자료로 사례화될 수 있습니다.

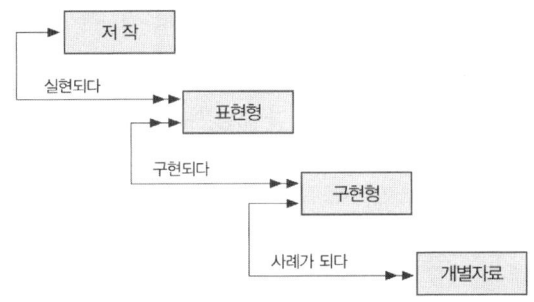

위의 그림을 자세히 보면 화살표의 모양이 조금 다름을 알 수 있습니다. 화살표 1개는 대상이 오직 하나(一)임을, 화살표 2개는 대상이 여럿(多)이 될 수 있음을 가리킵니다. 저작과 표현형은 일대다의 관계로서, 하나의 저작은 여러 개의 표현형을 가질 수 있지만 하나의 표현형은 하나의 저작만을 가진다는 뜻을 나타냅니다. 반면 표현형과 구현형은 다대다의 관계로서, 하나의 표현형은 여러 개의 구현형을 가질 수 있고 하나의 구현형은 여러 개의 표현형을 가질 수 있다는 뜻을 나타냅니다.

제2집단은 제1집단의 지적·예술적 내용, 물리적인 생산·배포·관리에 책임을 지는 **개인**(person), **단체**(corporate body)로 구성됩니다. 즉, 개인 또는 단체는 제1집단의 저작을 창조하고, 표현형을 실현하고, 구현형을 생산하며, 개별자료를 입수하는 기능을 합니다. 여기서 개인이란 저자, 작곡가, 예술가, 편집자, 번역가, 감독, 연기자 등을, 단체는 사람들로 구성된 집단 또는 조직 및 하나의 단위로 행동하는 조직을 뜻합니다.

MARC을 공부한 분이라면 개인 또는 단체라는 용어를 접하고는 "분명 어디서 본 것 같은데 도대체 어디서 봤더라?" 하는 기시감을 느낄 겁니다. 아마 개인명표목(X00), 단체명표목

(X10)에서 봤던 용어라서 그렇습니다. MARC에서 개인과 단체는 주제명표목(600, 610)으로도 사용되긴 하나 주로 책임표시 기술의 용도로 쓰기 때문에 저자성(authorship)의 의미가 강합니다만 FRBR에서 개인과 단체는 창작, 실현, 제작, 소장이라는 더 넓은 용도로 사용됩니다.[81]

아래의 그림은 제2집단의 개체와 제1집단에 속하는 개체 간에 존재하는 **책임**(responsibility) 관계의 유형을 나타낸 것입니다. 여기서는 저작이 1인 이상의 개인 및 하나 이상의 단체에서 창작될 수 있음을 나타내고 있는데, 바꾸어 말하면 개인이나 단체는 하나 이상의 저작을 창작할 수 있음을 뜻합니다. 표현형은 1인 이상의 개인 및 하나 이상의 단체에서 실현될 수 있으며, 특정 개인이나 하나의 단체가 하나 이상의 표현형을 실현할 수 있습니다. 구현형은 1인 이상의 개인 및 하나 이상의 단체에서 제작될 수 있으며, 특정 개인이나 하나의 단체가 하나 이상의 구현형을 제작할 수 있습니다. 개별자료는 1인 이상의 개인 및 하나 이상의 단체에 소장될 수 있으며, 특정 개인이나 하나의 단체가 하나 이상의 개별자료를 소장할 수 있습니다.

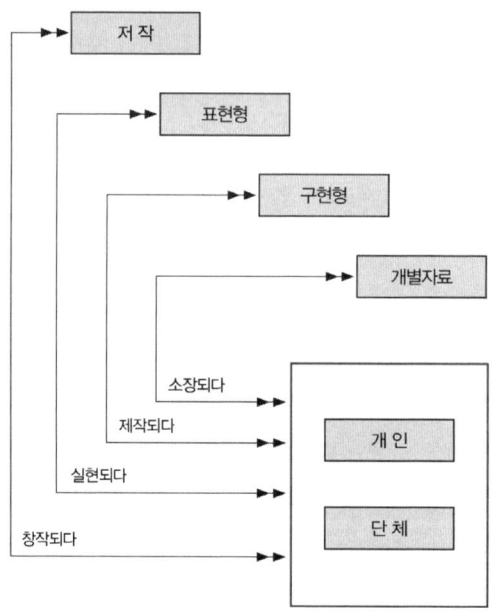

---

81) 개인과 단체는 저작의 주제가 될 수도 있습니다.

대중가요를 창작한다고 가정해보겠습니다. 화살표 2개는 어떤 노래를 개인이 작곡할 수 있고 여러 명이 공동으로 작곡할 수도 있으며, 또한 개인 또는 단체는 한 곡을 작곡할 수도 있고 여러 곡을 작곡할 수도 있다는 뜻을 가리킵니다. 이렇게 창작된 새로운 노래를 FRBR에서는 저작이라 합니다. 그러나 저작은 실체가 없는 추상적인 상태입니다. 눈으로 볼 수 없는 추상적인 상태의 노래를 눈으로 볼 수 있는 악보라는 실체가 있는 상태로 실현한 것을 FRBR에서는 표현형이라 합니다. 화살표 2개는 개인이 실현할 수도 있고 단체가 실현할 수도 있으며, 또한 개인 또는 단체는 한 곡을 악보로 실현할 수도 있고 여러 곡을 악보로 실현할 수도 있다는 뜻을 가리킵니다. 그리고 악보를 바탕으로 우리가 직접 들을 수 있는 음원으로 제작한 것을 FRBR에서는 구현형이라 합니다. 화살표 2개는 개인이 제작할 수도 있고 단체가 제작할 수도 있으며, 또한 개인 또는 단체는 한 곡을 음원으로 제작할 수도 있고 여러 곡을 음원으로 제작할 수도 있다는 뜻을 가리킵니다. 끝으로, 내가 그 음원을 소장할 수도 있고 도서관에서 그 음원을 소장할 수 있는데, 그 음원을 보유하고 있는 상태가 곧 개별자료입니다. 화살표 2개는 개인이 소장할 수도 있고 단체가 소장할 수도 있으며, 또한 개인 또는 단체는 한 음원을 소장할 수도 있고 여러 음원을 소장할 수도 있다는 뜻을 가리킵니다.

제3집단은 지적·예술적 활동의 대상이 되는 주제가 되는 개념, 대상, 사건, 장소의 부차적인 4개 개체로 구성됩니다. **개념**(concept)은 지식분야, 학문분야, 학파, 이론, 기술, 관행 등의 추상적인 개념을 망라하고, **대상**(object)은 생물과 무생물 등 모든 물질적인 것을 망라합니다. **사건**(event)은 역사적인 사건, 시대, 시기 등의 저작의 주제가 될 수 있는 행위나 일어난 일을 모두 망라하고, **장소**(place)는 지구, 우주, 역사적 장소 및 동시대 장소, 지리적 특성 등을 망라합니다.

제1집단, 제2집단, 제3집단의 모든 개체는 저작과 **주제**(subject) 관계로 연결됩니다. 다음의 그림은 제3집단에 속하는 개체와 제1집단에 속하는 저작 개체 간의 주제 관계 유형을 나타낸 것입니다. 여기서는 하나의 저작이 하나 이상의 개념, 대상, 사건, 장소를 주제로 가질 수 있음을 나타낸 것입니다. 바꾸어 말하면 개념, 대상, 사건, 장소는 하나 이상의 저작에서 주제가 될 수 있음을 의미합니다. 또한 이 그림은 저작과 제1집단과 제2집단에 속하는 개체 간의 주제 관계도 나타냅니다. 즉, 저작이 하나 이상의 저작과 표현형, 구현형, 개별자료, 개인 및 단체를 그 주제로 가질 수 있음을 뜻합니다.

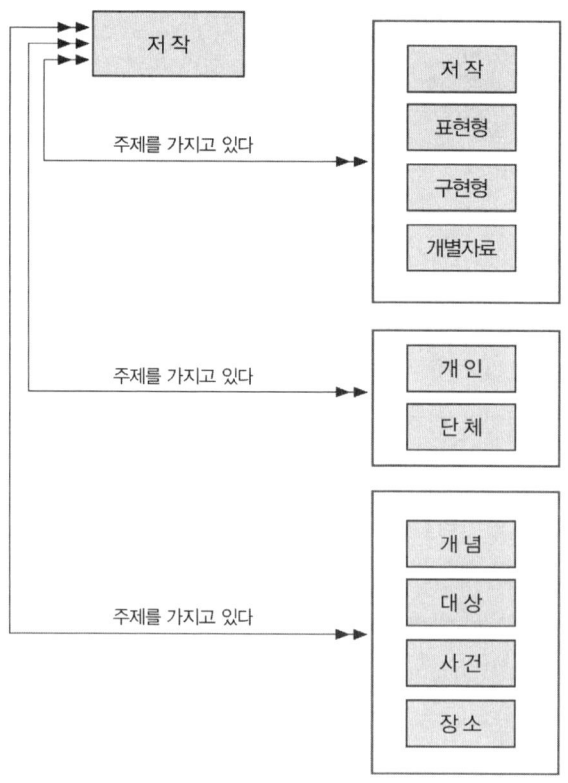

저작이 하나 이상의 주제를 가질 수 있다는 말은 도대체 무슨 의미일까요? 예컨대 아래 그림에서 예시한 자료들은 저작과 제3집단의 주제 관계를 나타냅니다. 앞의 4가지 저작은 각각 경제학이라는 '개념', 연필이라는 '대상', 동학농민전쟁이라는 '사건', 제주도라는 '장소'라는 1개의 주제를 가지고 있음을, 마지막 저작은 동학농민혁명이라는 '사건'과 충청도 예산이라는 '장소'의 2개 이상의 주제를 가지고 있음을 나타냅니다.

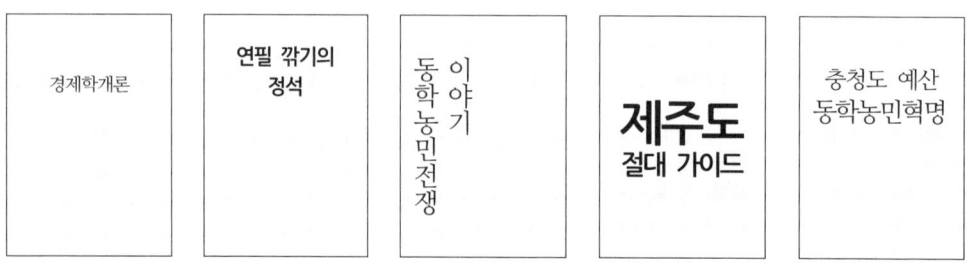

아래 그림에서 예시한 자료들은 저작과 제2집단의 주제 관계를 나타냅니다. 첫 번째 저작은 '여운형'이라는 개인, 두 번째 저작은 '의열단'이라는 단체의 1개 주제를 가지고 있음을 나타냅니다.

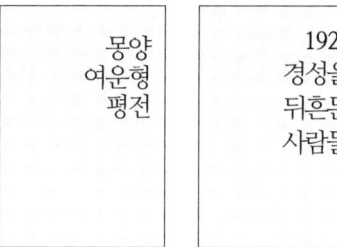

아래 그림에서 예시한 자료들은 저작과 제1집단의 주제 관계를 나타냅니다. 첫 번째 저작은 『금오신화』라는 '저작'을 주제로 하여 작품의 문학적 특질과 그 문학사적 의의를 다루고 있습니다. 두 번째 저작은 저자의 '육필 원고'라는 표현형을, 세 번째 저작은 금오신화의 여러 판본들 중에서 1999년에 발견된 '조선목판본'이라는 특정한 구현형을 주제로 다루었음을 나타냅니다. 네 번째 저작은 하버드대 '옌칭도서관이 소장'하고 있는 한국의 고서들이라는 개별자료를 주제로 가지고 있음을 나타냅니다.

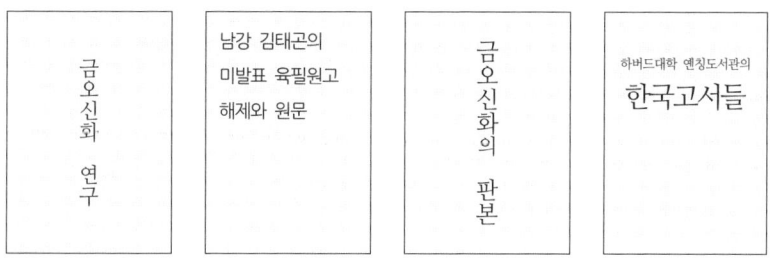

FRBR 모형에서 관계는 개체 간을 연결하기 위한 장치이며, 데이터베이스로 표현된 서지 세계를 항해할 수 있도록 이용자를 도와주는 도구입니다. 이러한 3개 집단 간의 관계는 **제2집단이 주체가 되어 제3집단의 대상으로 작용하면, 그 결과 제1집단의 성과가 생겨나는 것**으로 이루어집니다. 따라서 3개 집단 가운데 제1집단이 정보원 자체를 기술하는 핵심이라 할 수 있습니다.

FRBR 모형은 한 자료에 대해 그 자료와 관련되어 있는 모든 자료들을 하나로 묶을 수 있는 관계형 모형입니다. 따라서 최종 이용자에게 관련자료에 대해 망라적이며 적확(的確)한 검색결과를 제공할 수 있는 것이 FRBR 모형의 가장 큰 장점이라 할 수 있습니다.

한 가지 사례를 살펴보겠습니다. 아래의 그림은 FRBR 기반 프로토타입을 적용한 OCLC WorldCat의 Fiction Finder에서 『Hundraaringen som klev ut genom fonstret och for svann』을 검색한 결과입니다. 보시는 바와 같이 원작뿐만 아니라 번역본 등의 관련 자료들을 한꺼번에 제시해주고 있습니다.

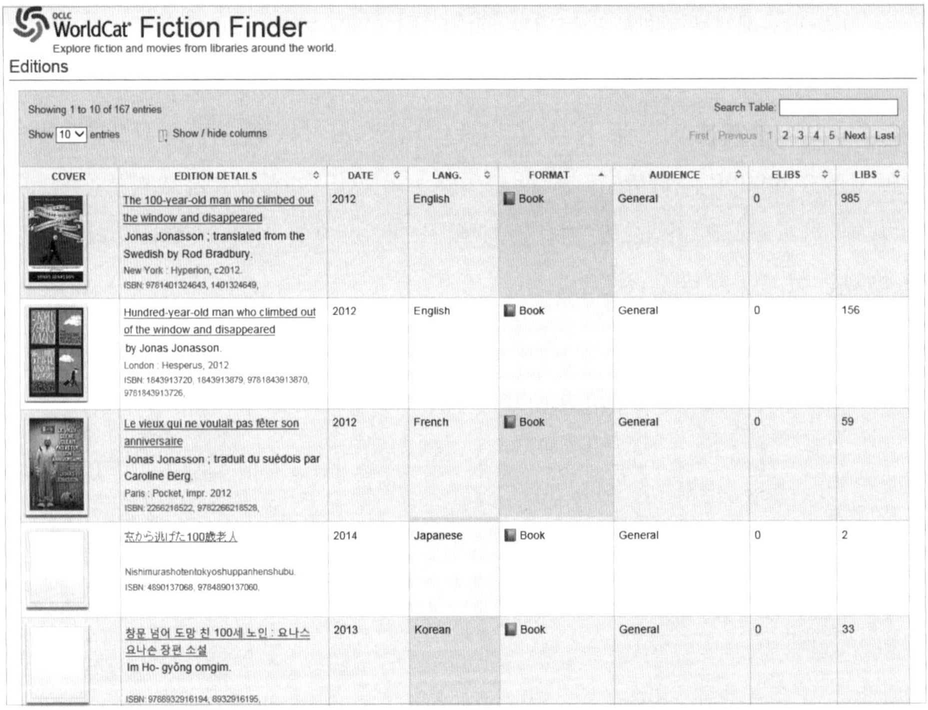

자, 이제 FRBR의 개념에 대해 어느 정도 이해되었을 것으로 생각됩니다. 그렇다면 기존에 사용하던 KCR(한국목록규칙) 같은 것들을 FRBR로 바꿔야 하는 건가요? FRBR은 (편목)규칙도 (기계가독목록)형식도 아닙니다. 말 그대로 개념적인 모형일 뿐입니다. FRBR이 기존의 편목규칙을 대체하는 게 아니라 편목규칙이 FRBR을 반영하는 것입니다. 이미 AACR은 FRB

R을 전폭적으로 수용하여 RDA로 개정되었으며, KCR도 마찬가지로 FRBR을 전폭적으로 수용하여 제5판으로 개정될 예정입니다.

참고로, FRBR 외에도 **FRAD**(전거 데이터의 기능 요건), **FRSAD**(주제전거 데이터의 기능 요건)이 있으며, IFLA는 FRBR, FRAD, FRSAD의 각 개념 모델을 통합한 **IFLA LRM**(Library Reference Model)을 2017년에 공개하였습니다. FRBR LRM은 기존 FRBR의 10개, FRAD의 16개, FRSAD의 3개의 개체를 통합하여 다음과 같이 11개의 개체와 그 관계를 제시하였습니다.82)

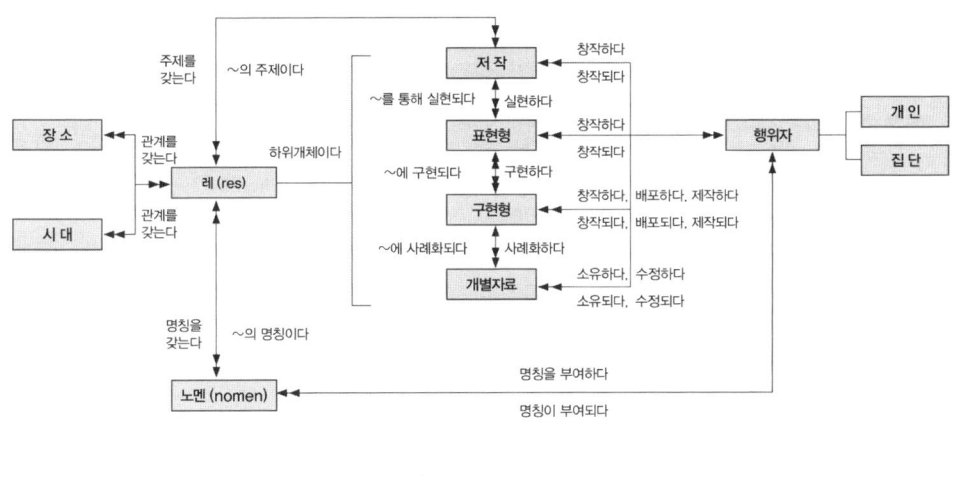

음악으로 비유하자면, 진통적인 노래방 목록은 2015년 박명수와 아이유가 발표한 곡을 '레옹'이라는 곡명이나 '이유 갓지 않은 이유' 라는 가수명으로 찾을 수 있도록 해주면 그만이었습니다. 거기에다 『무한도전 영동고속도로 가요제』라는 앨범명, '아이유' 및 '박명수'라는 개인명으로도 검색할 수 있게 지원한다면 좀 더 친절(?)한 목록이라는 평가를 받을 수 있겠죠.

그러나 파니치라면 이 곡을 노래방 목록에서 찾을 때에 역대 '무한도전 가요제'의 모든 곡, 아이유의 모든 곡, 박명수의 모든 곡을 모아서 제시해줄 것입니다.

FRBR은 한걸음 더 나아가 이 곡의 모티브가 된 영화 『레옹』, 그 영화의 삽입곡이자 '이유 갓지 않은 이유'의 곡에 샘플링된 스팅의 'Shape of my heart'까지 이용자에게 제시하는 것을 목적으로 한다고 보시면 됩니다.

---

82) 박지영. 2016. 'FRBR family' 모형의 통합에 관한 연구 : FRBR 도서관 참조모형을 중심으로. 한국문헌정보학회지, 50(1): 533-553.

5.3 메타데이터란 무엇인가 : 더블린 코어와 MODS를 중심으로

메타(meta)라는 용어는 "어떤 영역에 대한"의 의미로 다른 개념의 추상(抽象)으로서의 개념을 나타내는 접두어로 자주 사용됩니다. 따라서 **메타데이터**(metadata)는 데이터에 관한 데이터(data about data)라 풀이할 수 있습니다. 메타데이터는 실제의 데이터는 아니지만, 실제의 데이터와 직접적 혹은 간접적으로 연관된 정보를 제공하는 데이터를 나타내는 용어입니다. 문헌정보학용어사전에서는 메타데이터를 ① 데이터의 의미를 기술한 대표 데이터, ② 데이터 처리를 위한 기술요소 집합, ③ 데이터에 대한 실제 내용은 물론이고 이와 관련된 다양한 정보를 기술하는 데이터 집합으로 정의하고 있습니다.

이를테면 다음과 같은 단어 또는 어구로 이루어진 데이터가 있다고 가정해봅시다.

> 바윗돌, 정오차
> Basket Case, Green Day

위 내용의 데이터들이 무엇을 뜻하나요? 아마 쉽게 짐작하기 어려울 것입니다. 상표인지, 책의 표제인지, 사람의 이름인지, 영화 제목인지조차 가늠하기 어렵겠지요. 그래서 다음과 같이 기술하겠습니다.

> 곡명: 바윗돌, 가수명: 정오차
> 곡명: Basket Case, 가수명: Green Day

이렇게 표현하면 위의 데이터들은 음악을 지칭하는 요소임을 쉽게 알 수 있습니다. 여기서 '곡명'이나 '가수명'이라는 것은 각각 '바윗돌'이나 '정오차'라고 하는 데이터를 가리키는 메타데이터입니다.

다른 예를 들어보겠습니다. 자동차 타이어에는 다음과 같은 유형의 데이터가 기록되어 있습니다.

> 225 / 60 R 16 94V

위에 기술된 내용은 타이어의 규격에 관한 ISO 표기법이지만 일반인들은 숫자와 문자로 구성된 이 데이터가 무엇을 의미하는지 파악하기 어렵습니다. 이 데이터에 대한 속성을 덧붙이면 다음과 같습니다.

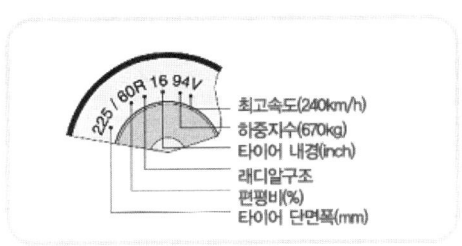

위 그림과 같이 구체적인 속성을 나타내주면 조금 전의 의미가 불분명했던 데이터들이 각각 단면폭, 편병비, 래디알 구조, 타이어 내경, 하중지수, 최고속도를 뜻하는 수치라는 것을 명확히 이해할 수 있습니다. 여기서 '단면폭'이나 '편병비'는 자원의 특징을 나타내는 **속성**이라 하며, '225'와 '60'처럼 그 특징을 표현하는 데이터를 **속성치**라 합니다. 그리고 속성의 집합을 메타데이터라고 부릅니다. 이처럼 메타데이터는 특정한 대상을 설명할 때 사용되는 속성 또는 요소를 뜻합니다.

알게 모르게 우리는 일상생활에서 많은 메타데이터와 더불어 살아갑니다. 아마도 주변에서 가장 쉽게 접할 수 있는 메타데이터는 mp3 파일의 ID3[83]일 겁니다. ID3 메타데이터란 mp3 파일에 저장되어 있는 곡의 속성을 의미하는데, 여기에는 해당 mp3 파일의 곡명, 가수, 앨범, 장르, 재생시간, 그리고 앨범표지와 가사를 비롯한 기타 다양한 정보들을 포함합니다. 만약 파일명에 가수명이나 곡명이 미포함된 곡으로서 ID3가 기록되지 않은 mp3 파일을 재생할 경우 누구의 무슨 노래인지를 확인하기 어려울 것입니다.

아래 그림과 같이 파일명을 임의로 변경하더라도, mp3 파일에 기록된 ID3를 통해 곡의 속성을 확인할 수 있습니다.

---

[83] http://id3.org

이름	앨범	제목	#	참여 음악가
01.mp3	Pink LUV	LUV	1	Apink
02.mp3	Secret Garden	NoNoNo	2	에이핑크
03.mp3	Luckynumbers	BAAAM (Feat. Muzie Of ...	5	다이나믹 듀오
04.mp3	HEXAGONAL	우리 지금 만나 (Feat. 장...	2	리쌍
05.mp3	썸	썸 (Feat. 릴보이 Of 긱스)	1	소유, 정기고
06.mp3	칠집싸이다	DADDY (Feat. CL of 2NE1)	4	싸이
07.mp3	SBS K팝 스타 시즌2 '...	다리꼬지마	1	악동뮤지션
08.mp3	그때의 나, 그때의 우리	그때의 나, 그때의 우리	1	어반자카파 (URB
09.mp3	Pink Blossom	Mr. Chu (On Stage)	2	Apink
10.mp3	Heaven	Heaven	1	에일리
11.mp3	A`s Doll House	U & I	1	에일리
12.mp3	Invitation	보여줄게	1	에일리
13.mp3	The First Mini Album	마법소녀(魔法少女)	1	오렌지카라멜(O
14.mp3	LISTEN 010 좋니	좋니	1	윤종신
15.mp3	오빠는 잘 있단다	퇴근하겠습니다	3	장미여관
16.mp3	The 3rd Album Part.1	이러지마 제발 (Please Do...	3	케이윌
17.mp3	Will In Fall	첫 사랑은 죽었다 (First L...	4	케이윌
18.mp3	신촌을 못가	신촌을 못가	1	포스트맨
19.mp3	The 1st Digital Single...	이 소설의 끝을 다시 써보...	1	한동근

우리가 흔히 접할 수 있는 또 다른 메타데이터로는 이미지 파일의 Exif를 들 수 있습니다. Exif는 교환 이미지 파일 형식(EXchangable Image File format)으로서 디지털 카메라에서 저장되는 이미지 파일 포맷에서 사진에 대한 정보를 담는 메타데이터입니다. 스마트폰 등으로 사진을 찍을 때마다 카메라 자체의 정보와 촬영 당시의 시간, 노출, 플래시 사용 여부, 해상도, 사진 크기 등의 메타데이터를 이미지 데이터와 같이 저장하게 됩니다.

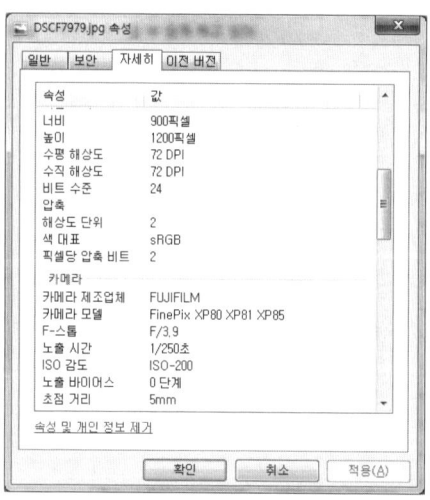

물론 메타데이터의 종류는 이외에도 텍스트 데이터의 상호교환과 검색을 위한 TEI, 기록물의 기술을 위한 EAD, 보존을 위한 목적의 PREMIS, 출판물의 거래 정보를 상호교환하기 위한 ONIX, 학습개체에 대한

정보를 기술하기 위한 LOM과 KEM, 박물관 정보의 교환을 위한 CIMI, 시각자료를 기술하기 위한 CDWA, 지리정보를 관리하기 위한 CSDGM, 행정정보의 서비스를 위한 GILS 등 매우 다양합니다만, 지금부터는 범위를 좁혀 도서관과 밀접하게 관련된 메타데이터를 위주로 살펴보겠습니다.

자원의 속성을 기술하는 데이터를 메타데이터라고 정의했을 때, 가장 대표적이고 전통적인 메타데이터는 다름 아닌 도서관의 '목록'입니다. 목록에서 자료를 기술할 때 사용되는 표제와 책임표시사항, 판사항, 발행사항 등의 일련 요소는 가장 전형적인 메타데이터입니다. 뿐만 아니라 기계가독목록형식(MARC)의 표시기호, 지시기호, 식별기호도 자료의 속성을 규정하는 메타데이터라 할 수 있습니다.

그렇지만 메타데이터로서의 MARC은 도서관 위주의 목록에 기반한 포맷으로 도서관 이외의 출판사, 정보센터 등의 관련 기관과의 호환성에 약점을 지니고, 서지레코드 간의 연결기능이 부족합니다. 무엇보다도 MARC은 주로 자기테이프를 저장매체로 사용하던 시대에 개발된 포맷이기 때문에, 데이터 교환 및 저장매체 기술의 변화를 수용하는 것이 거의 불가능합니다. 이에 따라, MARC을 대체할 수 있는 메타데이터로서 더블린 코어, MODS 등이 수면 위로 떠오르기 시작했습니다.

전통적인 인쇄매체 중심의 도서관 자원은 네트워크 기반 전자매체의 비중이 폭발적으로 증가하면서, 목록이라는 이름으로 유지해왔던 기존의 MARC은 도서관이 보유한 자원에 대한 구조화된 데이터로서 한계에 직면합니다. MARC과 같은 기존의 메타데이터로 네트워크 자원을 표현하는 데에는 구조의 경직성으로 인해 많은 비용과 시간이 소요되기 때문에 이를 대체할 수 있는 단순한 구조의 형식이 요구되었던 것이지요.

이에 OCLC는 NCSA와 공동으로 1995년에 오하이오주 더블린(Dublin)에서 워크샵을 개최하여, 데이터의 호환성을 유지하면서 네트워크 자원의 기술에 필요한 일련의 데이터요소를 규정하고 이들 자원의 신속한 검색을 목적으로 하는 새로운 메타데이터의 도입을 합의하였습니다. 문헌정보학, 인문학, 컴퓨터과학, 지리학 등 관련 분야의 전문가와 사서, 연구자들로 구성된 참가자들은 인터넷 환경에서 전자 자원을 기술하는 데 필요한 최소한의 메타데이터를 13개의 핵심 요소로 제안하고 이를 **더블린 코어**(Dublin Core)라 명명합니다. 더블린(Dublin)에 모여서 핵심(Core) 요소를 결정했다는 뜻이지요.

더블린 코어의 목적은 첫째, 데이터의 형식과 구조를 단순화하여 저자나 발행자가 직접 메타데이터를 작성하고 둘째, 네트워크출판을 위한 저작도구의 개발자가 이 정보에 대한 템플릿을 직접 소프트웨어에 포함할 수 있도록 하며 셋째, 작성된 데이터를 기초로 특정 분야에서 요구되는 상세한 수준으로 확장하여 사용할 수 있도록 하는 데 있습니다. 이를 위해 네트워크 환경에서 자원의 소재위치와 이 자원을 획득하는데 필요한 기술 및 접근에 관한 13개의 데이터요소를 기본요소로 규정하였습니다. OCLC는 1996년에 UKOLN과 공동으로 영국의 워릭(Warwick)에서 제2차 워크숍을 개최하여 더블린 코어의 입력 및 교환을 위한 구체적 구문에 대해 논의하고, 기존의 13개 데이터요소 이외에 2개의 요소(Description, Rights)를 추가하여 모두 15개의 데이터요소를 확정하였습니다.

현재 더블린 코어의 유지와 표준화는 공개포럼인 **DCMI**(Dublin Core Metadata Initiative)84)에서 관리하며, 우리나라에서는 국립중앙도서관이 한국 DCMI 공인사이트를 운영하고 있습니다. 15개의 기본요소로 이루어진 더블린 코어 메타데이터 요소 집합(DCMES) 버전 1.1을 간추리면 다음과 같으며, 세부내용은 한국 DCMI 공인사이트85)를 참고하십시오.

- Title (표제)
- Creator (창작자)
- Subject (주제)
- Description (설명)
- Publisher (발행자)
- Contributor (기여자)
- Date (날짜)
- Type (유형)
- Format (형식)
- Identifier (식별자)
- Source (출처)
- Language (언어)
- Relation (관련자원)
- Coverage (수록범위)
- Rights (이용조건)

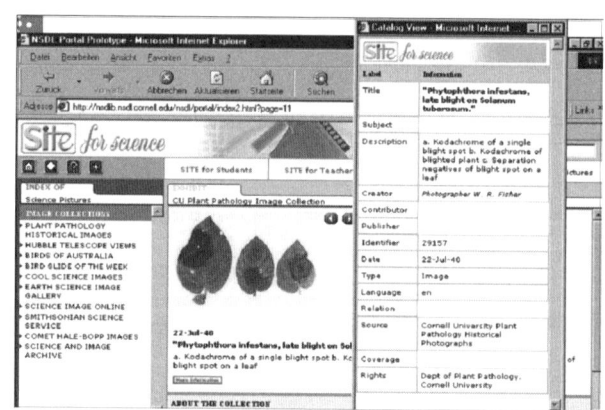

[더블린 코어 기술 예시]

더블린 코어(이하 'DC')는 데이터의 기술 요소가 단순하기 때문에 메타데이터의 제작 비용

---

84) https://librarian.nl.go.kr/LI/contents/L10201000000.do
85) https://librarian.nl.go.kr/LI/contents/L10202000000.do

을 낮출 수 있으며 상호운용성을 높일 수 있는 것이 장점입니다. 국내에서 국가지식포털(2005년에 공공데이터포털로 변경)등 대형 지식정보의 메타데이터의 기반으로 널리 사용되어 표준성이 검증되었습니다. 그러나, 기술 요소가 너무 단순하기 때문에 복잡한 메타데이터 체계에서 요구하는 의미와 기능을 상세하게 지원하지 못하는 것은 단점이라 할 수 있습니다.

MARC이 기계가 서지데이터를 가독할 수 있도록 최대한 상세하게 자원을 기술하는 데 중점을 두는 반면에, DC는 네트워크 공간에서 이용자가 필요한 자원을 탐색하는 데 가장 필요한 요소가 무엇인가에 초점을 두어 자원을 기술합니다. DC는 자원의 기술(resource description)보다는 자원의 탐색(resource discovery)에 가까운 개념입니다. 요컨대, MARC이 도서관자료를 위한 메타데이터라면 DC는 네트워크 자원을 위한 메타데이터라 할 수 있습니다.

그러한 이유로 도서관에서 자료를 편목하기 위한 메타데이터로 DC를 실제로 도입한 곳은 거의 없으나, 국내의 경우 학교도서관업무지원시스템(DLS)에서 간략한 수준의 목록을 구축하기 위해 다음과 같이 DC를 응용한 사례가 있습니다. DC의 15개 데이터요소 중에서 source, relation, coverage 등을 제외하고 〈dls:publication〉과 〈dls:price〉를 추가로 설정한 후, 하위요소에서는 KORMARC을 수용할 수 있도록 〈dls:〉 네임스페이스를 이용하여 수정·확장하였습니다.

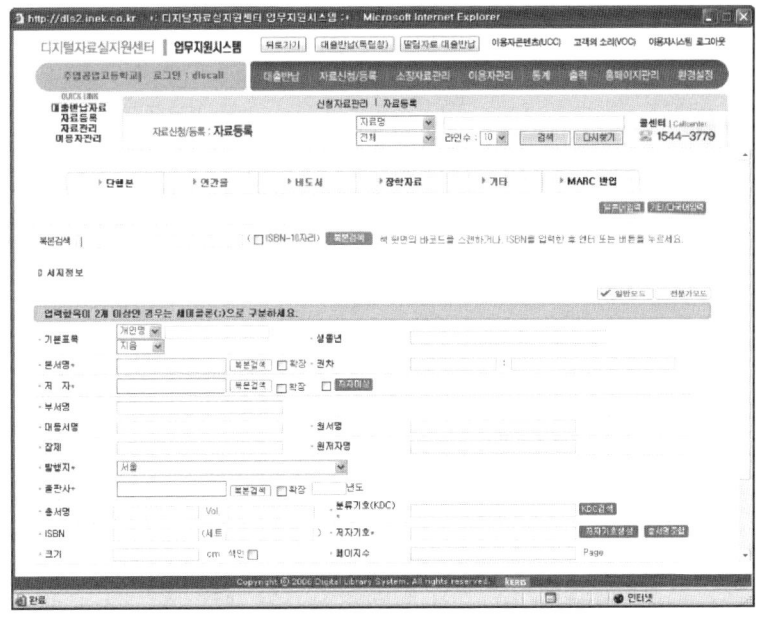

요소	하위요소		요소명	KORMARC
dc:title	dls:mainTitle		본서명	245 ▼a
	dls:subTitle		부서명	245 ▼b
	dls:miscellaneousTitle		잡제	245 ▼b
	dls:volumeTitle		권차서명/권차	245 ▼p
	dls:parallelTitle		대등서명	245 ▼x
	dls:translatedTitle		번역서명	740 ▼a
	dls:prefixTitle		기타서명	246 ▼a
	dls:addedTitle		부출서명	740 ▼a
	dls:seriesTitle		총서명	440 ▼a
	dls:originalTitle		원서명	246 ▼a
dc:creator	dls:Person	vCard:FN	개인명	245 ▼d, ▼e
		vCard:ROLE	개인역할	245 ▼d
		dls:lifeTime	개인생몰년	X00 ▼a
		dc:identifier	개인번호	전거레코드
	dls:Organization	vCard:Orgname	단체명	X10 ▼a
		dc:identifier	단체번호	전거레코드
		vCard:ROLE	단체역할	245 ▼d, ▼e
	dls:Conference	dls:conferenceName	회의명	X11 ▼a
		dc:identifier	회의번호	전거레코드
		dc:date	회의일자	X11 ▼d
	dls:originalCreator		원저자명	700 ▼a
dc:subject	dls:KDC		분류번호, 분류명	056 ▼a
	dls:keyword		색인어	6XX
dc:description	dcq:abstract		초록	520 ▼b
	dcq:tableOfContents dls:item	dc:title	본문목차제목	해당 없음
		dc:creator	항목저작자	해당 없음
		dls:start	항목시작	해당 없음
		dls:end	항목끝	해당 없음
	dls:bibliographyNote		서지주기	504 ▼a
	dls:contentNote		내용주기	505 ▼a
	dls:awardNote		수상주기	586 ▼a
	dcq:audience		대상이용자	521 ▼a
dls:publication	dls:place		발행지	260 ▼a
	dc:publisher		발행처	260 ▼b
	dcq:issued		발행일	260 ▼c
	dls:toDate		종간일	362 ▼a
	dls:frequency		간기	310 ▼a
	dls:edition		판사항	250 ▼a
dc:type	dc:type		유형정보	leader /06
dc:format	dls:page		면장수	300 ▼a
	dls:illustration		삽화	300 ▼b
	dls:materialType		자료형태	007 /00
	dls:runningTime		상영시간	300 ▼a
	dls:size		크기	300 ▼c
dc:identifier	ISBN		ISBN	020
	ISSN		ISSN	022 ▼a
	BID		서지번호	해당 없음
	AID		기사번호	해당 없음
	CHKID		체크인번호	해당 없음
	uri		URI	853 ▼a
dc:language	dcq:ISO639-2		언어	008 /35-37
dc:rights			저작권	해당 없음
dls:price			가격	950 ▼a

    2002년 미국의회도서관(LC)은 MARC과 XML 간의 상호교환을 가능하게 할 수 있는 포맷인 MARCXML[86])을 개발한 바 있습니다. 이것은 MARC 레코드의 구조를 XML로 변환함으

---

86) https://www.nl.go.kr/standards/dublincore/dublinCoreDcmes.do

로써 XML에 의해 MARC 레코드를 표현하기 위한 포맷입니다. 예를 들어 다음과 같은 MARC21 레코드가 있다고 가정해보겠습니다.87)

```
000    01142cam 2200301 a 4500   001 92005291
003    DLC
005    19930521155141.9
008    920219s1993 caua j 000 0 eng
010    $a 92005291
020    $a0152038655 :$c$15.95
040    $aDLC$cDLC$dDLC
042    $alcac
050 00 $aPS3537.A618$bA88 1993
082 00 $a811/.52$220
100 1  $aSandburg, Carl,$d1878-1967.
245 10 $aArithmetic /$cCarl Sandburg ; illustrated as an anamorphic adventure by Ted Rand.
250    $a1st ed.
260    $aSan Diego :$bHarcourt Brace Jovanovich,$cc1993.
300    $a1 v. (unpaged) :$bill. (some col.) ;$c26 cm.
500    $aOne Mylar sheet included in pocket.
520    $aA poem about numbers and their characteristics. Features anamorphic, or distorted,
       drawings which can be restored to normal by viewing from a particular angle or by
       viewing the image's reflection in the provided Mylar cone.
650  0 $aArithmetic$xJuvenile poetry.
650  0 $aChildren's poetry, American.
650  1 $aArithmetic$xPoetry.
650  1 $aAmerican poetry.
650  1 $aVisual perception.
700  1 $aRand, Ted,$eill.
```

참고로, 위 MARC 레코드의 내용을 DC로 표현하면 다음과 같습니다.88)

```xml
<?xml version="1.0" ?>
- <dc xmlns="http://purl.org/dc/elements/1.1/">
  <title>Arithmetic /</title>
  <creator>Sandburg, Carl, 1878-1967.</creator>
  <creator>Rand, Ted, ill.</creator>
  <type />
  <publisher>San Diego :Harcourt Brace Jovanovich,</publisher>
  <date>c1993.</date>
  <language>eng</language>
  <description>A poem about numbers and their characteristics. Features anamorphic, or distorted,
    drawings which can be restored to normal by viewing from a particular angle or by viewing
    the image's reflection in the provided Mylar cone.</description>
  <description>One Mylar sheet included in pocket.</description>
  <subject>Arithmetic</subject>
  <subject>Children's poetry, American.</subject>
  <subject>Arithmetic</subject>
  <subject>American poetry.</subject>
  <subject>Visual perception.</subject>
</dc>
```

---

87) https://lccn.loc.gov/92005291
88) 예시 레코드를 MarcEdit로 변환함

위 MARC 레코드를 MARCXML로 변환하면 다음과 같습니다.[89]

```
<?xml version="1.0" encoding="UTF-8" ?>
<collection xmlns="http://www.loc.gov/MARC21/slim">
  <record>
    <leader>01142cam 2200301 a 4500</leader>
    <controlfield tag="001">92005291</controlfield>
    <controlfield tag="003">DLC</controlfield>
    <controlfield tag="005">19930521155141.9</controlfield>
    <controlfield tag="008">920219s1993 caua j 000 0 eng</controlfield>
    <datafield tag="010" ind1="" ind2="">
      <subfield code="a">92005291</subfield>
    </datafield>
    <datafield tag="020" ind1="" ind2="">
      <subfield code="a">0152038655 :</subfield>
      <subfield code="c">$15.95</subfield>
    </datafield>
    <datafield tag="040" ind1="" ind2="">
      <subfield code="a">DLC</subfield>
      <subfield code="c">DLC</subfield>
      <subfield code="d">DLC</subfield>
    </datafield>
    <datafield tag="042" ind1="" ind2="">
      <subfield code="a">lcac</subfield>
    </datafield>
    <datafield tag="050" ind1="0" ind2="0">
      <subfield code="a">PS3537.A618</subfield>
      <subfield code="b">A88 1993</subfield>
    </datafield>
    <datafield tag="082" ind1="0" ind2="0">
      <subfield code="a">811/.52</subfield>
      <subfield code="2">20</subfield>
    </datafield>
    <datafield tag="100" ind1="1" ind2="">
      <subfield code="a">Sandburg, Carl,</subfield>
      <subfield code="d">1878-1967.</subfield>
    </datafield>
    <datafield tag="245" ind1="1" ind2="0">
      <subfield code="a">Arithmetic /</subfield>
      <subfield code="c">Carl Sandburg ; illustrated as an anamorphic adventure by Ted Rand.</subfield>
    </datafield>
    <datafield tag="250" ind1="" ind2="">
      <subfield code="a">1st ed.</subfield>
    </datafield>
    <datafield tag="260" ind1="" ind2="">
      <subfield code="a">San Diego :</subfield>
      <subfield code="b">Harcourt Brace Jovanovich,</subfield>
      <subfield code="c">c1993.</subfield>
    </datafield>
    <datafield tag="300" ind1="" ind2="">
      <subfield code="a">1 v. (unpaged) :</subfield>
      <subfield code="b">ill. (some col.) ;</subfield>
      <subfield code="c">26 cm.</subfield>
    </datafield>
    <datafield tag="500" ind1="" ind2="">
      <subfield code="a">One Mylar sheet included in pocket.</subfield>
    </datafield>
```

---

89) https://lccn.loc.gov/92005291/marcxml

```
- <datafield tag="520" ind1="" ind2="">
    <subfield code="a">A poem about numbers and their characteristics. Features anamorphic, or
        distorted, drawings which can be restored to normal by viewing from a particular angle or b
        y viewing the image's reflection in the provided Mylar cone.</subfield>
  </datafield>
- <datafield tag="650" ind1="" ind2="0">
    <subfield code="a">Arithmetic</subfield>
    <subfield code="x">Juvenile poetry.</subfield>
  </datafield>
- <datafield tag="650" ind1="" ind2="0">
    <subfield code="a">Children's poetry, American.</subfield>
  </datafield>
- <datafield tag="650" ind1="" ind2="1">
    <subfield code="a">Arithmetic</subfield>
    <subfield code="x">Poetry.</subfield>
  </datafield>
- <datafield tag="650" ind1="" ind2="1">
    <subfield code="a">American poetry.</subfield>
  </datafield>
- <datafield tag="650" ind1="" ind2="1">
    <subfield code="a">Visual perception.</subfield>
  </datafield>
- <datafield tag="700" ind1="1" ind2="">
    <subfield code="a">Rand, Ted.</subfield>
    <subfield code="e">ill.</subfield>
  </datafield>
</record>
</collection>
```

MARCXML은 MARC 레코드에 XML이 지닌 효과를 부여하기 위한 것으로, 이미 작성된 MARC 레코드의 XML 포맷이라 할 수 있습니다. 위의 예시에서처럼 MARCXML은 MARC과 호환성을 유지하기 위하여 MARC의 표시기호나 지시기호를 그대로 사용하고 있기 때문입니다.

이후 LC는 MARC과 호환성을 가지면서 전자자원의 편목을 지원하고, DC와 기타 메타데이터의 유용성을 제약해 온 상호운용성의 문제를 해결하기 위한 목적으로 **MODS**(Metadata Object Description Schema; 메타데이터 객체 기술 스키마)[90]를 2002년 7월에 발표하였습니다. 이것은 MARCXML의 발전된 형태로서, MARC 레코드를 작성하기 위한 XML 스키마라는 점은 MARCXML과 같습니다. 하지만 MARCXML이 MARC의 표시기호나 지시기호를 그대로 사용함으로써 사서 이외에는 숫자와 문자로 표현된 표시기호의 의미를 이해하기 어렵다는 MARC의 단점을 승계하는 데 반해, MODS는 그 대신에 누구나 이해하기 쉬운 '언어'를 사용하는 것이 큰 차이점입니다.

앞의 MARC 레코드 예시를 MODS로 변환하면 다음과 같습니다.[91]

---

90) http://www.loc.gov/standards/mods/
91) https://lccn.loc.gov/92005291/mods

```xml
<?xml version="1.0" ?>
<mods xmlns:xlink="http://www.w3.org/TR/xlink" xmlns:xsi="http://www.w3.org/2001/XMLSchema-instance" xmlns="http://www.loc.gov/mods/" xsi:schemaLocation="http://www.loc.gov/mods/ http://www.loc.gov/standards/mods/mods.xsd">
  <titleInfo>
     <title>Arithmetic /</title>
  </titleInfo>
  <name type="personal">
     <namePart>Sandburg, Carl</namePart>
     <namePart type="date">1878-1967</namePart>
     <role>
        <text>creator</text>
     </role>
  </name>
  <name type="personal">
     <namePart>Rand, Ted</namePart>
     <role>
        <text>ill.</text>
     </role>
  </name>
  <typeOfResource>text</typeOfResource>
  <originInfo>
     <place>
        <code authority="marc">cau</code>
        <text>San Diego</text>
     </place>
     <publisher>Harcourt Brace Jovanovich</publisher>
     <dateIssued>c1993</dateIssued>
     <dateIssued encoding="marc">1993</dateIssued>
     <edition>1st ed.</edition>
     <issuance>monographic</issuance>
  </originInfo>
  <language authority="iso639-2b">eng</language>
  <physicalDescription>
     <form authority="marcform">print</form>
     <extent>1 v. (unpaged) : ill. (some col.) ; 26 cm.</extent>
  </physicalDescription>
  <abstract>A poem about numbers and their characteristics. Features anamorphic, or distorted, drawings which can be restored to normal by viewing from a particular angle or by viewing the image's reflection in the provided Mylar cone.</abstract>
  <targetAudience>juvenile</targetAudience>
  <note type="statement of responsibility">Carl Sandburg ; illustrated as an anamorphic adventure by Ted Rand.</note>
  <note>One Mylar sheet included in pocket.</note>
  <subject authority="lcsh">
     <topic>Arithmetic</topic>
     <topic>Juvenile poetry</topic>
  </subject>
  <subject authority="lcsh">
     <topic>Children's poetry, American</topic>
  </subject>
  <subject authority="lcshac">
     <topic>Arithmetic</topic>
     <topic>Poetry</topic>
  </subject>
  <subject authority="lcshac">
     <topic>American poetry</topic>
  </subject>
  <subject authority="lcshac">
     <topic>Visual perception</topic>
  </subject>
```

```
    <classification authority="lcc">PS3537.A618 A88 1993</classification>
    <classification edition="20" authority="ddc">811/.52</classification>
    <identifier type="isbn">0152038655 :</identifier>
    <identifier type="lccn">92005291</identifier>
  - <recordInfo>
      <recordContentSource>DLC</recordContentSource>
      <recordCreationDate encoding="marc">920219</recordCreationDate>
      <recordChangeDate encoding="iso8601">19930521155141.9</recordChangeDate>
      <recordIdentifier source="DLC">92005291</recordIdentifier>
    </recordInfo>
  </mods>
```

MARC에 대해 잘 모르는 사람은 아래에 발췌한 MARCXML의 표시기호인 〈datafield tag ="100"〉이나 〈datafield tag="245"〉이 무엇을 의미하는지 이해하기 어렵습니다.

```
  - <datafield tag="100" ind1="1" ind2="">
      <subfield code="a">Sandburg, Carl,</subfield>
      <subfield code="d">1878-1967.</subfield>
    </datafield>
  - <datafield tag="245" ind1="1" ind2="0">
      <subfield code="a">Arithmetic /</subfield>
    </datafield>
```

반면 MARC에는 문외한이라 할지라도 아래에 발췌한 MODS의 표시기호인 〈titleInfo〉나 〈name type="personal"〉은 각각 제목(title)정보(Info)와 개인(personal)의 이름(name)을 의미할 것이라고 어렴풋이나마 이해를 도웁니다.

```
  - <titleInfo>
      <title>Arithmetic /</title>
    </titleInfo>
  - <name type="personal">
      <namePart>Sandburg, Carl</namePart>
      <namePart type="date">1878-1967</namePart>
      - <role>
          <text>creator</text>
        </role>
    </name>
```

이처럼 MODS는 언어를 표시기호로 사용하기 때문에 데이터요소를 이해하는 데 더 유용한 형식이라 할 수 있습니다. MARC에서 사용하는 기술요소를 동일한 의미로 승계하여 MARC 레코드와 호환성을 유지합니다. 또한 DC의 단순함과 MARC의 복잡함을 절충함으로써 다른 어느 메타데이터보다 상호운용성(interoperability)과 정밀성(precision)을 모두 충족시킵니다.

다만 MODS는 MARC과 상호호환성을 목표로 하지 않았기 때문에 MARC 레코드와 완전

호환은 사실상 불가능합니다. 즉, MARC 레코드를 MODS로 변환하는 것은 가능하지만, 이것을 다시 MARC으로 변환하면 데이터의 손실이 불가피합니다. 마찬가지로 MODS 데이터를 MARC 레코드로 변환하는 것은 가능하지만, 이를 다시 MODS로 변환하면 원래의 MODS 데이터로 완벽하게 복원될 수 없습니다. 이는 MODS에서 사용하는 데이터요소가 MARC 레코드의 그것보다 더 일반적이고 포괄적이기 때문입니다.

2018년 1월에 개정된 3.7 버전을 기준으로 MODS는 다음과 같은 총 20개의 상위요소(element)로 구성되며, 상위요소는 각각의 하위요소(subelements)와 속성(attributes)을 가집니다.

- titleInfo (표제)
- name (책임표시)
- typeOfResource (자료유형)
- genre (장르)
- originInfo (발행사항)
- language (언어)
- physicalDescription (형태사항)
- abstract (요약)
- tableOfContents (내용주기)
- targetAudience (이용대상자)
- note (일반주기)
- subject (주제명)
- classification (분류기호)
- relatedItem (관계유형)
- identifier (식별자)
- location (소재위치)
- accessCondition (접근조건)
- part (물리적 권차표시)
- extension (확장코드)
- recordInfo (레코드정보)

MODS는 브라운대학교 도서관의 CDI, 옥스퍼드대학교의 디지털도서관, 플로리다대학교 도서관의 UFDC, 고려대학교 도서관의 디지털 컬렉션 등의 프로젝트에 적용된 바 있습니다.

한편 LC는 전거데이터를 위한 XML 스키마인 **MADS**(Metadata Authority Description Schema; 메타데이터 전거 기술 스키마)[92]를 2005년 4월에 발표하기도 했습니다.

---

92) http://www.loc.gov/standards/mads/

제 2 부

자료분류
이론
다지기

1 분류의 기초 터잡기

1.1 분류란 무엇인가

우리는 일상생활에서 종류를 따라서 가른다는 뜻으로 '분류'라는 용어를 자주 쓰거니와 무의식적으로 잦은 분류를 행하고 있습니다. 가령 옷을 상의와 하의로 갈라서 옷장에 넣는다거나 식품을 음료와 반찬, 양념 등으로 나누어 냉장고에 보관하는 등 나름의 기준으로 사물을 '분류'합니다. 컴퓨터에 저장하는 파일 또한 그 용도나 목적에 따라 폴더를 크게 나누고 다시 하위폴더를 용도나 시간, 또는 형식에 따라 '분류'하여 관리합니다.

옷장이든 냉장고든 컴퓨터 파일이든 간에, 누군가가 분류를 강제하지는 않았지만 시간이 오래 걸려도 그것이 나중에 편리해진다는 사실을 경험을 통해 알기 때문에 우리는 자발적으로 분류를 합니다. 이처럼 일상생활에서 모든 인간은 각자의 필요에 따라 다양한 기준을 적용하여 모든 대상을 분류하면서 살아가고 있다고 해도 과언은 아닙니다.

분류(分類)란 나눌 분, 무리 류 즉, 같은 것(類)끼리 나누는(分) 일을 일컫는 어휘입니다. 다시 말해 분류는 성질이 다른 것끼리 구별하는 일(distinguishing) 혹은 같은 성질을 가진 것끼리 모으는 일(grouping)을 뜻합니다. 성질이 다른 것끼리 구별하다보면 같은 성질을 가진 것끼리 모이게 되고, 반대로 성질이 같은 것끼리 모으다보면 자연스럽게 성질이 다른 것끼리 서로 구별이 됩니다.

인간은 분류라는 행위를 통해 사물을 관찰, 비교, 이해, 추리, 판단, 응용하는 사고 능력을 기를 수 있습니다. 알렉스 라이트는 인류의 삶 자체가 범주적 사고(categorical thinking)의 결과인 분류에 바탕을 두고 있으며, 심지어는 분류에 익숙한 종족들이 훨씬 더 번식에 유리했을 것이라고 주장했습니다. 그는 분류 능력이란 이원적 변별(어떤 것을 다른 것과 구별하는 능력)과 두뇌 기능의 편재화(생각들을 서로 연결하는 능력)의 두 가지 기본적인 인지 능력에서 나오는 것이고, 동질성과 이질성을 가늠하는 이 능력은 계층적인 사고의 개념적 토대를 제공한다고 보았습니다.[93]

분류는 문헌정보학이나 도서관에서만 독점하는 원리는 아니며, 생물, 의학, 산업 등 다양한 분야에서 분류를 적용하고 있습니다. 본디 분류는 개념이나 주체를 인지하고 차별화하고 이해하기 위한 철학적 사고에서 비롯된 것입니다. 구체적으로는, 논리학에서 다루는 개념론에서 유래합니다. 분류의 철저한 이해를 위해 지금부터 철학(논리학)여행을 떠나보도록 하겠습니다.

◆ ◆ ◆

어떤 대상에 대한 인식 내용을 **관념**(觀念; idea)이라 합니다. 관념은 개인의 주관적 경험에 따라 다르게 형성될 수 있으며 시간이나 공간의 변화에 따라 달라질 수도 있습니다. 예컨대, 아래의 그림과 같은 자연현상에 대해 어떤 사람은 "멋지다"는 생각을, 또 어떤 사람은 "춥다"는 생각을 할 수 있습니다. 한 대상에 대해 갖는 각자의 관념은 서로 다를 수 있다는 이야기지요. 또한 어렸을 때는 "기분이 들뜬다"며 좋아했던 사람이 군복무를 마치고 와서는 "몸서리치도록 싫다"며 시간의 변화에 따라 동일한 대상에 대한 인식이 바뀔 수도 있습니다.

그러나, 이 대상을 "대기 중의 구름으로부터 지상으로 떨어져 내리는 얼음의 결정" 또는 "물이 액체 또는 고체 상태로 대기 중에 떨어지는 자연현상"으로 인식하는 것에 대해서는 어느 누구도 부인할 수 없습니다. 이처럼 한 대상에 대해 갖게 되는 하나의 보편적인 관념을 **개념**(槪念; concept)이라 합니다.

다만 개념 그 자체는 추상적 의미이기 때문에 반드시 언어로써 구체적인 형태를 만들 필요가 있습니다. 이에 따라 선인들은 위 대상에 대해 '눈'이나 '降雪', 또는 'snowy'라는 언어로 개념을 표현하였습니다. 어떤 개념에 확실한

---

[93] Wright, Alex. 2010. GLUT: Mastering information through the ages. 김익현, 김지연 옮김. 분류의 역사. 서울: 디지털미디어리서치. 45-47.

의미를 부여하기 위하여 개념을 언어로 나타내는 것을 **명사**(名辭; term)라 합니다(문법에서 쓰는 '名詞'와는 다릅니다). 여기서 잠깐 김춘수 시인의 『꽃』이라는 시를 감상하겠습니다.

내가 그의 이름을 불러주기 전에는
그는 다만
하나의 몸짓에 지나지 않았다.

내가 그의 이름을 불러주었을 때
그는 나에게로 와서
꽃이 되었다.

이 시에서 꽃은 감각적 실체가 아니라 관념적 실체, 즉 개념으로서의 꽃입니다. 꽃이라는 사물이 인간의 명명행위에 의해서만 존재한다는 것은 모든 개념이 언어를 떠나서는 존재할 수 없음을 뜻합니다. 바꿔 말해, 개념은 언어를 통하지 않고는 그 의미가 제대로 표현되지 않으므로 일상생활에서 '개념=명사'로 사용되는 셈입니다. 우리는 '평등', '배려', 'liberty', 'devotion'과 같은 명사를 통해 그것이 표상하는 개념을 명확히 인식할 수가 있습니다.

― ・ ・ ・ ―

개념은 포섭(包攝; subsumption)관계에 따라 유개념과 종개념으로 나뉩니다. **유개념**(類槪念; genus)이란 나누어질 수 있는 개념, 즉 다른 개념을 포섭하는 개념을 말합니다. 예컨대 생물은 동물과 식물의 유개념입니다. **종개념**(種槪念; species)은 나누어진 개념, 즉 다른 개념에 포섭되는 개념을 뜻합니다. 동물이나 식물은 생물의 종개념입니다. 동일한 유개념 속에 동위(同位)의 종개념을 가리켜 **동위개념**(coordinate concept)이라 하는데, 가령 생물의 종개념인 동물과 식물은 서로 동위개념이 됩니다. 그런데 포섭관계에서 개념은 한 개념이 항상 유개념이나 종개념으로 고정되는 절대적인 위치가 아니라 포섭관계에 따라 상대적으로 달라질 수 있습니다. 아래 그림과 같이 동물은 생물에 대해서는 종개념이지만 척추동물과 무척추동물에 대해서는 유개념이 된다는 말이지요. 한 사람의 생물학적 인간이 가계(家系)에서 절대적인 위치에 있지 않고 어떤 때는 딸, 어떤 때는 어머니, 어떤 때는 손녀, 어떤 때는 할머니라는 '상대적'인 호칭으로 불린다는 사실을 떠올리면 더 이해하기 쉬울 것입니다.

모든 개념은 내포와 외연을 가집니다. **내포**(內包; intension)란 주어진 개념을 충족시키는 모든 성질을, **외연**(外延; extension)이란 개념이 적용되는 대상의 집합을 말합니다. 개념과 개념의 상호분별요소를 **징표**(徵表; note)라 하는데 이 징표의 전체를 개념의 내포라 합니다. 개념이 가리키는 대상의 전체, 즉 징표를 공통적으로 지니고 있는 대상의 전체를 외연이라 합니다. 내포와 외연은 서로 반비례의 상호관계입니다. 내포가 증가하면 외연이 감소하고, 외연이 증가하면 내포가 감소됩니다.

내포	생명이 있는 것 = 징표 1개	생명이 있고 움직이는 것 = 징표 2개 (생물의 내포보다 증가됨)	생명이 있고 움직이고 이성적인 것 = 징표 3개 (동물의 내포보다 증가됨)
외연	'생물'	식물을 제외한 생물 = '동물' (생물의 외연보다 감소됨)	인간이 아닌 것을 제외한 동물 = '인간' (동물의 외연보다 감소됨)

위 그림에서 "생명이 있다"는 1개의 징표는 모든 '생물'이라는 외연을 가리킵니다. 그런데

"움직인다"라는 징표가 하나 늘어나면 자연스럽게 식물이 제외되어 외연은 '동물'만으로 줄어듭니다. 또한 "이성적"이라는 징표가 하나 더 늘어나면 인간이 아닌 모든 동물이 제외되어 외연은 '인간'만으로 감소됩니다. 내포가 늘어날수록 외연은 '개, 인간, 나무, 꽃'에서 '개, 인간', 그리고 '인간'으로 점차 줄어들었음을 알 수 있습니다.

이처럼 내포가 증가하면 외연이 감소되면서 의미가 정확해지는데 논리학에서는 이를 특수화 또는 **한정**(限定; determination)이라 합니다. 반대로, 외연이 증가하면 내포가 감소되면서 개념의 적용범위가 확대되는데 이를 일반화 또는 **개괄**(概括; generalization)이라 합니다. 내포의 전개를 통해 개념의 본질을 규정하는 한정이 곧 '**정의**'이고, 그 외연을 전개시키는 개괄이 곧 '**분류**'입니다.

데카르트(René Descartes, 1596-1650)는 "나는 생각한다, 고로 존재한다"는 명제를 통해 명석과 판명이라는 조건을 진리 인식의 기준으로 내세웠습니다. **명석**(明晳; clear)이란 어떤 대상을 다른 대상과 명확히 구별하는 것이 가능한 개념을 말하며, 그렇지 않은 경우를 **애매**(曖昧; obscure)라고 합니다. **판명**(判明; distinct)이란 의미가 분명히 이해되고 있는 개념을 말하며, 그렇지 않은 경우를 **혼란**(混亂; confused)이라고 부릅니다.

개념의 의미를 판명하도록 하기 위해, 개념의 내포를 명시적으로 규정하는 절차를 **정의**(定義; definition)라 합니다. 아리스토텔레스(Aristotle)는 "인간은 이성적 동물이다"라고 주장하면서 개념의 최근류에 종차를 결합하는 정의 방식을 최초로 제안하였습니다. **최근류**(最近類; proximate genus)란 어떤 개념의 바로 상위의 유개념을, **종차**(種差; specific difference)란 특정한 유개념에 포섭되는 여러 종개념을 상호구별하는 성질을 말합니다.94) 한 유개념 속에 포섭되는 종개념들을 구별 짓는 종차에 해당 개념에 가장 가까운 유개념을 결합함으로써 특정 개념을 간단히 정의할 수가 있습니다. 예를 들면 "동물이란 움직일 수 있는[종차] 생물[최근류]이다", "척추동물이란 척추가 있는[종차] 동물[최근류]이다"라는 방식으로 정의할 수 있으며, 이와 같은 정의를 유와 종차에 의한 정의(definition by genus and difference)라 합니다.

---

94) 가령 속씨식물이라는 최근류에 포섭되는 쌍자엽식물은 '떡잎이 2개'라는 종차에 의해 단자엽식물과 서로 구별됩니다.

연습문제입니다. 트와이스(Twice)를 개념적으로 '정의'할 수 있는 가장 간단한 방법은 무엇일까요?

"트와이스는 걸 그룹이다."

"인간은 동물이다"처럼 틀린 정의는 아니나 전세계에는 엄청난 수의 '걸 그룹'이 존재합니다. 걸 그룹은 트와이스의 유개념이 맞지만 최근류는 아니라는 것이지요. 다시 정의해보겠습니다.

"트와이스는 JYP엔터테인먼트 소속 걸 그룹이다."

'JYP엔터테인먼트 소속 걸 그룹'은 트와이스에 대한 가장(最) 가까운(近) 유개념(類), 즉 최근류가 맞습니다. 그런데 JYP엔터테인먼트 산하에는 트와이스 말고도 원더걸스, miss A와 같은 걸 그룹이 더 존재해(였으)므로 명확한 정의라 보기는 어렵습니다. 이 때 원더걸스나 miss A의 동위개념과 구별되는 독특한 속성을 덧붙여야 합니다.

"트와이스는 9명으로 구성된 JYP엔터테인먼트 소속 걸 그룹이다."

'9명으로 구성된'이라는 종차를 결합한 이 정의는 위 대상에 대한 가장 간단한 정의가 됩니다.[95] 이런 방식으로 우리 주변의 몇 가지 개체를 정의해봅시다. 괄호 안에 들어갈 종차를 직접 써보세요.

- 탄산수는 (　　　　　　　　) 음료이다.
- 연필은 (　　　　　　　　) 필기구이다.
- 립스틱은 (　　　　　　　　) 화장품이다.

요컨대, 분명한 의미[= 判明]를 위해 개념의 내포를 정확히 규정하는 일은 '정의'가 되며, 다른 개념과 충분한 구별[= 明晳]을 위해 개념의 외연을 계통적으로 전개시키는 일은 '분류'가 됩니다. 지금까지 살펴본, 개념에서 분류에 이르는 과정을 도식화하면 아래 그림과 같이 '분

---

[95] 2019년 5월 기준이며, 멤버의 수가 변동되거나 소속사 내에 또 다른 9인조 걸 그룹이 만들어질 경우 종차를 수정해야겠지만요.

류'는 '정의'와 매우 밀접한 관계를 가짐을 알 수 있습니다.

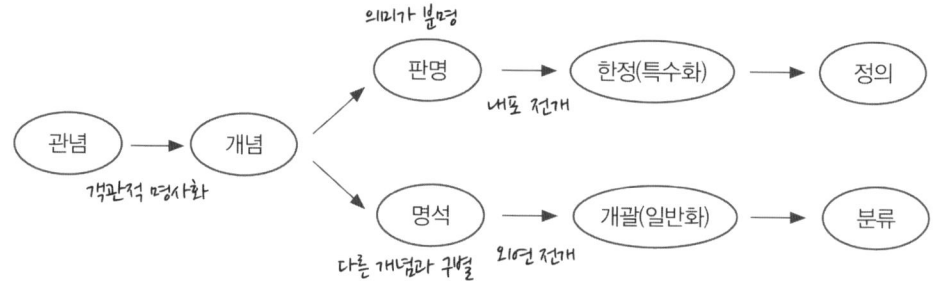

이상과 같이, 분류는 논리학의 개념론에서 비롯된 것임을 알아보았습니다. 정의가 개념의 내포를 밝혀 의미를 분명하게 하는 방법이라면, 분류는 개념의 외연을 명확하게 하여 다른 개념과 구별하는 방법입니다.

그런데 우리는 일상생활에서 '분류하다'라는 말 이외에도 '구분하다'라는 말을 섞어 씁니다. 분류와 구분은 개념을 명석하게 한다는 점에서는 동일하나 엄밀히 따지면 약간의 차이가 있습니다. **분류**(分類; classification)는 특수한 것에서 다음의 추상적으로 나아가는 과정, 즉 귀납적인 방법인데 비해, **구분**(區分; division)은 그 반대로 일반적인 것에서 특수한 것으로 나아가는 과정, 즉 연역적인 방법입니다.

비유컨대 윤석중의 동요 중 "도랑물 모여서 개울물 / 개울물 모여서 시냇물 / 시냇물 모여서 큰 강물 / 큰 강물 모여서 바닷물"의 과정은 분류이고, "바윗돌 깨뜨려 돌덩이 / 돌덩이 깨뜨려 돌멩이 / 돌멩이 깨뜨려 자갈돌 / 자갈돌 깨뜨려 모래알"의 과정은 구분이 됩니다. 다만 분류와 구분은 사고과정의 차이일 뿐 실제로는 혼용되고 있는 형편입니다.

그리고 어떤 대상을 나눌 때 그것의 기준이 되는 일정한 속성을 '분류원리'라 하고, 분류의 대상이 되는 유개념을 '피분류체', 분류된 각각의 종개념을 '분류지'라고 하여 이를 통틀어 **분류의 3요소**라 칭합니다. 만약 인간을 혈액형으로 분류한다면, 분류의 대상이 되는 인간은 피분류체, 분류의 기준이 되는 혈액형은 분류원리, 분류의 결과인 A형·B형·O형·AB형은 분류지에 해당됩니다. 다만 동일한 피분류체일지라도 분류원리에 따라 서로 다른 분류지가 생성될 수 있습니다. 만일 인간을 분류할 때 혈액형이라는 분류원리를 적용하면 A형·B형·O형·AB형으로, 연령을 적용하면 아동·청소년·성인·노인 등으로, 피부색을 적용하면 황인종·백인종·흑인종으로, 국적을 적용하면 한국인·중국인·일본인·미국인 등으로, 계급(?)

을 적용하면 부르주아·프롤레타리아 등으로 다양한 결과들로 나타나기 때문입니다. 그런 점에서 어떠한 분류원리를 적용하느냐에 따라 동일한 피분류체가 각기 다른 분류지로 세분되므로 3요소 중에서 가장 중요한 것은 분류원리라 할 수 있습니다.

한편, 분류는 자연적 분류와 인위적 분류로 나눌 수도 있습니다. **자연적**(natural) 분류는 자연현상의 객관적 성질을 기준으로 분류하는 것으로서 과학적 분류라고도 합니다. 이를테면 식물을 꽃식물과 민꽃식물로, 동물을 척추동물과 무척추동물로 나누는 경우입니다. 반면에 **인위적**(artificial) 분류는 인간의 편의에 따라 임의의 기준으로 사물이나 개체를 분류하는 것을 말합니다. 식물을 약용식물, 독성식물 등으로, 동물을 가축, 해충 등으로 나누는 것은 인간의 편의에 따른 인위적 분류입니다.

요점정리

- 어떤 대상에 대한 보편적인 관념을 '개념'이라 한다. 개념은 포섭관계에 따라 '유개념'과 '종개념'으로 나눌 수 있다.
- 모든 개념은 내포와 외연을 가진다. '내포'란 주어진 개념을 충족시키는 모든 성질을, '외연'이란 개념이 적용되는 대상의 집합을 뜻한다. 내포와 외연은 반비례의 상호관계이다.
- 어떤 대상을 다른 대상과 명확히 구별하는 것이 가능한 개념을 '명석', 의미가 분명히 이해되고 있는 개념을 '판명'이라 한다.
- 분명한 의미를 위해 개념의 내포를 정확히 규정하는 것을 '정의', 다른 개념과 충분한 구별을 위해 개념의 외연을 계통적으로 전개시키는 것을 '분류'라 한다.

1.2 자료분류와 학문분류의 차이점은 무엇인가

옛날 옛적 도서관은 자료의 크기, 색깔, 장정, 입수순, 시대, 흥미, 저자명 등 다양한 기준에 따라 자료를 서가에 배열해보았습니다. 그러한 시행착오 끝에 도서관은 대다수 이용자들이 주제적 접근을 선호한다는 사실을 깨닫고 주제라는 요소를 배열의 기준으로 삼아 자료를 배열하는 방법을 정착시켰습니다.[96] 같은 주제 또는 비슷한 주제의 자료를 서가상에 모아줌으로써 이용자들은 자신이 관심을 갖고 있는 주제에 대한 자료를 찾을 때 편리함을 느끼게 된 것이지요.

이처럼 도서관자료의 분류(library classification)는 이용자가 관심을 갖는 주제의 자료에 그들을 효율적으로 인도하는 데 궁극적인 목적이 있습니다. 넓은 의미에서 **자료분류**는 자료의 주제나 형식의 유사성 등에 따라 체계적으로 배열하여 가급적 관련 주제의 자료들을 동일한 장소에 집중시키는 일을 말하며, 좁은 의미로는 분류표에서 자료의 주제에 해당하는 분류기호를 배정하여 자료의 물리적인 배가위치를 결정하는 것, 즉 청구기호를 배정하는 일을 뜻합니다.

철학(논리학)에서 다루는 분류를 도서관자료의 조직에 적용한 것이 자료분류입니다. 이 때 피분류체로서의 도서관자료는 학문의 연구성과를 수록한 것이 대부분이기 때문에 이를 위한 분류체계는 지식활동의 소산인 학문의 분류체계와 밀접한 관계를 가집니다. 그러나 학문분류와 자료분류의 체계가 반드시 일치하지는 않습니다. **학문분류**는 철학자가 관념 간의 상호관계 및 그 순서를 연구해 오는 과정에서 형성된 것이지만, 자료분류는 사서가 개념 간의 상호관계 및 그 순서를 연구하여 형성된 것이기 때문입니다. 가장 대표적인 학문분류로는 베이컨의 학문분류를 들 수 있습니다.

철학자 베이컨(Francis Bacon, 1561-1626)은 과학연구에 필요한 정신능력을 기준으로 학문을 분류하였습니다. 그는 인간의 정신능력을 기억(記憶; memory), 상상(想像; imagination), 오성(悟性; understanding; reason)의 세 가지로 나누고 각각에 대응하는 학문을 사학(史學; history), 시학(詩學; poesy), 이학(理學; philosophy)으로 규정하였습니다. 즉, 사학은 인간의 기억을 돕고, 시학

---

[96] 또한 도서관은 주제 이외의 요소, 즉 표제, 저자명 등으로 자료에 접근할 수 있도록 목록이라는 수단을 고안하였습니다.

은 인간의 상상력을 높여주며, 이학은 인간이 오성을 깨닫게 한다고 보았습니다. 참고로 사학은 오늘날의 '역사', 시학은 오늘날의 '예술' 및 '문학', 이학은 오늘날의 '과학' 및 '철학'에 해당됩니다.

이후 미국의 교육자이며 철학자인 해리스(William Torrey Harris, 1835-1909)는 사학, 시학, 이학의 순으로 배치한 베이컨의 학문분류를 과학, 예술, 역사의 순으로 도치하였습니다. 의식적인 체계를 다루는 과학을 앞에 두고 무의식적인 체계를 다루는 예술을 그 뒤에, 그리고 역사는 우연적으로 결정되는 체계를 다룬다고 보아 맨 마지막에 배치한 것입니다. 이른바 역베이컨식(inverted Baconian order)이라고도 하는 이 분류는 훗날 멜빌 듀이의 십진분류법(DDC) 창안에 직접적인 영향을 미치게 됩니다.

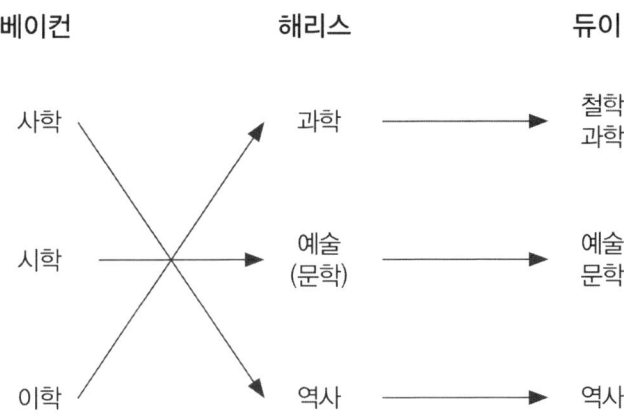

오늘날 전세계적으로 가장 널리 사용하는 분류법인 DDC의 뿌리를 찾아 거슬러 올라가면 베이컨의 학문분류에서 비롯되었음을 알 수 있습니다. 한국십진분류법(KDC)도 실은 DDC를 바탕으로 만든 것이니, 결국 KDC의 족보(?)를 뒤져보면 뜻밖에도 베이컨이 맨 꼭대기에 자리한다는 말이지요.

이외에도 기초과학, 실용과학, 응용과학으로 구분한 물리학자 앙페르(André-Marie Ampère, 1775-1836)의 학문분류는 콜론분류법(CC)에, 이론적 지식과 실증적 지식으로 구분한 철학자 콩트(Auguste Comte, 1798-1857)의 학문분류는 커터의 전개분류법(EC), 미국의회도서관분류법(LCC), 일본십진분류법(NDC)에 큰 영향을 주었습니다.

요점정리

- 자료분류란 주제나 형식의 유사성 등에 따라 자료를 체계적으로 배열하여 가급적 관련 주제의 자료들을 동일한 장소에 집중시키는 일을 말한다.
- 자료분류는 학문분류의 영향을 받아 발전하여 왔다.
- 베이컨은 인간의 정신능력을 기억, 상상, 오성으로 나누고 각각에 대응하는 학문을 사학, 시학, 이학이라고 규정하였다.
- 해리스는 베이컨의 학문분류를 과학, 예술, 역사로 도치하였고, 이는 듀이의 DDC에 큰 영향을 주었다.

1.3 폭소노미란 무엇인가

폭소노미는 기존의 도서관 분류법과 직접적인 관련은 없지만, Library 2.0[97]과 더불어 부각된 개념이므로 반드시 알아둘 필요가 있습니다.

도서관에서는 자료의 주제를 분석하여 분류표라는 도구를 통해 분류기호를 부여하고, 주제명표라는 도구를 통해 주제명표목을 부여합니다(후자의 업무를 주제편목이라 일컫습니다). 그런데 분류표와는 달리 국내에서는 채용할 만한 주제명표가 없기 때문에 현실적으로 주제명표목을 부여하기 어려운 실정입니다. 주제명표목이 사서가 통제어휘집(controlled vocabulary)인 주제명표에 근거하여 부여하는 통제어(controlled term)인 반면, 폭소노미는 이용자가 스스로 생각해낸 용어를 자유롭게 부여하는 비통제어(non-controlled term) 혹은 자유어(free term)에 가깝습니다. 쓸 만한 주제명표가 전무한 국내 현실에서 비통제어인 폭소노미는 통제어인 주제명표목의 대체재로 주목을 받고 있으며, 주제명표가 있고 주제편목을 하는 외국에서도 주제명표목의 경직성을 극복하기 위한 보완재로 폭소노미를 거론합니다.

폭소노미(folksonomy)란 대중을 뜻하는 'folks'와 분류를 의미하는 'taxonomy'란 용어를 합성한 용어로 "대중들에 의해서 자유롭게 선택된 키워드를 이용해서 이루어지는 협업적 분류"란 뜻을 가지며, 협력분류(collaborative categorization), 소셜태깅(social tagging) 등으로 불리기도 합니다. 이와 대칭되는 개념인 **택소노미**(taxonomy)는 그리스어로 '분류하다'라는 'tassein'과 '법' 또는 '과학'이라는 뜻의 'nomos'의 합성어로, 자모순 배열이나 동식물의 분류와 같이 "표준화되고 체계적으로 분류된 전통적인 분류학 기반의 분류체계"를 말합니다.

이미 결정되어 있는 계층구조식 분류법에 따라 사서 등의 전문가들이 분류하는 방식이 택소노미라면, 주로 일반인들이 정보를 체계화하기 위해 사용자 스스로 선정한 키워드를 입력하여 자발적인 협력으로 분류가 이루어지는 방식은 폭소노미입니다. 쉽게 말해 도서관자료를 분류하는 일은 택소노미, SNS에 태깅하는 일은 폭소노미입니다. **태깅**(tagging)이란 인터넷 사용자가 게시물의 주제와 관련된 명사형 키워드를 별도의 태그(tag) 박스에 문자열로 입력하는 일을 뜻하며, 트위터나 페이스북과 같은 SNS에서는 해시기호(#) 뒤에 태그를 붙인다고

---

97) Library 2.0이란 생산과 이용이 분리된 초기의 웹환경에서 사용자가 직접 정보를 생산하여 쌍방향으로 소통하는 새로운 웹환경으로 전환됨을 지칭하는 Web 2.0에서 파생된 용어로서, 개방·참여·공유의 정신을 바탕으로 도서관 실무자와 이용자가 토론하는 공간을 마련하거나 도서관 블로그와 이용자 블로그 간 트랙백을 활용하여 하나의 공동체를 구성하는 시도 등을 포함합니다.

해서 **해시태그**(hashtag)라 부르기도 합니다.

　멀리 가서 사례를 찾을 필요 없이 SNS의 본문 마지막에 기재하는 '태그'가 곧 폭소노미입니다. 간혹 자신의 생각이나 감정을 "#추워진데요, #따뜻하게_입고_다녀요"처럼 문장으로 길게 입력하는 경우도 있는데, 엄밀히 따지면 잘못된 사용법입니다. 태그는 내용물의 추신(postscript)을 덧붙이는 용도가 아니거든요. 물론 긴 문장일지라도 '#OccupyWallStreet', '#BringBackOurGirls', '#나는페미니스트입니다', '#그런데_최순실은?', '#다스는_누구_겁니까?', '#MeToo'의 사례와 같이 충분한 사회적 함의를 담고 있다면 폭소노미로 여겨야 마땅하겠지요.

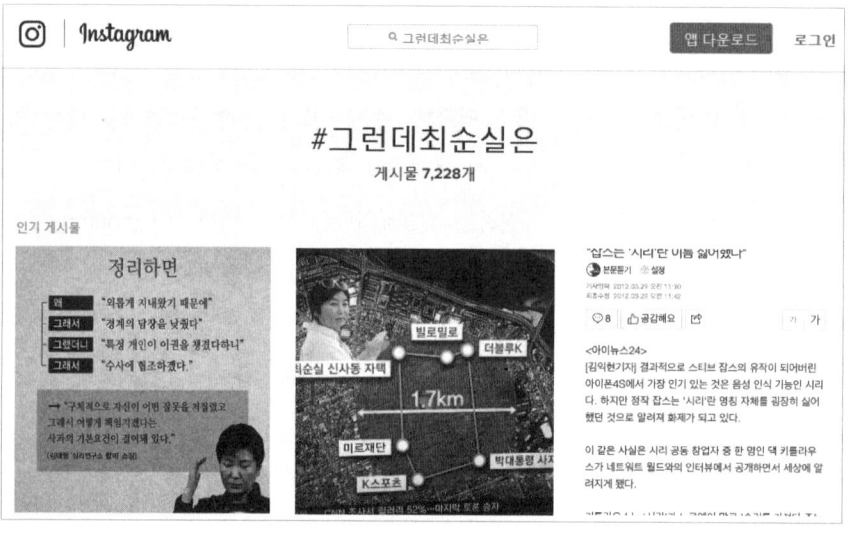

　폭소노미가 기존의 분류체계와 다른 점은 사용자들이 자발적으로 개별 컨텐츠에 의미를 부여함으로써 관련 정보를 체계화한다는 것입니다. 이를테면 SNS에 글이나 사진을 게시할 때 정치, 경제, 문화 등의 카테고리로 분류하는 것과는 별도로 '#홍대맛집', '#MLB', '#도서관' 등의 태그를 직접 입력하면 이 태그를 기준으로 관련 정보들이 일목요연하게 군집됩니다. 다른 구성원들과 상호작용하면서 정보가 나열되므로 더욱 정확하게 의미 있는 정보를 전달할 수 있는 장점을 가집니다. 폭소노미는 텍스트 검색이 불가능한 컨텐츠 즉, 사진이나 동영상과 같은 내용물을 게시하고 관련된 컨텐츠를 모을 때 더욱 빛을 발합니다. 그러나 키워드용 어휘를 제어하는 기준이 아예 없기 때문에 동의어, 유의어, 다의어 등에서 비롯되는 문제점을 해결하기 어려운 단점도 있습니다.

구조적으로는, 택소노미가 전문가의 중앙집중적 시각으로 제안된 분류체계인 반면에 폭소노미는 일반인들이 제안한 태그들의 집합으로 수평적이고 분산적으로 나타납니다. DDC 등의 전통적인 도서관 분류법이나 과거 Yahoo! 등에서 제공했던 웹디렉토리(web directory)에서는 가령 '학문-사회과학-경제학-거시경제-…'와 같이 개념의 외연을 구분해나가는 계층구조로 형성되기 때문에 새로운 주제의 삽입이 어렵고 사용자들의 다양한 관심사를 반영하기 힘듭니다. 폭소노미는 이와 같은 트리(tree) 구조를 가진 택소노미의 경직성을 보완하기 위해 나타난 유연한 방식의 새로운 분류체계인 셈입니다. 폭소노미에서 정보와 지식은 전통적 분류법과는 전혀 다른 방식으로 전개되는데, 하이퍼텍스트로 학문 간의 경계를 넘나들면서 이를테면 경제학이 물리학과 연결되기도 하고 천문학이 한의학과 연결되기도 합니다.

폭소노미는 사진 공유 사이트인 Flickr, 소셜 북마크인 Delicious, 서평 공유 사이트인 LibraryThing 등을 통해 널리 확산되었습니다. 도서관계에서도 이용자 중심의 Library 2.0을

구현하고 기존의 목록을 보완하기 위해 폭소노미의 도입을 검토하고 있습니다. 목록에 부여된 주제명표목과는 상관없이 도서관 이용자들이 스스로 태그를 생성하고 공유할 수 있는 서울대학교 도서관의 'Tag Cloud' 서비스가 대표적입니다.

2
분류표 살펴보기

한 도서관 내에서 똑같은 자료를 대상으로 누가 편목하더라도 최대한 똑같은 결과물(목록)을 만들기 위해 편목규칙이 필요하듯, 한 도서관 내에서 똑같은 자료를 대상으로 누가 분류하더라도 최대한 똑같은 결과물(분류기호)을 만들기 위해서는 자료분류표가 필요합니다.

자료분류표는 분류원리와 목적에 따라 논리적이고 체계적으로 배열하기 위한 분류기호와 분류명사의 일람표를 말합니다. 사서는 자기 마음대로 임의의 기준으로 분류하는 것이 아니라 자료분류표에 근거하여 도서관자료를 분류해야 합니다.

'분류표'와 비슷한 용어로 '분류법'이 있는데, 엄격히 구별하자면 분류법(classification)이 분류의 체계과 사용법을 설명하는 방법론의 개념인데 반해 분류표(classification scheme)란 분류실무를 위한 도구의 개념이라 할 수 있습니다.

비유컨대 법률(法律)을 수록(contain)한 것을 법전(法典; law books)이라 일컫듯이, 분류법을 수록한 것이 분류표라고 이해하면 되겠습니다. 대체로 분류표와 분류법을 혼용하는 실정인데 이를테면 KDC의 공식 명칭은 '한국십진분류법'이지만 이를 '한국십진분류표'라 불러도 무방합니다.

2.1 분류기호는 왜 사용하는가

자료분류표의 핵심은 분류기호입니다. **분류기호**란 특정 주제를 확인하고 서가상이나 목록상의 자료를 정밀하게 배열할 수 있도록 모든 분류명사의 논리적 순서를 간략한 형태로 표현한 상징적인 부호를 말합니다. 즉, 주제를 언어로 표현한 분류명사(分類名辭)를 다시 약속된 기호(notation)로 치환한 것입니다. 분류기호는 배가 및 검색의 수단이 되는 청구기호(call number)의 중요한 요소를 이룹니다.

자료분류표에서는 주로 아라비아숫자나 알파벳문자(로마자)를 분류기호로 사용합니다. 이 때 숫자 또는 문자 한 가지 형태만을 사용한 것을 순수기호법, 2종 이상의 기호를 혼합하여 사용한 것을 혼합기호법이라 합니다. 가령 듀이십진분류법(DDC), 한국십진분류법(KDC), 일본십진분류법(NDC) 등은 아라비아숫자만의 순수기호법을, 전개분류법(EC), 미국의회도서관분류법(LCC), 콜론분류법(CC) 등은 아라비아숫자와 알파벳문자, 각종 부호의 혼합기호법을 사용하는 분류법입니다.

일상에서 우리는 다양한 기호체계에 둘러싸여 있으며, 현대인들은 이러한 기호법을 숙지해야 정상적인 생활을 영위할 수 있다고 해도 과언이 아닙니다. 예를 들어, 직장인 구보씨의 하루 일정을 잠깐 살펴볼까요?

> 271번 버스를 타고 지하철 홍대입구역(239)에서 공항철도로 환승한 구보씨는 인천국제공항(ICN) M카운터에서 일행을 만나 25번 탑승구를 통해 OZ502편에 탑승하였다. 파리 드골공항에 도착한 그는 12번 벨트에서 수하물을 찾아 차량번호 F AA-229-CA 승용차를 렌트하여 목적지로 향했다.

'M카운터', '25번 탑승구' 등의 기호는 순서를 나타내고 'ICN', 'OZ', 'F' 등의 기호는 특정한 사실을 함축적으로 의미합니다. 이러한 일상생활의 기호법은 전화번호, 주민등록번호, 버스노선번호, 사업자번호 등의 아라비아숫자 기호법, 혈액형 등의 문자 기호법, 그리고 여권번호, 차량번호, 항공번호, 제품번호, 문서기호 등의 혼합기호법으로 나눌 수 있습니다.

그렇다면 왜 우리는 기호를 사용하는 것일까요? 내용을 함축하여 빨리 전달하기 위해서입니다. 만약 중랑교 앞에서 어느 할머니께서 "여기서 마포구청에 가려면 무슨 버스를 타야 하지?" 라고 물었을 때,

"네, 할머니. 용마문화복지센터에서 출발하여 서일대학교–망우3동주민센터.면일초등학교–용마공원입구–우림시장–봉우재고개–혜원여자중학교.혜원여자고등학교입구–상봉터미널입구–혜원목욕탕–상봉2동주민센터–금성시장.KT중랑지점–KT중랑지사–중랑초등학교–서울우유–중랑교–삼육서울병원–시조사삼거리.휘경동입구–떡전교사거리.동대문노인복지관(상암동)–서울성심병원(면목동)–미주아파트.동대문세무서(상암동)–청량리역환승센터–청량리청과물도매시장–제기동역.서울약령시–용두동사거리.한국의류시험연구원–신설동역–동묘–동대문–종로6가.종로신진시장–종로5가.광장시장–종로4가.종묘–종로3가–종로2가–종로1가–광화문.금호아시아나본관–서울역사박물관.경교장.강북삼성병원–서대문역.적십자병원.농협중앙회–충정로역–아현역–웨딩타운–이대역–신촌오거리.신촌역–신촌오거리.현대백화점–동교동삼거리–홍대입구역–서교동예식장타운–합정역–합정역–성산초등학교입구–기업은행서교동지점.최규하대통령가옥–망원시장.망원동월드컵시장입구–마포구청역입구–마포구청.성산자동차검사소.마포장애인복지관–월드컵경기장.월드컵공원.마포농수산물시장–난지천공원주차장입구.월드컵공원입구–상암월드컵파크3단지.난지천공원–상암월드컵파크2단지–상암DMC홍보관.YTN.누리꿈스퀘어.MBC–상암월드컵파크5단지.상암중학교.상암고등학교입구를 거쳐 상암월드컵파크7단지에 종점으로 도착하는 버스를 타셔서 중간에 마포구청에서 내리시면 됩니다."

라고 전달하는 것과,

"네, 할머니. 271번 버스를 타면 마포구청으로 가실 수 있습니다."

라고 전달하는 것은 하늘과 땅의 차이만큼이나 큽니다. 기호를 사용함으로써 어떤 내용을 함축하여 빨리 전달할 수가 있는 것이지요.

도서관 자료분류표에 채용된 기호법에 가장 가까운 일상생활의 기호법으로는 우편번호를 들 수 있습니다. 현행 우편번호는 지형지물을 기준으로 부여된 국가기초구역번호에 따라 5자리로 구성됩니다.

편지나 택배를 보낼 때 받는 사람의 주소를 상세히 적는데 왜 우편번호까지 구태여 적어야 하는 걸까요? 봉투에 기재한 주소만으로도 원하는 곳까지 우편물이 배달됩니다만, 주소의 일부를 기호로 코드화함으로써 우체국에서 우편물을 분류하는 데 소요되는 시간을 절약할 수 있기 때문이지요. 즉, 우편번호라는 기호는 우편 업무의 처리속도를 전반적으로 향상시키기 위한 수단입니다.

우리 주변을 더 둘러보면, 일부 지자체의 시내버스 노선체계에도 분류원리와 기호법이 적용된 사실을

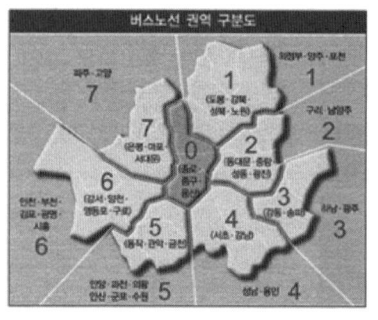

알 수 있습니다. 서울 버스의 예를 들면, 서울과 경기도를 각각 8개 권역으로 구분하여 기호를 부여한 다음 출발지와 도착지에 해당되는 권역기호를 2~4자리의 노선번호로 사용합니다. 이를테면 271번 간선버스는 2권역(동대문, 중랑, 성동, 광진)에서 출발해 7권역(은평, 마포, 서대문)에 도착하는 1번 버스임을, 7739번 지선버스는 7권역을 출발해 7권역에 도착하는 39번 버스임을 뜻합니다.

지하철에도 기호법이 적용되어 각 역마다 고유의 기호를 갖고 있습니다. 서울지하철은 아라비아숫자의 순수기호법을 사용하여 이를테면 답십리역 기호는 '542'이며, 환승역인 동대문역은 1호선의 '128', 4호선의 '421'이라는 두 가지 기호를 가집니다.

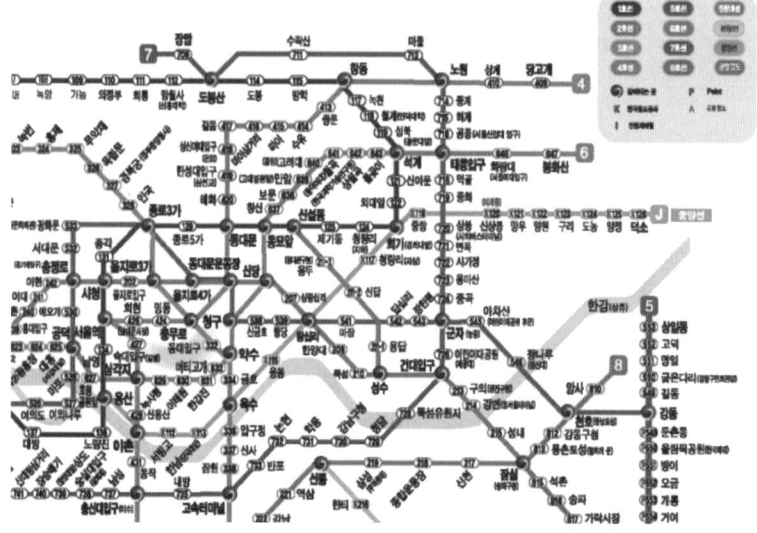

일본의 오사카 지하철은 아래 그림과 같이 알파벳과 아라비아숫자의 혼합기호법을 사용함을 알 수 있습니다. 일본어를 잘 모르는 여행객이 지하철로 오사카성에 가고 싶어 할 경우 '大阪ビジネスパーク駅'으로 알려주기 보다는 'N21'에 도착하면 된다고 설명하면 훨씬 쉽고 빨리 이해될 수 있겠지요.

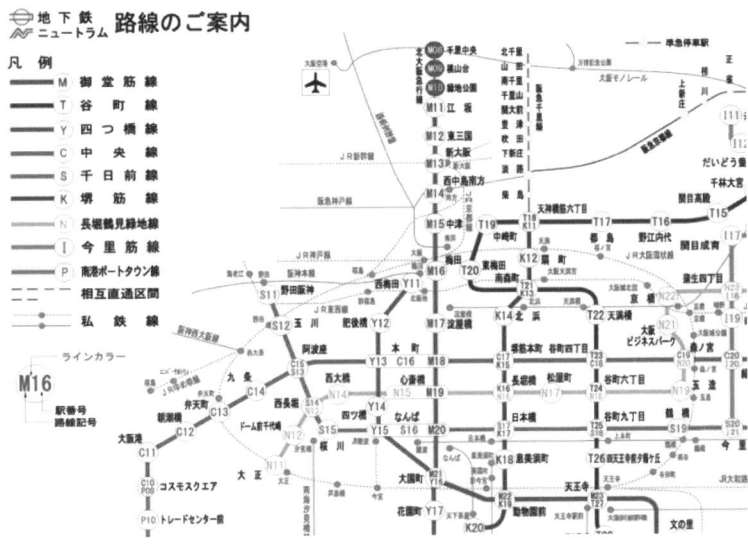

 기호법은 심지어 노래방에서도 사용됩니다. 곡마다 아라비아숫자의 기호가 부여되어 있기 때문에, 우리는 곡명과 가수명을 일일이 입력하는 번거로움 없이 3~6자리의 기호만 간단히 눌러 부르고 싶은 노래를 '신속하고' '정확하게' 선택할 수 있습니다. 다만 노래방의 곡번호는 일종의 일련번호로서 반주곡의 제작순서만 간접적으로 나타낼 뿐 우편번호나 버스노선번호처럼 기호 자체에 체계적인 의미가 포함된다고 보기는 어렵습니다.

 분류기호의 목적도 크게 다르지 않습니다. 도서관에서 자료를 '신속'하고 '정확'하게 배가하고, 이용자가 원하는 자료를 '신속'하고 '정확'하게 찾을 수 있도록 하기 위해 기호법을 사용합니다.
 다만 '신속' '정확'을 목적으로 간결한 형태의 기호를 사용하기 때문에 그것을 발음하는 방식도 간결해야 합니다. 예를 들어 KDC의 329.4를 "삼백 이십 구 점 사"로 읽지 아니하고 "삼 이 구 점 사"로 읽어야 합니다. DDC에서도 마찬가지로 "three hundred twenty nine point four"가 아니라 "three two nine point four"로 읽습니다. 분류기호로 사용되는 아라비아숫자는 산술적 의미를 갖는 숫자가 아니라 식별을 위해 차용한 기호이기 때문입니다. 이는 여객기 Boeing 707을 "seven zero(oh) seven" 또는 "칠 공 칠"로, 승용차 BMW 520을 "five two zero" 또는 "오 이 공"으로 발음하는 이유와 일맥상통합니다. 따라서 MARC에서도 가령 245 필드는 "이 사 오 필드" 또는 "two four five field"로 발음합니다.

여러분들 대다수도 전화번호 010-1234-5678을 "공 일 공 - 천 이백 삼십 사에 오천 육백 칠십 팔"이라 하지 않고 "공 일 공 - 일 이 삼 사에 오 육 칠 팔"이라고 읽잖아요? 그러므로 지금부터라도 800을 "팔백", 813.6을 "팔백 십 삼 점 육"으로 읽지 말기 바랍니다. 이용자들이야 그렇게 읽어도 상관없습니다만, 기호법의 목적을 충분히 이해한 이상 되도록이면 "팔 공 공", "팔 일 삼 점 육"으로 읽는 습관을 들이자구요.

2.2 자료분류표는 어떻게 구성되어 있는가

분류표는 통상적으로 본표와 색인으로 구성됩니다. **본표**(schedule)는 사용법을 수록한 '매뉴얼', 주제를 언어로 나타낸 분류명사와 이를 기호로 변환한 분류기호를 분류원리에 따라 체계적으로 배열한 '주분류표', 보조기호를 편성한 '보조표'의 세 가지 요소로 구성됩니다.[98]

1) 주분류표

주분류표(main classification tables)는 분류기호와 분류명사, 그리고 주기로 구성되며, 한 주제에 대한 3가지 요소를 묶어 한 단위의 **엔트리**(entry; 분류항목)라 칭합니다. **분류기호**는, 앞에서 살펴봤듯이, 특정한 개념을 숫자나 문자와 같은 약속된 기호로 변환한 것입니다. **분류명사**는 표목(heading)이라고도 하며 분류기호에 해당되는 주제명이나 어구를 뜻합니다. 참고로 주분류표는 분류기호의 순으로 배열되는 데 반해, 색인은 이 분류명사의 순으로 배열됩니다. **주기**(note; 註記)는 분류명사를 설명하거나 필요한 사항을 보충하는 것을 말합니다. KDC 제6판 주분류표의 본문 일부를 발췌하여 그 요소를 적시하면 아래 그림과 같습니다.

	분류기호	분류명사(표목)
엔트리	193	국가 및 정치윤리 State and political ethics
엔트리	.8	국제윤리
엔트리	.81	전쟁, 평화
		양심적인 반대, 공정한 전쟁이론, 평화주의, 전투행위의 방법 및 수단은 여기에 분류한다. 　　전쟁윤리(군사학)→390.19 ← 주기

주분류표에서 각 주제들은 대체로 랑가나단(Siyali Ramamrita Ranganathan)이 제시한 유용한 배열순서의 원칙(helpfulness in array)에 따라 배열됩니다. 여기서 유용한 배열순서라 함은 이용자가 순서대로 접근할 수 있도록 주제들이 논리적인 체계에 따라 전개되어야 한다는 것을 의미하며, 그중에서 몇 가지 원칙을 간추리면 다음과 같습니다.

---

[98] 그러나 보통은 주분류표를 본표로 통칭하기도 합니다

- 시대순 원칙(Principle of Later-in-Time) : 주제가 여러 시간대에 걸쳐 형성된 것이라면 이들은 시간대의 순으로 배열하는 것이 유용합니다. 역사와 관련된 주제를 고대, 중세, 근대, 현대의 순으로 배열하는 것을 말합니다.

- 진화순 원칙(Principle of Later-in-Evolution) : 주제가 진화의 여러 단계에 속한다면 이들은 진화의 순서대로 배열하는 것이 유용합니다. 역사를 구대륙에서 신대륙으로,[99] 생물을 하등생물에서 고등생물의 순으로, 기계공학을 자동차, 철도, 항공우주의 순으로, 교육을 유아 및 초등교육, 중등교육, 고등교육의 순으로 배열하는 것 등이 대표적입니다.

- 인접순 원칙(Principle of Spatial Continuity) : 주제가 계속적으로 인접된 공간에서 발생한다면 이들을 인접공간의 순서에 따라 배열하는 것이 유용합니다. 역사 주제에서 각 대륙별 국가를 공간의 인접순으로 배열하거나, 천문학 주제에서 태양계 행성을 태양과 가까운 순으로 배열한 것이 대표적입니다. 이를테면 KDC에서 다른 대륙의 국가는 북→남 방향의 순서를 견지하고 있으나 아시아의 경우 대한민국을 기준으로 인접한 중국, 일본의 순으로 배열하고 있습니다.

- 양 증가순 원칙(Principle of Increasing Quantity) : 주제가 양적인 구별을 허용한다면 이들을 양 증가의 순서에 따라 배열하는 것이 유용하다는 원칙으로, 기하학 주제에서 평면기하학, 입체기하학, 구면기하학의 순으로 배열한 것이 대표적입니다.

- 복잡성 증가순 원칙(Principle of Increasing Complexity) : 주제가 다양한 복잡성을 갖고 있다면 이들을 복잡성 증가의 순서에 따라 배열하는 것이 유용합니다. 화학을 무기화학, 유기화학의 순으로, 공연예술을 라디오극, 텔레비전극, 영화의 순으로 배열한 것이 대표적입니다.

- 전통적순 원칙(Principle of Canonical Sequence) : 주제가 전통적으로 특정한 배열순서로 되어 왔다면 전통적인 배열순서를 따르는 것이 유용합니다. 서양의 학자들은 전통적으로 자연과학을 수학, 천문학, 물리학, 화학, 지학, 식물학, 동물학의 순으로 배열하였으며 다수 자료분류표에서 이 순서를 수용하였습니다.[100] KDC에서 생활과학을 의식주(衣食住)의 순으로 배열한 것도 이 원칙으로 볼 수 있습니다.[101]

---

99) DDC는 유럽, 아시아, 아프리카, 아메리카의 순으로 배열하나 KDC는 아시아를 유럽에 선치하였습니다.
100) 다만 DDC는 수학, 천문학, 물리학, 화학, 지학, 고생물학, 생물과학, 식물학, 동물학의 순서를 견지하였으나, KDC에서는 수학, 물리학, 화학, 천문학, 지학, 광물학, 생물과학, 식물학, 동물학의 순으로 변경하였습니다.
101) 반면 DDC는 '식주의'의 순으로 배열하였습니다.

2) 보조표

지식 또는 학문의 모든 주제들을 자료분류표에 기호로 만들어두는 것은 사실상 불가능합니다. 따라서 주분류표상에는 기본 주제와 이들의 하위주제만 열거하고, 기본 주제나 하위주제에 공통적으로 또는 특수한 부분에 적용할 수 있는 개념들을 보조기호로 변환하여 이를 별도의 표로 만들어놓고 있습니다. 주분류표의 분류기호에 부가하여 조합함으로써 완전한 분류기호를 완성하기 위하여 별도의 보조기호를 편성한 보조적 장치를 가리켜 **보조표**(auxiliary tables)라 합니다. DDC와 LCC에서는 'table', UDC에서는 'auxiliary table', CC에서는 'isolate idea', KDC에서는 '조기표'로 각각 칭하며, NDC에서는 8판까지는 조기표였던 명칭을 9판부터 '보조표'로 변경하였습니다.

보조표는 멜빌 듀이가 DDC 제2판(1885)에서 각 주제를 합성하기 위한 형식구분표를 만든 것이 효시입니다. 그는 여러 주제 아래에 동일한 표현형식(form of presentation)을 일일이 열거하는 것은 낭비적이라는 사실을 깨닫고 동일한 표현형식을 가진 개념에 공통적으로 사용할 수 있는 장치를 마련하여 어느 주제의 기호와도 조합할 수 있도록 구현하였습니다. 보조표라는 보완 장치(device)를 채택함으로써 자료분류표의 외형적 부피를 감소시키고, 표의 조직을 단순·간결하게 하여 분류표의 이해 및 기억을 도와주는 것을 기대할 수 있습니다. 자료분류표에서 일반적으로 채택하고 있는 보조표의 유형을 간추리면 다음과 같습니다.

- 형식구분 : 자료에 적용된 형식을 구분하는 것으로 이론·철학, 교육·연구, 역사 등의 내용적 특징을 표현하는 형식과 백과사전, 연속간행물, 전집 등의 물리적 특징을 표현하는 형식을 보조기호로 나타냅니다. KDC에서는 표준구분표라 칭합니다.

- 지리구분 : 특정한 한 지역을 한정하여 어떤 주제를 다루고 있을 경우 그 특정지역의 공간적 특성을 기호로 나타낼 수 있습니다. KDC에서는 지역구분표라 칭합니다.

- 시대구분 : 특정한 한 시대로 한정하여 어떤 주제를 다루고 있을 경우 그 특정시대의 시간적 특성을 기호로 나타낼 수 있습니다. KDC에서는 표준구분표의 -09로 세분됩니다.

- 언어구분 : 개별 언어, 개별 문학 및 기타 주제에서 언어의 구분이 필요한 항목에 적용할 수 있도록 세계의 언어를 계통별로 구분하여 일정한 체계에 따라 기호를 부여해놓은 보조표입니다. KDC에서는 언어구분표라 칭합니다.

- 문학구분 : 개별 문학작품의 다양한 형식(장르, 시대 등)을 조합하여 분류기호를 표현할 수 있도록 마련한 보조표입니다. KDC에서는 문학형식구분표라 칭합니다.

- 인종, 민족, 국가별 구분 : 특정한 인종, 민족 또는 국가로 한정하여 어떤 주제를 다루고 있을 경우 그 특성을 나타낼 수 있도록 인종, 민족, 국가를 일정한 체계에 따라 기호를 부여해놓은 보조표입니다.

- 인물구분 : 특정한 성격을 지닌 사람들에 한정되었거나 특정한 사람들을 위해 어떤 주제를 다루고 있을 경우 이들 특정한 성격의 표현하기 위해 사용하는 보조표이다. 주로 성별, 연령별, 사회계층, 직업 등의 속성으로 구분됩니다.

3) 색인

자료분류표에서 **색인**이란 사서가 분류업무를 수행하면서 대상자료의 주제를 쉽게 빨리 찾을 수 있도록 분류표의 주요항목들을 자모순으로 배열하고 그에 해당하는 분류기호를 제시한 것을 말합니다. 동일주제일지라도 취급된 관점에 따라 분류의 결과가 달라질 수 있기 때문에, 관점을 폭넓게 갖기 위해서는 실무에서 항상 색인을 참조하는 것이 바람직합니다. 특히 초심자의 경우 분류표에 익숙해질 때까지 반드시 본표와 함께 색인을 함께 이용하는 습관을 가져야 합니다. 다만 색인만으로 분류기호를 결정해서는 곤란합니다. 일단 색인에서 적합한 분류기호를 확인했다고 하더라도 반드시 이를 본표의 기호와 대조, 검토한 후에 기호를 결정하는 것이 좋습니다.

색인은 용어의 배열체계에 따라 열거색인과 상관색인으로 나눌 수 있습니다. **열거색인**(specific index)이란 분류표에 제시된 용어만을 자모순으로 배열하고 그에 해당하는 분류기호를 제시한 일반적인 색인을 말합니다. **상관색인**(relative index)은 분류표상에 제시된 용어뿐만 아니라 그것의 통제되지 않은 모든 동의어, 그리고 분류사서가 접근할 가능성이 있는 유사어, 용어의 도치형식, 다단계 형식 등 모든 유형의 용어를 수록하고 해당 분류기호를 제시한 색인입니다. 특정한 주제에 관하여 여러 관점에서 취급된 항목들을 그 주제 아래에서 전부 신속하게 훑어볼 수 있기 때문에 분류업무에 편리합니다. 동의어나 유사어를 인접한 부분에서 찾을 수 있고, 도치형식이나 다단계 형식으로도 분류기호를 찾을 수 있으며, 특정주제를 취급한 관점이 다르더라도 그 주제 아래에서 관련분야를 찾을 수 있으므로 같은 주제의 자료를 사람에 따라 서로 다르게 분류하는 일이 줄어들게 됩니다.

상관색인의 예시는 아래 그림과 같습니다. DDC를 예로 들면, 음식(food)이라는 동일한 주제에 대해 요리, 풍속, 교육, 건강, 법률 등 다양한 관점에서 다루어지고 다양한 지식분야에 적용됨을 확인할 수 있습니다.

Food	641.3	음성군	지역-1173
armed forces supplies	355.81	음성매체	
commercial processing		기술	686.19
economics	338.47644	예술	686
technology	664	음성학	701.1
cooking	641.5	음소학	701.1
customs	394.1	음속	
elementary education	372.37	음속이하진동	524.52
health	613.2	진동	511.242
home economics	641.3	음식	
home preservation	641.4	공급	558.9773
literature	808.80355	문화	381.75
nutritional content	613.2	알레르기	513.923
public administration	353.997	용기	586.34
product safety	363.192	풍습	381.75
criminology	364.142	음식물	594
law	344.04232	단속	350.75
social welfare	361.05	음식점	
Food addiction	362.27	건물	549.82
medicine	616.8526	관리	596.9
social welfare	362.27	음악	670
[DDC 색인]		[KDC 색인]	

2.2 자료분류표는 어떤 유형이 있는가

자료분류표는 구분기준에 따라 다양하게 나눌 수 있습니다. 즉, 기호법에 따라서는 십진식과 비십진식으로, 구조원리에 따라서는 열거식과 분석합성식으로, 적용범위에 따라서는 일반분류표와 특수분류표로, 사용의도에 따라서는 표준분류표와 일관분류표로, 형태에 따라서는 인쇄형과 전자형으로 각각 구분할 수 있습니다.

1) 기호법에 따른 유형 : 십진식분류표와 비십진식분류표

십진식분류(decimal classification)란 순수한 아라비아숫자 1~9까지 사용하여 주제를 9개로 나누고 이에 속하지 아니하는 주제는 0을 주어 총 10개로 나누면서 점진적으로 세분하는 방법을 말합니다. 다음 단계에서 상위주제는 0을 승계하고 1~9까지 하위주제로 세분하므로 실제로는 9분법이 되는 셈입니다. 이를 구체적으로 표현하면 아래의 그림과 같습니다.

주류	강목	요목	
000 총류	300 사회과학	330 사회학, 사회문제	338 사회복지
100 철학	310 통계자료	331 사회학	338.1 사회사업
200 종교	320 경제학	332 사회조직 및 제도	338.2 재해구호사업
300 사회과학 →	330 사회학, 사회문제 →	333	338.3 장애인복지
400 자연과학	340 정치학	334 사회문제	338.4 생활보호
500 기술과학	350 행정학	335 생활문제	338.5 아동.청소년복지
600 예술	360 법학, 법률	336	338.6 노인복지사업
700 언어	370 교육학	337 여성문제	338.7
800 문학	380 풍속, 예절, 민속학	338 사회복지 →	338.8 보훈복지
900 역사	390 국방, 군사학	339 사회단체	338.9 지역사회복지사업

총류를 포함하여 1단계로 10개의 **주류**(主類; main class)로 나누고 이를 2단계로 각각 10개씩 100개의 **강목**(綱目; division), 이것을 다시 3단계로 1,000개의 **요목**(要目; section) 등으로 순차적으로 세분해 나가면서 위의 그림과 같이 주류를 제외한 각각의 개념은 상위의 개념에 종속되는 구조를 갖게 되는 계층구조를 이룹니다. 1,000개의 세 자릿수가 대체로 십진식분류표의 기본 구분이 됩니다. 세 자릿수 이하부터는 소수점을 사용하여 가령 '020.4'처럼 표기하며, 그 이하의 주제는 **세목**(細目; subdivision)으로 통칭합니다.

십진식분류표는 멜빌 듀이가 DDC를 통해 세계 최초로 만든 것입니다. UDC(국제십진분류법), KDC(한국십진분류법), NDC(일본십진분류법) 등 DC로 명명된 모든 분류표들은 십진식분류표에 속합니다. 십진식분류표의 장점으로는 ① 아라비아숫자를 분류기호로 사용하므로 이용하기 쉽고 국제적으로 통용할 수 있으며, ② 기호가 단순하고 이해하기도 쉬우며, ③ 조기성을 갖추고 있으므로 기억하기 쉬우며, ④ 기호의 상하관계가 분명하여 쉽게 개념을 파악할 수 있으며, ⑤ 세계적으로 가장 많이 보급된 분류표라는 것입니다.

그러나, 단점으로는 ① 구분지가 9개씩으로 형식적이고 동위류의 전개능력이 떨어져 분류기호의 길이가 길어지며, ② 분류체계가 기호법에 예속되어 주제의 구분이 기계적이고 인위적이며, 불필요하게 주제를 배열하다 보면 비논리적으로 전개될 수 있으며, 동위계열의 숫자가 이미 사용된 경우 새로운 주제의 삽입이 어려우며, ⑤ 비십진식분류표보다 전개능력이 떨어집니다.

십진식분류는 구분지가 9개로 한정된다는 것이 단점입니다. 주류에서는 구분지가 0(총류)~9(역사)까지 10가지이지만 강목부터는 구분지가 9가지입니다. 가령 300은 310~390까지 실제로 9구분만 가능하니까요.

모든 주제를 9가지로 기계적으로 나누어야 하므로 때에 따라서는 부득이하게 동위주제와 하위주제가 나란히 배정되기도 합니다. 예를 들어 인문대학, 사회과학대학, 상경대학, 법정대학, 자연과학대학, 공과대학, 사범대학, 예술대학을 단과대학으로 둔 어느 종합대학의 조직에 대해 아라비아숫자를 부여하면서 다음과 같이 강제로 9구분했다고 가정해봅시다.

1 인문대학, 2 사회과학대학, 3 상경대학, 4 법정대학, 5 자연과학대학, 6 공과대학, 7 사범대학, 8 음악학과, 9 미술학과

1~7까지는 동위관계인 단과대학으로 구분했는데 예술대학에 8을 부여하려니 9가 공기호로 비어지게 되어 어쩔 수 없이 예술대학에 속하는 음악학과와 미술학과에 8과 9라는 기호를 줄 수밖에 없었습니다. 따라서, 1~7은 동위주제의 구분지인데 8, 9는 그것의 하위주제의 구분지가 된 셈이죠.

구분지가 9개가 넘는 경우도 마찬가지입니다. 가령 12개의 학과를 가진 1 인문대학을 다음과 같이 9구분했다고 가정합시다.

11 철학과, 12 국사학과, 13 서양사학과, 14 국어국문학과, 15 중어중문학과, 16 일어일문학과, 17 불어

불문학과, 18 독어독문학과, 19 서어서문학과/노어노문학과/언어학과/미학과

학과가 12개이다보니 9구분만으로 부족하여 주요한(?) 학과를 11~18에 배당하고 기타(?) 학과는 19에 통합하거나 혹은 191 서어서문학과, 192 노어노문학과, 193 언어학과, 194 미학과 라는 식으로 그 아래에서 다시 구분할 수밖에 없겠지요.102)

이렇듯 모든 주제를 일률적으로 9구분하면 새로운 주제의 삽입이 어렵게 됩니다. 만약 인문대학에 동양사학과가 신설될 경우에는 유사한 학과인 국사학과와 서양사학과 사이에 배치되어야 하나, 이미 12와 13이라는 기호가 사용되었기 때문에 중간에 비집고 들어갈 틈이 없으니까요.103)

비십진식분류(non-decimal classification)란 십진법을 채택하지 않고 기호를 전개하는 분류법을 말하며, 문자만을 사용하는 방법, 문자와 숫자를 혼용하는 방법, 문자와 숫자에 부호를 결합하는 방법 등이 있습니다. 미국의회도서관분류법(LCC), 콜론분류법(CC), 전개분류법(EC), 주제분류법(SC), 서지분류법(BC) 등이 대표적인 비십진식분류표입니다.

비십진식분류표는 전개 능력이 십진식분류표보다 뛰어납니다. 강목의 전개능력을 예로 들면 십진식은 아라비아숫자 0~9를 사용할 경우 10×10=100개로 전개할 수 있지만 비십진식은 알파벳문자 26자를 사용하면 26×26=676개로 훨씬 많은 강목을 전개할 수 있습니다. 이러한 이유로 북미의 공공도서관이나 학교도서관은 대부분 DDC를 사용하는 데 반해 장서가 많은 대학도서관은 LCC를 더 많이 사용합니다.

비십진식분류표의 장점으로는 ① 사용할 수 있는 기호가 아라비아숫자보다 많으므로 전개능력이 십진식보다 크며, ② 기호에 구애되지 않고 분류체계를 합리적이고 논리적으로 편성할 수 있으며, ③ 새로운 주제의 삽입을 위해 기호를 비워두어 장래를 대비할 수 있으며, ④ 십진식보다 기호가 짧아집니다.

단점으로는 ① 처음에 기호를 잘못 배정할 경우 새로운 주제의 삽입이 곤란할 수 있으며, ② 기호가 복잡하여 배열에 많은 시간이 소요되며, ③ 십진식에 비해 조기성이 부족하여 분류기호를 기억하기가 어렵습니다.

---

102) 예시에 불과하니 기타 학과로 기술된 학과의 관계자 분들께서는 서운해하지 마시기 바랍니다.
103) 어떻게든 순서대로 배열하기 위해 동양사학과에 125라는 기호를 부여하는 편법을 쓰기도 합니다만 기호 자체만으로 125는 12의 하위주제로 인식될 수밖에 없습니다.

앞에서 예를 든 종합대학을 비십진식으로 분류할 경우 알파벳문자를 사용하여 A 인문대학의 학과에 대해 다음과 같이 기호를 부여할 수 있습니다.

AA 철학과, AB 국사학과, AC 서양사학과, AD 국어국문학과, AE 중어중문학과, AF 일어일문학과, AG 불어불문학과, AH 독어독문학과, AI 서어서문학과, AJ 노어노문학과, AK 언어학과, AL 미학과

모든 학과에 동등한 2자리 기호의 부여가 가능하기 때문에 아라비아숫자를 사용하는 것보다 전개 능력이 커졌음을 알 수 있습니다. 그런데 만약 인문대학에 동양사학과가 신설될 경우 AB와 AC 사이에 적절한 기호의 삽입이 어려우므로 비십진식분류에서는 다음과 같이 기호를 처음부터 넉넉히 비워두는 편이 좋습니다.

AA 철학과, AC 국사학과, AE 서양사학과, AH 국어국문학과, AK 중어중문학과, AM 일어일문학과, AO 불어불문학과, AQ 독어독문학과, AS 서어서문학과, AU 노어노문학과, AW 언어학과, AY 미학과

이렇게 하면 신설된 동양사학과에 AD라는 적절한 순서성을 내포하는 동위관계의 기호를 부여할 수 있습니다.

2) 구조원리에 따른 유형 : 열거식분류표와 분석합성식분류표

열거식분류표(enumerative classification)란 분류표에 지식 전체의 각 주제에 대한 분류기호를 미리 만들어(ready-made) 열거한 분류표를 말합니다. 즉, 하나의 표에 과거와 현재, 예상되는 미래의 모든 주제를 최고의 유개념에서 최저의 종개념까지 체계적으로 세분한 분류표입니다.

```
300 사회과학
330    사회학, 사회문제
338       사회복지
338.6       노인복지사업
338.63       노인복지시설
338.631        주거복지시설
```

LCC는 세계 최대의 열거식분류표로 지칭되며 또한 DDC, UDC, KDC, NDC 등도 열거식분류표에 속합니다. 다만 어떤 분류표라도 모든 주제를 완전히 열거할 수는 없으므로 보조표 등을 마련하여 분석합성식 원리를 원용하고 있습니다.

분석합성식분류표(analytico-synthetic classification)는 분류지에 나타나는 모든 주제를 일일이 열거하는 대신에 지식의 전 분야를 특정한 분류원리에 따라 몇 가지의 구성요소로 분석한 다음, 각각의 요소들을 다시 미리 설정된 조합공식에 따라 합성하여 특정주제를 기호화하는 분류표를 말합니다. 각 주제 내의 분류명사(term)는 **패싯**(facet)이라고 불리는 그룹으로 나누어지며, 각 패싯 내의 분류명사는 계층적으로 배열됩니다. 그런 점에서 일명 패싯분류표(faceted classification)라고도 부릅니다.

대표적인 분석합성식분류표로는 CC와 UDC가 있습니다. 특이하게(?) UDC는 기본적으로 열거식분류표의 형태를 갖추고 있되 분석합성식 원리로 분류기호를 조합하는 경우가 더 많으므로 준열거식분류표(semi-enumerative classification)로 불리기도 합니다만, 공식 홈페이지104)에서는 스스로를 분석합성식분류표로 규정하고 있습니다.

분석합성식분류표의 장점으로는 ① 주제를 모두 열거하지 않아도 되므로 열거식분류표에 비해 분량이 줄어들며, ② 복합주제를 기호로 표현할 수 있으며, ③ 새로운 주제를 분류표에 삽입하기 쉬우며, ④ 조기성을 광범위하게 도입할 수 있습니다. 그러나, ① 조합공식에 따라 생성된 분류기호가 때로는 열거식보다 더 길고 복잡해질 때가 있으며, ② 열거순서로 인한 어려움으로 배가에 혼란을 초래하게 하는 단점이 있습니다.

◆ ◆ ◆

열거식분류표와 분석합성식분류표의 장단점은 이율배반적입니다. 다시 말해, 열거식분류표의 장점은 분석합성식분류표의 단점이 되고, 분석합성식분류표의 장점은 열거식분류표의 단점이기도 합니다. 예를 들어, 의류에 대한 상품분류표를 열거식분류표처럼 만들면 아래와 같이 분량이 많아지는 게 단점이지만, 모든 기호가 분류표에 이미 열거되어 있기 때문에 해당 아이템에 대한 기호를 찾는 일은 크게 어렵지 않습니다.

---

104) http://www.udcc.org

```
남자 100                              여름 112
  성인 110                              캐주얼 112.1
    춘추 111                              상의   112.11
      캐주얼 111.1                            외투      112.111
        상의  111.11                         재킷      112.112
          외투       111.111                 셔츠      112.113
          재킷       111.112                 티셔츠    112.114
          셔츠       111.113                 후드      112.115
          티셔츠     111.114                 니트/조끼 112.116
          후드       111.115              하의   112.12
          니트/조끼  111.116                 바지 112.121
        하의  111.12                      정장 112.2
          바지 111.121                      상의   112.21
      정장 111.2                              외투      112.211
        상의  111.21                         재킷      112.212
          외투       111.211                 셔츠      112.213
          재킷       111.212                 티셔츠    112.214
          셔츠       111.213              하의   112.22
          티셔츠     111.214                 바지 112.221
          니트/조끼  111.216              스포츠 112.3
        하의  111.22                         상의   112.31
          바지 111.221                        외투      112.311
      스포츠 111.3                            셔츠      112.313
        상의  111.31                         티셔츠    112.314
          외투       111.311                 후드      112.315
          셔츠       111.313                 니트/조끼 112.316
          티셔츠     111.314              하의   112.32
          후드       111.315                 바지 112.321
          니트/조끼  111.316         ...
        하의  111.32                   여자 200
          바지 111.321                   성인 210
                                          춘추 211
                                            캐주얼 211.1
                                        ...
```

    이것을 분석합성식분류표의 형태로 만들면 어떻게 될까요? 아래와 같이 표의 분량이 획기적으로(?) 줄어듭니다. 분석합성식분류표에서는 문자를 기호로 많이 사용하는데, 이는 기호만으로 그 의미를 함축할 수 있는 장점을 수반합니다. 가령 열거식분류표의 '111.115'라는 기호는 그것 자체로 별 의미가 없지만 아래 표에서 'MASUSSCT5095'라는 기호는 남자 성인의 춘추용 캐주얼 후드 95사이즈임을 나타냅니다.

구분	성별	연령	계절	용도	유형	사이즈
기호	남자 M 여자 W 공통 U	성인 A 주니어 J 아동 K 유아 C 영아 I	춘추 SS 여름 SU 겨울 W 사계절 FO	캐주얼 C 정장 B 스포츠 O 홈웨어 H 이너웨어 I 기타 Z	상의 T0 외투 T1 재킷 T2 셔츠 T3 티셔츠 T4 후드 T5 니트/조끼 T6 하의 B0 바지 T1 치마 T2 레깅스 T3 원피스 T4 기타 ZZ	직접입력 예: 090 066 130 029 082
조합 공식	성별+연령+계절+용도+유형+사이즈 예: MASSCT10100					

다만 분석합성식분류표는 분류표의 분량이 적다는 것이 장점이나, 기호를 사용자가 직접 조합해야 하는 것은 단점일 수 있습니다. '111.115'에 비해 'MASUSSCT5095'의 기호가 길고 복잡해진 것도 단점이기도 하구요.

분류표를 가구로 비유하자면 열거식은 완제품, 분석합성식은 DIY 제품에 견줄 수 있습니다. 각각의 장단점이 이율배반적이라는 것을 도표로 나타내면 다음과 같습니다.

구분	완제품	DIY 제품
장점	− 조립할 필요가 없다. − 곧바로 사용할 수 있다.	− 부피가 작아 운반하기 쉽다. − 대개 완제품보다 싸다.
단점	− 부피가 커서 운반하기 힘들다. − 대개 DIY 제품보다 비싸다.	− 직접 조립해야 한다. − 조립하는 데 많은 시간이 소요된다.

3) 지식의 적용범위에 따른 유형 : 일반분류표와 특수분류표

일반분류표(general classification scheme)란 특정한 주제분야에 한정된 것이 아니라 지식의 전분야를 망라하여 포괄적으로 조직한 분류표를 말합니다. 모든 주제의 자료를 취급하는 공공도서관, 대학도서관, 학교도서관 등에 적합한 분류표로서 종합분류표라고도 부릅니다. DDC, LCC, UDC, CC, KDC 등의 현대의 주요 분류법은 대부분 일반분류표에 해당됩니다.

특수분류표(special classification scheme)는 전문 주제나 특수한 유형의 자료를 분류하기 위해 편찬된 분류표를 말합니다. 의학, 법학, 음악 등 특수한 전문주제에 대한 분류표이므로 전문분류표라고도 하며, 주로 전문도서관이나 대학도서관의 주제분관에서 채택하고 있습니다. 또한 행정자료, 특허자료, 신문기사 등 특수자료에 대한 분류표도 마찬가지로 특수분류표에 해당됩니다.

전문 주제를 다루는 특수분류표로는 NLMC(National Library of Medicine Classification), 국가과학기술표준분류표, 한국교회문헌분류법 등이 있으며, 특수한 형태의 자료를 다루는 특수분류표로는 IPC(International Patent Classification), 기사자료 표준분류표, 기록관리기준표 등이 대표적입니다. 특수한 이용계층을 위한 특수분류표에는 공공도서관의 어린이자료를 위한 Library of Congress Classification Adapted for Children's Library Materials 등이 있습니다.

4) 사용의도에 따른 유형 : 표준분류표와 일관분류표

표준분류표(standard classification scheme)란 각종 도서관에서 공통으로 사용할 목적으로 편찬된 범용(wide use) 분류표를 말합니다. 표준분류표가 되기 위해서는 분류표에 필요한 조건을 갖추고, 공간(公刊)되어 입수하기 쉬워야 하며, 분류표의 보호와 육성을 위한 관리기관이 존재해야 합니다. 따라서 일반분류표가 표준분류표가 되는 경우가 대부분입니다. 도서관에서 표준분류표를 채택함으로써 얻을 수 있는 장점은, 모든 도서관이 동일한 분류표를 사용함으로써 협동편목이나 상호대차에 유리하고, 분류표의 관리기관이 주기적으로 개정하기 때문에 최신성을 유지할 수 있다는 것입니다. 우리나라의 KDC, 일본의 NDC 등이 표준분류표라 할 수 있습니다.

반면, **일관분류표**란 어느 한 도서관(一館)에서 사용하기 위해 독자적으로 편찬한 분류표를 가리킵니다. 미국의회도서관분류법(LCC)이 대표적이며 국내의 경우 고재창이 한국은행에서 사용하기 위해 만든 한은도서분류법(HUDC, 1954), 국방연구원 도서관의 국연십진분류표(1958), 지식재산전문도서관의 지식재산도서분류법 등이 이에 해당하며, 농심식문화전문도서관 DDC수정판처럼 자관의 성격과 특성을 고려하여 기존의 표준분류법을 근간으로 수정 보완한 경우도 있습니다. 그러나 미국의 LCC, 한국의 느티나무도서관분류표와 파랑새분류표처럼 본래는 일관분류표로 만들었지만 다른 도서관에 널리 채용되는 사례도 많습니다.

5) 형태에 따른 유형 : 인쇄형분류표와 전자형분류표

일반분류표 또는 표준분류표는 기본적으로 인쇄된 단행본의 형태인 **인쇄형분류표**로 발간됩니다. 분류표에 따라 단지 분량의 차이가 있을 뿐인데, 이를테면 KDC는 3책, DDC는 4책, UDC는 2책, LCC는 42책으로 구성되어 있습니다.

전자형분류표는 컴퓨터로 이용가능한 분류표를 말합니다. 최초의 전자형분류표는 1993년에 DDC 20판의 내용을 수록한 MS-DOS 기반의 CD-ROM 버전인 Electronic Dewey이며, 1996년에 21판을 담은 Windows 기반의 CD-ROM인 Dewey for Windows를 발간하였습니다.

2000년부터는 온라인 기반의 WebDewey[105] 서비스가 개시되었습니다. 이는 DDC의 본문을 그대로 수록하고 개정사항을 수시로 업데이트할 뿐만 아니라, 부피 관계로 인쇄형분류표에 수록되지 못한 용어를 상관색인에 추가로 제공하고 있으며, LCSH나 MeSH로도 검색할 수 있는 기능을 포함합니다.

Classification Web[106]은 미국의회도서관에서 제공하는 온라인 기반의 분류표로서 LCC의 전체 내용을 수록하고 있으며 LCSH, DDC/LCC 분류기호 변환, 도서기호 자동생성 등의 서비스를 제공합니다.

UDC Online[107]에서는 UDC의 영어판, 독일어판, 프랑스어판, 스페인어판, 체코어판, 크로아티아어판, 슬로베니아어판 등이 제공되고 있습니다.

전자형분류표의 장점으로는 키워드 검색이 가능하므로 매우 빨리 분류기호를 찾을 수 있으며, 입력한 키워드의 검색결과를 통해 폭넓은 관점을 투영할 수 있으므로 분류업무의 효율성이 높아집니다. 또한 인쇄형분류표가 제공하지 못하는 주제명표 등의 다양한 서비스를 제공하고, 네트워킹이 가능한 모든 장소에서 사용할 수 있으므로 원격지 근무를 가능하게 합니다. 하지만, 사용료가 비교적 고가이며, 인쇄매체에 비해 브라우징이 불편하고, 초보자의 경우 분류표의 전체적인 체계를 습득하기 곤란하며, 인터넷 접속이 불가능한 곳에서는 사용할 수 없는 단점도 있습니다. 요컨대 분류법에 대한 충분한 이해와 지식을 바탕으로 해당 인쇄형분류표를 능숙하게 활용할 줄 아는 경력자에게는 전자형분류표가 더 유용하다고 하겠습니다.

---

105) http://connexion.oclc.org
106) http://classificationweb.net
107) http://www.udc-hub.com

요점정리

- 자료분류표는 도서관자료를 분류하기 위한 공인된 기준이자 도구이다.
- 자료분류표는 '본표'와 '색인'으로 구성된다. 본표는 주분류표, 보조표, 매뉴얼로 구성된다.
- 주제를 언어로 표현한 것을 분류명사라 하며, 분류명사를 약속된 부호로 표현한 것을 '분류기호'라 한다. 분류기호로는 아라비아숫자와 알파벳문자가 주로 사용된다.
- 자료분류표는 기호법에 따라 '십진식분류표'와 '비십진식분류표'로, 구조원리에 따라 '열거식분류표'와 '분석합성식분류표'로 나눌 수 있다.

3
분류업무 익히기

　자료선정 과정을 통해 구입, 수증, 교환 등 다양한 방법으로 수서업무 부서에 입수된 자료들은 소정의 수입순 일련번호(등록번호)를 부여하여 도서관의 자산으로 등록한 후 이를 정리업무 부서로 인계합니다. 정리업무 부서에서는 인수한 자료를 검수하여 날인 작업 등을 통해 이 자료가 도서관의 자산임을 나타내고, 분류 및 편목의 자료조직 업무를 거쳐 배가와 대출을 위해 자료조직의 결과물로 출력된 각종 레이블 등을 자료에 부착하여 열람업무 부서로 인계합니다. 이렇듯 자료조직 이외의 업무들은 단순반복하는 육체적인 작업에 불과하므로 정리업무 부서의 핵심 업무는 자료조직이라 할 수 있어요.

　자료조직은 곧 분류와 편목을 일컫습니다. 그런데 편목의 경우에는 서지표준을 위한 편목규칙과 MARC은 누가 입력하든 간에 동일한 결과가 생성되도록 제정되었지만, 분류는 성격이 조금 다릅니다. 즉, 도서관의 목적이나 장서의 특성, 주제에 대한 관점 등에 따라 동일한 분류표로 분류하더라도 분류사서에 따라 다른 결과로 분류될 수 있는 것이지요.[108] 그런 점에서 분류는 모든 사서직이 수행하는 업무 중에서 사서의 주관적인 판단이 가장 깊숙이 반영되는 전문적 영역이라 할 수 있답니다.

　분류업무(classifying)란 좁은 의미로는 도서관에서 채용한 자료분류표에 기초하여 정해진 분류규정에 따라 적절한 분류기호를 개개의 도서관자료에 부여하는 일을 뜻합니다. 넓은 의미로는 여기에 도서기호를 부여해서 청구기호를 결정하고, 자료를 완전하게 개별화하기까지의 모든 과정을 포함합니다.

　새로운 도서관을 개관할 때에는 그 도서관을 운영하기 위한 모든 규정들을 준비하기 마련

---

[108] 심지어는 시간의 흐름에 따라 동일한 사람이 동일한 분류표로 동일한 자료를 분류하더라도 다른 분류기호가 배정될 수 있는데, 이러한 결과가 나타나지 않도록 일관성을 유지해야 합니다.

입니다. 가령 관외대출과 같은 규정은 도서관의 방침에 따라 대출책수나 대출기한을 변경하는 것은 크게 어려운 일은 아니지만, 정리업무의 경우 중도에 규정을 바꿀 경우 기존에 정리된 모든 자료를 소급적용해야 하므로 상대적으로 많은 노력과 비용이 소요됩니다. 그런 점에서 어떤 분류법을 채택할지, 어떤 편목규칙을 적용할지, 어떤 저자기호를 사용할지 등의 정리업무를 위한 규정은 처음부터 신중하게 접근할 필요가 있습니다. 특히 분류표는 어떤 분류표를 선정하든 간에 그것을 기저로 자료가 분류되어 배가의 기준이 되므로 어느 규정보다도 더욱 신중하게 결정해야 합니다.

우리나라 도서관을 대상으로 보편적인 자료분류표 선정기준을 간추리면 다음과 같습니다.

① 장서 규모가 작은 도서관이나, 이용자의 지적 배경이 낮은 학교도서관이나 차이가 있는 공공도서관에서는 KDC를 채택하는 것이 무난합니다.

② 기존의 장서구성이나 수집할 자료의 주제분야가 광범위할 경우는 일반분류표를, 한정된 주제나 특정 주제분야에 치중하는 경우에는 특수분류표를 선정하는 것이 합리적입니다.

③ 만약 일반분류표를 채용할 경우, 대학도서관에서 서양서의 비중이 높다면 DDC를, 학문영역이 매우 제한적인 단과대학 중심의 법학도서관이나 음악도서관 등의 주제분관은 LCC를, 국내서의 비중이 90%를 넘는 대다수의 공공도서관과 학부 중심의 중소규모 대학도서관에서는 KDC를 사용하는 것이 바람직합니다.

④ 전문(특수)도서관 중에서 과학기술분야의 비도서자료가 압도적으로 많은 경우에는 UDC를, 특정 주제분야의 자료가 대다수를 차지하는 도서관은 LCC를, 신문사자료실이나 특허자료실처럼 특수 유형의 자료를 다루는 도서관은 특수분류표를 채택하는 것이 유리합니다.

⑤ 민간 주도의 작은도서관(문고)은 지역 내의 공공도서관이나, 동일 유형의 다른 도서관들이 가장 많이 사용하고 있는 분류표를 검토하여 도입하는 것이 무난합니다.

자료분류표를 선정한 후에는 분류업무를 효과적으로 수행하기 위해 분류표 자체에 대한 지식을 쌓아야 합니다. 자료분류표에 대한 충분한 이해가 뒷받침되어야 본격적인 분류실무에 들어갈 수 있습니다.

3.1 자료의 주제를 어떻게 분석할 것인가

- 일러두기 -
1. 본문에서 제시하는 분류기호는 DDC임을 명기하지 않은 이상 KDC 제6판 기준입니다.
2. 본문에서 제시하는 분류기호는 예시의 표지그림에 나타난 표제만으로 단순히 분류한 결과이므로 실제 자료의 주제와 상이할 수 있습니다.

1) 주제분석

주제분석(subject analysis)은 분류업무의 알파와 오메가라 해도 과언이 아닙니다. 그만큼 분류에서 주제분석이 차지하는 비중이 절대적이라는 뜻이지요. 이후의 분류기호의 조합과정은 사실상 형식적인 절차에 불과합니다. 대상자료의 주제를 분석하는 순서는 일반적으로 다음과 같습니다.[109]

① 표제

분류 대상자료의 주제를 결정하는 우선적인 요소는 표제(title)입니다. 저자나 출판사는 독자에게 그 자료가 의도하는 내용을 표제라는 수단을 통해 간결하게 전달하기 때문에 표제, 표제관련정보, 총서표제 등은 그 자료의 주제를 함축하고 있을 확률이 매우 높습니다. 만일 표제에 '염색체', '이중나선구조', '게놈'과 같은 용어가 포함되어 있다면 이 자료의 주제는 생화학적유전학(biochemical genetics)일 가능성이 클 것입니다. 따라서 자료를 분류할 때 표제와 관련한 서지정보원을 가장 먼저 확인해야 합니다.

다만 모든 표제가 자료의 주제를 직설적으로 표현하는 것은 아닙니다. 상당수 자료에서는 『공중보건학개론』, 『유아교육기관의 원장 및 교사를 위한 유아교육실습지도 지침서』와 같이 그 자료의 주제를 구체적으로 나타내는 표제를 사용하고 있으나, 일부 자료에서는 『변화의 지향』, 『넛지』와 같은 추상적인 표제를 쓰기도 합니다. 아래에 예시한 유형의 자료들은 표제만으로 주제를 가늠하기 어려움을 나타냅니다.

---

[109] 단 언어와 문학은 주제분석의 과정이 필요치 않습니다. 통상적으로 문학류에서는 표제관련정보를 통해 'ㅇㅇㅇ 장편소설', 'ㅇㅇㅇ 에세이' 등의 어구로 문학형식을 표현하거나, 또는 저자가 작가이거나 문학서를 전문적으로 펴내는 출판사일 경우가 많으므로 자료의 주제가 문학임을 판별하기는 크게 어렵지 않을 것입니다.

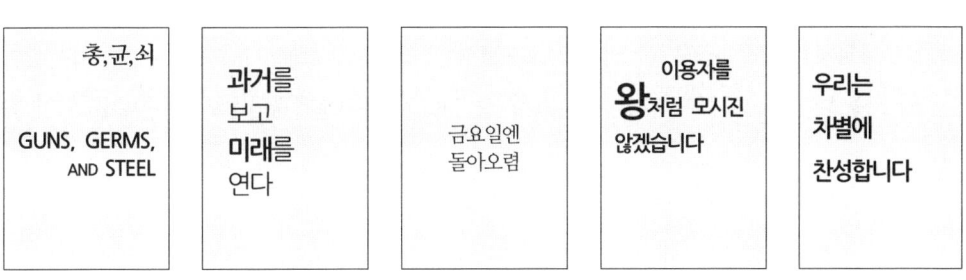

　본표제가 추상적이거나 모호할 때에는 본표제를 보완하거나 설명하는 표제인 표제관련정보를 통해 주제를 좀 더 구체적으로 파악할 수 있습니다. 본표제만으로 주제를 가늠하기 어려운 아래 예시의 경우 각각 '무기·병균·금속은 인류의 운명을 어떻게 바꿨는가', '우리나라 식품위생 정책의 역사', '240일간의 세월호 유가족 육성기록', '도서관, 시민이 탄생하는 제3의 공간', '괴물이 된 이십대의 자화상'이라는 표제관련정보를 통해 자료의 주제를 어느 정도 간파할 수 있습니다.

　자신이 저술한 자료를 타인이 이용하기 어렵도록 의도하지 않는 이상, 자료의 내용과 동떨어진 표제를 붙이는 경우는 드물지만 수사법(修辭法), 유사 자료와의 차별성, 저자의 취향 등 다양한 이유로 주제와 전혀 무관한 표제를 도입하는 경우가 부지기수입니다. "Don't judge a book by its cover." 라는 서양속담이 있는데 이는 겉모습으로 섣불리 사람을 판단하지 말라는 의미로 곧잘 사용됩니다. 그러한 맥락에서, 표제에 나타난『마시멜로 이야기』라는 어구만으로 이 자료를 사탕과자(574.153)에 분류한다거나,『여자란 무엇인가?』를 여성학(337.1)에,『스포츠와 여가』를 스포츠(692)에,『꼼짝도 하기 싫은 사람들을 위한 요가』를 요가(512.57)에,『빵의 쟁취』를 케이크 및 빵(574.753)에 분류하는 우를 범해서는 곤란합니다.

| 마시멜로 이야기 | 여자란 무엇인가

金 容 沃 | 스포츠와 여가 | 꼼짝도 하기 싫은 사람들을 위한 요가 | 빵의 쟁취 |

설마 그렇게 분류한 도서관이 존재할까 의문을 품는 사람들을 위해 알베르토 망구엘은 저서 『밤의 도서관』에서 다음과 같은 경험담을 들려줍니다.

> "랭보의 『취한 배(Le Bateauivre)』가 항해, 대니얼 디포의 『로빈슨 크루소(Robinson Crusoe)』가 여행, 메리 매카시가 미국적 순수성이 유럽적 세속성과 맞부딪히게 되는 과정을 그린 소설인 『미국의 새들(Birds of America)』이 조류학, 클로드 레비스트로스의 『날것과 익힌 것(The Raw and the Cooked)』이 요리로 분류된 예를 실제로 보았다."

아래 예시처럼 실제 사건이나 인물을 소재로 한 팩션(faction)의 경우 역사나 전기로 잘못 분류할 가능성이 높으므로 'ㅇㅇㅇ 장편소설' 등으로 기재된 표제관련정보를 눈여겨보아야 합니다.

| 선덕여왕 | 명성황후는 시해 당하지 않았다 | 덕혜옹주 | 소설
손자병법 | 소설
동의보감 |

또한 자료의 형식을 나타내는 어구가 표제에 포함되어 있더라도 『행복어사전』, 『한국생활사박물관』 등의 사례처럼 실제 형식이 아닌 경우도 있으므로 표준구분표의 -03이나 -069를 첨가하지 않도록 유의해야 합니다.

| 행복어사전 | 신비한 동물사전 | 한국생활사박물관 | 經穴學叢書 | 세계맥주 박물관 |

② 목차

표제만으로는 정확한 주제를 파악할 수 없거나, 비록 표제가 자료의 내용을 명확하게 나타내고 있다고 판단되더라도, 올바른 분류를 위해서는 반드시 목차를 한번 이상 확인하여 주제를 분석해야 합니다.

목차(table of contents)란 본문의 내용을 집약한 장표제(chapter title)를 순서대로 나열한 도표를 말합니다. 대부분의 자료는 목차를 통해 내용의 개요, 관점 등을 일목요연하게 제시하고 있으므로 이를 바탕으로 대상자료의 구성체계, 저술범위, 전개순서, 하위주제의 취급 정도 등을 파악할 수 있습니다.

아래 예시는 『사라진 스푼』이라는 표제를 가진 자료의 목차입니다. 이 목차를 통해 자료가 무슨 주제를 다루고 있는지 어렴풋이나마 알 수 있겠지요?

```
머리말 | 5                                          4장 인간의 성격을 지닌 원소들
                                                      정치적 원소들 | 259
1장 주기율표의 구조와 탄생                            돈으로 쓰이는 원소들 | 283
  지리적 위치가 곧 운명 | 17                           예술적인 원소들 | 303
  쌍둥이처럼 비슷한 원소들과 검은 양 : 원소들의 계보 | 44  광기의 원소 | 324
  주기율표의 갈라파고스 제도 | 64
                                                    5장 현재와 미래의 원소 과학
2장 원자 창조와 원자 분해                              극저온에서 원소들이 나타내는 기묘한 행동 | 349
  원자는 어디서 왔을까 : "우리는 모두 별의 물질로 만들어졌다" | 87  영광의 구 : 거품의 과학 | 371
  전쟁에 쓰인 원소들 | 108                             터무니없을 정도로 정밀한 도구 | 394
  폭발과 함께 완성된 주기율표 | 129                     주기율표를 넘어서 | 416
  주기율표의 확대와 냉전의 확산 | 151
                                                    노트 | 437
3장 주기율표를 둘러싼 혼란 : 복잡성의 출현               참고 문헌 | 477
  물리학에서 생물학으로 | 175                          감사의 말 | 478
  독성 원소들의 복도 : "아야, 아야" | 197                옮긴이의 말 | 480
  기적의 의약품을 낳은 원소들 | 216                     찾아보기 | 488
  원소들의 속임수 | 239                                원소 주기율표 | 498
```

③ 서문, 발문, 해설

표제나 목차를 통해 주제분석이 어려울 경우 서문(序文; 序言; 머리말; preface; foreward)이나 서론(序論; introduction), 발문(跋文; epilogue) 등을 살펴봅니다. 서문 등에서는 저자의 집필동기, 저술의 목적과 주제, 내용의 범위와 전개 등을 설명하고 있으므로 대상자료의 주제를 분석하는 데 매우 유용합니다. 해설은 저자의 의도, 저술의 내용과 가치, 특징 등을 제시하며 특히 주석서나 번역서에서는 원전의 주제를 파악할 수 있는 중요한 요소가 됩니다.

④ 본문

표제, 목차, 서문 등을 통해서도 주제분석이 어렵다면 자료의 본문(text)을 부분적으로 선택하여 읽거나 또는 전부 읽어서 주제를 분석해야 합니다. 본문을 통독할 경우에는 특히 서론과 결론 부분을 주목하여 읽을 필요가 있습니다.

⑤ 참고문헌과 색인

본문이 난해한 경우 자료에 첨부된 서지(bibliography), 참고문헌(reference)과 주(註; footnotes), 용어해설, 색인 등을 통해서도 대상자료가 의도하는 주제를 간접적으로 파악할 수 있습니다.

⑥ 종합목록과 출판예정도서목록(CIP)

종합목록을 통해 카피편목할 경우 다른 도서관에서 부여한 분류기호나 주제명표목을 주제분석에 참고할 수 있습니다. 또한 자료의 이표제면이나 판권기에 기재된 출판예정도서목록(catalogingin publication data; CIP)에서 직접적인 도움을 받을 수 있습니다. CIP란 출판사에서 신간도서를 발간할 때에 국가도서관에서 작성해 준 목록데이터입니다. 서양서의 CIP에는 주로 DDC와 LCC의 분류기호, LCSH의 주제명표목을 수록하고 있으며, 국내서의 경우에는 국립중앙도서관에서 부여한 목록데이터에 DDC와 KDC의 분류기호가 포함되어 있으므로 국가도서관에서 그 자료의 주제를 어떻게 분석하였는지를 참고할 수 있습니다. 다만, CIP나 타기관에서 부여한 분류기호는 모든 도서관에 모두 적용할 수 있는 절대적인 기준이 아니므로 주제분석에서 참고정보로 활용하되 이를 그대로 사용하는 것은 바람직하지 않습니다.

⑦ 서평, 참고자료, 전문가의 자문

상기의 절차를 통해서도 내용을 파악하기 불가능한 경우는 크게 3가지의 원인으로 나눌 수 있습니다. 첫째, 분류사서가 자료분류표를 완전히 이해하지 못하고 있거나 둘째, 해당 주제분야에 대한 지식이 부족하거나 셋째, 외국자료인 경우 그 언어에 대한 해독능력이 부족하기 때문입니다. 두 번째와 세 번째의 이유라면 참고자료 또는 대상자료에 관한 전문가의 해설이 담겨 있는 서평(review)을 활용하거나, 주변의 전문가(주제전문가 또는 언어전문가)와 상담하여 자료의 내용을 이해해야 합니다. 또한, 이 과정을 통해서 자신의 주제분석 결과의 오류 여부를 최종적으로 확인할 수 있습니다.

이상에서 살펴본 주제분석의 순서는 분류법에 따라 조금 다를 수 있습니다. 가령 DDC 23판은 ① 표제, ② 내용목차, ③ 서문, ④ 본문의 통독, ⑤ 참고문헌과 색인, ⑥ 종합목록과 CIP, ⑦ 참고자료, 서평, 전문가의 자문 순으로, KDC 6판은 ① 표제, ② 내용목차, ③ 서문, 발문, 해설, 서평, 광고, ④ 참고문헌과 색인, 본문의 통독, ⑤ 저자나 전문가에게 문의 순으로 주제를 분석할 것을 제시합니다.

참고자료가 마땅치 않거나 전문가 섭외가 여의치 않을 경우에는 그 자료를 소장한 도서관의 목록을 검색하는 방법도 유용합니다. 예를 들어 카탈루냐어로 기술된 『Diari De Guerra D'En Magí Domènech I Martí』라는 자료를 언어적인 이유로 해독할 수 없다면 미국의회도서관에서 ISBN으로 검색하여 상세서지 화면에 지시된 주제명표목(LCSH)을 통해 간접적으로 주제를 파악할 수 있습니다.

Subjects :
Domènech i Martí, Magí, 1906-1985—Diaries.
Soldiers—Spain—Diaries.
Prisoners of war—Spain—Diaries.
Spain—History—Civil War, 1936-1939—Personal narratives, Catalan.

일반적인 서양서일 경우에는 OCLC의 Classify 서비스110)를 통해 종합목록에 구축된 해당 자료에 대한 분류기호 및 주제명표목 부여 통계를 손쉽게 확인할 수 있습니다.

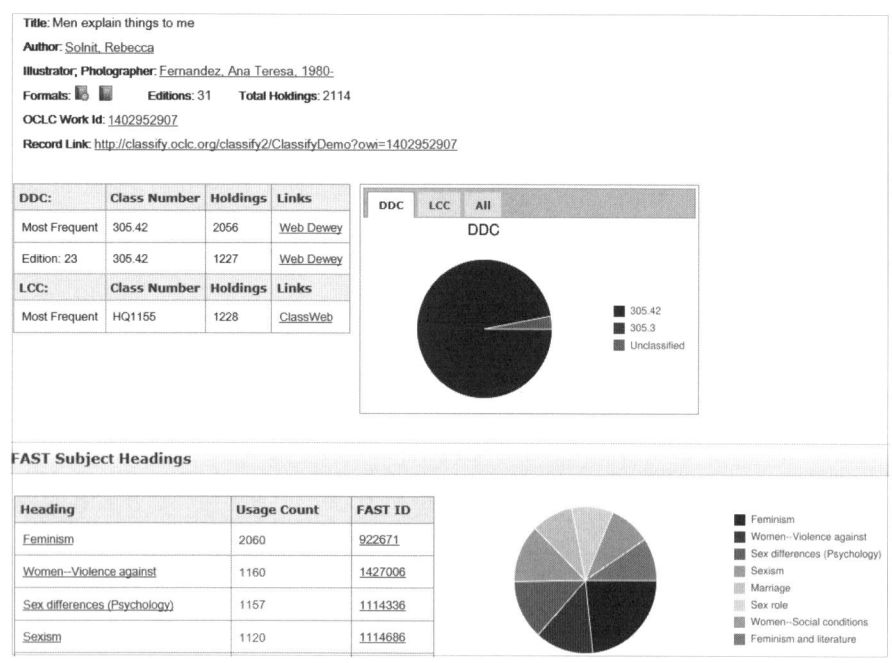

한편, 국내 출판물인 경우 발행자가 부여한 ISBN의 부가기호의 마지막 3자리에 내용분류기호가 포함되어 있습니다. 이것은 발행자가 직접 KDC의 강목(100구분) 기호를 부여한 것으로, 특히 복수주제를 다룬 자료의 경우 발행자의 출판 의도를 간파할 수 있습니다. 예컨대 『나의 문화유산답사기』는 ISBN 내용분류기호가 980이 아니라 810이 부여되었기 때문에 사서는 "출판사에서는 이 책을 여행지리 정보 제공을 위한 목적이라기보다는 문학적 기행문으로 펴냈구나!" 라는 힌트를 얻을 수 있습니다. 다만, 대부분의 발행자는 도서관 분류법에 대해 잘 모르고 관행적으로 내용분류기호를 부여하는 경우가 많으므로, "출판사에서는 이런 주제를 다루었다고 스스로 생각하는구나!" 정도로 여겨 분류에 '참고'만 하시기 바랍니다.

원래 분류라는 업무가 정답이 있는 게 아니라 상대적이기 때문에 다른 도서관의 분류기호, 심지어 발행자가 부여한 분류기호조차 자관의 분류기호와는 맞지 않을 수 있거든요. 사례로 든 『나의 문화유산답사기』의 경우 816.7로 분류해도 틀렸다고 보기 어렵고 981.102로 분류해도 틀렸다고 보기 어려운, 분류하기 매우 까다로운 자료의 하나입니다. 문학적 가치가 높은 책임에 틀림없지만 저라면 명승안내와 역사적 지식 전달이라는 측면에 중점을 두어 981.102로 분류하겠습니다. 다만 그렇게 할 경우 이 시리즈가 지역별로 분

---

110) http://classify.oclc.org

산될 수 있기 때문에, 한국편과 일본편으로 나뉜 시리즈를 꼭 동일한 위치에 모으고자 한다면 문학으로 분류하는 것이 바람직합니다. 참고로, 저자는 기발간된 국내편 6책을 지역별 3책으로 재구성한 『여행자를 위한 나의 문화유산답사기』를 2016년 6월에 출간하면서 서문을 통해 문학보다는 여행안내서로 이용되기를 바란다는 속내를 다음과 같이 털어놓기도 했습니다. "어느 순간에는 글맛을 느낄 수 없는 옛글이 되어 독서의 대상으로서는 생명을 다하게 되고 내용만 살아남아 답사여행의 길잡이가 될 것이다. 그렇다면 『나의 문화유산답사기』의 최종 형태는 답사여행의 안내서로 마무리하는 것이 현명하다는 생각도 들었다.".

2) 분류기호 배정

주제분석 단계가 끝나면, 연원이 된 학문이 아닌 의도하는 지식분야에 분류하기 위해, 그 자료가 실제로 적용될 지식분야(discipline) 또는 연구분야를 올바로 판단해야 합니다. 그런 후에 지식분야에 해당되는 주제의 분류기호를 배정하는데, 초심자의 경우 자료분류표에서 주제를 찾을 때 강목표(100구분), 요목표(1000구분), 주분류표의 순으로 단계적으로 나아가는 것이 바람직합니다. 색인으로 접근하여 주제에 해당되는 분류기호를 찾아도 무방하나, 이때에는 반드시 본표와 대조하여 취급된 관점 또는 적용될 지식분야에 따라 정확히 분류하였는지를 확인할 필요가 있습니다. 만약 보조기호의 조합이 필요할 경우에는 본표와 보조표에 제시된 주기사항을 바탕으로 분류기호를 조합하여 배정합니다. 분류기호를 결정하는 과정을 구체적으로 살펴보면 다음과 같습니다.

① 무엇보다 일관성 있는 분류를 위해, 자관이 소장한 같은 주제의 자료들에 대해 이전에 어떻게 분류하였는지를 살펴봅니다. 가령 정치인의 전기를 분류할 경우 이전에 어떤 분류기호를 부여하였는지를 확인해야 합니다. 또한 이 과정에서 과거의 분류기호 적용에 오류나 모순이 없었는지도 점검합니다.

② 자료는 분류표에 제시된 최저의 종개념 즉, 가장 구체적인 분류기호를 부여합니다. 해당 주제분야에 대한 배경지식이 빈약할 경우, 가령 기후학에 관한 자료를 자연과학으로 분류하는 식으로 지나치게 상위주제에 분류하는 오류를 범할 수 있습니다. 다만 학교도서관과 같은 소규모 도서관에서는 자관의 정책에 따라 요목이나 세목 등으로 분류기호를 축약해서 사

용할 수도 있으나, 그보다 먼저 고려해야 할 점은 현재의 장서량이 아니라 미래에 증가될 장서의 규모입니다.

③ 어떤 관점으로 그 주제를 취급하였는지 또는 어느 지식분야에 그 주제가 적용될 것인지, 그리고 자료에서 취급된 주제가 단일주제인지 복수주제인지를 분석합니다. 주제가 복잡하거나 자료에서 취급한 주제가 두 가지 이상이더라도 일관된 배가를 위해 한 가지 주제의 분류기호만 부여할 수 있기 때문입니다. 또한 두 번째 이하의 주제는 편목과정에서 분류기호 혹은 주제명을 부출함으로써 그 주제로도 접근할 수 있도록 해줍니다.

④ 자료분류표의 형식구분에 제시된 자료의 형식적 특징을 파악합니다. 가령 KDC의 조기표에 해당되는 형식을 가졌다면 보조기호를 첨가해야 합니다.

경제학사	: 경제학(주제) + 역사(형식)
나무도감	: 식물학(주제) + 도감(형식)
금강경	: 불교(주제) + 경전(종교공통구분)
독일어 활자	: 인쇄(주제) + 독일어(국어구분)
영어회화	: 영어(주제) + 회화(언어공통구분)
1Q84	: 일본문학(주제) + 소설(문학형식구분)

⑤ 특정 시대로 한정하거나 특정 지역으로 한정해서 한 주제를 다루었다면 보조표에 제시된 시대적, 지역적 속성에 해당하는 보조기호를 첨가합니다.

조선시대 복식사	: 복식사(주제) + 조선시대(한국시대구분)
일본의 사법제도	: 법학(주제) + 일본(지역구분)
부산광역시 전도	: 지도(주제) + 부산(한국지역구분)

⑥ 자료의 주제가 문학일 때에는 원저작의 언어가 무엇인지 확인합니다. 문학작품은 원저작에 쓰여진 언어에 따라 일차로 분류하고 문학형식구분에 따라 세분하기 때문입니다.

3.2 자료분류의 일반규정 이해하기

자료분류는 사서직이 수행하는 어느 업무보다도 높은 난이도를 갖고 있으며 특히 그중에서도 주제분석은 분류의 핵심이기 때문에, 대부분의 도서관에서는 가장 많은 정리업무 경력을 가진 사서가 주제분석을 수행합니다. 그럼에도 불구하고 분류기호를 명쾌하게 배정하기 어려운 경우가 비일비재하므로 이러한 난관을 해결하기 위해 모든 도서관은 분류규정을 마련하고 있습니다.

분류규정(classification code)이란 분류표의 적용과 운용을 위한 규칙으로, 자관의 분류방침이나 규칙을 공식적인 매뉴얼로 만든 것입니다. 자료분류는 도서관의 다른 어느 업무보다도 사서의 주관이 많이 개입될 수밖에 없으므로 미리 분류규정을 마련해야 분류의 일관성과 통일성을 유지할 수 있습니다. 인사이동에 따른 분류담당자의 시각 또는 견해의 차이에서 발생하는 문제를 최소화하기 위해서라도 분류규정이 반드시 필요합니다.

분류규정을 만들 때에는 분류표 운용상의 기본적인 방침, 분류도구의 결정, 분류표상에서 임의규정(별법, 양자택일)의 결정, 적용범위의 한정과 분류항목의 해석, 분류기호의 추가전개 및 세구분의 결정 등에 관한 사항을 필수적으로 포함시켜야 합니다.

분류규정은 자료분류에서 기본방침이나 원칙을 규정한 일반규정과 각 분류표상에서 개개의 분류항목에 적용하는 특수규정이 있습니다.

자료분류의 **일반규정**이란 모든 도서관이 공통적으로 적용해야 할 기본방침 또는 원칙을 말합니다. 이 일반규정에는 자료분류의 기본원칙, 주제와 형식의 취급, 복합주제의 처리, 원저작과 관련저작의 취급, 신주제의 처리 등에 관한 세부적인 규정을 포함합니다.

분류규정의 고전이라 할 수 있는 세이어즈(W.C. Berwick Sayers)의 『A Manual Of Classification For Librarians And Bibliographers』, 메릴(William Stetson Merrill)의 『Code For Classifiers』 등과 DDC의 분류규정을 바탕으로 국내외의 여러 학자들이 제시한 일반규정을 간추리면 다음과 같습니다.

1) 기본원칙

① 주제분류법(SC)을 제외한 모든 자료분류법은 주제가 아닌 **지식분야에 분류**하는 것을 원칙으로 합니다.

지식분야(discipline)란 인류의 오랜 경험에서 확립된 지식이나 학문의 분야를 의미합니다. 이에 반해 분류표에서 **주제**(subject)란 특정한 지식분야에 한정되지 않는 구체적 대상(사람, 장소), 활동, 방법 등을 뜻합니다. 참고로 특정주제 내의 한정된 부분을 가리키는 용어는 **토픽**(topic)으로, 이는 주제보다 좁은 의미이며 자료가 취급되고 있는 제재(題材)를 나타내는 개념입니다.

이에 따라 자료는 그 연원이 된 학문보다는 그 자료가 의도하는 지식분야, 즉 그 학문이 실제 적용될 분야에 우선적으로 분류합니다. 만약 동물학자가 지은 병충해 방제(pest control)에 관한 자료는 그 연원이 된 동물학이 아니라 적용할 분야인 농업에 분류해야 합니다. 이용의 측면에서도 이 자료는 곤충에 관심이 있는 사람보다는 농업에 종사하는 사람에게 더 절실하기 때문이지요.

```
대기오염개론              : 539.92 (환경공학)
                         not 453.1 (기상학)
앤탈의 기갑공격전술        : 396.8 (육군)
                         not 559.344752 (병기공학)
건프라 좋아요!            : 699.9 (취미생활)
                         not 589.61 (소형상품제조)
방사선 치료학             : 512.48 (임상의학)
                         not 431.489 (물리화학)
```

② 자료는 일시적 필요성보다는 영구적 유용성(usefulness)을 바탕으로 **이용자의 편의**를 최우선적으로 지향해야 합니다.

랑가나단이 『도서관학의 5법칙』을 통해 "책은 이용하기 위한 것이다"고 설파하고, 리차드슨(Ernest Cushing Richardson)이 "자료분류의 동기는 이용에 있으므로, 자료는 이용을 위해 배열되고 관리되어야 한다"고 주장한 바와 같이, 동일 자료에 대해 2가지 이상의 분류가 가능할 경우 도서관의 업무적 편의보다는 이용자의 처지에서 어디에 분류되었을 때 가장 유용할 것인지를 고려해야 합니다.

예를 들어 근년에 대두된 '로봇윤리'라는 주제는 아직 분류표상에 별도의 분류기호로 설정되지 않아서 철학(윤리학)에 분류해야 할지 자동제어공학(로봇)에 분류해야 할지를 결정하기가 상당히 까다롭습니다. 이때 이용자의 편의라는 원칙으로 궁리한다면, 물론 철학자가 충분히 관심을 가질만한 주제이기도 하지만, 철학자보다는 로봇을 만드는 과학자에게 더 시급하고 긴요한 주제임을 쉬이 깨달을 수 있을 것입니다. 재차 강조컨대, 분류사서는 "이 자료를 어느 주제로 분류했을 때 이용자가 가장 편리하게 여길 것인가?", 또는 "어디에 분류했을 때 이용자에게 가장 도움이 될 것인가?"를 늘 염두에 두어야 합니다.

IMDB 역대 평점 1위에 빛나는 영화 『쇼생크 탈출』에서는 재소자들이 교도소도서관의 자료를 정리하면서 탈옥을 소재로 한 『몬테크리스토 백작』을 문학이 아닌 교육학으로 분류하는 에피소드가 나오는데, 이 명장면(?)은 동일한 자료가 이용자의 수용관점에 따라 전혀 다르게 분류될 수 있다는 점을 보여주는 좋은 사례라 하겠습니다.

가령 아래 예시와 같은 에세이는 문학의 수필(8X4)에 분류할 수도 있지만, 문헌정보학과가 개설된 대학에서는 예비사서들에 대한 접근성 강화를 위해 문헌정보학(02X)으로 분류하는 것이 바람직합니다.

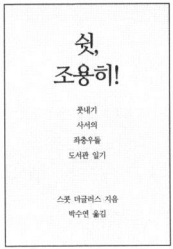
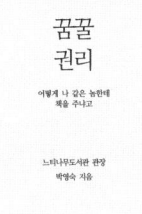

③ 분류기호는 정당한 이유에 의한 원칙에 따라 결정하고 그 절차에 **일관성**이 있어야 합니다.

도서관의 목적과 기능, 이용자의 특성 등에 따라 동일한 자료에 대해 도서관마다 다르게 분류기호를 줄 수 있기 때문에 흔히들 "분류는 절대적인 정답이 없다"는 말을 합니다. 그러나 한 도서관 내에서 동일한 주제의 자료는 반드시 동일한 분류기호를 가져야 합니다. 바꿔 말해 동일한 주제의 자료는 서가상에 군집되어야 한다는 뜻으로, 한 주제를 가진 자료에 2개 이상의 분류기호가 부여되는 교착분류가 일어나지 않도록 해야 합니다. 분류사서의 이해 부족 때문이기도 하지만 간혹 자료분류표상의 모호한 분류전개로 인해 교착분류가 발생하기도 하는

데, 이를테면 KDC 제4판까지 사회사상(301)과 정치사상(340.2)이 교착분류의 가능성이 대단히 높아 결국 제5판 개정 시 정치사상으로 통합되었고, 제5판까지의 통계학(310)과 통계수학(413.8)이 동일한 이유로 제6판에서 통계학(413)으로 통합된 사례가 있습니다.

그리고 대부분의 자료분류표는 자관 혹은 자국의 사정을 반영할 수 있게끔 임의규정(option)이나 양자택일(alternatives)과 같은 장치를 마련하고 있으므로 각 도서관에서는 미리 자관의 사정을 특별규정으로 성문화함으로써 분류의 일관성을 유지하는 것이 무엇보다 중요합니다.

    도서관건축의 이해   : 022 (문헌정보학)
                                or 556.772 (건축학)
    교육법전   : 370.23 (교육학)
                                or 368.037 (법학)
    김수환 추기경 평전   : 230.99 (기독교)
                                or 998.23 (전기)
    한영사전   : 743.1 (영어)
                                or 713.4 (한국어)

2) 단일주제

KDC, DDC를 비롯한 현대의 주요 분류법들은 동일한 주제를 다루고 있는 자료라 할지라도 그 주제를 어떤 관점에서 다루었는가에 따라 해당 학문분야에 분류하게 되는 **관점분류표**(aspect scheme)의 범주에 속합니다. 관점분류표란 분류표에 포함되어 있는 실재(entity)의 여러 관점을 병치(竝置)하게 되는 성질을 말합니다. 예를 들어 음악이라는 하나의 토픽(topic)은 교육이나 예술, 저작권 등을 포함한 여러 관점(aspect)에서 다루어질 수 있음에 따라 KDC에서 음악의 교육적 문제는 374.67에, 예술로서의 음악은 670에, 음악의 저작권은 011.204에 분류됩니다. '관점'으로 분류한다는 것은 앞에서 살펴본 기본원칙에서 '지식분야'로 분류한다는 의미와 일맥상통합니다.

아래 그림처럼 '자동차'라는 동일한 주제를 다루더라도 자동차의 생산에 관한 저작은 자동차공학(556), 자동차를 운송에 응용할 때는 326.335, 자동차를 캠핑수단으로 활용할 때는 596.87이라는 서로 다른 분류기호가 부여됩니다. 마찬가지로 '돼지'는 그 자체로 포유류인 499.732이지만, 돼지를 기르는 방법은 축산학의 527.44, 돼지고기를 이용한 다양한 음식은 요리의 594.55244로 분류됩니다.

한 주제에 대한 다양한 관점 또는 지식분야를 파악하기 위해서는 하나의 주제에 대해 관점에 따라 분류표에서 분산이 되는 관련 항목을 함께 모은 상관색인을 활용하면 편리합니다. 상관색인(relative index)이라는 용어 자체가 한 주제에 대한 다양한 관점 또는 지식분야를 연관시키고(relate) 있기 때문에 붙여진 명칭이니까요.

① 어떤 자료가 하나의 주제를 다루고 있음에도 불구하고 2가지 이상의 지식분야에 대한 관점을 가진 **포괄적 저작**(comprehensive work)일 경우, 특별히 강조한 지식분야가 없다면 **학제적 기호**(interdisciplinary number)에 분류합니다.

DDC에서는 상관색인을 통해 학제적 기호를 쉽게 확인할 수 있습니다. 색인에서 들여쓰기(indention)가 되어 있지 않고 대문자로 시작하는 용어에 배정된 분류기호가 학제적 기호입니다. 이를테면 아동(children)에 대해 다양한 관심(사회적, 심리적, 예술적, 역사적 등)으로 취급한 포괄적인 저작일 경우 DDC 305.23라는 학제적 기호를 부여하면 됩니다.

```
Children 305.23
    art representation 704.9425
    arts 700.4523
    civil and human rights 323.352
        law 342.08772
        law of nations 341.48572
    cooking for 641.5622
    development human physiology 612.65
    drawing 743.45
    etiquette 395.122
    government programs 353.536
    grooming 646.7046
    health 613.0432
        home care 649.4
    ...
    social aspects 305.23
    social welfare 362.7
        public administration 353.536
    socialization 303.32
    treatment of ethics 179.2
    World War I 940.3161
    World War II 940.53161
```

참고로, 앞의 그림에서 예시로 든 '자동차'와 '돼지'의 경우 DDC에서는 각각 교통 아래의 388.342(vehicles), 축산 아래의 636.4(swine)를 학제적 기호로 제시하고 있습니다. 따라서 아래와 같이 돼지라는 주제에 대해 다양한 관점으로 취급한 『돼지백과』라는 포괄적 저작은 동물학(DDC 599.633)이 아닌 농학(DDC 636.4) 아래에 분류해야 합니다.

```
1장. 역사적 고찰                    15장. 돼지 관련 속담
2장. 생태·생리학                    16장. 돼지꿈 해몽
3장. 돼지의 명칭                    17장. 돼지에 얽힌 고사와 문학
4장. 돼지의 품종                    18장. 설화와 전설
5장. 종돈개량                      19장. 성경속의 돼지들
6장. 돼지와 유전공학                 20장. 돼지이야기
7장. 기형돼지들                    21장. 산야의 무법자 멧돼지
8장. 돼지의 측정방식과 등급판정        22장. 재래돼지
9장. 돼지고기의 영양학적 특징          23장. 제주 흑돼지
10장. 돼지고기 상식                 24장. 미니피그(mini pig)
11장. 특별한 요리                  25장. 돼지 이색명소
12장. 한방 돈육비방                 26장. 세계적인 돼지이야기
13장. 돼지질병과 침술, 봉침요법        27장. 재미있는 돼지사진
14장. 돼지 땅 이름(地名)
```

반면, 꽃이라는 주제를 다양한 관점에서 다룬 『꽃을 읽다』라는 포괄적 저작은 "Class here … interdisciplinary works on flowers"라는 본표의 지시 및 색인의 학제적 기호에 따라 농학(DDC 635.9)이 아닌 식물학(DDC 582.13) 아래에 분류해야 합니다.

> 1부 식물에게 처음부터 꽃이 있었을까 - 꽃의 생식과 기원
> 2부 인간을 유혹하는 꽃들 - 재배, 육종, 판매
> 3부 사람들이 꽃을 먹는 이유 - 식품, 맛, 향기
> 4부 황금색 수선화를 보았네 - 문학, 미술, 신화 속의 꽃
> 5부 꽃들에게 희망을, 우리에게 미소를! - 과학과 의료에 이용되는 꽃

```
582   Plants noted for specific vegetative characteristics and flowers
 .13   Plants noted for their flowers
       Class here wild flowers, interdisciplinary works on flowers
```

다만 한 가지 유념해야 할 사항은 KDC는 학제적 기호라는 장치가 없다는 점입니다.

② 한 주제를 다룬 저작이지만 취급한 관점이 2개 이상의 지식분야이고 저자가 특히 강조한 지식분야가 있다면 학제적 기호가 아닌 **강조한 지식분야**에 분류합니다. 가령 '아동의 발달'이라는 주제를 다룬 저작이 육체적 발달을 강조했다면 발달생리학(511.1682)에, 심리적 발달을 강조했다면 발달심리학(183.2)에, 사회적 발달을 강조했다면 세대별 사회집단(331.232)에 분류해야 합니다.

어떤 주제가 다루어진 관점은 그 자료를 어느 지식분야에 적용하는가에 대한 저자의 의도를 나타냅니다. 같은 주제를 취급하고 있더라도 관점에 따라 주제가 달라지므로, 주제의 관점을 우선적으로 고려하여 분류해야 합니다. 실무에서 발생하는 오분류의 대부분은 관점을 잘못 파악하는 데서 비롯된 것이라 해도 과언이 아닙니다. 재차 강조컨대 상관색인을 사용하면 본표를 단독으로 사용할 때보다 관점 또는 지식분야를 더 넓게 확보할 수 있습니다.

한 주제의 다양한 관점 또는 지식분야에 따른 분류 예시는 다음과 같습니다.

혼인율 감소의 원인	: 332.22 (사회조직 및 제도)
결혼의 윤리적 분석	192.2 (가정윤리)
파티에 어울리는 음료	: 594.39 (음료용 식품의 종류)
음료수의 생산과 유통	573 (음료기술)
컬러로 보는 2차세계대전사	: 909.54 (세계사)

2차세계대전에서 전투기의 활약상	392.14	(전략, 전술)
이동통신업계 독점규제 정책	: 326.463	(전화사업)
휴대폰의 터치스크린 기술 적용	567.673	(전화공학)
스마트폰용 전자사전앱 개발	005.58	(프로그래밍)
자살의 심리적 요인에 관한 연구	: 184.7	(이상성격)
빈곤과 자살	334.5	(사회문제)
인간은 왜 性에 탐닉하는가?	: 182.2	(양성심리)
문헌으로 보는 우리나라의 성풍속사	383.7	(풍습)
모든 생물은 섹스를 한다	476.9	(생물진화)
연애, 시크릿 레시피	591.7	(데이트와 파트너 선택)
아름다운 첫날밤을 위하여	597.6	(결혼의학)
신혼부부에게 꼭 필요한 피임이야기	517.25	(공중보건)
남성 성기능장애의 진단과 치료	511.163	(생식생리학)
구성애의 아우성	598.55	(자녀의 성교육)
性賣買, 무엇이 문제인가	334.222	(사회문제)

혹시라도 주제를 설명하는 관점이 2개 이상인 자료에서 주된 관점(지식분야)을 판단하기 어려울 때는 **저자의 전공 혹은 연구분야**를 고려하면 도움이 됩니다.

전기역학의 과학적 및 공학적 원리	: 427.6 (전기역학)	– *물리학자의 저작*
	563 (발전)	– *전기공학자의 저작*
결혼의 사회학적 및 민속학적 재해석	: 384.3 (혼인풍습)	– *민속학자의 저작*
	332.22 (결혼, 혼인)	– *사회학자의 저작*
알파고 VS 이세돌	: 691.2 (바둑)	– *바둑전문가의 저작*
	004.73 (인공지능)	– *컴퓨터과학자의 저작*

3) 복수주제

한 자료에서 두 가지 이상의 주제를 다루었을 경우 다음과 같은 절차에 따라 분류합니다.

① 복수주제(multiple subjects)를 취급한 자료에서 각각의 주제가 독립적이면 저자가 **강조하거나 중시한 주제**에, 그렇지 않으면 **분량이 더 많은 주제**에 우선 분류합니다. 나머지 주제는 주제명과 분류기호의 부출을 통해 추가적인 접근점을 제공합니다. 아래 예시는 각각 수학, 물리학, 역사, 철학 주제를 강조 또는 중시하거나 분량이 더 많음을 나타냅니다.

무한의 신비 : 수학, 철학, 종교의 만남 / 애머 액젤 지음 : 410 (수학)
                                                        부출: 100 (철학), 200 (종교)

수학과 물리학으로의 여행 / 박용문 지음   : 420 (물리학)
                                                         부출: 410 (수학)

프랑스혁명과 종교 / 백인호 지음   : 926.05 (프랑스혁명)
                                                         부출: 200 (종교)

한국불교와 서양철학 / 김영필 지음   : 160 (서양철학)
                                                         부출: 220 (불교)

② 적용규칙(適用規則; rule of application) : 자료에서 취급된 복수의 주제나 요소가 상호 관련성이 있을 경우에는 **직접적으로 적용될 주제**에 분류합니다. 즉, 영향관계라면 영향을 받은 쪽에, 인과관계는 결과에, 추상적인 주제보다는 구체적인 주제에 분류합니다. 적용규칙에 해당될 경우에는 후술할 선행규칙, 포괄규칙, 제로규칙보다 우선적으로 반영해야 합니다.

   - 영향관계를 다룬 자료는 영향을 준 쪽이 아닌 **영향을 받는 주제**에 분류합니다.

저성장·고령화가 보험산업에 미치는 영향과 대응과제 : 328 (보험)
                                                           not 321.93 (경제성장)

미국의 정치와 기독교 / 닐스 C. 닐슨 지음   : 340.942 (미국정치)
                                                          not 209.42 (미국종교)

한반도의 군축과 사회복지   : 338 (사회복지)
                                                          not 349.82 (군축)

경제학은 어떻게 과학을 움직이는가   : 400 (자연과학)
                                                          not 320 (경제학)

미국선교사와 한국근대교육   : 370.911 (한국교육)
                                                          not 230.911 (미국기독교)

   - 다만 DDC에서는 개인의 사상이나 업적이 다수인에 영향을 미친 자료는 개인을 중시하여 영향을 준 쪽에 분류합니다. KDC는 이에 해당하지 않습니다.

한국문학에 끼친 타고르의 영향   : DDC 891.44 (Bengali literature)
                                                          not DDC 895.7 (Korean literature)

Voltaire and the French revolution   : DDC 194 (Philosophy of France)
                                                          not DDC 944.04 (Revolutionary period)

- 한 자료가 두 주제 간의 인과관계 즉, 원인과 결과를 동시에 다루고 있는 경우에는 **결과**에 분류합니다.

   흡연과 불임   : 516.47 (여성 불임증)
                      not 334.73 (흡연)
   서브프라임 사태와 한국의 경제상황   : 320.911 (한국경제)
                      not 327.6 (금융)
   경제불황에 따른 한국사회의 변화   : 331.541 (사회변동의 원인)
                      not 320.911 (한국경제)

- 추상적인 주제와 구체적인 주제를 동시에 취급하고 있는 자료는 **구체적인 주제**로 분류합니다. 즉, 특수한 사건이나 제도, 습관 등의 구체적인 주제를 소재로 활용하여 더 일반적이고 더 큰 주제를 설명하려는 자료는 구체적인 주제에 분류합니다.

   열린교육과 학교도서관   : 027 (학교도서관)
                      not 370 (교육학)
   건전한 삶을 위한 정신위생   : 517.34 (정신위생)
                      not 190 (윤리학)
   우리문화와 음양오행   : 188.5 (음양오행)
                      not 380 (풍속)

③ 선행규칙(先行規則; fist of two rule) : 2개의 독립된 주제를 동등하게 취급하였거나 단순히 비교하여 어느 주제가 중요하게 다루어졌는지를 가늠하기 어려운 경우에는 **분류표상의 선행하는 주제**에 분류합니다.[111] 아래 첫 번째 예시의 경우 표제에서는 정치가 경제보다 앞서지만 분류표에서는 경제학이 정치학보다 선행하므로 경제학에 분류합니다.

   세계 정치 · 경제 읽기   : 320 (경제)
                      not 340 (정치)
   관혼상제와 생활예절   : 384 (관혼상제)
                      not 385 (예절)
   TQM과 6시그마   : 325.651 (TQM)
                      not 325.653 (6시그마)
   JMP를 이용한 상관/회귀분석   : 413.846 (회귀분석)
                      not 413.847 (상관분석)

---

111) 분류표에 먼저 나타나는 주제에 분류한다는 말은 서가에 먼저 등장(?)하는 주제에 배열함으로써 일반적인 순서대로 서가를 탐색하는 이용자에게 해당자료가 더 빨리 노출되도록 하려는 의도로 이해하면 됩니다.

다만 각 주제가 상위개념과 하위개념으로 나뉠 때에는 선행규칙을 무시하고 상위의 주제에 분류합니다. 상위의 주제는 어차피 분류표상에 하위 주제보다 선행되기 때문입니다.

인도의 신화와 종교	: 209.15 (인도종교)
	not 219.15 (인도신화)
정정당당 스포츠와 올림픽	: 692 (스포츠)
	not 692.0963 (올림픽)

그러나, 상위개념이 막연한 주제이거나 특정 하위개념을 강조하기 위해 형식적으로 상위개념을 도입한 경우라면 하위 주제에 분류합니다.

한국경제와 무역	: 326.2 (국제무역)
	not 320.911 (한국경제)
한국사회와 아동복지	: 338.5 (아동복지)
	not 309.111 (한국사회)

④ 포괄규칙(包括規則; rule of three) : 강조한 주제나 비중의 대소를 판단할 수 없는 3개 이상의 주제를 취급하면서 이들이 상위 주제에 포섭되는 경우에는 그 **상위 주제**로 분류합니다.[112] 분류표에 설정되어 있지 않은 주제도 그 개념의 상위 주제로 분류합니다. 다만 주류의 복수주제이거나, 상위 주제에 포섭되지 않는 강목 이하의 복수주제일 경우에는 총류로 분류합니다.

정치·경제·법률	: 300 (사회과학)
韓食·中食·日食·洋食料理	: 594.5 (요리)
스웨덴, 핀란드, 덴마크, 노르웨이의 사회복지	: 338.092 (유럽의 사회복지)
베트남, 라오스, 태국의 역사	: 914 (동남아시아 역사)
인문과학·사회과학·기술과학과 예술	: 001 (지식, 학문일반)
물리와 경제, 그리고 동물	: 001 (지식, 학문일반)

⑤ 제로규칙(rule of zero) : DDC에서는 한 자료를 분류할 때 2가지의 분류기호 부여가 가능할 경우 '0'을 수반하지 않거나 '0'을 최소한으로 수반하는 분류기호를 우선시합니다. 예컨대 '중국에서 활동한 미국 감리교 선교사들의 전기'는 DDC 266.76092에 분류합니다.

---

112) 참고로 NDC의 경우 2개와 3개의 주제는 선행규칙을, 4개 이상의 주제는 포괄규칙을 적용합니다.

266.0092　biography of a missionary
266.02373051　foreign missions of the United States in China
266.76092　biography of a United Methodist Church missionary

◆ ◆ ◆

복수주제의 자료분류과정을 흐름도로 표현하면 다음의 그림과 같습니다.

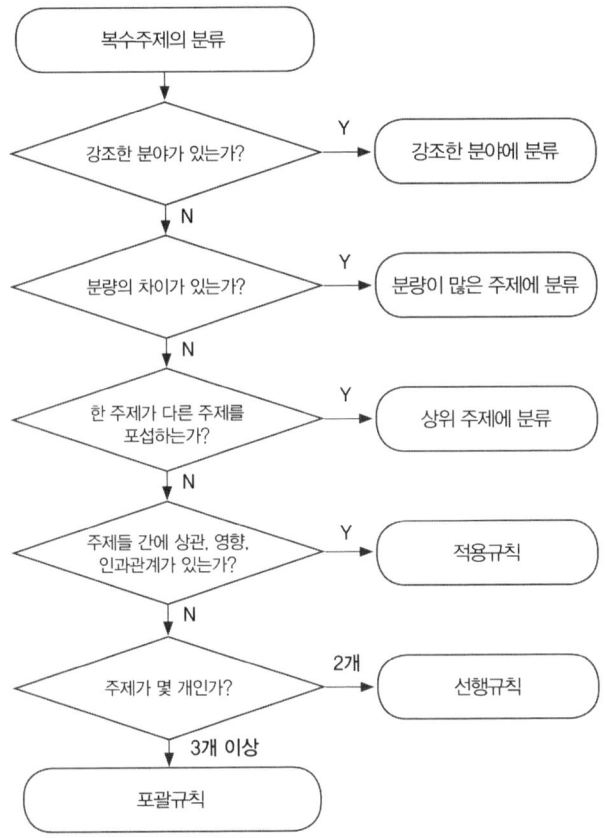

4) 주제와 기타요소

이론, 배경, 방법, 목적, 재료 등의 요소를 포함하여 어떤 주제를 다루었을 경우, 언뜻 복잡해보이지만, 앞에서 강조한 '적용될 지식분야에 분류한다'는 원칙을 견지하면 크게 어렵지 않습니다.

① 이론과 응용 : 어떤 주제의 이론과 적용(응용)을 함께 다룬 저작은 **적용하려는 지식분야**에 분류합니다.

    마르코프모형에 의한 도서대출기간 설정   : 023.8 (도서관 경영, 관리)
                                                                        not 413.133 (확률론)
    블록체인 기술과 암호화폐   : 327.2 (화폐)
                                                                        not 004.6 (보안)

② 주제와 배경 : 특정한 배경 또는 환경에서 어떤 주제를 취급한 저작은 **연구한 주제**에 분류합니다.

    클라우드 컴퓨팅 환경에서의 사이버범죄와 대응방안 연구 : 364.291 (형법각론)
                                                                                 not 004.588 (클라우딩컴퓨팅)
    사물인터넷(IoT) 환경에서의 암호인증기술   : 004.62 (보안)
                                                                           not 004.58 (인터넷)

③ 주제와 연구방법 : 특정주제를 연구하기 위한 가설, 연구방법, 조사자료, 수단, 이론을 적용한 경우에는 채택된 수단이나 방법 아래에 분류하지 않고 **연구대상이 된 주제** 아래에 분류합니다.

    빅데이터를 이용한 교통정책 개발 및 활용성 증대방안 : 326.31 (교통정책)
                                                                               not 005.76 (빅데이터)
    EXCEL을 이용한 의학데이터의 통계분석   : 510.73 (의학연구방법론)
                                                                        not 005.53 (스프레드시트)
    엑셀을 이용한 구조역학 입문   : 543.1 (구조역학)
                                                                        not 005.53 (스프레드시트)
    종이접기를 활용한 도형의 이해   : 415.1 (평면기하학)
                                                                       not 634.9 (종이공예)

국내서의 경우 이러한 종류의 자료를 유의하려면 '심리학', '수학', '경제', '경영', '역사', '지리' 등의 용어를 주목할 필요가 있습니다.

야구의 심리학	: 695.7 (야구)
	not 180 (심리학)
실험심리학	: 180.733 (심리학)
	not 001.073 (방법론)
수리경제학	: 320 (경제학)
	not 410 (수학)
전쟁의 경제학	: 392.1 (전쟁론)
	not 320 (경제학)

④ 이용계층 : 특정 이용계층을 위하여 저술한 저작은 주제보다는 **목적(이용계층)**에 분류하는 것이 바람직합니다. 지식분야에 분류한다는 원칙과 이용자의 편의를 우선시한다는 원칙이 상충되지만, 대개 이러한 자료의 경우 전문적인 내용을 다루고 있으므로 일반인에게는 별로 유용하지 않기 때문입니다. 가령 영어회화나 일본어, 컴퓨터를 배우려는 일반인들이 굳이 아래의 예시와 같은 자료를 고를 필요가 없겠지요.

글로벌 사서를 위한 도서관 영어회화	: 020 (문헌정보학)
	not 747.5 (영어회화)
사회복지사를 위한 통계	: 338 (사회복지)
	not 413 (통계학)
호텔리어를 위한 호텔실무일본어	: 596.81 (호텔)
	not 737.5 (일본어회화)
간호사를 위한 실전 컴퓨터 활용	: 512.8 (간호학)
	not 004 (컴퓨터과학)
영화인을 위한 법률 가이드	: 688.023 (영화)
	not 360 (법률)

다만 전공자를 대상으로 한 자연과학이나 의학 등의 기초학문 개론서처럼 특정 전공(이용계층)에 분류될 경우 편의가 아니라 오히려 혼란을 가중시킬 수도 있으므로, 특히 관련 학과가 개설된 대학의 도서관에서는 이러한 유형의 자료를 어디에 분류하는 것이 유용할지를 면밀히 따져야 합니다.

병원미생물학	:	511.5 (의학미생물학)
치과위생사를 위한 병원미생물학	:	511.5 (의학미생물학)
		or 515.18 (치과위생)
약리학	:	518.5 (약리학)
간호사를 위한 약리학	:	518.5 (약리학)
		or 512.8 (간호학)

한편으로 남성이나 여성, 어린이, 노인 등 광범위한 이용계층을 겨냥한 저작은 해당주제에 분류합니다. 이에 따라『여성을 위한 골프 가이드』는 여성문제(337)가 아니라 골프(695.8)에, 『어린이를 위한 우리나라 지도책』은 아동(331.232)이 아니라 지도(989.11)에 분류합니다.

⑤ 재료 : 특정주제를 설명할 목적으로 어떤 재료를 다루었을 때는 그 재료를 무시하고 **설명하려는 주제**에 분류합니다. 심오한 주제를 독자에게 쉽게 설명하기 위해 영화, 문학, 역사, 가요 등의 친숙한 재료를 도입한 아래 예시와 같은 자료들을 재료에 분류하지 않도록 유의해야 합니다.

물리학자는 영화에서 과학을 본다	:	400 (과학)
		not 688 (영화)
미술관에 간 화학자	:	430 (화학)
		not 606.9 (미술관)
우리 역사 속 수학이야기	:	410 (수학)
		not 911 (한국사)
팝송으로 배우는 영어	:	740 (영어)
		not 673.53 (팝송)
삼국지 경영학	:	325 (경영)
		not 823.5 (삼국지)

어느 것이 재료이고 어느 것이 설명하고자 하는 주제인지 판단하기 어려울 때는 저자의 전공 혹은 연구분야를 고려하면 도움이 됩니다. 이를테면『문학으로 역사 읽기, 역사로 문학 읽기』,『3·1 운동에서 본 행정학』,『심리학으로 읽는 그리스 신화』는 각각 역사학자, 행정학자, 심리학자의 저작이므로 역사, 행정학 및 심리학을 설명하려는 자료일 개연성이 높겠지요. 다만 전자공학자이면서 바둑 아마추어 5단의 실력을 겸비한 저자가 인공지능 이론과 바둑 기보를 해설한『바둑으로 읽는 인공지능』과 같은 자료처럼 어느 것이 재료이고 어느 것이 설명하고자 하는 주제인지를 판단하기가 매우 까다로운 경우도 많습니다.

문학으로 역사 읽기, 역사로 문학 읽기	: 900 (역사)
3·1 운동에서 본 행정학	: 350 (행정학)
심리학으로 읽는 그리스 신화	: 180 (심리학)
바둑으로 읽는 인공지능	: 004.73 (인공지능)
	or 691.2 (바둑)

그러나 저자가 **문학가**이면서 비평을 목적으로 작품에 나타난 특정주제를 다룬 경우에는 해당주제가 아닌 각국어 **문학평론**에 분류합니다. 아래 예시의 자료를 페미니즘이나 사회학 등으로 분류하지 않도록 유의합니다. 단, 저자가 문학가가 아닐 경우는 재료인 문학에 분류하지 않고 설명하려는 주제에 분류합니다(아래의 다섯 번째 예시자료는 의학자의 저작입니다).

릴리언 헬먼의 작품에 나타난 젠더 역할 연구	: 842.09
한국문학에 나타난 가족과 공동체	: 810.9
이문구 소설에 나타난 근대성과 탈식민성 연구	: 813.609
미국소설에 나타난 여성 섹슈얼리티	: 843.09
한국 고소설에 나타난 오이디푸스 콤플렉스	: 185.5

⑥ 비교와 대조 : 비교나 대조관계를 취급하고 있는 자료는 **저자의 주장이 강하거나 옹호하려는 쪽의 주제**로 분류합니다. 이에 따라 아래 예시의 자료는 영국교육과 자본주의가 아니라 각각 핀란드교육과 사회주의로 분류합니다. 첫 번째 자료는 표제만으로 옹호하려는 주제가 드러나지요?

영국 교육의 실패와 핀란드의 성공	: 370.9236 (핀란드교육)
복지자본주의냐 민주적 사회주의냐	: 340.245 (마르크스주의)
다산 정약용과 아담 스미스 / 박흥기 지음	: 151.58 (실학파)
헤겔 또는 스피노자 / 피에르 마슈레 지음	: 166.2 (스피노자)

⑦ 비판 : 한 저자가 다른 사람의 학설 등을 비판한 저작은 비판의 대상이 아닌 **비판한 저자**에 분류합니다. 단, 주장과 학설이 포함된 비판으로서 새로운 이론을 형성 또는 발전시켜 분류표상에 독립된 분류기호로 전개된 경우에 국한됩니다. 그러므로 저명한 학자나 저자에 대한 일반연구자의 비평이나 학위논문은 비판된 주제 아래에 분류합니다.

애덤 스미스의 국부론 비판 / 케인즈 저	: 320.185 (신고전학파)
	not 320.15 (고전주의학파)
Husserl의 순수이성비판의 비판	: 165.82 (현상학)
	not 165.21 (칸트)
서정주 시 비평	: 811.6 (한국시)

⑧ 양상과 기원 : 한 양상(樣相)에서 설명한 주제는 그 양상에 의해서 제시된 주제 아래에 분류하지 않고 그 주제 아래에 분류합니다. 한 주제(예: 습관, 제도, 신앙 등)의 기원을 다룬 저작은 그 기원에 분류하지 않고 그 기원에서 생겼거나 생겼다고 여겨지는 주제 아래에 분류합니다.

한국문학의 불교적인 양상	: 810.9 (한국문학평론)
교육의 사회학적 양상	: 370.13 (교육사회학)
종교의 기원으로서의 신화	: 210.1 (비교종교)

5) 원작과 관련저작

① 원작의 영인, 번역, 주석, 해설, 단순비평, 연구, 색인 등은 관련 저작을 군집함으로써 연구 및 이용의 편의성을 도모할 수 있도록 원작과 함께 분류합니다. 참고로 연구서의 경우 표준구분표 -07을 첨가하지 않도록 유의하며, 저자기호를 채용한 도서관에서는 원작자를 기호화하여 관련 저작을 군집합니다.

백석 시집	: 811.6
백석 시 바로 읽기	: 811.6
구운몽	: 813.5
구운몽 원전의 연구	: 813.5

② 어학의 학습을 주된 목적으로 간행한 대역서, 주해서 등은 원작이 아니라 **학습할 언어의 독본이나 해석**에 분류합니다.

대역서(對譯書)란 아래 그림과 같이 원문과 번역문을 나란히 대조하여 편집한 책을 말합니다. 이용자가 대역서를 읽는 목적은 작품 감상이나 지식 습득보다는 어학 공부를 위해서입니다. 가령 『허클베리 핀의 모험』이라는 소설을 감상하려는 이용자가 굳이 읽기 불편한(?) 대역서를 찾지는 않기 때문에 대역서는 해당 언어의 독본으로 분류하는 것이지요. 다만 『히브리어 대역 성경』처럼 어학의 학습이라기보다 원문의 충실한 제공에 주된 목적을 둔 대역서는 해당 주제로 분류하는 것이 바람직합니다.

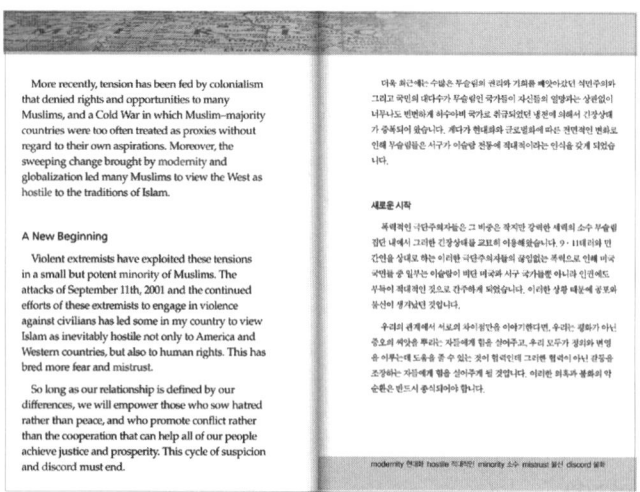

③ 어떤 의도를 가지고 원작의 일부분을 발췌하여 단독으로 간행하거나 번역한 2차 저작은 원작에 분류하지 않고 발췌한 부분의 주제에 분류합니다. 예를 들어 『삼국유사』에 수록된 향가 14수를 발췌하여 해독한 단독 저작은 한국역사(삼국시대)가 아니라 한국문학(고대시)에 분류합니다.

```
삼국유사                              : 911.03
삼국유사 향가연구                      : 811.1
                                      not 911.03
```

④ 기존의 문학작품을 번안 또는 각색한 2차 저작은 DDC에서 원작이 아닌 번안가 및 각색자의 작품으로 분류합니다. 번안(翻案)이란 외국 문학작품의 줄거리나 사건은 그대로 두되 인물이나 장소, 풍속 등을 자국의 사정에 맞추어 고쳐 쓴 것을, 각색(脚色)이란 시나 소설 등의 문학작품을 희곡이나 시나리오와 같은 다른 형식으로 고쳐 쓴 것을 말합니다. 이에 따라 뒤마가 프랑스어로 쓴 소설 『몬테크리스토 백작(Le Comte de Monte Cristo)』을 黑岩淚香가 번안한 『巖窟王』은 일본소설, 이를 다시 이상협이 번안한 『海王星』은 한국소설로 분류됩니다.

그러나 KDC에서는 번안작품과 번역서(시의 산문화 포함)는 원작과 함께 분류합니다. 소설을 희곡화한 것은 희곡 아래에, 희곡을 산문화한 것은 그 원작과 함께 분류합니다.

각색 유형	분류	예
소설 → 희곡	희곡	서편제 /이청준 지음 : 813 (한국소설) 서편제 /김명곤 각색 : 812.66 (한국희곡)
희곡 → 소설	희곡	세익스피어의 로미오와 줄리엣 : 842 (영미희곡) 동화로 읽는 로미오와 줄리엣 : 842 (영미희곡)
시 → 소설	소설	사평역에서 / 곽재구 : 811 (한국시) 사평역 / 임철우 : 813 (한국소설)
시 → 산문역(譯)	시	단테의 신곡 : 881 (이탈리아시) 단테의 신곡의 산문역 : 881 (이탈리아시)

KDC에서는 민속문학(전설, 민담, 설화)을 개작한 것으로서 아동을 대상으로 한 저작은 아동문학과 함께 분류합니다.

```
그림형제 독일민담                : 388.125
헨젤과 그레텔                    : 853
한국의 설화                      : 388.111
선녀와 나무꾼                    : 813.8
```

6) 신주제

분류표에 설정되어 있지 않는 주제라고 판단되거나 새롭게 나타난 주제일 경우에는 그 주제와 가장 밀접한 관계가 있다고 생각되는 개념의 주제로 분류합니다. 아래 예시와 같이 KDC에 분류항목이 전개되어 있지 않은 '오카리나'와 '택견'은 목관악기와 무예로, 비교적 최근(?)에 등장한 '보이스피싱', '피규어 수집', '비트코인' 등은 가장 유사한 주제 아래에 분류하면 됩니다.

```
홍광일의 오카리나                : 678.3 (목관악기)
택견                            : 698.2 (무예)
보이스피싱                       : 334.24 (범죄문제)
피규어의 달인                    : 699.9 (기타 취미생활)
비트코인                         : 327.2 (화폐)
```

3.3 자료분류의 특별규정 이해하기

자료분류의 **특별규정**이란 각 도서관이 자관의 특수한 사정 또는 환경을 반영하여 개별적으로 적용해야 할 기본방침 또는 원칙을 말합니다. 이 특별규정에는 자료분류의 일반규정에서 제시되지 않은 유형구분, 분류표에 설정된 임의규정의 적용방법, 개별주제에 대한 분류지침, 분류표의 부분수정과 세분전개 등을 포함해야 합니다.

각 도서관에서는 **분류의 일관성**을 위해 자관의 특성을 고려하여 아래와 같은 사항을 중심으로 세부적인 특별규정을 마련해둘 필요가 있습니다.113)

1) 전기

전기(傳記; biography)는 크게 두 가지의 방법으로 분류가 가능합니다. 첫째, 전기의 대상이 되는 피전자의 주제 배경에 따라 해당주제의 전기로 분류하거나 둘째, 주제와 상관없이 모든 전기를 역사 아래의 전기(99X)로 분류하는 것입니다. 후자의 경우 다시 특정 대륙·국가별 전기(991-996)로 세분하거나 주제별 전기(998) 아래에 주제별로 택일하여 세분할 수 있습니다.

자료분류는 원칙적으로 주제에 따라 분류하지만 도서관의 특수성을 고려해야 합니다. 가령 특정 주제분야에서 업적을 남긴 인물의 전기는 대학도서관이나 전문도서관처럼 전문 주제를 다루는 학술도서관에서는 해당주제 아래에 표준구분(-099)을 적용하는 것이 유용하고, 공공도서관과 학교도서관에서는 전기(99X)로 군집하는 것이 이용에 편리합니다. 그러나 이것도 절대적인 기준은 아니므로 각 도서관에서 전기서의 분류에 대한 세부규정을 마련할 필요가 있습니다.

특정 주제분야에 공헌한 인물의 전기는 해당주제로 분류하는 것이 바람직합니다.

    Bertrand Russell autobiography   : 164.56099 (영국철학)
    베토벤 평전   : 670.99 (음악)

---

113) 다만 전집과 총서, 만화, 공무원 시험문제집 등에 관한 특별규정은 필자의 주관적인 견해가 대폭 반영되어 있으므로 실무에서 비판적으로 활용하시기 바랍니다.

자서전 비슷한 것 / 구로사와 아키라	: 688.099 (영화)
박지성 : 마이 스토리	: 695.4099 (축구)

특히, 대학도서관의 경우 그 대학에 개설된 전공과 관련된 인물의 전기는 해당주제에 분류하는 편이 이용자에게 직접적인 도움이 됩니다. 이를테면 문헌정보학과나 조리 관련 학과가 개설된 대학의 도서관에서 『이런 사람 있었네』와 『요리의 거장 에스코피에』를 각각 문헌정보학과 유럽요리에 분류할 경우 그전까지 엄대섭이나 에스코피에의 존재를 몰랐던 전공자에게 도서관을 통해 선학(先學)의 생애를 접하게 되는 세렌디피티(serendipity)의 기회를 제공할 수 있기 때문입니다.

도서관할머니 이야기 : 이봉순 자서전	: 020.99 (문헌정보학)
요리의 거장 에스코피에	: 594.53099 (유럽요리)
몬테소리 평전	: 370.99 (교육학)
메풀 전산초 평전	: 512.8099 (간호학)
패러데이와 맥스웰	: 420.099 (물리학)

특정 주제분야에 공헌한 인물이더라도 어린이나 청소년을 이용계층으로 설정한 전기는, 다양한 위인들의 삶을 통해 꿈과 희망을 갖게 할 목적으로 출판된 것이기 때문에, 해당주제가 아니라 전기(99X)로 분류합니다. 예를 들어 우장춘 전기를 해당주제에 분류한다면 평소 과학에 흥미를 가진 일부의 어린이에게만 자료가 노출되겠지만, 전기에 분류할 경우에는 우장춘을 모르고 있던 어린이가 위인전들 사이에 배열된 그의 전기를 우연히 집어 듦으로써 책을 통해 새로운 위인을 알게 되는 계기가 될 수 있습니다.

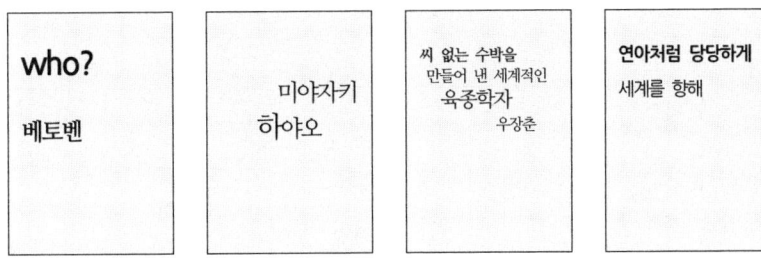

초등학생 이상의 국가 구성원들이 익히 알고 있을만한 유명 위인의 전기는 주제별 전기보다는 국가별 전기(991-996)로 분류하는 것이 바람직합니다.

인간 이순신 평전	: 991.1 (한국인전기)
장기려, 그 사람	: 991.1 (한국인전기)
간디 자서전	: 991.5 (인도인전기)
아이작 뉴턴	: 992.4 (영국인전기)
스티브 잡스 VS 빌 게이츠	: 994.2 (미국인전기)

통치자의 전기는 공적생활을 기술한 경우 역사 아래에, 일화 중심의 사생활을 기술한 경우 전기 아래에 분류합니다. 그리고 사회 전반에 큰 영향을 끼친 정치인의 전기는 해당주제인 정치학보다는 전기에 분류하는 것이 바람직하나, 영향력이라는 상대적인 개념을 판단하기 까다로우므로 각 도서관에서는 이에 대한 특별규정을 마련할 필요가 있습니다.

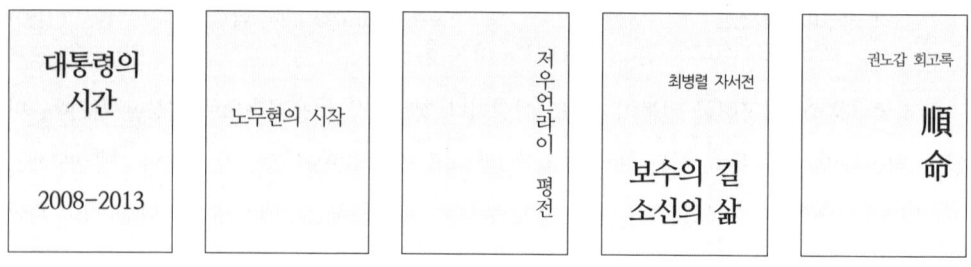

아래 인물들에 대한 전기를 어떻게 분류해야 할까요? 다른 주제에서도 마찬가지이겠지만, 전기서의 분류는 절대적인 정답이 존재하지 않습니다. 다만 분류의 일관성을 유지하기 위해 각 도서관에서는 전기서의 분류에 관한 특별규정을 마련해야 합니다.

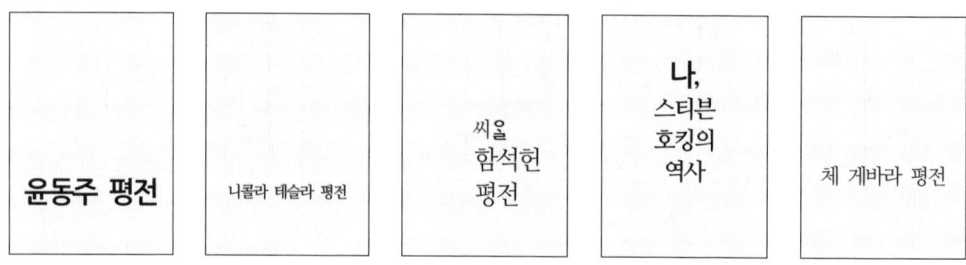

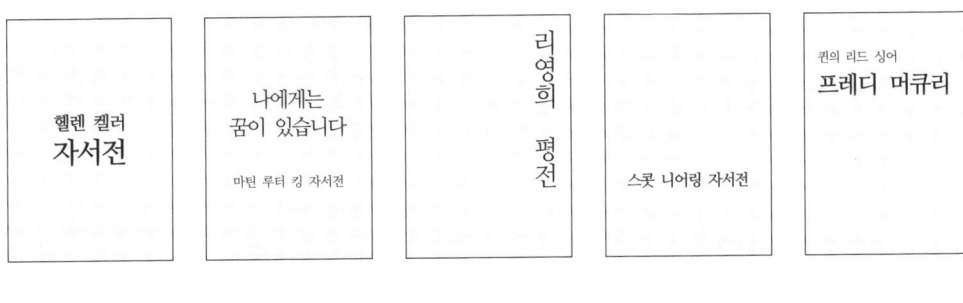

이상의 내용을 종합하여 전기의 분류방법을 흐름도로 표현하면 다음과 같습니다.

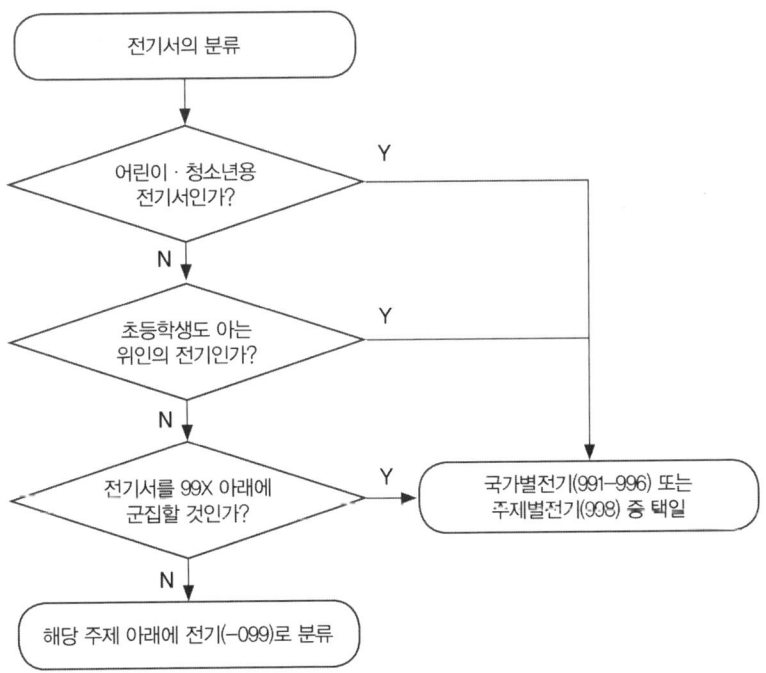

2) 주제별 서지

주제별 서지는 해당주제에 표준구분기호(-026)를 부가하는 것이 이용자에게 더 유용하나, 도서관에 따라 총류의 주제별 서지(016)에 서지류를 군집할 수도 있습니다.

법률문헌색인	:	360.026 (법학)
		or 016.36
특수교육문헌목록	:	379.026 (특수교육)
		or 016.379
韓國民俗學文獻總目錄	:	388.026 (민속학)
		or 016.388
가족학 논문 목록집	:	332.2026 (가족)
		or 016.3322

3) 특수 법률

특정주제의 법률은 전주제의 자료를 다루는 일반도서관(공공·대학·학교·전문)에서는 그 주제의 직업종사자나 전공자가 주로 이용하기 때문에 해당주제 아래에 분류하고, 법학도서관에서는 주이용자가 법률관계자나 법학전공자이므로 법학 아래 군집하는 것이 바람직합니다. 또한 법률을 재료로 다른 주제를 설명하려는 자료도 법학도서관의 이용자는 주로 법률에 관심을 두고 있으므로 법학 아래에 분류하는 편이 낫습니다.

주요국 도서관법령집	:	021.3 (문헌정보학)
		법학도서관: 368.002
사회복지법령집	:	338.023 (사회복지)
		법학도서관: 368.13
1910년 한일병합조약의 역사적·국제법적 재조명	:	911.06 (항일시대)
		법학도서관: 361.3
무력분쟁과 국제법	:	349.97 (국제문제)
		법학도서관: 361.6

4) 전집과 총서

전집(全集; collected works)은 특정주제나 문학형식, 특정 저자에 대한 복수의 저작을 발간한 것을 말하며, **총서**(叢書; series)란 동일 편자 혹은 출판사에 의해 동일한 체제로 공통의 종합표제 아래 일정기간에 걸쳐 계속적으로 발간되는 저작을 뜻합니다.[114] 전집과 총서의 사회통념적인 차이점은 전집의 경우 처음부터 완결을 전제로 발간하지만 총서는 그렇지 않다는

---

114) 종간을 예정하지 않는다는 점에서 총서는 연속간행물의 성격을 갖기도 합니다.

것입니다. 어린이책을 예로 들면 80권을 한꺼번에 펴낸 것은 전집으로, 몇 년간에 걸쳐 꾸준히 펴내는 경우는 총서라고 가려 쓰는 실정입니다. 하지만, 출판사에 따라서 한 번에 완간하면서 표제에 총서라는 명칭을 붙이는 경우도 있으며 시간을 두고 꾸준히 발간하면서 전집이라고 칭하는 경우도 잦습니다.

특정주제에 한정되지 않은 총서로서 총서표제와 권호표시가 있는 것은 원칙적으로 총류의 일반전집(08X)에 분류합니다. 다만 관리적인 측면에서는 일반전집(08X)으로 분류하는 것이 훨씬 편리(?)하나, 다양한 주제를 가진 총서인 경우 각권을 단행본으로 취급하여 각각의 해당주제로 분류하는 것이 자료분류의 목적에 부합되며 이용자들에게도 더 유용합니다. 따라서 각 도서관에서는 이러한 총서를 전권을 묶어서 일반전집으로 분류할지 각권을 흩어서 해당주제에 분류할지를 미리 특별규정으로 마련해두어야 합니다.

- 일반전집으로 분류할 경우
  빛깔있는 책들   : 082.1 (한국어전집)
  시공디스커버리총서   : 082.6 (프랑스어전집)
  岩波文庫   : 082.3 (일본어전집)

- 해당주제로 분류할 경우 (예: 빛깔있는 책들)
  풍수지리   : 188.4 (풍수지리설)
  종이 공예 문화   : 634.9 (지공예)
  국궁   : 698.4 (궁술)
  팔도 굿   : 388.2 (민간신앙)

개인의 저작집이나 특정주제로 한정된 총서는 서가상에 분산되지 않도록 해당주제 아래에 전집(-08)으로 분류합니다. 『앗! 시리즈』와 같은 청소년을 위한 총서의 경우에도 각권을 단행본으로 간주하여 각각의 주제로 분류할 수도 있으나 학교도서관이나 공공도서관에서는 청소년들의 폭넓은 독서를 위해 전집으로 모아주는 것이 바람직합니다.

  김수영 전집   : 810.81 (한국문학전집)
  미당 서정주 전집   : 811.08 (한국시)
  世界哲學叢書   : 108 (철학전집)
  세계음악전집   : 670.82 (음악전집)
  세계명화전집   : 650.8 (회화집)
  앗, 이렇게 재미있는 과학이 : 408 (자연과학전집)

총서표제와 권호표시를 가진 문학 전집이나 총서는 해당주제의 전집(-08)으로 분류하는 것이 원칙이나, 국외의 원작을 번역 출판하면서 출판사가 임의로 총서표제를 부여한 경우는 각권을 단행본으로 취급하여 해당주제로 분류할 수 있으며 실제로도 대부분의 도서관에서 단행본으로 간주합니다.

- 일반전집으로 분류할 경우
    세계문학전집 / 민음사   : 808 (세계문학전집)
    웅진 세계그림책   : 808.91 (아동문학전집)
- 해당주제로 분류할 경우 (예: 세계문학전집 / 민음사, 웅진 세계그림책)
    설국   : 833.6 (일본소설)
    호밀밭의 파수꾼   : 843.5 (영미소설)
    파우스트   : 852 (독일희곡)
    이방인   : 863 (프랑스소설)
    백년의 고독   : 873 (스페인소설)
    참을 수 없는 존재의 가벼움   : 892.96 (체코문학)
    까만 크레파스   : 833.8 (일본동화)
    눈의 여왕   : 859.81 (덴마크문학)

총서나 전집 중에서 일부만 소장하고 있는 경우, 출판사가 총서표제를 임의로 부여하였으나 각권의 내용이 3개 이하의 주제로 한정된 경우 등은 단행본으로 취급하여 각각의 주제로 분류합니다. 학술서와 같은 대개의 총서는 단행본으로 취급하는 것이 바람직합니다.

    목록의 이해 (현대정보관리학총서 ; 37)   : 024.3 (목록법)
    수화의 이해와 실제 (나남 사회복지학 총서 ; 59)   : 379.138 (수화법)
    문학이론 입문 (서울대학교 인문학연구원 문명공동연구총서 ; 5) : 801 (문학이론)
    동양 사상과 노인 복지 (아산재단 연구총서 ; 347)   : 338.6 (노인복지사업)

요컨대, 어린이 및 청소년을 주이용자로 둔 학교도서관이나 공공도서관 어린이자료실에서는 출판사가 의도하는 대로 전집으로 군집(grouping)하는 것이 바람직하며, 성인을 주이용자층으로 하는 도서관에서는 각권을 단행본으로 취급하여 각 자료의 해당주제로 분산시킬 것인지 또는 전집으로 서가상에 군집시킬 것인지를 미리 결정해두어야 합니다.

5) 문학

열거식분류표에서는 문학을 1차로 원작에 사용된 언어에 따라 나누고, 2차로 표현형식인 시·희곡·소설 등으로 분류하고, 3차로 시대를 세분합니다. 특히 KDC의 경우 한국소설 아래에서 시대 구분과 하위형식 구분이 가능하므로 이에 대해 사전에 명확히 규정해두어야 합니다.

```
813    소설
  .6  20세기, 1910-1999
      별법: 도서관에 따라 다음과 같이 추가 세분할 수 있다.
  .602  단편소설
  .603  역사, 전기 소설
  .604  정치, 사회 소설 [전 .603]
  .605  로맨스, 연애, 애정소설 [전 .604]
  .606  추리, 탐정, 모험 소설 [전 .605] 괴기, 유령, 공포소설 [전 .606]
  .607  과학(SF), 공상, 판타지 소설 [전 .607]
  .608  기타 소설
  .61  1910-1945
  .62  1945-1999
  .7  21세기, 2000-
      별법: 도서관에 따라 813.6과 같이 세분한다.
```

예를 들어, 1993년에 한국어로 발표된 『무소의 뿔처럼 혼자서 가라』란 소설을 KDC 제6판에 따라 분류하려면 시대 구분으로 813.62가 되고, 이를 다시 소설의 하위형식(장르)로 세분히려면 시대구분을 무시하고 813.604를 부여해야 합니다. 만약 어떤 소설은 시대구분에 따른 분류기호를 주고 어떤 소설은 장르에 따른 분류기호를 준다면 분류원리의 일관성을 거스르게 되므로, 한국소설을 장르(813.602-.608, 813.702-.708)로 세분할지 아니면 시대(813.61과 813.62, 813.71과 813.72)로 세분할지에 대한 특별규정을 미리 설정해두어야 할 것입니다.

외국의 경우 문학주제는 따로 분류하지 않고 별치기호('F' 등)만 주고 저자명의 자모순으로 배가하는 도서관이 많습니다. KDC 제6판에서도 아동문학전집은 "도서관에 따라 C, J 등으로 간략하게 분류할 수 있다"고 규정하고 있으므로, 도서관의 필요에 따라 문학은 간략히 분류할 수도 있습니다.[115]

---

115) 본디 DDC나 KDC 등의 십진분류법에서 문학은 일차적으로 원작의 언어에 따라 분류하기 때문에 문학 자료를 이용하고자 하는 도서관 이용자들도 반드시 원작의 언어에 따라 자료에 접근해야 합니다. 그러나 상당수 이용자들은 '판타지소

6) 향토자료

향토자료(local collection)란 도서관이 소재한 지역의 자연환경, 역사, 전설, 인물, 민속, 경제, 문화 등에 관하여 조사 및 연구에 도움이 되는 간행물, 유물, 유적, 사진 등의 각종 자료를 말합니다. 그 지역사회의 역사적 내력은 물론 현재의 정보 및 미래의 예견 등을 가능하게 하는 지역과 관련된 모든 형태의 자료를 통칭하므로 지방자료 또는 지역자료라 부르기도 합니다.

공공도서관이나 대학도서관에서는 향토자료를 별도로 관리할 것인지 여부를 먼저 결정해야 합니다. 만약 향토자료를 따로 관리하기로 했다면 다음과 같은 두 가지의 방법을 적용할 수 있습니다. 첫째, 개별 자료를 해당주제 아래에 분류한 후 'L'(Local collections) 또는 '향토' 등의 적당한 별치기호를 배정하여 별도의 공간(향토자료실 또는 향토자료코너)에 배가하거나 둘째, 공간 부족으로 별도의 자료실을 마련하지 못하는 상황에서 동일 서고 내에 향토자료를 군집하려면 090 분류기호를 부여하여 주제로 세분하면 됩니다.

7) 만화

도서관에 따라 장서개발지침에서 웹툰 등의 만화를 장서의 가치가 없다고 판단하여 수집을 배제하는 곳이 있는 반면 그렇지 않은 곳도 많습니다. 만화에 대한 도서관 장서로서의 가치 여부는 각 도서관에서 결정해야 할 사항이긴 하나, 만약 만화를 수집하는 도서관이라면 만화의 분류에 대한 규정을 미리 세워둘 필요가 있습니다.

만화에 관한 이론적인 저작은 만화(657) 주제 아래에 분류합니다.

       만화의 이해   : 657.1 (만화)
       만화 쉽게 그리기   : 657.1 (만화)
       에반 게리온 해독   : 657.18 (애니메이션)
       웹툰의 시대   : 657.3 (웹만화)
       캐리커쳐 기법   : 657.2 (캐리커쳐)

설', '제2차세계대전을 다룬 소설'과 같은 문학의 주제 또는 장르에 따른 접근을 선호하기 때문에 외국에서는 문학작품을 장르에 따라 분류하는 도서관이 하나둘 나타나고 있기도 합니다.

만화집(만화작품)은 그 자체의 목적 즉, 지식을 전달하려는 의도이냐 재미를 전달하려는 의도이냐에 따라 분류가 달라집니다.

만화의 형식을 차용하여 특정주제를 설명하려는 학습만화 등의 만화집은 해당주제에 분류하는 것이 바람직합니다.

    꿀 / 허영만 : 188.1 (인상학)
    초등과학학습만화 Why? : 408 (과학전집)
    드레스 코드 / 천계영 : 592.8 (의복착용법)
    마법천자문 : 711.47 (한자교습서)
    만화로 만나보는 바보의사 장기려 : 991.1 (한국인전기)

소설 등의 원작을 만화로 개작한 자료는 원작과 함께 분류합니다.

    만화로 보는 그리스 로마 신화 : 219.21 (그리스신화)
    만화로 독파하는 군주론 : 340.265 (군주주의)
    고우영 三國志 : 823.5 (중국소설)
    만화 레 미제라블 : 863 (프랑스소설)
    박시백의 조선왕조실록 : 911.05 (조선시대)

그래픽노블(graphic novel)이나 코믹스(comics), 웹툰(webtoon)처럼 독자적인 스토리를 가진 픽션(fiction) 만화집은 미술 아래의 만화(657.1)에 분류하는 것이 원칙입니다.[116] 그럼에도 2000년대 이후 에세이툰의 단행본 출판이 증가하면서 이를 문학의 잡저(8X8)에 분류하는 도서관이 늘어나는 추세인 바, 각 도서관에서 만화집을 예술(657)에 분류할 것인지 문학(8X8)에 분류할 것인지에 대한 특별규정을 제정한 필요가 있습니다.

그러나 픽션 만화집에 사용된 소재 또는 제재를 자칫 주제로 혼동하여 아래 예시처럼 농구, 법학 등에 분류해서는 곤란합니다.

    슬램덩크 : not 695.1 (농구)
    동네변호사 조들호 : not 360 (법학)
    타짜 : not 691.5 (화투)
    베르사이유의 장미 : not 926.05 (프랑스혁명)

---

[116] DDC에서는 재미(delight)를 의도하는 만화집은 741.5 아래에 분류하고, 정보(inform) 또는 설득(persuade)를 목적으로 하는 만화집은 해당주제(001-999)에 분류하고 Table 1의 0222(Pictures and related illustrations) 또는 0207(Humorous treatment)를 부가합니다.

다만 허구의 스토리 위주임에도 불구하고 특정주제에 관한 지식 또는 정보 전달을 목적으로 한 팩션(faction) 만화의 경우 도서관에 따라서는 특별규정을 마련하여 해당주제에 분류할 수도 있습니다. 가령『신의 물방울』은 호텔의 와인 교재로 채택될 정도로 전문성을 인정받은 만화집이므로 호텔경영학과 등이 개설된 대학의 도서관에서 해당주제(594.5545)로 분류할 경우 전공자의 자료 접근성이 높아질 것입니다. 그런 점에서 노동자를 위한 도서관에서는 노동운동을 소재로 한『송곳』을 해당주제(321.57)에 분류하는 것을 고려해 봄직하며,『인천상륙작전』은 한국현대사를 이해하는 데 손색이 없으므로 대학도서관 등에서는 역사 이해증진을 목적으로 해당주제(911.07)로 분류할 만하나 한편으로는 그 주제의 서가를 탐색하는 이용자에게만 노출될 가능성이 높기 때문에 이러한 자료의 경우 모든 만화 수용자에게 해당주제 콘텐츠를 노출시키기 위해 그냥 만화로 분류하는 것이 나을지 아니면 그 주제에 관심을 가진 이용자의 편의를 위해 해당주제에 분류하는 것이 나을지를 철저하게 고민해볼 필요가 있겠습니다.

8) 공무원 시험문제집

도서관에 따라 시험문제집을 장서로 수집하는 곳도 있고 그렇지 않은 곳도 있습니다. 시험문제집의 수집 여부는 자관의 장서개발지침에 따라야 합니다만, 만약 시험문제집을 장서로 구축하는 도서관이라면 분류규정을 성문화해야 합니다.

KDC 제6판에서 공무원 시험문제집은 350.357 아래에 001-999와 같이 주제구분하며, 별법으로 도서관에 따라 해당주제 아래에 표준구분 -077을 첨가할 수도 있습니다. 다시 말해, 공무원 시험문제집을 서가상에 모아줄 것인가 주제별로 분산시킬 것인가를 미리 결정해야 합니다.

일반적으로 모든 직렬에 공통적으로 해당하는 과목인 국어, 영어, 한국사, 사회, 과학, 수학, 행정학, 행정법 등은 350.357 아래에 분류하고 전공과목인 정보봉사개론, 사회복지학개론, 간호학개론, 형사소송법 등은 해당주제 아래에 분류하는 것이 유용하겠으나 이는 절대적인 기준이 아니므로 자관에서 면밀히 검토해야 합니다.

선재국어	: 350.35771
	or 710.77 (한국어)
이동기 영어	: 350.35774
	or 740.77 (영어)
민주국사 OX	: 350.357911
	or 911.0077 (한국사)
2010~2015년 정보봉사개론 단원별 기출문제	: 350.357025
	or 025.2077 (정보서비스)
사회복지직 9급공무원 적중예상문제집	: 350.357338
	or 338.077 (사회복지)

아래와 같은 특정 직업에 관한 취업 관련 자료 또한 일반취업 자료와 함께 325.33 아래에 분류할 것인지 아니면 해당 주제에 분류할 것인지를 고민해볼 필요가 있습니다.

평범한 구직자를 위한 취업준비 A to Z	: 325.33 (고용 및 채용)
면접의 정석	: 325.337 (채용시험)
간호사 취업	: 512.8 (간호학)
	or 325.33
현직 간호사가 알려주는 간호사 면접	: 512.8 (간호학)
	or 325.337

9) 기타 임의규정

특정주제의 자료는 도서관에 따라 공식적인 분류방식과 다르게 분류하는 것이 자관의 이용자에게 더 도움이 될 때가 많습니다. 이를 위해 분류표에서는 동일한 주제의 자료를 도서관의 관종과 이용자의 특성에 따라 임의로 택일할 수 있도록 별법(別法) 또는 양자택일의 기호를 분류표상에 주기로 제시한 임의규정(option)을 둡니다.

앞에서 다루었던 전기, 특수 법률, 주제별 서지 이외에도 KDC 제6판을 예로 들면 069.8 (전문박물관), 078(특정주제의 신문), 668(사진집), 7X3.X(2개국어 사전) 등의 주제에 해당되는 자료일 경우 어느 쪽으로 분류할 것인지를 자관의 특별규정으로 마련해두어야 합니다.

668 사진집 Collections of photographs
　　668.2-.8은 600.42-.48과 같이 세분한다. 예: 인물사진집 668.5
　　별법: 도서관에 따라 주제별 사진집은 해당주제 아래에 분류할 수 있다. 예: 무대사진집 681.2

713.2-.9 2개국어 사전
　　2개국어 사전은 표제어에 분류하고 해설어를 국어구분의 기호를 사용하여 부가한다. 예: 한영사전(표제어: 한국어) 713.4; 영한사전 743.1
　　별법: 도서관에 따라 2개국어 사전은 이용자의 입장에서 비교적 덜 알려진 언어에 분류하고 상대어를 부가할 수 있다. 예: 한영(영한)사전 713.4(미국의 입장); 한영(영한)사전 743.1(한국의 입장)

한국항공대학교 항공우주박물관	: 069.8558 (박물관)
	or 558.069 (항공우주)
평생교육신문	: 078.378 (신문)
	or 378.05 (평생교육)
ETHIOPIA : Heaven on Earth	: 668.4 (사진집)
	or 983.71 (에티오피아)
한영사전	: 743.1 (영어)
	or 713.4 (한국어)

3.4 재분류란 무엇인가

재분류(reclassification)란 이미 분류된 자료를 다시 분류하여 새로운 분류기호를 배정하는 일을 말합니다. 분류범위에 따라 일부 장서에 대한 재분류와 전체 장서에 대한 재분류로 나눌 수 있습니다.

일부 장서에 대한 재분류는 도서관의 분류정책이 변경되거나 분류사서의 판단이 달라졌을 경우, 또는 이해 부족이나 실수로 분류기호를 잘못 배정되었을 경우에 새로 분류하는 일을 말합니다. 재분류가 필요한 자료를 발견하는 즉시 처리하는 것이 바람직하되, 월간이나 연간계획을 세워 처리하는 방법도 무방합니다.

분류기호가 자료의 이용률에 영향을 미칠 수 있다는 점에 대한 경험담을 들려드리겠습니다. 거의 비슷한 시기에 스튜어디스라는 직업을 다룬 4권의 책이 발간된 적이 있어요. 『나도 스튜어디스가 되고 싶다』와 『스튜어디스가 되고 싶다고』는 스튜어디스가 되기 위한 방법을 설명한 직업안내서에 가깝고 『아름다운 프로 레나』와 『그녀, 은빛하늘 칵테일』은 각각 항공사의 스튜어디스로 근무하면서 경험한 일을 수기의 형식으로 엮은 책입니다. 제가 일을 시작한 도서관에서 어떤 연유에서인지 다른 3권의 책은 KDC 326.37(항공운송)으로 분류되었는데 『그녀, 은빛하늘 칵테일』은 818(기타 한국문학)이란 분류기호가 부여되어 있었습니다. 대학에 스튜어디스 양성을 목적으로 하는 학과가 개설되었으므로 앞의 3권의 책은 상당히 많은 대출을 기록했는데 유독 『그녀, 은빛하늘 칵테일』은 도서관에 배가된 후 2년이 넘도록 단 1회의 대출도 없음을 발견했습니다. 이를 통해 특수한 직업의 수기는 문학에 분류하는 것보다 그 직업과 관련된 주제에 분류하는 것이 바람직하다고 판단하여, 『그녀, 은빛하늘 칵테일』도 스튜어디스 관련 자료의 군집을 위해 나머지 3책과 동일한 분류기호를 배정하여 재분류하였습니다. 그 결과, 책이 너절해지도록 이용되었음은 불문가지입니다. 818이 반드시 틀린 분류기호였다고 단정할 수는 없지만 이용자에게 유용한 분류기호는 결코 아니었다는 점을 몸소 겪었던 것이지요.

그러나, 통상적으로 재분류라 함은 전체 장서에 대한 재분류를 의미하며, 발생 원인에 따라 분류표의 개정으로 인한 재분류와 분류표의 변경으로 인한 재분류로 나눌 수 있습니다.

1) 분류표 개정에 따른 재분류

어떤 자료분류표든지 최신성을 유지하기 위해 분류표를 지속적으로 개정하고 있습니다. 분류표의 개정은 새로운 주제에 대한 분류기호를 신설하는 것이 일반적이지만, 때로는 기존에 부여된 분류기호를 더 이상 사용하지 않거나 또는 기존에 배정된 주제를 다른 분류기호로 변경하는 경우도 발생합니다. 예컨대 한국십진분류법(KDC)의 경우 제4판에서 사회학에 배정된 노동문제(前336)와 경제학에 배정된 인구학(前322.9)을 제5판으로 개정하면서 경제학 아래의 321.5와 사회학 아래의 331.3으로 각각 재배치하였으며, 제6판 개정시에는 건축술(前610)과 통계학(前310)을 건축 아래의 540과 413으로 각각 통합한 바 있습니다.

이렇게 분류표가 개정될 때, 각 도서관에서는 두 가지의 선택이 가능합니다. 첫 번째는 개정판을 기준으로 하여 구판에 의해 분류된 기존 장서를 모두 재분류하는 방법입니다. 이를 통해 자료분류의 최신성을 유지할 수 있지만 재분류 작업에 따른 시간적·경제적 손실을 감안해야 합니다. 두 번째는 랑가나단이 제안한 삼투적 방식(osmosis method), 즉 기존에 분류한 자료는 그대로 두되 새롭게 입수되는 자료에만 개정된 분류표를 적용하는 것입니다. 일정한 시간이 지나면 새로운 분류표에 의해 분류된 장서량이 많아지고 종전의 자료는 자연스럽게 이용가치가 하락함에 따라 차후의 제적(withdrawal) 작업에 도움이 되기 때문이지요.

2) 분류표 변경에 따른 재분류

현재 사용하고 있는 자료분류표의 전개능력에 한계를 느끼거나, 다른 도서관과의 협력을 위해 동일 분류표를 사용하고 싶거나, 또는 표준분류표를 도입하기 위하여 얼마든지 다른 분류표로 변경할 수 있습니다. 재분류에 따른 업무량이 방대하므로 부득이한 사정이 아니라면 분류표를 변경하지 않는 것이 바람직하겠지만, 그럼에도 분류표를 변경해야 한다면 장서량, 연차증가량, 직원수, 시설, 예산, 봉사수준, 서지적 경제성, 분류의 효율성, 재분류의 적용범위, 다른 도서관의 전례, 이용자에 대한 영향, 자동화기술 등의 제반여건을 심사숙고하여 최적의 분류표 도입을 검토해야 합니다.

북미에서는 1960년대 이후 대학도서관을 중심으로 DDC를 LCC로 변경한 사례가 제법 많습니다. 국내에서는 2005년에 건국대 도서관에서 NDC로 분류되어 있던 동양서 70만여 책을 DDC로 재분류한 사례가 대표적입니다.[117] 최근에는 홍콩의 嶺南大學 도서관이 LCC로 변경하면서 50만여 책의 장서를 장장 4년에 걸쳐 재분류하였습니다.

재분류 작업이 현실적으로 워낙 방대한 업무이기 때문에 도서관에 따라 일정한 시점을 기준으로 새로이 입수되는 자료들에 대해서만 새로운 분류표를 적용하는 삼투적 방식을 적용하기도 합니다. 예컨대 라파예트대학 도서관의 경우 DDC로 분류된 1991년 이전의 기존 장서는 별도로 배가하고 그 이후에 입수된 자료를 LCC로 분류하는 이원화 체제를 유지하고 있습니다.

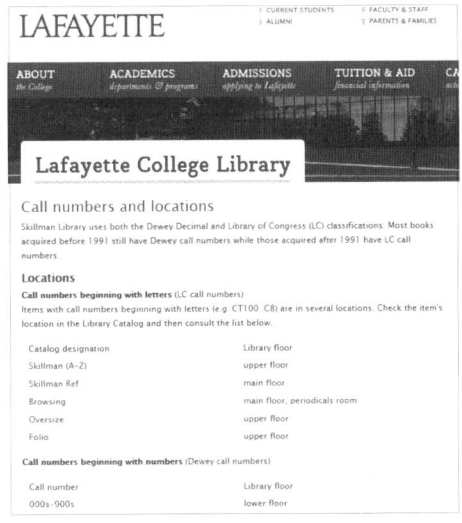

---

117) 구체적인 재분류 절차를 살펴보면, NDC 분류기호를 DDC 분류기호로 자동으로 변환해주는 프로그램을 개발하고, 등록번호를 스캔하면 DDC가 적용된 청구기호 레이블이 출력되어 곧바로 이 레이블을 책등에 부착하는 방식으로 진행되었습니다. 연인원 4,800여 명이 동원되어 1일 1인당 평균 700~900초 책의 레이블을 부착한 후 새로운 청구기호순에 따라 서가를 재배열하였다고 합니다. (한춘수. 2005. 건국대 상허기념도서관 자료조직 일원화 사례. 도서관문화 46(7): 39-41)

4
분류의 역사 돌아보기

4.1 서양 자료분류의 발달과정

분류와 목록의 역사는 도서관의 역사와 궤를 같이 합니다. 다만 목록이 근대 이후부터 국가 및 국제적인 '통일'이라는 목표를 향해 발달해왔던데 반해, 분류는 각 도서관의 목적을 달성하기 위해 여러 분류표들이 군웅할거했던 춘추전국시대(?)를 거쳐 20세기 중반부터 공고히 삼국시대(?) 체제로 굳혀졌다고 비유할 수 있겠습니다.

듀이십진분류법(DDC), 미국의회도서관분류법(LCC), 국제십진분류법(UDC)의 3대 분류법을 중심으로 근세 이후 명멸했던 서양의 주요 분류법들을 개괄적으로 살펴보도록 하겠습니다. 참고로 분류의 역사를 훑어볼 때에는 당대 도서관이 소장한 문헌의 주제가 분류법에 반영된다는 점을 주목해야 합니다. 이를테면 칼리마코스(Callimachus)가 피나케스(Pinakes)라는 목록을 만들면서 시인(poets), 법률가(lawmakers), 철학자(philisophers), 역사가(historians), 수사 및 연설가(rhetoricians, orators), 기타 저술가(miscellaneous writers)의 저작으로 분류하였는데, 이는 고대 알렉산드리아 도서관의 장서가 주로 어떤 주제를 다루었는지를 나타낸다고 볼 수 있을 것입니다. 또한 노데의 분류법에서 에드워즈의 분류법에 이르기까지 신학(theology)을 첫 번째 주제로 배치하였던 사실을 통해 종교를 우선시했던 근세의 학문적 상황을 간접적으로 체감할 수 있습니다.

1) 게스너의 분류법

스위스의 박물학자였던 게스너(Konard von Gesner, 1516-1565)는 당시 전세계에 산재한 라틴어, 그리스어, 히브리어 문헌의 기록을 체계적으로 배열한 『세계서지(Bibliotheca universalis)』를 편찬하였습니다. 게스너는 학문을 어학(1-4) 4류, 수학(5-9) 5류, 수식적인 것(10-13) 4류, 기본적인 것(14-21) 8류의 총 21개 주류로 분류하였습니다. 세계서지는 학문분류를 목록의 배열에 응용한 세계 최초의 서지분류법으로 평가받고 있으며, 21개의 주제는 다음과 같습니다.

```
1 문법, 언어학              8 천문학                     15 형이상학, 자연신학
2 변증법                    9 점성술                     16 물리학
3 수사학                   10 복서(卜筮), 예지(豫智)     17 경제학
4 시학                     11 지리학                     18 정치학, 공민학, 군사학
5 산술                     12 역사학                     19 법학
6 기하학, 광학              13 공예학                     20 의학
7 음악                     14 물리학                     21 기독교신학
```

2) 노데의 분류법

프랑스의 서지학자이자 마자랭도서관(Bibliothèque Mazarine)의 사서였던 노데(Gabriel Naudé, 1600-1653)는 도서관 사상과 도서관 운영의 일반원리를 제시하여 현대 문헌정보학의 기반이 된 『도서관 설립법(Advis pour dresser une bibliothèque)』을 1627년에 발표하였습니다. 노데는 이 저서를 통해 병사들을 모아놓았다고 군대가 되지 않는 것처럼 책만 모아놓았다고 도서관이 아니라고 비유하면서 분류의 중요성을 강조했습니다. 그는 중세시대 대학의 자유과(artes liberales)인 3학(trivium) 4과(quadruvium)를 기초로 다음과 같은 12개의 주제로 학문을 분류하였습니다.

1 신학	5 지리학	9 심의회와 교회법규
2 의학	6 역사학	10 철학
3 서지	7 군사학	11 정치학
4 연대기	8 법률	12 문학

3) 라이프니츠의 분류법

독일의 철학자이며 수학자인 라이프니츠(Gottfried Wilhelm Leibniz, 1646-1716)는 1691년에 볼펜뷔텔(Wolfenbüttel)의 아우구스트 공작 도서관(Herzog August Bibliothek)의 관장으로 임명되었습니다. 이 도서관은 1572년에 개관한 이래 아우구스트 공작이 수집한 천문학, 수사학, 역사, 물리 등 다양한 주제의 13만여 책에 달하는 당대 유럽 최고의 도서관이었습니다. 라이프니츠는 장서를 귀족의 재산으로 간주하여 작성된 기존의 표제목록을 이용에 더 편리하다고 여긴 저자목록으로 변경하였고, 주제명목록을 편성하되 문헌에서 취급된 모든 주제에 대한 분출목록을 작성하기도 했습니다. 또한 그는 베이컨, 게스너, 로크 등의 영향을 받아 당시의 모든 학문들을 통일해 체계화하는 보편학(普遍學)이라는 구상을 품고 있었으며, 자료분류에서도 독창성을 발휘하여 노데의 분류법을 바탕으로 10개 주류의 분류법을 고안하였습니다.

1 신학	5 수학	9 학문사 및 서지학사
2 법학	6 물리학	10 총류 및 잡(雜)
3 의학	7 언어학	
4 철학	8 역사학	

4) 파리서적상분류법과 브루너의 분류법

부이요(Ismaël Bullialdus), 마르탱(Gabriel Martin) 등에 의해 만들어진 파리서적상분류법(Paris Booksellers classification)은 파리의 서적상들을 위한 재고도서의 배열법으로 널리 사용되었습니다. 프랑스의 서지학자인 브루너(Jacques Charles Brunet, 1780-1867)는 1809년에 『출판인과 애서가를 위한 핸드북(Manuel du libraire et de l'amateur des livre s)』을 펴냈는데 이 책에서 그는 노데의 분류법과 파리서적상분류법 등을 참작하여 신학, 법률, 과학 및 예술, 문학, 역사의 5대 주류로 나눈 분류법을 적용하였습니다. 브루너의 분류법은 프랑스국립도서관과 영국국립박물관도서관의 분류 및 배가에 영향을 미쳤습니다.

5) 에드워즈의 분류법

공공도서관법(Public Libraries Act, 1850)을 통과시키며 영국 전역에 무료도서관 사상을 이끌어 낸 에드워즈(Edward Edwards, 1812-1886)는 1859년에 『공공도서관을 위한 분류법 개요(Outline of proposed scheme classification for town library)』를 발표하였습니다. 이것은 특별히 공공도서관을 위해 고안한 분류법으로, 맨체스터 공공도서관을 비롯한 영국 각지의 공공도서관에서 채용되었습니다.

```
A Theology                D Politics and commerce
B Philosophy              E Science and arts
C History                 F Literature and polygraphy
```

6) 듀이십진분류법(DDC)

미국 앰허스트대학(Amherst College) 도서관에서 학생보조원으로 근무하던 멜빌 듀이(Melvil Dewey, 1851-1931)는 도서관의 자료정리 상태에 대한 불만을 갖고 개선방안을 궁리하기 시작했습니다. 당시 모든 도서관에 적용되던 고정식 배가법은 듀이의 생각으로는 너무나 비효율적인 방법이었기 때문이지요. 그러던 어느 날, 총장의 설교를 듣던 중 그의 뇌리에 섬광처럼 아라비아숫자를 사용하는 십진법의 아이디어가 떠올랐습니다. 본래 수학에 흥미를 갖고 있던 듀이는 십진법의 아이디어를 구체화한 십진분류법 초안을 대학본부에 보고하여 모든 이들을 깜짝 놀라게 만듭니다. 졸업하자마자 모교의 사서로 발령된 듀이는 『A classification and subject index for cataloging and arranging the books and pamphlets of a library』을 1876년에 정식으로 발간하였는데, 이것이 바로 **듀이십진분류법**(Dewey Decimal Classification; DDC) 초판입니다.

DDC는 수학의 십진법을 자료분류에 최초로 적용한 십진식분류표입니다. 십진식이란 모든 학문을 10개의 주류로 나누고, 각 주류 아래에 다시 10개의 강목을, 각 강목 아래에 다시 10개의 요목을, 각 요목 아래에 10개의 세목을 배정해나가면서 계층구조를 설정하는 방법을 말합니다. 베이컨은 학문을 인간의 정신능력에 따라 기억, 상상, 오성으로 분류하여 이에 대응하는 학문을 사학, 시학, 이학으로 규정하였고, 해리스는 베이컨의 분류체계를 도치시켜 과학, 예술, 역사의 순으로 재배열하였는데, 듀이는 해리스의 영향을 받아 DDC의 주류를 편성하였습니다.

세이어즈를 비롯한 후대의 학자들은 DDC 주류의 배치원리가 다음과 같이 기독교적 세계관에 바탕한 인간의 생주이멸(生住異滅) 과정이 적용된 것으로 추론하였습니다.

000 총류
모든 것은 무질서(disorder)와 혼돈(chaos)에서 출발한다.

100 철학
나는 누구인가? 인간은 자신의 존재에 대한 근원적인 질문을 통해 철학에 도달한다.

200 종교
인간은 나약한 존재라는 것을 깨닫고 절대자인 신을 숭배하며 종교를 갖는다.

300 사회과학
사람이 모여 가족과 부락이 되고, 국가를 형성하게 되면서 더불어 사는 사회생활을 영위한다.

400 언어
주변 사람들에게 내 생각을 전달하기 위해 절실한 것은 언어이다.

500 자연과학
인간의 관심은 땅, 바다, 하늘, 동식물 등의 자연으로 확장된다.

600 기술과학
자연환경을 인간에게 도움이 되도록 응용하기 위해 도구를 발명하고 기술을 개발한다.

700 예술
기술의 발달로 생활이 윤택해짐에 따라 여가시간을 활용하기 위해 인간의 감성을 예술로 표현한다.

800 문학
자신의 생각과 감정을 글로 표현하며 정신세계를 더욱 풍요롭게 만든다.

900 역사
인간은 자신의 삶을 후손에게 전달하기 위해 기록을 남기고, 집단의 기억이 모여 역사가 된다.

DDC는 30개 이상의 언어로 번역되어 현재 138개 국가의 20만여 도서관에서 사용하고 있는, 세계에서 가장 널리 사용되는 자료분류법입니다. 미국에서는 공공도서관과 학교도서관의 95%, 대학도서관의 25%, 전문도서관의 20%가 사용하고 있습니다. 미국의회도서관(LC)에서 작성되는 목록데이터에 매년 11만건 이상의 DDC 기호를 부여하며, 한국을 비롯한 60여 개 국가에서 국가서지(national bibliographies)에 DDC 분류기호를 사용하고 있습니다. 뿐만 아니라 DDC는 국제십진분류법(UDC), 한국십진분류법(KDC), 일본십진분류법(NDC)과 같은 모든 십진분류법의 근간이 됩니다.

DDC는 1923년부터 미국의회도서관(LC)의 Dewey Decimal Classification Division(DCD)에서 개정을 담당하고 있으며, OCLC에서 출판 및 보급을 하고 있습니다.

7) 커터의 전개분류법(EC)

커터(Chales Ammi Cutter, 1837-1903)는 하버드대 도서관 사서, 보스턴박물관장, 보스턴애서니엄 도서관장, 제3대 미국도서관협회장 등을 역임하면서 『사전체목록규칙(Rules for a dictionary catalog)』, **저자기호표**(Cutter-Sanborn), **전개분류법**(Expansive Classification; EC) 등의 커다란 업적을 남긴 사서로서, 동시대를 살았던 듀이와는 선의의 라이벌(?) 관계라 할 수 있는 인물입니다. 그는 듀이의 DDC로는 규모가 상이한 도서관에서 사용하기에는 적합하지 않다고 여겨 독자적인 분류법인 EC를 고안하였습니다.

전개(expansive)란 지식의 모든 분야를 포함하는 분류표가 1표에서 7표까지 점진적으로 전개된다는 점에서 붙인 명칭입니다. 주류를 10개의 주제로 나누고 도서관의 규모에 따라 확장 전개하여 사용할 수 있도록 세부 주제를 1표부터 7표까지 단계적으로 구성하였는데, 가령 7표의 경우 100만권의 장서를 고려하여 전개하였습니다.

```
A    Generalia
B-D  Spiritual sciences
E-G  Historical sciences
H-K  Social sciences
L-Q  Natural sciences
R-U  Arts (S Constructive arts; T Fabricative arts, Machinery...)
V    Athletic and Recreative arts, Sports and Games
W    Fine arts, plastic and graphic
X-Y  Communicative arts (by language)
Z    Book arts (making and use of books)
```

커터는 콩트와 스펜서의 학문분류의 영향을 받아 사물의 진화순으로 EC의 주류를 배열했습니다. 예를 들어 Natural sciences는 분자로부터 질량, 물질, 힘, 생명의 순으로 진전되며, Book arts의 경우 책의 생산, 유통, 도서관 이용, 참고문헌 기술법과 같은 라이프사이클에 따라 배열됩니다. 그런 점에서 EC의 주류체계는 여러 분류법 중에서도 가장 이론적이라는 평가를 받고 있으며, 미국의회도서관분류법(LCC), 일본십진분류법(NDC), 서지분류법(BC) 등에 많은 영향을 주었습니다.

EC는 현재 보스턴애서니엄, 포브스도서관, 홀리오크공공도서관 등 미국의 일부 도서관에서 사용하고 있습니다.

8) 미국의회도서관분류법(LCC)

미국의회도서관(Library of Congress; LC)은 미국의 수도가 워싱턴 D.C.로 옮겨지는 과정에서 아담스(John Adams) 대통령의 결정으로 5,000달러를 지원받아 1800년에 964책의 도서와 9점의 지도로 개관했습니다. 처음에 LC는 folio(30-38cm), quarto(25-30cm), octavo(20-25cm) 등으로 책의 크기로 분류하였으나 점차 장서가 증가함에 따라 1808년부터는 일반자료와 의회자료를 구분하여 배가했으며, 1812년에는 3,000책 이상의 장서로 발전합니다. 그러나 1812년에 발발한 영국과의 전쟁에 의해 1814년 의사당과 함께 도서관과 장서들은 소실되고 말았습니다. 이후 LC는 퇴임한 제퍼슨(Thomas Jefferson)의 개인장서 6,487책을 23,950달러에 구입하여 도서관을 복구하였습니다. 이 장서들은 제퍼슨이 베이컨의 학문분류에 기초하여 44개의 항목으로 구분한 고정식배가법으로 정리되어 있었는데, 이후 약 90여 년 동안 LC의 분류체계로 사용되었습니다. 1851년의 화재로 인해 55,000여 책의 장서 중 제퍼슨의 장서를 비롯하여 35,000여 책이 소실

되는 등 우여곡절 끝에 거쳐 1897년에 신축 건물로 이전하면서 제 모습을 갖추게 됩니다.

1899년 LC는 보스턴공공도서관장이던 퍼트넘(Herbert Putnam, 1861-1955)[118]을 제8대 관장으로 초빙하였습니다. 취임 당시 LC의 장서량이 100만책을 넘었기 때문에 퍼트넘은 기존 분류법의 한계를 깨닫고 1901년부터 편목부서장 핸슨(James C.M. Hanson)과 분류책임자 마텔(Charles Martel)과 함께 **미국의회도서관분류법**(Library of Congress Classification; LCC)을 편찬하기 시작했습니다.

LCC의 주류는 커터의 전개분류법(EC)의 직접적인 영향을 받아 전개하였으므로 콩트의 학문분류와 무관하지 않습니다. 학문에 대응하는 주제를 알파벳문자 A부터 Z까지 배정하되 새로운 주제가 나타날 것에 대비할 목적으로 숫자와 비슷하고 발음이 길다는 등의 이유로 I, O, W, X, Y는 공기호로 남겨두었으며, LCC의 주류 배열원리는 다음과 같이 7개군으로 대별할 수 있습니다.

- A : 특정 주제에 한정되지 않는 분야
- B : 우주에 관한 인간의 이론, 사람을 설명하는 철학과 종교
- C-G : 인간의 생존과 사회생활, 환경의 영향, 정신과 영혼
- H-L : 인간의 경제적 및 사회적 발전
- M-P : 인간의 미적 활동과 지적인 발달
- Q-V : 자연과학과 응용과학
- Z : 서지와 도서관학

다만 LCC는 학문의 체계에 따른 전개라기보다는 문헌적 근거(literary warrant)에 따라 장서량이 많은 주제일수록 분류항목을 더욱 세분한 분류법입니다. 일례로 과학기술에 비해 사회과학이나 역사, 법률의 분류항목이 더 세분되어 있는데, 이는 의회도서관 장서의 특성이 반영된 결과로 볼 수 있습니다.

---

118) 퍼트넘은 본래 변호사였지만 미애나폴리스공공도서관 등에서 사서로 일하며 도서관 경영에 탁월한 재능을 발휘하였습니다. LC 관장으로 부임한 이후 특정 주제별 목록 간행, 국가종합목록 발간, 상호대차제도 및 사진복사서비스 시행, 도서관 목록카드의 인쇄와 전국적 배포 등의 업적을 남겼고, 1898년과 1903년에는 ALA 회장을 역임하기도 했습니다.

```
A  General Works
B  Philosophy, Psychology, and Religion
C  Auxiliary Sciences of History
D  General and Old World History
E  History of America
F  History of the United States and British, Dutch, French, and Latin America
G  Geography, Anthropology, and Recreation
H  Social Sciences
J  Political Science
K  Law
L  Education
M  Music
N  Fine Arts
P  Language and Literature
Q  Science
R  Medicine
S  Agriculture
T  Technology
U  Military Science
V  Naval Science
Z  Bibliography, Library Science, and General Information Resources
```

LCC는 세계 최대의 열거식분류표로서, 전개능력이 커서 방대한 양의 장서를 가진 대규모 도서관에 적합합니다. 또한 주제별로 분책하여 주기적으로 개정함으로써 특정 주제를 다루는 전문도서관에 유용한 분류법이기도 합니다. 본디 미국의회도서관에서 내부적으로 사용하기 위해 편찬한 일관분류표이지만 LC의 인쇄카드[119] 보급 및 MARC 레코드의 배포로 미국 내 타도서관으로 급속히 전파되었습니다.

북미의 경우 95% 이상의 공공도서관과 학교도서관이 DDC를 채용하고 있으나 대학도서관에서는 LCC를 더 많이 사용하고 있습니다. 특히 50만책 이상의 장서를 보유한 도서관의 경우 60% 이상이 LCC를 채택하고 있으며, DDC를 사용하던 도서관이 LCC로 변경하는 사례가 계속 늘어나고 있는 추세입니다. 이는 LCC의 분류 전개능력이 DDC보다 우수하다는 사실을 방증합니다. 한국에서는 한국과학기술원(KAIST) 도서관, 포항공과대(POSTECH) 도서관 등의 일부 대학도서관과 한국개발원도서관, 한국전자통신연구원도서관 등 상당수의 전문도서관이 LCC를 채용하고 있습니다. LCC는 현재 LC에서 개정과 유지관리를 담당하며, 2014년부터 분류표의 전문을 PDF 포맷으로 공개하고 있습니다.

---

[119] 1897년에 듀이는 인쇄카드 서비스를 시행하면 전국 도서관 편목업무의 ⅓을 절약할 수 있다고 설파하였고, 이에 고무된 LC는 1901년에 표준규격의 인쇄목록카드 배포 서비스를 개시하였습니다. LC는 1909년에 미국 내의 주요 도서관과 목록카드 교환 협정을 체결하여 카드목록 형태의 종합목록을 형성하였으며, 1948년에 국가종합목록(National Union Catalog; NUC)이라는 공식 명칭을 부여했습니다.

9) 국제십진분류법(UDC)

19세기 후반에 접어들면서 산업혁명에 의한 과학기술의 발달에 따라 출판물의 양이 폭발적으로 증가하게 되었습니다. 이들 과학기술 출판물은 기존의 도서(book) 형태보다는 레터(letter), 출판전논문(preprint), 기술보고서, 마이크로필름 등과 같은 새로운 유형으로 유통되었기 때문에, 전통적인 도서관 분류법이 아닌 새로운 방식으로 정보를 조직하기 위한 필요성이 대두되었습니다. 뿐만 아니라, 당시의 자료조직 환경은 도서나 문서의 보존과 이용을 위해 자료의 내용적인 처리보다는 외형적 처리(physical handling)에 더 관심을 두었고, 자료의 주제분석과 분류조차도 배가에 중점을 두고 있는 상황이었습니다. 게다가 당시의 과학자들은 전세계에서 생산되는 정보자료를 주제에 따라 접근할 수 있기를 원했지만 도서관은 교육적 기능에 더 관심을 두고 있었기 때문에 과학기술분야 연구자들의 정보요구에 즉각적으로 대응하지 못하고 있었습니다.

[Henri La Fontaine]   [Paul Otlet]

과학기술정보의 신속한 유통을 제고하기 위하여 벨기에의 법률가인 라퐁텐(Henri La Fontaine, 1854-1943)과 오틀렛(Paul Otlet, 1868-1944)의 주도로 1895년에 국제서지학회(Institut International de la Bibliographie; IIB)가 결성되었습니다. IIB의 목적은 전세계에서 간행되는 모든 유형의 자료에 대한 종합색인을 작성하고, 주제별 서지를 편찬하여 서지적 접근을 가능하게 하고, 나아가 전세계의 모든 자료의 원문을 한 곳에 모으는 이른바 세계중앙도서관을 설립하는 데 있습니다. 이를 위해 세계서지(Répertoire Bibliographique Universel; RBU)를 편찬하고자 기록된 지식을 도서관목록의 형태로 만들기 시작했고 자료의 분류법으로 DDC를 채택하였습니다. 그러나 도서관의 전통적인 자료분류법으로는 전세계의 방대한 기록자료를 적절하게 분류할 수 없음을 깨달아 새로운 분류법을 만들게 됩니다. 이에 DDC 5판(1894)을 저본으로 삼아 1904년에서 1907년에 걸쳐 'Manuel du Répertoire Bibliographique Universel'이란 표제로 프랑스어 **국제십진분류법**(Universal Decimal Classification; UDC) 초판을 발간하였습니다.

IIB의 관심은 도서뿐만 아니라 아티클, 학위논문, 지도, 영상매체, 녹음매체, 박물관 실물자료와 같은 다양한 매체의 기록물을 포함하고 있었습니다. 모름지기 자료는 서가에 물리적으로 배열해야 하는 것이라는 고정관념을 탈피하여, 자료의 주제나 내용적인 측면의 분석을 강조했습니다. IIB가 각국의 국립도서관과 협력을 통해 작성한 학술논문의 카드목록은 1912년에 900만매, 1931년에는 1,400만매를 넘게 되었습니다. 오틀렛은 자신들의 활동을 기존의 도서관학(library science)과 구별하기 위해 도큐멘테이션(documentation)이라 명명했고, 이것은 1960년대의 정보학(information science)의 성립에 결정적인 영향을 끼칩니다.120)

IIB는 1931년에 IID(Institut International de Documentation)로 개칭되었으며, 1938년에 IID의 본부가 브뤼셀에서 네덜란드의 헤이그로 옮기면서 FID(Fédération Internationale de Documentation)로, 1988년에는 International Federation for Information and Documentation의 영어식 명칭으로 바꾸었습니다. 이후 FID는 UDC의 보호와 육성을 위하여 영어, 프랑스어, 네덜란드어, 일본어, 스페인어판의 UDC 출판사들과 함께 별도의 컨소시엄인 UDCC(UDC Consortium)을 결성하였고, 1992년부터는 UDCC가 UDC의 발간을 관리합니다.121)

UDC는 DDC 5판을 저본으로 편찬한 분류법이므로 십진식에 의한 주제의 전개나 주류 및 강목의 구성체계, 계층구조 등이 DDC와 매우 유사합니다. UDC의 분류기호는 십진식으로 전개되나 DDC에서처럼 세 자리의 숫자를 채우기 위해 주류나 강목에 형식적으로 부가하는 '0'이나 '00'을 무의미하다고 판단하여 이들을 부가하지 않는 점이 특징입니다. 또한 본표의 구성은 DDC와 유사하나 1962년 개정판부터는 언어와 언어학을 문학(8)에 통합하고 주류 4는 공기호로 비워두었습니다.

---

120) 주지하다시피 도서관학과 정보학은 나중에 문헌정보학(library & information science; LIS)으로 통합됩니다.
121) 현재 UDCC의 멤버는 스페인의 AENOR, 러시아의 VINITI, 체코국립도서관 등으로 구성되어 있습니다.

```
0  Generalia
1  Philosophy. Psychology
2  Religion. Theology
3  Social Sciences
4  Vacant
5  Mathematics and natural sciences
6  Applied sciences. Medicine. Technology
7  The arts. Recreation. Entertainment. Sport
8  Language. Linguistics. Literature
9  Geography. Biography. History
```

UDC는 모든 분류기호에 공통적으로 첨가할 수 있는 보조표인 공통보조표(common auxiliaries)와 특정 주제에서만 공통으로 첨가할 수 있는 특수보조표(special auxiliary subdivisions)의 두 가지의 보조표를 두어 본표의 분류기호를 상세히 세분할 수 있도록 합니다. 이에 따른 몇 가지 분류용례를 제시하면 다음과 같습니다.

Zoology and animal breeding	: 59+636
Systematic zoology	: 592/599
Aptitude testing in staff recruitment	: 159.98:658.3
Statistics of social welfare	: 31[36]
The Bible in French	: 22=133.1
Journal of librarianship	: 02(05)
Dictionary of science	: 5(038)
Family law in the United States	: (73)347.6
Statistics of mining and metallurgy in Sweden	: 31:[622+669](485)
Social psychology of the Chinese people	: 316.6(=1.510)
Theatre in the 19th century	: 792 "18"
Harvard university libraries	: 027.7Harvard
Children's theatre in France in the 19th century	: 792-053.2(44)"18"
Radio emission from the atmosphere of Venus	: 523.42-77

UDC는 DDC를 근간으로 하되 국제적인 시각에서 분류를 전개하여 국가적·인종적 편중을 배제한 보편성을 지닌 분류표로 평가받습니다.[122] 40개 언어로 번역되어 전세계 124개 국가에서 사용되고 있으며, 이중 34개 국가에서는 국가서지에 UDC를 주된 분류법으로 채용합니다. 스페인, 포르투갈뿐만 아니라 헝가리, 루마니아, 체코, 슬로바키아, 우크라이나, 보스니

---

122) 분류법의 명칭에 사용된 universal을 흔히 '국제'라고 번역하지만 기실은 '보편적'이라는 의미에 더 가깝습니다.

아, 에스토니아, 크로아티아, 리투아니아와 같은 동부 유럽권에서는 UDC를 표준분류법으로 사용합니다. 한국에서는 1973년에 당시 한국과학기술정보센터(KORSTIC)에서 간략판을 번역하여 발행한 적이 있으며, 현재 건설기술연구원 등 일부 전문도서관에서 UDC를 채용하고 있습니다.

10) 브리스의 서지분류법(BC)

뉴욕시립대 도서관의 사서로 재직하던 브리스(Henry Evelyn Bliss, 1870-1955)는 분류에 대한 이론적 연구를 바탕으로 1902년에 **서지분류법**(Bibliographic Classification; BC)의 초안을 마련하여 1940년부터 1953년까지 4권의 저술을 차례로 발표하면서 BC의 체계를 확립했습니다.

```
1       Introduction and auxiliary schedules
2/9     Generalia, Phenomena, Knowledge, Information science & technology
A/AL    Philosophy & Logic
AM/AX   Mathematics, Probability, Statistics
AY      General science, Physics
B       Physics
C       Chemistry, Chemical Engineering
D       Space & Earth sciences, Astronomy, Geology, Geography
E/GQ    Biological sciences
E       Biology, Biochemistry, Genetics. Virology
F       Botany
G       Zoology
GR      Agriculture
GU      Veterinary science
GY      Applied Ecology, Human environment
H       Physical Anthropology, Human biology, Health sciences
I       Psychology & Psychiatry
J       Education
K       Society (includes Social sciences, sociology & social anthropology)
L/O     History (includes Archaeology, biography and travel)
P       Religion, Occult, Morals and ethics
Q       Social welfare & Criminology
R       Politics & Public administration
S       Law
T       Economics & Management of economic enterprises
U/V     Technology, Engineering
W       Recreation, Arts, Music
X/Y     Language, Literature
ZA/ZW   Museology
```

실증주의자인 콩트의 영향을 받은 브리스는 현대분류표의 총류에 해당하는 선행류(anterior numeral classes)를 아라비아숫자로 배정하여 선치한 다음, 자연과학을 상위로 하여 알파벳 자모순으로 주제를 분류하였습니다. BC는 Thing - kind - part - property - material - process - operation - patient - product - by-product - agent - space - time의 패싯(facet)을 설정하여 주제에 따라 분류기호를 합성할 수 있도록 하였는데, 패싯에 바탕한 분석합성식 분류이론은 랑가나단의 콜론분류법(CC)에 직접적인 영향을 끼쳤습니다. BC의 몇 가지 분류용례를 제시하면 다음과 같습니다.

```
Community care policy                                           = QEN AGP
Unemployment in rural communities in India                      = KVQ EOM MUR
Working with parents and pre-school children                    = QLP KPB CP
Questionnaires on changes in marriage patterns among Muslims in France = KVF QSP BKC
    E7N
```

현재 BC를 사용하는 도서관은 영국의 옥스퍼드대와 케임브리지대의 일부 단과대학 도서관을 비롯한 20여 곳이 있으며, BC의 개정은 1967년에 조직된 BCA(Bliss Classification Association)[123]가 담당하는데 이를 편의상 BC2라고 일컫습니다.

11) 브라운의 주제분류법(SC)

개가제의 강력한 주창자로서 영국의 도서관 발전에 크게 기여한 브라운(James Duff Brown, 1862-1914)은 당시 영국에 전파된 DDC가 지나치게 미국중심적인 분류법이라 판단하여 이를 극복하고자 **주제분류법**(Subject Classification; SC)을 1906년에 고안하였습니다. 이것은 그가 퀸(John Henry Quinn)과 공동으로 만들었던 Quinn-Brown Classification(1984), Adjustable Classification(1898)을 개선한 분류법으로서 1914년에 2판, 1939년에 3판으로 개정하여 발행되었습니다.

브라운은 생명을 일으키는 물질과 힘이 처음에 오고 정신이 그 뒤에 따라온다는 과학적 진

---

123) http://www.blissclassification.org.uk

화(scientific progression) 이론을 견지하여 주류를 물질과 힘(A-D), 생명(E-I), 정신(J-L), 기록(M-X)의 순으로 정신보다는 물질을 상위에 배정하였습니다.

```
A    Generalia
B-D  Physical science
E-F  Biological science
G-H  Ethnological and Medical science
I    Economic Biology and Domestic Arts
J-K  Philosophy and Religion
L    Social and Political science
M    Language and Literature
N    Literary forms
O-W  History, Geography
X    Biography
```

SC가 다른 분류법과 구별되는 차이점은, 자료가 취급한 관점이 다르더라도 동일한 주제를 동일한 위치에 모으는 데 있습니다. SC에서는 여러 개의 관점(standpoints)을 가진 복수 주제의 자료는 오직 동일 장소(one-place)에만 분류합니다. 브라운이 one-place 이론을 견지하게 된 것은 SC가 공공도서관의 개가제 이용을 고려한 분류법이기 때문입니다. 가령, 장미를 예로 들면 이것은 생물학, 식물학, 원예, 역사, 지리, 윤리, 장식, 법률, 상징, 서지, 시, 음악, 사회학 등의, 철을 예로 들면 야금술, 광물학, 화학, 지질학, 경제학 등의 다양한 관점을 가질 수 있지만 SC에서 장미는 식물학, 철은 광물학, 음악은 물리학(음향학) 아래에 놓여집니다. 다만 동일 주제의 자료를 한 곳에 분류함에 따른 불편함을 보완하기 위하여 복수주제의 경우 주제의 합성을 표현하기 위하여 연결기호 '+'를 사용합니다. 또한 본표(schedules)에 형식구분이나 공통세목이 없는 대신에 범주표(categorical table)가 마련되어 주제가 다루어진 형식이나 관점, 방법을 '.0-.980'까지의 기호로 조합할 수 있습니다. 이에 따른 SC의 분류용례를 제시하면 다음과 같습니다.

```
Cats and dogs                                      = F952+918
Logic and rhetoric                                 = A300+M170
Bibliography of political science                  = L200.1
        Political science = L200 [schedules]
        Bibliography = .1 [categorical table]
Economics of universities                          = A180.760
        Universities = A180 [schedules]
        Economics = .760 [categorical table]
```

SC의 특징으로는, 자연과학을 상위에 배정하는 등 주류체계의 배열이 독창적이고, 동일한 주제의 자료를 취급한 관점에 상관없이 한 곳으로 집중하게 하며, 범주표를 사용하여 분석합성식의 방법을 채택하였고, 분류표 내의 명사를 자음순으로 배열한 색인을 만들었다는 점입니다. 그러나 저자 사후 더 이상의 개정이 이루어지지 않았고, 기호법과 색인이 복잡하여 사용하기 어려운 점 등은 단점으로 지적됩니다. 영국에서조차 널리 보급되지 않았음에도 불구하고 SC는 이론의 우수성으로 인해 EC, DDC, LCC와 더불어 이른바 서양의 4대 분류법으로 평가받고 있습니다.

12) 콜론분류법(CC)

인도가 낳은 위대한 문헌정보학자 랑가나단(Shiyali Ramamrita Ranganathan, 1892-1972)은 마드라스대학(Madras Christian College)에서 수학을 전공한 후 대학교수로 활동하며 수학을 가르쳤습니다. 그는 주입식 강의를 배척하고 학생들이 스스로 도서관을 이용하도록 하는 도서관 중심의 교수법을 적극적으로 도입하였습니다. 1924년 1월에 모교인 마드라스대학의 초대 도서관장으로 임명되자 그 직책에 걸맞은 자격을 갖추기 위해 영국 런던대학(University of London)으로 유학을 가서 세이어즈의 지도하에 문헌정보학을 연구하였습니다.

수학을 전공했던 랑가나단은 영국 유학시절부터 문헌정보학에서 수학적인 요소가 강한 분류에 많은 관심을 가졌습니다. 당시 널리 이용되고 있던 십진분류법이 새로운 주제를 수용하는 데 한계가 있다는 점을 느낀 그는 DDC의 기독교적 세계관보다 인도에 어울리는 관점을 가진 융통성 있는 새로운 분류체계를 원했습니다. 런던에 머물던 랑가나단은 우연히 들른 셀프리지 백화점에서 점원이 메카노(Meccano) 장난감으로 서로 다른 새로운 모형을 만드는 장면을 목격하고는 자료분류에도 순열과 조합의 원리를 적용하면 간단한 분류표와 조합기호만으로도 주제의 다면적 표현이 가능할 것이라는 착상을 하였습니다. 그는 마드라스대학으로 돌아와 분석합성식분류표를 고안하여 1933년에 **콜론분류법**(Colon Classification; CC) 초판을 발표하였습니다.

```
1  Universe of Knowledge        L  Medicine
2  Library science              M  Useful arts
3  Book science                 N  Fine arts
4  Journalism                   O  Literature
A  Natural science              P  Philology
B  Mathematics                  Q  Religion
C  Physics                      R  Philosophy
D  Engineering                  S  Psychology
E  Chemistry                    T  Education
F  Technology                   U  Geography
G  Biology                      V  History
H  Geology                      W  Political science
I  Botany                       X  Economics
J  Agriculture                  Y  Sociology
K  Zoology                      Z  Law
```

CC는 앙페르의 학문분류의 영향을 받아 주류를 자연과학(A-M), 인문과학(N-S), 사회과학(T-Z)의 순으로 배치하였습니다. 이는 추상적인 것에서 구체적인 것, 자연적인 것에서 인공적인 것으로, 시간적으로 빠른 것에서 늦은 것으로 전개한 결과입니다. 예를 들어 화학(E)은 물리학(C)보다 구체적이고, 정치학(W)은 역사(V)보다 인공적이라는 의미입니다.

랑가나단은 CC 초판에서 주류를 26개로 배정하고 4가지의 보조표(공통세목, 지역구분, 연대구분, 언어구분)를 마련하였습니다. 2판(1939)에서는 5가지의 패싯(facet)인 Personality, Matter, Energy, Space, Time을 설정하였고, 3판(1950)에서는 각 기본주제 아래에 패싯공식을 제시하고 분류작업의 분석합성단계(착상, 언어, 기호)를 정립하였습니다. 4판(1952)에서는 콜론(:)만 사용하던 각 패싯 간의 연결기호를 5가지 종류로 확장하였으며, 7판(1987)에 이르러서는 주류를 107개로 세분하고 패싯공식 등에서 많은 변화를 주었지만 본표만 출간되고 색인은 간행되지 않은 미완성의 분류표로 남습니다.

CC는 주제를 다면적으로 분석하여 기호화함으로써 자료가 갖고 있는 모든 주제를 표현할 수 있는 분석합성식분류표입니다. 모든 유형의 주제를 분류표에 일일이 열거하는 대신에, 주제의 구성요소가 제시된 기본단위표(standard unit schedules)에 따라 지식의 각 분야를 패싯(관점 또는 범위)으로 분석한 후 본표의 기본주제와 공통구분표 및 특수구분표를 통해 분류기호를 조합해야 합니다. CC에서는 기본주제들을 5개의 기본범주(fundamental categories)로 구분하는데, 이 범주를 패싯(facet)이라고 합니다. 즉, 패싯이란 한 주제 내에서 분류원리를 적용하여 생성된 하위요소들의 집합을 말합니다. CC의 기본범주는 5가지의 패싯이 구체성의 증가순(increasing sequence of concreteness)에 따라 다음의 표와 같이 구성됩니다.

[CC의 패싯]

기본범주	의미	패싯기호	연결기호
Time	시간 : 시대구분	[T]	,
Space	공간 : 지리구분	[S]	.
Energy	기능 : 활동, 작용, 공정 등	[E]	:
Matter (property) (method) (material)	소재 : 사물 : 특성 : 방법 : 재료	[M] [MP] [MM] [MMt]	;
Personality	개성 : 본질적 속성	[P]	,

각 패싯별로 분석된 하위요소들을 포커스(focus)라 하고, 복합주제를 표현하기 위해서는 이들 포커스들을 각각의 연결기호(indicator digit)와 함께 분류기호로 조합합니다. CC에서 분류과정은 표현하고자 하는 주제가 다루어진 패싯별로 그에 해당되는 포커스의 기호를 선택하고 이를 결합하기 위한 일정한 기준인 패싯공식(facet formular)에 따라 순서대로 조합해야 합니다. 패싯공식은 기본범주와는 반대로 구체성의 감소순에 따라 [P][M][E][S][T]의 순으로 배열됩니다. 단, 기본주제별로 패싯공식은 각각 다르게 제시되며, 일부 주제의 예를 나타내면 다음과 같습니다.124)

```
- G Biology     : E,[P];[MP]
- J Agriculture : J,[P],[P2];[MP]:[E]
- L Medicine    : L,[P];[MP]:[E],[2P]
- O Literature  : O,[P],[P2],[P3],[P4]
- P Linguistics : P,[P],[P2];[MP]
- T Education   : T,[P];[MP]
- Y Sociology   : Y,[P];[MP]:[E],[2P]
- Z Law         : Z,[P],[P2],[P3],[P4]
```

이에 따른 CC의 분류용례를 제시하면 다음과 같습니다.

---

124) 기본주제에 기본범주가 2회 이상 나타날 때에는 패싯기호의 앞 또는 뒤에 일련번호를 부여합니다. 동일주제 내에 가령 Energy가 2회 나타날 경우 두 번째 Energy는 [2E]로 표시하며, 이를 Round라 합니다. [P]와 [M]의 각 Round에서 기본범주가 2회 이상 나타날 때에는 [P2], [M2], [P3]처럼 일련번호를 부여하며, 이를 Level이라 합니다.

The eradication of virus in rice plants in Japan, 1970s : J,381;4:5.42' N70
- J   : Agriculture (기본주제)
- 381 : Rice plant [P]
- 4   : Virus disease [M]
- 5   : Eradication [E]
- 42   : Japan [S]
- N70 : 1970s [T]
- = Agriculture,Rice plant;Virus disease:Eradication.Japan' 1970s

Report on the circulation of periodicals in university libraries in India in the 1970s : 2,34;46:6.44' N70
- 2   : Library science (기본주제)
- 34   : University libraries [P]
- 46   : Periodicals [M]
- 6   : Circulation [E]
- 44   : India [S]
- N70 : 1970s [T]
- = LibraryScience,UniversityLibraries;periodicals:circulation.India'1970s

Research in the cure of the tuberculosis of lungs by x-ray conducted in India in 1950s : L,45;421:6;253:f.44' N5
= Medicine,Lungs;Tuberculosis:Treatment;X-ray:Research.India' 1950

The moral degeneration of the Australian primitives brought upto 1950's : Y72-78:424' N5
The influence of British tariff on Indian tariff brought upto 1950's : X:53.440r56' N5
Basic schools in India in 1950's : TN3.44' N5
Textile printing in Lancashire in 1966 : M7:8.56163' N66
Constitution of local bodies in India to 1950 : V2,6:2' N5
Aristotle's Poetics : O13:1:9x1

 CC는 미완성의 분류표라는 점, 그리고 기호법이 복잡하고 사용법이 어렵기 때문에 인도의 약 25%의 도서관에서만 채용하고 있을 뿐 다른 나라에서는 거의 사용되지 않습니다. 그럼에도 불구하고, 분석합성식분류표로서 주제의 다면적인 특성을 표현할 수 있기 때문에 이론적으로 매우 우수한 분류법이라는 평가를 받습니다.

13) 소비에트 연방의 도서관서지분류법(ББК)

구 소련에서는 1959년 문화부 산하 분류위원회를 설치하여 1960년부터 1968년까지 30책으로 구성된 **도서관서지분류법**(Библиотечно-Библиографическая Классификация; ББК)을 편찬하였습니다. 초판은 800여 명의 과학자를 참여시키며 그 명칭을 '과학도서관을 위한 도서관서지분류법'이라 붙였을 정도로 과학도서관 위주의 분류법이었으나 차츰 공공도서관, 학교도서관, 어린이도서관 등을 고려한 분류체계를 전개하였습니다. ББК는 소련뿐만 아니라 동구권의 사회주의 국가에서 널리 채용되었으며, 연방이 붕괴된 후에도 러시아, 몽고 등의 여러 국가에서 현재 사용하고 있습니다.

LCC, EC, DDC, UDC 등을 참고하여 만든 ББК는 러시아어 대문자 28자모를 주류 21개 분야에 전개한 비십진식이자 열거식분류표입니다. ББК의 주제는 다음과 같이 일반학문 및 학제간 지식, 자연과학, 기술과학, 사회과학, 인문과학의 순으로 배열하였는데, 일반학문 및 학제간 지식(Общенаучное и междисциплинарное знание)을 마르크스·레닌 고전 저작, 마르크스·엥겔·레닌의 생애와 활동, 마르크스·레닌주의 철학으로 세분한 것은 사회주의국가 분류법의 주된 특징이라 할 수 있습니다.

```
А    Общенаучное и междисциплинарное знание
Б    Естественные науки в целом
В    Физико-математические науки
Г    Химические науки
Д    Науки о Земле
Е    Биологические науки
Ж/О  Техника. Технические науки
П    Сельское и лесное хозяйство. Сельскохозяйствен
     ные и лесохозяйственные науки
Р    Здравоохранение. Медицинские науки
С    Общественные науки в целом
Т    История. Исторические науки
У    Экономика. Экономические науки
Ф    Политика. Политическая наука
Х    Право. Юридические науки
Ц    Военное дело. Военная наука
Ч    Культура. Наука. Просвещение
Ш    Филологические науки. Художественная литератур
     а
Щ    Искусство
Э    Религия. Мистика. Свободомыслие
Ю    Философия / Психология
Я    Литература универсального содержания
```

14) 라이더의 국제분류법(RIC)

미국의 Library Journal 편집장과 다수 도서관의 사서로 근무했던 라이더(Fremont Rider, 1885-1962)는 LCC를 바탕으로 BC의 배열체계를 참고하여 1961년에 **국제분류법**(International Classification; IC)를 발표하였습니다. IC는 알파벳 대문자 3자리만을 사용하는 비십진식의 전형적인 열거식분류표이며, 역사와 지리의 주제가 과학과 기술에 비해 상대적으로 많이 배정되고 순수과학이 응용과학과 함께 배정된 점이 특징입니다. 이 분류법을 실제로 채용한 도서관은 거의 없으나, 지리적인 편견을 배제하여 국제적으로 통용하려는 의도로 국제분류법이라 명명했을 뿐만 아니라 특정 국가에 국한되지 않는 보편적 분류법을 시도했다는 점에서 큰 의의를 가집니다.

현재 전세계에서 가장 널리 사용되는 DDC, LCC, UDC를 중심으로 학문분류와 분류법 간의 영향관계를 도식화하면 다음과 같이 DDC와 EC의 영향력이 지대하다는 점을 파악할 수 있습니다.

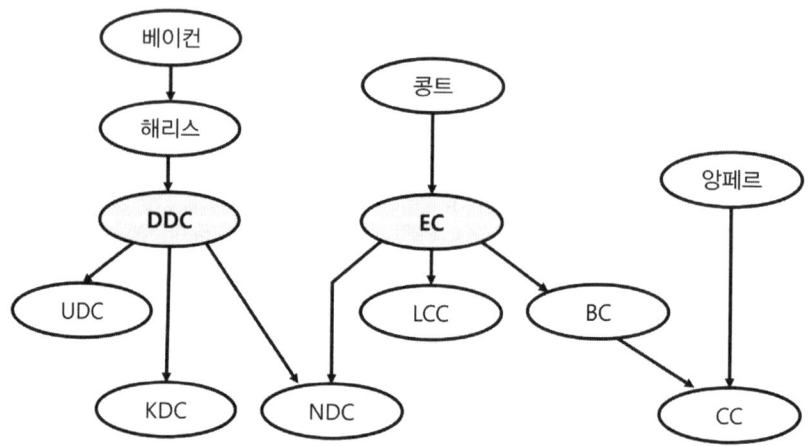

요점정리

- 1876년 미국의 멜빌 듀이는 듀이십진분류법(DDC)을 창안하였다. DDC는 오늘날 전세계에서 가장 널리 사용되는 분류법일 뿐만 아니라 UDC, 한국십진분류법(KDC), 일본십진분류법(NDC) 등의 근간이 되었다는 점에서 가장 대표적인 분류법으로 꼽힌다.
- 커터는 DDC를 극복하기 위해 전개분류법(EC)을 고안하였으며, 훗날 미국의회도서관분류법(LCC)에 큰 영향을 끼쳤다.
- LCC는 전개능력이 가장 뛰어난 세계 최대의 열거식분류표로서 북미의 대학도서관 및 연구도서관에서 주로 사용되고 있다.
- 학술정보의 신속한 유통에 대한 도서관의 역할을 못 미더워한 과학계는 직접 나서서 국제십진분류법(UDC)을 만들었다.
- 브리스가 고안한 서지분류법(BC)은 랑가나단의 콜론분류법(CC)에 직접적으로 영향을 주었다.
- 브라운의 주제분류법(SC)은 동일한 주제의 자료를 취급한 관점에 상관없이 한 곳으로 집중하는 점에서 다른 분류법들과 차별된다.
- CC는 가장 대표적인 분석합성식분류표이다.

4.2 동양 자료분류의 발달과정

자료분류는 당대의 문헌이 다루고 있는 학문의 경향이 필연적으로 반영됩니다. 중국에서 비롯된 경학(經學) 등의 학문이 주변국가에 직접적인 영향을 주었던 것과 마찬가지로, 동양의 자료분류는 중국에서 태동하여 다른 나라로 전파되었다고 해도 과언은 아닙니다.

중국의 분류법은 한대(漢代)에 **칠분법**이 성립되어 수대(隋代)까지 계속되었고, 진초(晉初)에 시작된 **사분법**이 수대에 확립되어 청대(淸代)의 사고전서총목(四庫全書總目)을 통해 집대성되었습니다. 사고전서총목의 사부분류를 간추리면 다음과 같으며, 이를 통해 당시 중국(동양)에서 주로 어떤 학문에 관심을 두었는지를 파악할 수 있습니다.

> 경부(經部) : 역(易)류, 서(書)류, 시(詩)류, 예(禮)류, 춘추(春秋)류, 효경(孝經)류, 오경총의(五經總義)류, 사서(四書)류, 악(樂)류, 소학(小學)류
> 사부(史部) : 정사(正史)류, 편년(編年)류, 기사본말(紀事本末)류, 별사(別史)류, 잡사(雜史)류, 조령주의(詔令奏議)류, 전기(傳記)류, 사초(史鈔)류, 재기(載記)류, 시령(時令)류, 지리(地理)류, 직관(職官)류, 정서(政書)류, 목록(目錄)류, 사평(史評)류
> 자부(子部) : 유가(儒家)류, 병가(兵家)류, 법가(法家)류, 농가(農家)류, 의가(醫家)류, 천문산법(天文算法)류, 술수(術數)류, 예술(藝術)류, 보록(譜錄)류, 잡가(雜家)류, 유서(類書)류, 소설가(小說家)류, 석가(釋家)류, 도가(道家)류
> 집부(集部) : 초사(楚辭)류, 별집(別集)류, 총집(總集)류, 시문평(詩文評)류, 사곡(詞曲)류

하지만 근대 이후 서양의 학문이 유입되면서 새로운 학문을 다룬 문헌이 증가함에 따라 전통적인 사분법으로 새로운 자료들을 정리하기가 사실상 불가능해집니다. 이에 각국에서는 듀이십진분류법(DDC) 등 서양의 분류법을 도입, 자국의 실정에 맞는 분류법으로 커스터마이징(?)하여 현재에 이르고 있습니다. 그런 점에서 동양의 자료분류사는 20세기 이후의 발달과정을 중심으로 살펴보도록 하겠습니다.

1) 중국의 자료분류사

1922년에 두딩요(杜定友, 1898-1967)의 세계도서분류법(世界图书分类法)을 필두로 1925년에 베이핑칭화대학(北平淸華大學) 도서관에서 차슈(査修)가 DDC를 수정한 두위서목십류법보

편(杜威书目十类法补编)을, 같은 해에 지누대학(齊魯大學) 도서관에서 궤지보(桂质栢)가 두위서목십류법(杜威书目十类法)을 펴냅니다. 또한 중국의 고서와 신서를 통합분류하기 위하여 1928년에 왕윈우(王云五)가 중외도서통일분류법(中外图书统一分类法)을, 1929년에 류궈쥔(刘国钧, 1899-1980)이 중국도서분류법(中国图书分类法)을 발간했습니다. 1949년 중화인민공화국이 성립된 후에는 소련의 ББК에 영향을 받아 1953년에 중국인민대학도서분류법(中国人民大学图书馆图书分类法; LCPUC), 1958년에 중국과학원도서관도서분류법(中国科学院图书馆图书分类法; LCCAS) 등이 편찬되었습니다.

[杜定友]

[刘国钧]

이후 북경도서관(北京图书馆, 현 中国国家图书馆)이 표준분류법 개발에 착수해 UDC의 분석합성식 요소와 DDC의 조기성을 적극 도입하여 1975년에 **중국도서관분류법**(中国图书馆分类法; Chinese Library Classification; CLC)을 발표하였으며 1980년에 제2판, 1990년에 제3판, 1999년에 제4판, 2010년에 제5판으로 개정합니다.

CLC는 관종 및 주제에 따라 다양한 판본으로 발간되며, 현재 중국 대부분의 도서관에서 채용하고 있는 분류법입니다. 분류체계는 다음과 같이 사회주의 정치사상, 철학, 사회과학, 자연과학, 종합성도서의 순으로 알파벳 대문자 L, M, W, Y를 제외한 22개의 주류로 구성됩니다.

A 马克思列宁主义、毛泽东思想、邓小平理论	N 自然科学总论
B 哲学、宗教	O 数理科学和化学
C 社会科学总论	P 天文学、地球科学
D 政治、法律	Q 生物科学
E 军事	R 医药、卫生
F 经济	S 农业科学
G 文化、科学、教育、体育	T 工业技术
H 语言、文字	U 交通运输
I 文学	V 航空、航天
J 艺术	X 环境科学、安全科学
K 历史、地理	Z 综合性图书

그러나 타이완, 홍콩, 마카오 등 공산주의의 흐름을 비껴간 지역의 상당수 도서관들은 라이시앙(賴永祥)이 DDC를 근간으로 편찬한 십진식의 **중문도서분류법**(中文圖書分類法)을 사용하고 있습니다.

000 總類	500 社會科學類
100 哲學類	600 中國史地
200 宗教類	700 世界史地
300 科學類	800 語言文學類
400 應用科學類	900 藝術類

2) 일본의 자료분류사

1898년에 교토부립도서관분류표(京都府立国書館分類表)가 발표되었는데 이는 일본 최초의 십진분류법으로 평가됩니다. 이 분류법은 DDC를 기초로 주제를 배열하되 사회과학을 사회산업(300)과 정치경제(400)로 분리하고 어학을 문학(800)에 포함한 점이 특징입니다.

000 叢書辞書	500 理学工学
100 哲学教育	600 医学衛生
200 宗教神話	700 美術工芸
300 社会産業	800 文学語学
400 法政経済	900 歴史地誌

1909년에는 십진분류법의 체계를 답습한 야마구치현립도서관분류표(山口県立国書館分類表)

가 발표되었습니다. 1919년 부현립(府県立)도서관협의회는 이것을 일본 공공도서관의 표준분류법으로 사용할 것을 결의하기도 했습니다.

```
000 総記                        500 法制, 経済, 財政, 社会, 統計 等
100 哲学, 宗教                  600 数学, 理学, 医学
200 教育                        700 工学, 兵事
300 文学, 語学                  800 美術, 諸芸
400 歴史, 伝記, 地誌紀行        900 産業家政
```

1928년에 모리 기요시(森清, 1906-1990)는 청년도서관연맹(青年図書館員聯盟)의 기관지인 '圕研究'지에 和漢洋図書共用十進分類法案을 발표하였고, 이를 보완하여 1929년 8월에 **일본십진분류법**(日本十進分類法; Nippon Decimal Classification; NDC)이란 명칭으로 발간하였습니다. 제2차세계대전이 종료되고 문부성(文部省)이 학교도서관을 대상으로 NDC 채용을 장려하고 국립국회도서관이 분류업무에 사용하는 등 일본 전역으로 널리 보급됨에 따라 일본도서관협회가 NDC 편찬을 주관하기 시작하여 2015년 1월에 新訂10版까지 개정한 상태입니다. 현재 NDC는 일본 유일의 표준분류표로서 공공도서관과 대학도서관을 중심으로 압도적으로 사용됩니다. 일본도서관협회는 새로운 주제의 삽입이나 분류명사의 변경을 수시로 진행하고 그 결과를 기관지인 図書館雜誌에 게재하고 있습니다.

NDC의 주류배열은 이론적으로 우수한 분류법이라고 평가된 전개분류법(EC)의 분류체계를 기초로 하였으며 DDC의 십진식 기호법을 참작하여 다음과 같이 전개하였습니다.

```
0類 総記                        5類 技術 · 工學 · 工業
1類 哲學                        6類 産業
2類 歴史                        7類 藝術
3類 社会科学                    8類 語言
4類 自然科学                    9類 文學
```

한편, 일본국립국회도서관이 1963년에 편찬한 **국립국회도서관분류표**(国立国会図書館分類表; National Diet Library Classification; NDLC)는 의회도서관 장서의 특성을 반영하여 다음과 같이 비십진식으로 전개하였습니다. 현재 NDLC는 교토대학도서관, 토호쿠대학도서관 등 일부 대학도서관에서도 채용하고 있습니다.

```
A 政治・法律・行政              K 芸術・言語・文学
B 議会資料                    M-S 科学技術
C 法令資料                    U 学術一般・ジャーナリズム・図書館・書誌
D 経済・産業                   V 特別コレクション
E 社会・労働                   W 古書・貴重書
F 教育                       Y 児童図書・簡易整理資料・専門資料室資料・特殊資料
G 歴史・地理                   Z 逐次刊行資料
H 哲学・宗教
```

3) 한국의 자료분류사

광복후 조선도서관협회(1945) 결성, 국립도서관 부설 조선도서관학교(1946) 개교, 조선동서편목규칙(1948) 편찬 등 우리나라 도서관사에 위대한 업적을 남긴 박봉석(朴奉石, 1905-?)은 국립도서관 부관장으로 재임하면서 당시 국립도서관학교의 교재로 사용하던 동서도서분류표(東西圖書分類表)를 개정하여 1947년 10월에 **조선십진분류표**(朝鮮十進分類表)를 발간하였습니다. 명칭은 두문자어가 동일한 한국십진분류법(KDC)과 구별을 위해 후대에 이르러 KDCP(Korean Decimal Classification by Pak Bong Suk)로 표기하고 있습니다.

조선십진분류표의 분류체계는 기존의 분류법들을 참작하되 과학적 이론보다는 자료의 양과 그 이용가치를 중요시하여 정신과학, 물질과학의 순으로 배열하였습니다. 인문과학 3개류(1류, 3류, 4류), 사회과학 3개류(2류, 5류, 6류), 과학기술 3개류(7류, 8류, 9류)로 배분하여 학문간 균형을 유지하였으며, 주류의 분류기호를 4자리까지 표기한 점이 특징입니다.

```
0류  총류                    5류  사회, 교육
1류  철학, 종교                6류  정법, 경제
2류  역사, 지지                7류  이학, 의학
3류  어학, 문학                8류  공학, 공업
4류  미술, 연예                9류  산업, 교통
```

조선십진분류표는 전국 공공도서관이 채용한 분류법의 71%, 대학도서관이 채용한 분류법의 35%를 차지하였는데, 이는 당시 우리나라의 도서관에서 조선십진분류표만 사용한 것은

아님을 의미합니다. 선교사들에 의해 설립된 대학을 중심으로 1920년대부터 일부 도서관들이 DDC를 사용하였으며, 미국교육사절단의 지원으로 1957년부터 연세대학교에서 도서관학 교육을 시작한 것을 계기로 DDC가 점차 국내 도서관에 확산되었습니다. 다만 DDC의 지나친 서양 중심의 분류전개는 우리나라의 실정에 부적합했을 뿐만 아니라 한국전쟁 와중에 박봉석이 납북되어 조선십진분류표의 개정도 불가능해짐에 따라, 여러 불편을 해소하기 위한 표준분류표의 제정이 절실히 요구되었습니다.

이에 한국도서관협회 분류위원회는 1964년에 DDC를 근간으로 LCC, UDC, NDC 등 세계 주요 분류법들을 참작하여 국가표준분류표인 **한국십진분류법**(Korean Decimal Classification; KDC)을 편찬하였습니다. 이후 1966년에 수정판, 1980년에 제3판, 1996년에 제4판, 2009년에 제5판, 2013년에 제6판으로 개정하면서 KDC는 우리나라를 대표하는 자료분류법으로 자리잡게 되었습니다.

```
000   총류                    500   기술과학
100   철학                    600   예술
200   종교                    700   언어
300   사회과학                 800   문학
400   자연과학                 900   역사
```

KDC가 우리나라를 대표하는 표준분류표임에 틀림없지만, 성인이 아닌 어린이를 대상으로 하는 학교도서관이나 어린이도서관에서는 사용하기 다소 불편했습니다. 어린이자료의 특성상 철학, 종교, 언어의 장서량이 극소수인데 반해 문학의 비중이 매우 크고, 총류나 사회과학과 같은 분류용어를 어린이들이 이해하기 어려우며, 또한 어린이자료의 많은 양을 차지하는 그림책이나 만화책을 효율적으로 분류하기 어렵기 때문입니다. 이를 개선하고자 민간 어린이도서관을 중심으로 어린이자료용 분류표가 다수 제시되었습니다.

민간 주도의 성공적인 사례로 평가받는 용인의 느티나무도서관은 1999년 개관 당시 KDC를 일부 수정한 느티나무도서관분류표를 고안하였습니다. 어린이자료의 대다수를 차지하는 문학을 원서(700)와 어린이문학(800)과 그림책(900)으로 나누고, 자료의 수량이 적은 말과 글, 종교, 철학을 인문(200)에 모았으며, 부모님을 위한 책(100)을 따로 구분한 점이 특징입니다.

```
000  참고자료              500  생활과 과학
100  부모님 책             600  예술/취미
200  인문                  700  비도서자료
300  사회                  800  문학
400  자연의 세계           900  그림책
```

또한 파랑새어린이도서관은 KDC를 근간으로 학습교재(700), 만화(800), 성인(900)을 주류에 배정하고 비도서자료를 각 주류 아래 강목(X90)으로 편성한 파랑새분류표를 고안하였습니다. 이론보다는 실용적인 분류를 추구한 점을 인정받아 어린이와 작은도서관협회 소속의 대부분의 민간 어린이도서관들과 일부 기적의 도서관 등에서 널리 채용하고 있습니다.

```
000  총류                  500  인물, 역사
100  국내문학              600  예술
200  외국문학              700  학습교재(워크북)
300  사회과학              800  만화
400  자연과학              900  성인
```

다만 민간 도서관에서 고안한 이들 분류표는 기본적으로 인문, 사회, 예술 등의 '주제'에 바탕을 두었지만 만화, 그림책과 같은 '자료 형태', 성인(부모)과 같은 '이용계층'을 분류항목에 인위적으로 포함시킨 점은 분류원리의 일관성을 간과한 것으로 지적되기도 합니다.

한편, 북한의 대표적인 분류법은 국립중앙도서관[125]이 1964년에 편찬한 군중도서관(群衆圖書館)[126] 도서분류표입니다. **군중도서관 도서분류표**는 다음과 같이 43개의 주제로 구분하였는데, 사회주의 국가의 분류체계를 답습하여 맑스-레닌주의를 선치하고 유물론적 관점에서 자연과학을 인문과학보다 상위에 배정한 것이 특징입니다.

---

[125] 1948년에 개관한 북한의 대표도서관이었으나 1982년 4월 김일성의 70회 생일을 기하여 건립된 인민대학습당에 흡수되었습니다.
[126] 군중도서관이란 연령이나 지식 수준의 차이 없이 모든 사람의 문화 교양 시설로 이용하는 근로자들과 청소년들을 위한 도서관으로서 다른 나라의 공공도서관과 성격이 비슷합니다.

11/15 맑스-레닌주의, 김일성 동지의 저작	54 인쇄 및 사진 기술 공학
21/23 맑스-레닌의 당, 조선 로동당	55 수산업, 수렵업
30 자연과학 총기	56 건설, 건설 공학
31 수학	57 운수, 운수 공학
32 력학	60 농업, 농업과학 총기
33 물리학	61/62 농산
34 화학	63 과수 원림
35 천문학	64 산림업, 산림학
36 지질, 지리과학	65/66 축산, 수의
37 생물학	67/69 보건, 의학
40 응용과학 총기	70 사회 과학 총기
41 공업, 공학 총기	71 력사, 력사 과학
42 동력 및 전기공업, 동력 및 전기공학	72 경제, 경제 과학
43 전자 및 자동화 공업, 전자 및 자동화 공학	73 사회 정치 생활
44 광업, 광업 공학	74 국가와 법, 법률 과학
45 금속 공업, 금속공학	75 군사, 군사과학
46 기계 공업, 기계 공학	80/82 문화, 과학, 교육 과학
47/48 화학공업, 화학공학	83/84 언어학 문학 작품
49 림업, 목재 가공 공업	85/87 예술, 예술 과학
51 방직 공업, 방직 공학	89 철학, 철학 과학, 심리학, 종교, 무신론
52 식료 가공 공업	90 총류
53 일용품 생산, 기타 경공업	

5

한국십진분류법 익히기

5.1 KDC의 본표와 보조표는 어떻게 사용하는가

1) 본표

한국십진분류법(KDC)의 주류배열의 순서는 DDC에 근거합니다. DDC는 해리스의 분류법을 답습하였고, 해리스는 베이컨의 학문분류를 도치하였으므로 결국 KDC는 베이컨, 해리스, DDC의 계통에 포함되며, 콩트의 학문분류를 기초로 한 EC, LCC, NDC와는 그 계통이 다르다고 볼 수 있습니다.

DDC의 주류	KDC의 주류
000 Computers, information & general reference	000 총류
100 Philosophy & psychology	100 철학
200 Religion	200 종교
300 Social sciences	300 사회과학
<u>400 Language</u>	400 자연과학
500 Science	500 기술과학
600 Technology	600 예술
700 Arts & recreation	<u>700 언어</u>
800 Literature	800 문학
900 History & geography	900 역사

KDC는 DDC를 저본으로 편찬한 분류법이므로 주제의 편성과 배열순서가 DDC와 매우 유사합니다. DDC의 약점이었던 언어과 문학의 단절을 극복하고자 KDC에서는 언어를 문학에 인접한 700에 배치한 것만 다를 뿐 나머지 주류의 배열체계는 DDC와 동일합니다. 다만 강목 이하부터는 다른 분류법들의 배열체계도 참조하였기 때문에 DDC와 일부 차이가 있습니다.

사회과학(300)과 기술과학(500), 수학(410), 물리학(420) 등은 LCC를 주로 참고하였고, 의학(510)은 세목까지 UDC를 그대로 전개하였으며, 자연과학(400)을 비롯한 그 외에 많은 주류의 강목들은 NDC의 배열체계를 답습하였습니다.

000 총류
010 도서학, 서지학
020 문헌정보학
030 백과사전
040 강연집, 수필집, 연설문집
050 일반 연속간행물
060 일반 학회, 단체, 협회, 기관, 연구기관
070 신문, 저널리즘
080 일반 전집, 총서
090 향토자료
100 철학
110 형이상학
120 인식론, 인과론, 인간학
130 철학의 체계
140 경학
150 동양철학, 동양사상
160 서양철학
170 논리학
180 심리학
190 윤리학, 도덕철학
200 종교
210 비교종교
220 불교
230 기독교
240 도교
250 천도교
260
270 힌두교, 브라만교
280 이슬람교(회교)
290 기타 제종교
300 사회과학
310 통계자료
320 경제학
330 사회학, 사회문제
340 정치학
350 행정학
360 법률, 법학
370 교육학
380 풍습, 예절, 민속학
390 국방, 군사학
400 자연과학
410 수학
420 물리학
430 화학
440 천문학
450 지학
460 광물학
470 생명과학
480 식물학
490 동물학

500 기술과학
510 의학
520 농업, 농학
530 공학, 공업일반, 토목공학, 환경공학
540 건축, 건축학
550 기계공학
560 전기공학, 통신공학, 전자공학
570 화학공학
580 제조업
590 생활과학
600 예술
610
620 조각, 조형미술
630 공예
640 서예
650 회화, 도화, 디자인
660 사진예술
670 음악
680 공연예술, 매체예술
690 오락, 스포츠
700 언어
710 한국어
720 중국어
730 일본어 및 기타 아시아제어
740 영어
750 독일어
760 프랑스어
770 스페인어 및 포르투갈어
780 이탈리아어
790 기타 제어
800 문학
810 한국문학
820 중국문학
830 일본문학 및 기타 아시아 제문학
840 영미문학
850 독일문학
860 프랑스문학
870 스페인문학 및 포르투갈문학
880 이탈리아문학
890 기타 제문학
900 역사
910 아시아
920 유럽
930 아프리카
940 북아메리카
950 남아메리카
960 오세아니아, 양극지방
970
980 지리
990 전기

관종이나 주이용자의 특성에 따라 자료의 복수분류가 가능할 경우, KDC에서는 양자택일 주를 통해 도서관의 필요에 따라 택일하여 분류할 수 있는 근거를 제시하고 있습니다.

069 박물관학 Museology (Museum science)
 .8 전문박물관
   001-999와 같이 주제구분한다. 예: 공업박물관 069.85
   별법: 도서관에 따라 해당주제 아래에 분류할 수 있다. 예: 과학박물관 406.9

078 특정 주제의 신문
   001-999와 같이 주제구분한다. 예: 교육신문 078.37
   별법: 도서관에 따라 해당주제 아래에 분류할 수 있다. 예: 불교신문 220.5

350.357 시험문제집 [전 350.47]
   001-999와 같이 주제구분한다. 예: 기술고시 시험문제집 350.35753
   별법: 도서관에 따라 해당주제 아래에 분류할 수 있다. 예: 기술고시 시험문제집 530.077
   한국 행정직 모의고사문제집 → 351.1357; 지방공무원 시험문제집 → 359.0357

368 기타 제법(諸法) Other laws and regulations
   특수법률 및 법령은 해당주제 아래에 분류한다.
   도서관에 따라 -023(법령 및 규정)을 부가할 수 있다. 예: 교통법 326.3023
   별법: 특수법을 한 곳에 모을 필요가 있는 도서관에서는 368 다음에 0을 부가하고 001-999와 같이 주제구분할 수 있다. 예: 도서관법 368.002; 정당법 368.0346; 교육법 368.037

화폐박물관	: 069.8+327.2	= 069.83272 (or 327.2069)
화장품신문	: 078+579.55	= 078.57955 (or 579.5505)
국민건강증진법	: 517+023	= 517.023 (or 368.0517)
교육법	: 370+023	= 370.23
	or 368+0+370	= 368.037
국민건강증진법	: 517+023	= 517.023
	or 368+0+517	= 368.0517

개정 과정에서 분류기호의 이동으로 더 이상 사용하지 않는 분류기호들은 '[ ]'기호로 표시하고, 변경된 분류기호로 주기를 통해 지시하고 있습니다. 가령 KDC 제6판에서 '610'이나 '610.9'와 같은 분류기호에 접근하면 다음과 같이 '540', '540.09'에 분류할 것을 지시합니다. 아래 예시의 '540.09'에 병기된 '[전 610.9]'라는 표시는 건축사(史)의 주제가 제5판에서는 '610.9'라는 분류기호로 사용되었음을 나타냅니다.

540　건축(建築), 건축학(建築學)　Construction and architecture　[전 건축공학]
　　　　건축공학 및 건축술, 건축미술을 포함한다.
　.09　건축사 [전 610.9]

건축술	: 540	≠ 610
건축의 역사	: 540.09	≠ 610.9

분류연습

사회복지학	:
건축학개론	:
금속공예	:
프랑스어문법	:
노동경제학개론	:
민간신앙의 이해	:
용액화학	:
자동차공학	:
외식경영론	:
항일독립운동사 연구	:

2) 보조표

KDC는 기본적으로 열거식분류표이지만 분류표의 경량화를 위해 분석합성식 원리를 대거 도입하였습니다. 본표에서 분류기호의 세분전개가 필요한 경우 표준형식, 지역, 언어 등 조기표의 보조기호를 부가하도록 주기를 통해 지시하고 있습니다.

365　민법　Civil law
　　　　사법일반, 보통법(common law) 등을 포함한다.
　　　　365.001-.009는 표준구분한다.
　.01-.07　각국민법
　　　　지역구분표에 따라 세분한다. 예: 일본민법 365.013

민법이론	: 365+001	= 365.001	
한국의 민법	: 365+011	= 365.011	≠ 365.00911

KDC에는 조기표(助記表)라는 명칭의 보조표가 있습니다. 보조표란 자료의 일반적 구성형

식이나 특정한 주제 내에서 공통성을 가지는 것에 대해 공통적인 기호를 배당하여 조직한 표를 말합니다. KDC 조기표의 보조기호들은-다른 분류법들과 마찬가지로-독립적인 주분류기호로 사용할 수 없습니다. 조기표에는 아래와 같이 6가지 종류가 있습니다.

```
1. 표준구분표                    4. 문학형식구분표
2. 지역구분표                    5. 언어공통구분표
3. 국어구분표                    6. 종교공통구분표
```

조기표의 보조기호는 본표의 분류기호와는 다르게 생겼습니다. 본표의 분류기호는 최소 3자리 이상의 아라비아숫자로 구성되는 데 반해, 조기표의 보조기호는 하이픈(-)을 수반합니다.

```
         분류기호의 예시                      보조기호의 예시
100                                       -01
020.4                                     -023
326.39                                    -1189
```

'-01'처럼 기호 앞에 하이픈을 붙인 이유는, 보조기호 단독으로 분류기호가 될 수 없으며 반드시 분류기호와 조합해서 사용해야 함을 나타내기 위해서입니다. 물론 분류기호에 보조기호를 조합할 때에는 하이픈을 생략하게 됩니다.

지금부터 KDC의 6가지 보조표의 종류에 대해 알아본 후, 보조기호를 조합하는 방법에 대해서는 나중에 따로 살펴보도록 하겠습니다.

1. 표준구분표

KDC의 첫 번째 보조표는 표준구분표입니다. 표준구분표는 주제를 표현하는 특수한 형식을 세분한 기호로서 -01부터 -09까지 크게 9가지로 나눌 수 있습니다. 표준구분표에서 자주 사용되는 주요 보조기호를 간추리면 다음과 같습니다.

```
-01 철학 및 이론                          -07 지도법, 연구법 및 교육, 교육자료
                                          -071 교육ㆍ양성기관
-02 잡저(雜著)                             -072 지도법
                                          -073 연구방법론
-021 편람, 핸드북, 포켓북                  -074 기술, 기기, 기구, 비품
-022 스크랩북, 클리핑 등                   -077 각종시험 대비용 교재 및 문제집, 면허증
-023 법령 및 규정                         -079 경시/경진대회, 포상, 상품, 상장
-024 시청각자료
-025 제표, 사물목록, 도보, 도감            -08 총서, 전집, 선집
-026 서지, 도서목록, 초록, 색인, 해제      -081 개인 전집, 총서, 전집
-029 특허, 규격, 상표                     -082 2인 이상의 전집, 총서, 선집

-03 사전(辭典), 사전(事典), 인용어사전, 약어집   -09 역사 및 지역구분
                                          -0901 원시시대 (1 BC까지)
-04 강연집, 수필집, 연설문집               -0902 고대(1~499)
                                          -0903 중세(500~1499)
-05 연속간행물                             -0904 근세(1500~1899)
-059 연감, 통계연감, 연보, 역(曆)          -0905 20세기 (1900~1999)
                                          -0906 21세기(2000~2099)
-06 학회, 단체, 협회, 기관, 회의           -091~096 특수 대륙, 국가, 지방구분
-068 경영                                 -097 지역구분 일반
-069 박물관 및 상설전시장                 -099 전기
```

① **-01 (철학 및 이론)** : 학설, 법칙, 이론, 입문서 등 어떤 저작의 주제를 이론적, 철학적 관점에서 다룬 저작에 첨가하는 보조기호입니다. 다만, 표제에 '개론', '통론', '이론', '이론과 실제' 등의 접미사가 붙어 있다고 해서 무조건 첨가하지 않도록 유의해야 합니다.

종교의 철학적 의미	: 200+01	= 201
불교철학 이야기 100	: 220+01	= 220.1
문헌정보학이론	: 020+01	= 020.1
음악철학	: 670+01	= 670.1
문학이론입문	: 800+01	= 801

혹여 자료분류를 생전 처음 접하는 분이라면 위 용례에서 왜 종교철학은 200.01이 아닌 201이 되며, 왜 음악철학은 670.01이나 671이 아닌 670.1이 되는가 하는 의문을 품을 것입니다. 결론부터 말하면, 분류기호에 보조기호를 산술적(?)으로 덧붙이는 방식으로 조합하지 않기 때문입니다. 분류기호의 조합은 반드시 본표의 지시에 따라야 하는데, 그 방법에 대해서는 나중에 따로 설명할 것입니다. 여기서는 보조표의 기호가 무슨 목적으로, 어떤 용도로 사용되는 지에 대해서만 가볍게 훑어보기 바랍니다.

② **-02 (잡저)** : 주제를 간단하고 얇고 포괄적으로 다룬 저작, 단편적 참고가 되는 저작, 시청각적인 저작 등에 첨가하는 기호입니다. 자료의 유형이 대개 참고자료 즉 편람, 핸드북, 포켓북, 스크랩북, 클리핑, 법령 및 규정, 도감, 서지, 도서목록, 초록, 색인, 해제, 특수 이용

자용 도서, 특허, 규격, 상표 등인 경우에 주로 부여합니다. 단, 이러한 유형이 본표에 이미 열거된 때에는 보조기호를 중복 첨가하지 않도록 유의해야 합니다.

기계설계편람	: 551+021	= 551.021
식품위생 관계법규	: 517.5+023	= 517.5023
조류도감	: 498+025	= 498.0025
특수교육문헌목록	: 379+026	= 379.026
	or 016+379	= 016.379

③ -03 (사전(辭典)127), 사전(事典)128), 인용어사전, 약어집) : 용어의 의미, 한 주제의 사항 설명을 한 저작, 인용어(引用語; quotation) 또는 약어집(略語集; abbreviation or acronym) 등으로 자모순으로 된 사전 또는 백과사전(특정 주제에 관한 백과사전을 뜻하며 전주제를 다루는 일반 백과사전은 03X에 분류)에 첨가하는 기호입니다. 다만 표제에는 사전이나 백과사전이란 용어를 포함하였더라도 실제로 형식이 사전이나 백과사전으로 보기 어려울 경우에는 이 기호를 첨가하지 말아야 합니다.

의학사전	: 510+03	= 510.3
치의학용어집	: 515.1+03	= 515.103
사회복지학사전	: 338+03	= 338.03
동물 백과사전	: 490+03	= 490.3

④ -04 (강연집, 수필집, 연설문집) : 특정 주제에 대해 개인 또는 두 사람 이상이 쓴 강연집, 수필집(특정 주제에 관한 에세이 형식의 저작을 뜻하며 문학적 수필은 8X4에 분류), 연설문집에 첨가하는 기호입니다. 다만 분류대상자료가 총서나 연속간행물에 해당될 경우에는 -08이나 -05를 우선적으로 부여합니다.

마르틴 부버 교육 강연집	: 370+04	= 370.04
코드블루 - LA 간호사 하정아의 간호 에세이집	: 512.8+04	= 512.804
이은미, 맨발의 디바	: 673.511+04	= 673.51104
쉿, 조용히! - 풋내기 사서의 좌충우돌 도서관 일기	: 020+04	= 020.4
신인령 이화여대 제12대 총장 연설문집	: 377+04	= 377.004

---

127) 어떤 범위 안에서 쓰이는 낱말을 모아서 일정한 순서로 배열하고 그 각각의 발음, 의미, 어원, 용법 따위를 해설한 책
128) 여러 가지 사물(事物)이나 사항(事項)을 모아 일정한 순서로 배열하고 그 각각에 해설을 붙인 책

⑤ -05 (**연속간행물**) : 잡지, 신문, 연감, 연보, 연표, 논문집 등과 같은 연속간행물(특정 주제에 관한 연속간행물을 뜻하며 교양잡지처럼 종합적인 주제를 다룬 일반연속간행물은 05X에 분류)의 형식을 표현하기 위해 첨가하는 기호입니다. 종간이 예정되지 않은 저작은 -05를 첨가하고, 다만 권호기호가 있으면서 종간이 예정되고 특히 종합표제가 있는 저작은 총서로 취급하여 -08을 첨가합니다.

月刊 바둑세계	: 691.2+05	= 691.205
계간 昆蟲	: 495.2+05	= 495.205
경제통계연보	: 320+059	= 320.059

⑥ -06 (**학회, 단체, 협회, 기관, 회의**) : 단체, 협회, 학회, 정부기관, 민간단체, 국제기구 등의 각종 역사, 헌장, 규정, 주소록, 회원명단 및 인명록, 행정보고서, 회의록, 경영 등을 첨가하기 위한 기호입니다. 다만 학회나 단체의 역사나 상황을 기록한 것이라기보다는 연속간행물이나 총서의 성격이 강하다고 판단되면 -05 또는 -08을 첨가합니다.

대한한의사협회 회원명부	: 519+06	= 519.06
한국교회연합주소록	: 236+06(11)	= 236.06(11)
호텔경영	: 596.81+068	= 596.81068
항공우주박물관	: 558+069	= 558.069
	or 069.8+558	= 069.8558

⑦ -07 (**지도법, 연구법 및 교육, 교육자료**) : 교수법, 연구방법(특정 주제에 관한 연구방법을 뜻하며 특정주제에 한정되지 않은 일반적인 연구방법을 다룬 저작은 001.07 아래에 분류), 지도법 등의 방법론을 나타내기 위해 첨가하는 기호입니다. 교과서나 문제집의 형태일 경우에는 -077을 첨가합니다.

의학교육	: 510+07	= 510.7
서울대학교 화학과 60년사	: 430+071	= 430.071
어린이 영어 이렇게 가르쳐라	: 740+072	= 740.72
관광학연구방법론	: 326.39+073	= 326.39073
사회복지직 적중예상문제집	: 338+077	= 338.077
	or 350.357+338	= 350.357338

단, 단행본이나 학위논문의 표제에 '연구', '에 관한 연구', '강의', '강좌'와 같은 문구를 붙인 자료의 경우 이는 연구의 결과물일 뿐 방법론 자체를 다룬 저작이거나 교육자료가 아니므로 유의해야 합니다.

한국 사회 불평등 연구	: 321.81	≠	321.8107
韓國 儀禮의 硏究	: 384	≠	384.07
윤동주 연구	: 811.61	≠	811.6107
공정거래법상 일감몰아주기에 관한 연구	: 368.121	≠	368.12107
(리처드 도킨스의) 진화론 강의	: 476.01	≠	476.0107

⑧ -08 (총서, 전집, 선집) : 총서란 동일 편자나 출판사에 의해 동일한 체제로 공통의 종합표제 아래 일정기간에 걸쳐 계속적으로 발간되는 저작을, 전집은 특정 주제나 문학형식 또는 특정 저자에 대한 복수의 저작을 말합니다. 총서나 전집이 특정 주제에 한정될 경우에는 그 주제의 분류기호에 -08을 첨가하여 형식을 나타내주고, 만약 주제가 다양하고 광범위할 때에는 본표의 080 아래에 분류합니다.

한국문학전집	: 810+082	= 810.82
셰익스피어전집	: 842+081	= 842.081
심리학총서	: 180+08	= 180.8

⑨ -09 (역사 및 지역구분) : 대상자료의 주제를 역사적, 지리적, 시대사적 측면에서 취급하였거나 특정 주제분야의 인물에 관한 전기를 분류할 때 첨가하는 기호입니다. -091부터 -097까지는 특정 대륙, 국가, 지역을 세분전개할 수 있도록 규정하고 있기 때문에 지역구분표로부터 기호를 찾아와서 조합해야 합니다.

음악의 역사	: 670+09	= 670.9
페스탈로치 전기	: 370+099	= 370.99
日本 服飾史	: 381.3+09+13	= 381.30913
韓國社會史硏究	: 330+09+11	= 330.911
서양 가구의 역사	: 638+09+2	= 638.092

표준구분표의 9가지 보조기호의 의미를 요약하면 다음과 같습니다.

-01 : 한 주제를 철학적 또는 이론적으로 파고든 저작
-02 : 한 주제나 업무에 대해 잘 모를 때 잠깐잠깐 참고하기 위한 편람, 법령집, 도감 등의 자료
-03 : 한 주제에 관한 사전, 용어집, 백과사전
-04 : 한 주제에 대해 비교적 가볍고 자유로운 형식으로 쓴 저작
-05 : 한 주제에 관한 잡지 등의 연속간행물
-06 : 한 주제의 단체, 기관에서 펴낸 자료이거나 경영을 다룬 저작
-07 : 한 주제를 연구하기 위한 방법, 가르치기 위한 방법을 다룬 저작
-08 : 한 주제에 관한 전집, 총서
-09 : 한 주제에 관한 역사적 관점의 저작이거나 한 주제를 특정 시대, 특정 지역으로 한정하여 다룬 저작

⑩ 주분류기호에 이미 표준구분표의 보조기호가 조합되었거나 그것과 동일한 의미일 경우에는 보조기호를 부가하지 않도록 유의합니다.

```
236     교회론  Christian church
  .9    교회사
           236.9001-.9009는 표준구분한다.
```

교회사	: 236.9	≠ 236.9+09
국어사전	: 713	≠ 713+03
중국역사	: 912	≠ 912+09
근로기준법	: 368.111	≠ 368.111+023

⑪ 주분류기호가 독립표목이 아니고 주에 나타난 경우에는 표준구분을 부가하지 않는 것이 바람직합니다.

```
329.4   조세
           329.4001-.4009는 표준구분에 따라 세분한다. 예: 조세편람 329.40021
  .43   직접세
           국세, 종합부동산세를 포함한다.
  .431  상속세, 증여세
  .432  법인세
  .433  소득세
```

조세통계연보	: 329.4+059	= 329.40059
종합부동산세통계연보	: 329.43+059	≠ 329.43059
법인세통계연보	: 329.432+059	= 329.432059
소득세통계연보	: 329.433+059	= 329.433059

⑫ 자료에 따라 2개 이상의 표준구분을 적용해야 할 경우에는 주제 또는 서술형식의 내재적 기호(-01, -07, -09)를 편집 또는 출판형식의 외재적 기호(-02, -03, -04, -05, -06, -08)보다 우선합니다.

| 정치철학사전 | : 340+01 | = 340.1 | ≠ 340.3 |
| 한국희곡사연표 | : 812+09 | = 812.09 | ≠ 812.025 |

2. 지역구분표

KDC의 두 번째 보조표는 지역구분표입니다. 지역구분은 대상자료의 주제가 특정지역으로 한정되어 취급되었을 경우 그 지역을 기호로 나타내는 것을 의미하여 DDC의 Table 2와 그 성격이 동일합니다. 지역구분표의 개요를 간추리면 다음과 같습니다.

```
-1 아시아                    -3 아프리카              -6 오세아니아, 양극지방
 -11 한국                     -31 북아프리카            -62 오스트레일리아
 -12 중국                     -34 서아프리카            -63 뉴질랜드
 -13 일본                     -36 중앙아프리카          -64 파푸아뉴기니
 -14 동남아시아                -38 남아프리카            -678 하와이
 -15 인디아와 남부아시아       -39 남인도양제도          -68 대서양제도
 -16 중앙아시아                                         -69 양극지방
 -17 시베리아                 -4 북아메리카
 -18 서남아시아, 중동          -41 캐나다               -7 지역구분일반
 -19 아라비아반도와 인접지역   -42 미국                  -71 기후에 따른 구분
                              -43 멕시코                -72 지형에 따른 구분
-2 유럽                       -45 과테말라, 벨리즈, 엘살바도르  -74 식생에 따른 구분
 -21 고대 그리스              -46 온두라스              -76 사회경제적 구분
 -22 고대 로마                -47 니카라과
 -23 스칸디나비아              -48 코스타리카, 파나마    -8 해양
 -24 영국, 아일랜드            -49 서인도제도            -81 태평양
 -25 독일, 중앙 유럽                                     -8113 동해
 -26 프랑스와 인접국가        -5 남아메리카             -84 인도양
 -27 스페인 및 인접국가        -51 콜롬비아              -85 대서양
 -28 이탈리아 및 인접국가      -52 베네수엘라, 기아나
 -29 러시아와 동부유럽        -53 브라질
                              -58 아르헨티나
                              -59 칠레
```

KDC에서 지역구분을 필요로 하는 곳은 아래의 예시처럼 "지역구분표에 따라 세분한다"라고 지시하고 있습니다.

 362 헌법 Constitutional law
  .01-.07 각국 헌법
    지역구분표에 따라 세분한다. 예: 일본헌법 362.013

 309 사회·문화 사정 Social and cultural situation
  .2 사회계획 및 사회개발
    지역사회개발, 사회개발원조, 지역사회의 구조개편 등을 포함한다.
    지역구분표에 따라 세분한다. 예: 한국지역사회개발 309.211

 673 성악 Vocal music
  .9 국가 및 국민가
  .91-.97 각국의 국가
    지역구분표에 따라 세분한다. 예: 스페인국가 673.927

프랑스헌법	: 362+026	= 362.026
경남지역사회개발	: 309.2+1186	= 309.21186
성조기여 영원하라	: 673.9+42	= 673.942
한국여성단체	: 339.4+11	= 339.411
부산광역시 전도	: 989+1189	= 989+1189
충남지방 강수량	: 453.772+1175	= 453.7721175

그러나 실제로는 위와 같은 지시가 본표에 나타나 있는 경우는 드뭅니다. 지역구분은 본표의 지역구분 지시가 있는 경우에만 사용하는 것이 원칙이지만, 필요에 따라서는 본표의 지시가 없더라도 표준구분표의 −09를 첨가한 다음 지역구분의 모든 기호를 부가하는 별법을 통해 사용할 수 있습니다.

미국의 가정윤리	: 192+09+42	= 192.0942
한국의 육상경기	: 694+09+11	= 694.0911
인도 음악사	: 670+09+15	= 670.915

단, 표준구분과 지역구분 지시가 중첩될 경우에는 지역구분 지시를 우선적으로 따릅니다. 그리고 주기에서 한국에 관한 자료를 해당 주제에 분류하라고 명시한 경우에는 지역구분하지 않도록 유의합니다.

367   사법제도 및 소송법 Judicial systems
         367.001-.009는 표준구분에 따라 세분한다.
    .09   각국 사법제도
         지역구분표에 따라 세분한다.   예: 일본사법제도 367.0913

363   행정법 Administration law
         한국행정법 및 행정법 일반을 여기에 분류한다.
         363.001-.009는 표준구분에 따라 세분한다.
    .01-.07 각국 행정법
         지역구분표에 따라 세분한다.   예: 미국의 행정법 363.042
            한국행정법 → 363

독일의 사법제도	: 367.09+25	= 367.0925	≠ 367.00925
중국행정법	: 363.0+12	= 363.012	≠ 363.00912
한국행정법	: 363	≠ 363.011	≠ 363.00911

　　표제에 지역명이 포함되어 있더라도 자료가 특정 지역으로 한정해서 어떤 주제를 다룬 경우에만 지역구분합니다. 직접적인 세분지시가 없는 한 특정 지역(국가)의 모형, 스타일 등을 다룬 자료는 지역구분할 필요가 없습니다.

북유럽 교육 기행	: 370.9+23	= 370.923	/ 특정 지역을 다룬 자료
북유럽 사회민주주의 모델	: 340.245	≠ 340.2450923	
북유럽 스타일 에코 수세미	: 592.27	≠ 592.270923	
북유럽형 평화활동론	: 349.81	≠ 349.810923	
북유럽요리	: 594.53+(2)3	= 594.533	/ 본표에 세분지시 있음

　　한국의 도서관이 수집하는 자료는 한국을 대상으로 저술된 것이 대부분이므로 굳이 한국(-11)으로 지역구분하지 않습니다. 다만, 한 주제에서 여러 국가를 다룬 다수의 자료를 소장하고 있는 도서관에서는 해당 자료를 한국으로 지역구분하는 것이 바람직합니다.

한국 사회복지학 통론	: 338	≠ 338.0911
한국 도서관경영론	: 023	≠ 023.0911
한국의 육아정책	: 338.50911	/ '독일의 육아정책', '호주의 육아정책' 등
		여러 지역에 걸쳐 동일 주제를 취급한 다른 자료가 많은 경우
영국의 육아정책	: 338.50924	

참고로, 특정 지역을 다룬 지리 및 여행 주제의 경우 980 아래에 다음과 같이 지역구분표를 세분하도록 지시하고 있습니다.

```
980    지리(地理) Geography
  .2    명승안내, 여행
        특정한 지역의 명승안내, 여행은 해당지역에 분류한다. 예: 아시아기행 981.02
  .24   세계여행, 안내기
        여행규정, 항해, 공중, 육로 여행등을 포함한다.
        특정한 지역의 세계여행, 안내기는 해당지역에 분류한다. 예: 유럽여행안내기 982.024
```

일반적인 여행안내의 경우 980.2로 분류하지만, 특정한 지역의 여행안내서는 그 지역에 분류해야 합니다. 가령『어린이도 간다 ENJOY 뉴욕』이라는 여행안내서를 분류하면 조합공식은 다음과 같습니다.

```
984    북아메리카지리 Geography of North America
       지역구분표 -4에 세분한다. 예: 미국지리 984.2
```

```
북아메리카              : 984          / 주분류기호
지역구분 지시           : -4221        / 뉴욕
                         024          / 여행안내기
   ∴ 984 + 221 + 02 = 984.221024
      한국여행안내 : 981.1024
      호주여행안내 : 986.2024
      세계여행안내 : 980.24
```

3. 국어구분표

국어구분은 본표의 언어(700) 내의 각 국어를 표시하는 기호를 다른 주제에서도 적용할 수 있는 기호를 말합니다. 030, 040, 050, 080, 233.077(현대 각 국어 성서번역), 471.8(언어별 인종구분), 802.04(각 국어의 문장작법), 810~890(각국 문학) 등에 적용되는데, 본표의 지시가 있을 때에서 이 조기표를 사용할 수 있습니다. 그러나 실제로는 본표상에 각 국어가 열거되어 있거나(030, 050 등), "710-799와 같이 구분한다"로 지시하는 경우가 대부분이므로 이 국어구분표를 사용할 기회는 거의 없다고 해도 과언은 아닙니다.

```
-1 한국어                    -6 프랑스어
-2 중국어                    -7 스페인어
-3 일본어                    -79 포르투갈어
-39 기타 아시아 제어          -8 이탈리아어
-4 영어                      -9 기타 제어
-5 독일어                    -928 러시아어
-59 기타 게르만어
```

브리태니카 백과사전	: 030+4	= 034
성서(독일어판)	: 233.077+5	= 233.0775
일본어 문장작법	: 802.04+3	= 802.043

4. 문학형식구분표

본표의 문학(800)은 다른 주류와는 달리 작품에 사용된 국어에 따라 1차로 구분하고, 문학형식에 따라 2차로, 시대에 따라 3차로 구분합니다. 문학형식구분은 문학(800)에서 형식을 구분할 때 사용하는 조기표로서 그 내용은 다음과 같습니다.

```
-1 시                       -5 연설, 웅변
-2 희곡                     -6 일기, 서간, 기행
-3 소설                     -7 풍자
-4 수필, 소품               -8 르포르타주 및 기타
```

古今笑叢	: 810+7	= 817
고도를 기다리며	: 840+2	= 842
모노가타리	: 830+3	= 833
아벨라르와 엘로이즈	: 860+6	= 866

그러나 실제로는 본표상에 각국 문학 내에 문학형식이 이미 세분되어 있으므로, 본표에서 첨가를 지시하고 있는 일부 분류기호를 제외하고는 이 문학형식구분표를 사용할 기회는 거의 없습니다.

5. 언어공통구분표

언어공통구분은 본표의 언어(700)에서 각 국어에 공통적으로 적용하는 형식 구분으로서,

실제로는 본표 710(한국어) 아래의 기호를 원용합니다. 그 내용은 다음과 같습니다.

```
-1 음운 및 문자                    -5 문법
-2 어원                           -6 작문
-3 사전                           -7 독본, 해석, 회화
-4 어휘                           -8 방언(사투리)
```

독일어문법해설	: 750+5	= 755
일본어어원사전	: 732+03	= 732.03
중국어회화	: 720+7	= 727.5

그러나 실제로는 본표상에 각국어 내에 언어공통구분이 이미 적용된 요목이 세분되어 있으므로 이 언어공통구분표를 사용할 기회는 거의 없습니다.

6. 종교공통구분표

종교공통구분은 본표의 종교(200)에 있는 특이한 주제나 의식을 유형별로 구분하고 조기성을 갖는 보조기호를 부여하여 각 종교에 공통적으로 첨가할 수 있는 보조표입니다. 이는 211 –218 비교종교학의 요목을 근거로 마련된 것입니다.

```
-1 교리, 교의                     -5 선교, 포교, 전도, 교화(교육)활동
-2 종조, 창교자                   -6 종단, 교단
-3 경전, 성전                     7 예배형식, 의식, 이례
-4 종교신앙, 신앙록, 신앙(수도)생활   -8 종파, 교파
```

교회 주일예배	: 230+7	= 237
코란의 이해	: 280+3	= 283
성철 스님 법어집	: 220+4+5(본표의 '법어, 어록')	= 224.5

그러나 실제로는 본표상에 각 종교 내에 종교공통구분이 이미 세분되어 있으므로 이 종교공통구분표를 사용할 기회는 사실상 없습니다.

5.2 분류기호는 어떻게 조합하는가

조기표의 보조기호는 결코 단독으로 사용할 수는 없고 반드시 본표의 주분류기호와 조합하여 사용해야 합니다. 주분류기호에 보조기호를 부가하는 방식은 세 가지의 유형으로 나뉩니다. 첫째, 본표에서 조기표를 사용하라는 직접적인 지시가 있는 경우 둘째, 직접적인 지시가 없으나 간접적인 전개근거가 있는 경우 셋째, 아무런 전개지시나 전개근거가 없는 경우입니다.

1) 직접적인 전개지시

가령 『대학교육편람』이라는 자료를 분류한다고 가정해보겠습니다. 이 자료의 주제는 '대학교육'이며 형식은 '편람'입니다. 본표에서 대학교육 주제는 교육학 아래에 377에 전개되어 있습니다.

```
377    대학, 전문, 고등교육  Higher education
          특수주제의 고등교육은 해당주제 아래에 분류한다.
          377.001-.009는 표준구분에 따라 세분한다.
   .01-.07  각국의 고등교육 및 대학교육
```

편람은 표준구분표에서 '-021'에 해당됩니다.

```
-02  잡저(雜著)
  -021  편람, 핸드북, 포켓북
  -022  스크랩북, 클리핑 등
  -023  법령 및 규정
  -024  시청각자료
  -025  제표, 사물목록, 도보, 도감
  -026  서지, 도서목록, 초록, 색인, 해제
  -029  특허, 규격, 상표
```

본표에서 "표준구분에 따라 세분한다"라는 지시주는 필요에 따라 표준구분표의 -01에서 -09까지의 보조기호를 사용하라는 직접적인 지시를 뜻합니다. "377.001-.009는 표준구분에 따라 세분한다"라는 말은 "기본기호 '377.00'에 표준구분표의 '-0' 다음의 보조기호를 첨가한다"는 의미로 해석하면 됩니다. 따라서 본표의 전개지시에 따라 분류기호를 후조합하면 다음과 같습니다.

```
대학교육                  : 377           / 주분류기호
 표준구분 지시           :   .001
                            ~
                          .009
편람                      :  -021         / 보조기호 (from 표준구분표)
     ∴ 377 + 00 + 21 = 377.0021
        월간 대학교육 : 377.005
     한국대학교육협의회 : 377.006
```

상세히 설명하면, '377.001-.009'라는 지시에서 소수점 아래 두 번째 자리까지인 '377.00'은 고정된 기호로서 이를 기본기호(base number)라 하고, 소수점 아래 세 번째 자리인 '1'부터 '9'까지는 변동되는 기호를 나타냅니다. 즉, 예시에는 '377.001'과 '377.009'의 두 가지 분류기호가 주어졌지만 필요에 따라서는 예시에 나타나지 않은 '377.002', '377.003' 등의 기호를 마음대로(?) 생성할 수 있다는 뜻입니다. 그러면 '1'부터 '9'까지의 기호는 어디서 갖고 오느냐? 표준구분표에서 갖고 오라는 이야기입니다. 표준구분표에서 편람을 나타내는 기호는 '-021'입니다. 그것을 기본기호 '377.00'에 첨가해야 하는데, 산술적(?)으로 '377.00 + -021 = 377.00021'로 조합해서는 곤란합니다. 표준구분표에서 '-0' 다음의 기호를 눈여겨보아야 합니다. 편람을 나타내는 '-021'에서 '-0' 다음의 기호는 무엇입니까? '21'입니다. 이 '21'의 첫 번째 자리 '2'가 어디에 삽입되느냐면, '377.001-.009'라는 지시의 소수점 아래 세 번째 자리 '1'부터 '9' 사이에 '2'가 들어가게 됩니다. 따라서 기본기호 '377.00'에 표준구분표에서 따온 '21'을 첨가하면 '377.0021'이 되는 것이지요. 가령 『월간 대학교육』이라는 연속간행물은 기본기호 '377.00'에 표준구분표의 '-05'에서 '-0' 다음의 '5'를 갖고 와서 '377.005'로 조합할 수 있습니다.

다른 예를 들어, 『일본의 대학교육』이라는 자료를 분류한다고 가정해보겠습니다. 이 자료는 '일본'이라는 특정 지역에 한정하여 '대학교육'이라는 주제를 다루고 있습니다. 본표의 377 항목에서는 다음과 같이 지역적 특징으로 세분할 수 있도록 합니다.

```
377    대학, 전문, 고등교육  Higher education
         특수주제의 고등교육은 해당주제 아래에 분류한다.
         377.001-.009는 표준구분에 따라 세분한다.
    .01-.07  각국의 고등교육 및 대학교육
```

일본이 포함된 아시아의 지역구분표는 다음의 내용과 같습니다.

-1 아시아
-11 한국
-12 중국
-13 일본
-14 동남아시아
-15 인디아와 남부아시아
-16 중앙아시아
-17 시베리아
-18 서남아시아, 중동
-19 아라비아반도와 인접지역

본표에서 "각국의 고등교육 및 대학교육"은 필요에 따라 지역구분표의 보조기호를 사용하라는 직접적인 지시를 뜻합니다. ".01-.07" 이라는 의미는 "기본기호 '377.0'에 지역구분표의 '-' 다음의 보조기호를 첨가한다"는 의미로 해석하면 됩니다. 따라서 본표의 전개지시에 따라 분류기호를 조합하면 다음과 같습니다.

```
대학교육              : 377        / 주분류기호
 지역구분 지시        :   .01
                           ~
                         .07
일본                  :   -13       / 보조기호 (from 지역구분표)
     ∴ 377 + 0 + 13 = 377.013
        중국의 대학 : 377.012
        유럽의 대학 : 377.02
```

상세히 설명하면, 본표에 나타난 '.01-.07'은 '377.01-.07'의 생략된 형태입니다. '377.01-.07'에서 소수점 아래 첫 번째 자리까지인 '377.0'은 기본기호이고, 소수점 아래 두 번째 자리인 '1'부터 '7'까지는 변동되는 기호를 나타냅니다. 즉, 예시에는 '377.01'과 '377.07'의 두 가지 분류기호가 주어졌지만 필요에 따라서는 예시에 나타나지 않은 '377.02', '377.03' 등의 기호를 생성할 수 있다는 뜻입니다. 그러면 '1'부터 '7'까지의 기호는 어디서 갖고 오느냐? 지역구분표에서 갖고 오라는 이야기입니다. 지역구분표에서 일본을 나타내는 기호는 '-13'입니다. 지역구분표에서 '-' 다음의 기호를 갖고 와야 하는데, '-13'에서 '-' 다음의 기호는 무엇입니까? '13'입니다. 이 '13'의 첫 번째 자리 '1'이 어디에 삽입되느냐면, '377.01-.07'이라는 지시의 소수점 아래 두 번째 자리 '1'부터 '7' 사이에 '1'이 들어가게 됩니다. 따라서 기본기호 '377.0'에 지역구분표에서 따온 '13'을 첨가하면 '377.013'이 되는 것이지요. 가령 『유럽의 대학교육』이라는 주제의 자료는 기본기호 '377.0'에 지역구분표의 '-2'에서 '-' 다음의 '2'를 갖고 와서 '377.02'로 조합할 수 있습니다.

참고로 본표에는 아래와 같은 형식의 지역구분지시도 있습니다. 이러한 형식의 지역구분에서는 예시를 눈여겨봐야 합니다.

```
319    인구통계  Demography(Population statistics)
  .09   각국 인구통계
        지역구분표에 따라 세분한다.  예: 중국인구통계 319.0912
```

본표의 319 아래에 열거된 '.09'는 '319.09'의 생략된 형태입니다. 그리고 '319.0912'라는 예시를 보면 기본기호 '319.09'에 '12'가 첨가된 것을 확인할 수 있습니다. 이 '12'는 어디에서 온 기호일까요? 네, 지역구분표에서 중국을 나타내는 '-12'에서 갖고 온 것입니다. 그렇다면 『일본의 인구통계』라는 주제의 자료의 분류기호를 조합할 수 있겠지요?

되돌아가서, 대학교육(377) 주제는 표준구분과 지역구분에 관한 2가지의 직접적인 지시가 있는 흔치 않은 경우입니다. 지역구분 전개지시는 없고 표준구분 전개지시만 있더라도, 표준구분표의 -09에서 -091부터 -098까지는 특정 대륙, 국가, 지역, 해양을 세분전개하도록 규정하기 때문에 지역구분표로부터 보조기호를 갖고 와서 조합할 수가 있습니다. 예를 들어, 『동남아시아의 식품공학』이라는 주제의 자료를 분류하기 위해 식품공학(574) 항목을 살펴보면 다음과 같이 표준구분만 지시되어 있음을 알 수 있습니다.

```
574    식품공학  Food technology
       574.001-.009는 표준구분에 따라 세분한다.
```

그런데 표준구분표에서는 다음과 같이 지역구분을 지시하고 있습니다.

```
-09     역사 및 지역 구분
-091-096 대륙, 국가, 지방 구분
         특정 대륙, 국가, 지방은 지역구분표 -1-6에 따라 세분한다.  예: 한국 -0911
```

상세히 설명하면, 표준구분표에 나타난 '-091-096'에서 '-09'는 기본기호이고, 그 다음의 '1'부터 '6'까지는 변동되는 기호를 나타냅니다. 즉, 본문에는 '-091'과 '-096'의 두 가지 보조기호가 주어졌지만 필요에 따라서는 예시에 나타나지 않은 '-092', '-093' 등의 보조기호를 생성할 수 있다는 뜻입니다. 그러면 '1'부터 '6'까지의 기호는 어디서 갖고 오느냐? 지역구분표에서 갖고 오라는 이야기입니다. 지역구분표에서 한국을 나타내는 기호는 '-11'입니다. 지역구분표에서 '-' 다음의 기호를 갖고 와야 하는데, '-11'에서 '-'

다음의 기호는 무엇입니까? '11'입니다. 이 '11'의 첫 번째 자리 '1'이 어디에 삽입되느냐면, '-091-096'이라는 지시의 세 번째 자리 '1'부터 '6' 사이에 '1'이 들어가게 됩니다. 따라서 기본기호 '-09'에 지역구분표에서 따온 '11'을 첨가하면 '-0911'이 되는 것이지요. 이러한 방법으로 동남아시아는 기본기호 '-09'에 지역구분표의 '-14'에서 '-' 다음의 '14'를 갖고 와서 '-0914'로 조합할 수 있습니다.

```
식품공학                    : 574              / 주분류기호
표준구분                    : 574.001-.009
대륙, 국가, 지역구분         :    -091-096
동남아시아                  :      -14         / 보조기호 (from 지역구분표)
     ∴ 574 + 00 + 914 = 574.00914
        일본의 식품공학 : 574.00913
```

지겹더라도(?) 반복해서 설명하면, '574.001-.009'라는 지시에서 소수점 아래 두 번째 자리까지인 '574.00'은 고정된 기본기호이고, 소수점 아래 세 번째 자리인 '1'부터 '9'까지는 변동되는 기호를 나타냅니다. 즉, 예시에는 '574.001'과 '574.009'의 두 가지 분류기호가 주어졌지만 필요에 따라서는 예시에 나타나지 않은 '574.002', '574.003' 등의 기호를 생성할 수 있다는 뜻입니다. 그러면 '1'부터 '9'까지의 기호는 어디서 갖고 오느냐? 표준구분표에서 갖고 오라는 이야기입니다. 표준구분표에서 역사 및 지역구분을 나타내는 기호는 '-09'입니다. 조금 전에 동남아시아를 나타내는 '-0914'를 기본기호 '574.00'에 첨가해야 하는데, 표준구분표에서 '-0' 다음의 기호를 눈여겨보아야 합니다. 동남아시아를 나타내는 '-0914'에서 '-0' 다음의 기호는 무엇입니까? '914'입니다. 이 '914'의 첫 번째 자리 '9'가 어디에 삽입되느냐면, '574.001-.009'라는 지시의 소수점 아래 세 번째 자리 '1'부터 '9' 사이에 '9'가 들어가게 됩니다. 따라서 기본기호 '574.00'에 표준구분표에서 따온 '914'를 첨가하면 '574.00914'가 되는 것이지요. 가령 『일본의 식품공학』이라는 주제의 자료는 기본기호 '574.00'에 표준구분표와 지역구분표를 조합한 '-0913'에서 '-0' 다음의 '913'를 갖고 와서 '574.00913'이라는 분류기호를 부여할 수 있습니다.

한 가지 유의해야 할 점은, 아래와 같이 본표에서 지역구분에 관한 직접적인 근거가 있을 때에는 표준구분의 -09를 수반한 다음 지역구분을 첨가할 필요가 없습니다. 따라서 『일본의 고등교육』이라는 자료의 분류기호는 377.00913이 아니라 377.013으로 조합된다는 점을 유념해야 합니다.

```
377   대학, 전문, 고등교육  Higher education
         특수주제의 고등교육은 해당주제 아래에 분류한다.
         377.001-.009는 표준구분에 따라 세분한다.
      .01-.07  각국의 고등교육 및 대학교육
```

보조기호를 일부 절단하여 주분류기호에 조합하는 경우도 있습니다. 『태국요리』라는 자료를 분류한다고 가정해보겠습니다. 이 자료는 '태국'이라는 특정 지역에 한정하여 '요리'라는 주제를 다룹니다. 본표의 594.52 항목에서 동양의 요리를 다음과 같이 세분할 수 있도록 합니다.

```
594    식품과 음료  Food and drink
  .5   요리(조리법)  Cookery
  .51  한국요리
  .52  기타 동양 요리 [전 중국요리]
       지역구분표 -12-19에 따라 세분한다. 예: 중국요리 594.522
  .53  유럽 각국 요리 [전 일본요리]
       지역구분표 -21-29에 따라 세분한다. 예: 프랑스요리 594.536
  .54  기타 각국 요리 [전 서양요리]
       지역구분표 -3-7에 따라 세분한다. 예: 멕시코요리 594.5443
```

예시에 나타난 중국요리의 분류기호는 594.522로서 이는 기본기호 594.52에 지역구분표의 -12에서 -1 다음의 2를 조합한 것임을 알 수 있습니다. 따라서 태국의 지역보조기호 -144를 조합하면 다음과 같으며, 예외적으로 기타 각국 요리(594.54)는 지역보조기호를 절단하지 않고 부가함을 유의해야 합니다.

```
동양 요리             : 594.52        / 주분류기호
예: 중국요리           : 594.522
지역구분 지시         :    -12
                          ~
                         -19
태국                  :   -144        / 보조기호 (from 지역구분표)
    ∴ 594.52 + 44 = 594.5244
       이탈리아요리 : 594.538
       케이준요리법 : 594.544252
```

그리고, 235.65(외국선교), 322.83(경제협력, 경제원조), 326.29(다자간 통상조약 및 기구), 331.37(국제 인구이동, 이민) 등 2개 국가 이상이 결부된 주제에서는 정착국과 출발국, 또는 수혜국과 피원조국의 2개 국가의 보조기호를 연속적으로 조합하는 경우도 있습니다. 예를 들어 『재일조선인』이라는 자료를 분류해보겠습니다.

국제 인구이동에 관한 주제의 자료는 KDC에서 331.37에 분류되며, 재일한국인(일본으로

이주한 한국인)은 다음과 같이 331.371-.3779의 세분지시에 따릅니다.

```
331    사회학  Sociology
  .37   국제 인구이동, 이민  Emigration and immigration
  .371-.377  각국 이민
        정착국을 기준으로 지역구분표에 따라 세분한다. 예: 오스트레일리아 이민 331.3762
        별법: 필요한 경우 0을 부가한 후 이민의 출발국을 지역구분표에 따라 세분할 수 있다.
           예: 재미한국인 331.3742011
```

본표에 나타난 '331.371-.377'에서 기본기호를 찾을 수 있나요? 네, 소수점 아래 두 번째 자리까지 고정된 '331.37'입니다. 소수점 아래 세 번째 자리부터 변동되는 '1-7'은 지역구분표에서 갖고 와야 하겠지요. 예시의 오스트레일리아 이민의 분류기호는 '331.3762'인데, 기본기호 '331.37' 다음의 '62'가 지역구분표에서 갖고 온 것입니다. 따라서 기본기호 '331.37'에 지역구분표에서 일본을 나타내는 보조기호 '13'을 첨가하면 '331.3713'이 됩니다. 같은 방법으로, 재미한국인을 주제로 한 자료는 '331.3742'가 되겠지요.

기본적으로 이민에 관한 자료는 정착국으로 분류하지만, 별법(別法)으로 이민의 출발국까지 분류기호로 표현할 수가 있습니다. 필요하다면 정착국으로 만들어놓은 분류기호에 '0'을 부가한 다음 출발국을 나타내는 기호를 지역구분표에서 갖고 와서 첨가하라는 이야기입니다. 예시에 나타난 재미한국인을 주제로 한 '331.3742011'을 역(逆)으로 분석하면, '331.37'은 본표에서 이민이라는 주제, 그 다음의 '42'는 정착국으로 지역구분표에서 미국이라는 지역, 그 다음의 '0'은 출발국을 부가한다는 의미, 그 다음의 '11'은 출발국으로 지역구분표에서 한국이라는 지역을 각각 의미합니다.

```
     이민            : 331.371         / 주분류기호
                       ~
                       .3779
예: 오스트레일리아 이민  331.3762         / = 331.37 + 62(from 지역구분표)
   일본(정착국)      :    -13          / 보조기호 (from 지역구분표)
   ∴ 331.37 + 13 = 331.3713           / 일본 이민
   한국(출발국)      :    -11          / 보조기호 (from 지역구분표)
   ∴ 331.3713 + 0 + 11 = 331.3713011  / 재일조선인
```

일본에 정착한 외국인이라는 주제의 '331.3713'에 '0'을 부가하고 대한민국에서 출발했음 뜻하는 '11'을 첨가하면, '331.3713011'이라는 분류기호가 만들어집니다.

분류연습

경제통계연감	: 320+059	=
화학공학용어사전	:	=
아프리카속담	: 388.6+3	=
하와이요리	:	=
호남향우회	: 339.3+119	=
인도의 민속음악	:	=
미국과 일본의 경제협력	:	=

2) 간접적인 전개근거

본표에서 조기표를 사용하라는 직접적인 전개지시는 없지만, 본표가 조기표(특히 표준구분표)의 배열체계를 답습한 경우 이를 간접적인 전개근거로 판단하여 조기표를 준용할 수 있는 상황을 말합니다.

가령 『음악용어사전』이라는 자료를 분류한다고 가정해보겠습니다. 이 자료의 주제는 '음악'이며 형식은 '용어사전'입니다. 본표에서 음악 주제는 예술 아래의 670에 전개되어 있지만, 다음과 같이 본표에는 '용어사전'을 포함한 표준구분표의 보조기호를 부가하라는 직접적인 지시가 없습니다.

```
670      음악(音樂)  Music
   .1    음악철학 및 음악미학
   .24   악기
   .7    지도법 및 연구법
   .88   악보
   .9    음악사, 평론
```

직접적인 전개지시가 없는 때에는, 하위주제로 열거된 분류항목들을 세심하게 살펴보아야 합니다. 음악(670)의 하위주제로 열거된 670.1(음악철학), 670.7(지도법 및 연구법), 670.9(음악사)의 분류항목에 나타난 '철학', '지도법 및 연구법', '역사'라는 키워드는 어디서 본 듯

한 형식일 것입니다. 어디서 보았던 내용일까요? 네, 표준구분표의 -01부터 -09까지 다루었던 내용입니다. 이는 본표에서 표준구분표의 -01, -07, -09를 각각 전조합하여 미리 분류항목으로 설정해 놓은 것입니다. 즉, 한 주제의 하위주제를 세분할 때 표준구분표의 체계를 그대로 답습했다는 의미로서, 그러한 경우에는 다음과 같이 열거된 분류기호와 일치하는 자릿수에 표준구분표의 보조기호를 삽입하면 됩니다.

```
음악                    : 670          / 주분류기호
 음악철학 및 음악미학     :  .1          / 조기표 체계의 답습
                          ~
 음악사                    .9
용어사전                : -03          / 보조기호 (from 표준구분표)
       ∴ 670 + 3 = 670.3
       월간 음악세계 : 670.5
       한국음악협회 : 670.6(11)
```

요컨대, 하위주제에 열거된 분류항목의 상당수가 표준구분표의 체계와 일치할 경우에는 이를 "표준구분한다"라는 직접적인 지시와 동일하다고 판단하면 됩니다.

여기서 잠깐! 670(음악)에 표준구분표의 -03(용어사전)을 첨가하면 670.03이 아닌가 하는 의문을 품는 분이 계시다면, "본표에 이미 열거된 하위주제의 분류기호와 동위(同位)의 분류기호로 만들어야 한다"는 원칙을 재고해야 합니다. 670.03은 670.1이나 670.7보다는 상위(上位)의 분류기호가 되므로, 670(음악)의 하위주제로 열거된 670.1(음악철학), 670.7(지도법 및 연구법), 670.9(음악사) 등과 동위의 분류기호가 되기 위해서는 표준구분표에서 '-0' 다음의 보조기호만 갖고 와서 첨가하면 됩니다.

다른 사례로 『간호학 연구방법론』이라는 자료를 분류한다고 가정할 경우, 본표에는 표준구분표의 보조기호를 부가하라는 직접적인 지시가 없지만 간호학의 하위주제로 열거된 512.806(간호협회)은 표준구분표의 -06이 전조합된 것임을 알 수 있습니다.

```
512      임상의학 일반  Clinical medicine
  .8     간호학  Nursing
            가정에서의 간호 → 597.9
  .806   간호협회 Nursing organizations
  .81    간호근무의 특수형태 Formal nursing
  .811   개인간호 Private duty nursing
  .812   기관간호 Institutional nursing
```

따라서 다음과 같이 열거된 분류기호와 동등한 자릿수에 표준구분표의 보조기호를 조합합니다.

```
간호학              : 512.8    / 주분류기호
  간호협회          :   .806   / 조기표 체계의 답습
  연구방법론        :   -073   / 보조기호 (from 표준구분표)
  ∴ 512.8 + 073 = 512.8073
    간호학문제집 : 512.8077
    일본의 간호론 : 512.80913
```

요컨대, 하위주제에 열거된 분류항목의 상당수가 표준구분표의 체계와 일치할 경우에는 이를 "표준구분한다"라는 직접적인 지시와 동일하다고 판단하면 됩니다.

한편으로 본표에 열거된 주분류기호에 지역구분표의 보조기호가 전조합된 경우도 있습니다. 가령 『부산의 대중음악』이라는 자료를 분류하면, 본표에는 지역구분표의 보조기호를 부가하라는 직접적인 지시가 없습니다.

```
673      성악  Vocal music
  .5     대중음악, 대중가요, 유행가
  .51    동양대중음악
  .511   한국대중음악
            한국(전통)음악 → 679
  .53    서양대중음악
            컨트리음악, 블루스, 소울 soul, 래그타임 ragtime, 칸초네, 샹송,
         재즈 jazz, 레게 reggae, 랩 rap, 로클롤(락 음악) 등을 포함한다.
```

그러나 대중음악이 673.5이고 동양대중음악이 673.51, 한국대중음악이 673.511인 것으로 미루어보아 673.5 다음의 1과 11은 각각 지역구분표의 아시아와 대한민국을 의미함이 상당하

므로 다음과 같이 부산을 세분할 수 있습니다. 단, 서양대중음악(673.511)의 '3'은 지역구분표와 일치하지 않으므로 특정 국가 및 지역으로 세분할 수는 없습니다.

```
한국대중음악          : 673.511      / 주분류기호
부산                 :   -1189      / 보조기호 (from 지역구분표)
   ∴ 673.511 + 89 = 673.51189
   서울의 대중음악 : 673.5116
   제주의 대중음악 : 673.51199
```

분류연습

```
스포츠용어사전       : 692+03         =
의학대사전           : 510+03         =
국제무역법규집       : 326.2+023      =
```

3) 전개지시나 전개근거가 없는 경우

『週刊야구』라는 자료를 분류한다고 가정해보겠습니다. 이 자료의 주제는 '야구'이며 형식은 '연속간행물'입니다. 본표에서 야구 주제는 예술, 스포츠 아래의 695.7에 전개되어 있지만, '연속간행물'이라는 표준구분표의 보조기호를 부가하라는 직접적인 지시가 없을뿐더러 야구의 하위주제도 표준구분표의 체계와 전혀 무관하므로 간접적 전개근거도 없다고 판단할 수 있습니다.

```
695      구기  Ball games
  .6     탁구
  .7     야구
  .75    소프트볼, 연식야구
  .79    크리켓
  .8     골프
```

이처럼 본표에 조기표 사용에 관한 지시가 전혀 없을 경우에는 보조기호를 조합하지 않는 것이 원칙입니다. 그러나 보조기호를 부가함으로써 서가관리나 이용자에게 더 유용할 것이라고 판단될 경우에는 분류사서의 재량으로 표준구분표의 모든 보조기호를 조합할 수가 있습니

다. 다만, 이때에는 이미 열거된 분류기호와 중복되지 않도록 반드시 하나 이상의 '0'을 첨가해야 합니다.

```
야구                    : 695.7    / 주분류기호
  소프트볼, 연식야구      :   .75   / 이미 열거된 하위주제
  크리켓                :   .79   / 이미 열거된 하위주제
연속간행물              :  -05    / 보조기호 (from 표준구분표)
    ∴ 695.7 + 0 + 5 = 695.705  (not 695.75)
         야구의 이론   : 695.701
         야구백과사전  : 695.703
           프로야구史  : 695.709
         롯데자이언츠  : 695.7091189
```

위에서는 소수점 첫째 자리의 분류기호가 하위주제의 기호로 이미 열거되어 있기 때문에 그냥 '5'만 부가할 경우 695.75가 되면 '야구 연속간행물'이 '소프트볼'의 분류기호와 중복이 되며, 중복되지 않는다고 할지라도 크리켓의 분류기호와 동위관계가 됩니다. 따라서 야구를 의미하는 주분류기호 695.7에 '0'을 첨가한 다음에 '5'를 붙여 695.705로 만들면, 기존에 열거된 분류기호의 자릿수와 충돌하지 않고 그보다 상위주제를 나타내는 분류기호를 완성할 수 있습니다.

다른 사례로 『조류도감』이라는 자료를 분류한다고 가정해보겠습니다. 이 자료의 주제는 '조류'이며 형식은 '도감'입니다. 본표에서 조류 주제는 자연과학, 동물학 아래의 498에 전개되어 있지만, 표준구분표의 보조기호를 부가하라는 직접적인 지시가 없을뿐더러 하위주제도 표준구분표의 체계와 전혀 무관합니다.

```
498    조류  Aves(Birds)
  .01-.08  조류학
           491.1-.8과 같이 세분한다. 예: 조류생태학 498.05
  .3    타조(주금)류 Palaeognathae
  .4    순계류
  .5    섭금류
```

앞의 용례들처럼 재량으로 표준구분표의 모든 보조기호를 부가할 수가 있는데, 다만 이미 열거되어 있는 하위주제의 분류기호들과 중복되지 않으면서 그것보다 상위주제가 되게끔 다음과 같이 적절한 수의 '0'을 첨가해야 합니다.

```
         조류              : 498       / 주분류기호
           조류학          :  .01      / 이미 열거된 하위주제
             타조류        :  .3       / 이미 열거된 하위주제
         도감              :  -025     / 보조기호 (from 표준구분표)
              ∴ 498 + 00 + 25 = 498.0025  (not 498.25 or 498.025)
                     조류백과사전 : 498.003
                한국야생조류보호협회 : 498.006
```

위와 같은 조합공식에 따라, 『배와 항해의 역사』는 다음과 같이 분류할 수 있습니다.

```
559    기타 공학  Other engineerings
  .4     항해공학과 선박조종술
  .41    조선공학
  .42    조선술
  .43    조선소
  .49    항해술
```

```
   항해공학과 선박조종술   : 559.4     / 주분류기호
     조선공학             :  .41      / 이미 열거된 하위주제
     항해술               :  .49      / 이미 열거된 하위주제
   역사                   :  -09      / 보조기호 (from 표준구분표)
           ∴ 559.4 + 0 + 9 = 559.409  (not 559.49)
```

또 다른 사례로『아동보호시설편람』이라는 자료를 분류한다고 가정해보겠습니다. 이 자료의 주제는 '아동보호시설'이며 형식은 '편람'입니다. 본표에서 아동보호시설 주제는 338.53으로 표준구분표의 보조기호를 부가하라는 직접적인 지시가 없을뿐더러 하위주제도 전개되어 있지 않습니다.

```
338    사회복지  Social welfare
  .5     아동·청소년 복지
  .51    소년·소녀 가장에 대한 지원
  .52    보육시설
  .53    아동보호시설
  .54    입양·양자
  .6     노인복지사업
```

하위주제가 전개되어 있지 않은 주제에서 표준구분할 경우에도 반드시 '0'을 첨가해야 합니다.

```
아동보호시설              : 338.53    / 주분류기호
편람                      :     -021  / 보조기호 (from 표준구분표)
    ∴ 338.53 + 0 + 21 = 338.53021   (not 338.5321)
아동보호시설관계법규 : 338.53023
아동보호시설주소록   : 338.5306
```

이렇듯 본표에 직접적인 전개지시가 없더라도 분류사서의 재량으로 부가할 수 있는 조기표는 원칙적으로 표준구분표 한 가지 뿐입니다. 그러나 전술하였듯이 표준구분표의 -091-098은 "지역구분표에 따라 세분한다"고 지시하고 있기 때문에, 결과적으로 전주제에서 표준구분표뿐만 아니라 지역구분표의 보조기호도 사용할 수 있음을 알 수 있습니다.

'맨체스터'라는 지역에 한정하여 '축구'라는 주제를 다룬 『맨체스터 유나이티드』라는 자료를 분류해보겠습니다. 본표와 지역구분표에는 해당 주제와 해당 지역이 다음과 같이 각각 열거되어 있습니다.

```
695    구기  Ball games
   .2   배구
   .4   축구
   .42  럭비
   .46  미식축구(아메리칸 풋볼)
   .5   테니스(정구)

-2    유럽 Europe
-24   영국, 아일랜드 United Kingdom of Great Britain, Ireland
-242  잉글랜드 북부 North County of England
-2425 랭커셔 Lancashire
         랭카스터(Lancaster), 맨체스터(Manchester), 리버풀(Liverpool)
```

695.4에는 하위주제만 열거되어 있을 뿐, 조기표를 사용하라는 지시는 없습니다. 그러나 직접적인 지시가 없더라도 본표에 열거된 모든 주제의 주분류기호에서는 표준구분표의 형식보조기호를 사용할 수 있으며 또한 표준구분표의 -09를 수반함으로써 간접적으로 지역구분표의 모든 지역보조기호를 사용할 수 있습니다.

```
   축구                    : 695.4     / 주분류기호
    럭비                   : .42       / 이미 열거된 하위주제
    미식축구(아메리칸 풋볼) : .46       / 이미 열거된 하위주제
   지역                    : -091      / 보조기호 (from 표준구분표)
                              ~
                            -097
    맨체스터                :   -2425  / 보조기호 (from 지역구분표)
  ∴ 695.4 + 0 + 9 + 2425 = 695.4092425
        FC 바르셀로나 : 695.409271
        부산 아이파크 : 695.4091189
```

한편, 본표에 조기표를 사용하라는 직접적인 지시가 있을 때에는 간접적인 전개근거가 있거나 아무런 근거가 없는 경우보다 우선하여 분류해야 합니다. 예를 들어『미국상속법』이라는 자료를 분류하기 위해 구체적인 주제인 '365.6'에 표준구분 -09와 지역구분 -42를 첨가하여 365.60942로 조합할 수 있겠으나, 365.01-.07의 '각국 민법'에서 지역구분 세분 및 본표 내의 분류기호 조합을 직접적으로 지시하고 있으므로 이에 따라 '365.04206'으로 분류합니다.

```
365     민법 Civil law
            한국민법 및 민법 일반을 여기에 분류한다.
            사법 일반, 보통법(common law) 등을 포함한다.
            365.001-.009는 표준구분에 따라 세분한다.
   .01-.07 각국 민법
            지역구분에 따라 세분한다. 예: 독일 민법 365.025
            별법: 도서관에 따라 0을 부가한 후 365.1-.9와 같이 세분할 수 있다. 예: 중국가족법
               365.01205

365.4   채권법
   .5     가족법
   .6     상속법
   .64      재산상속
```

```
    각국 민법              : 365.01            / 주분류기호
                              ~
                            .07
    예: 독일 민법           365.025          / = 365.0 + 25(from 지역구분표)
        미국              :   42            / 지역구분표
∴ 미국 민법    = 365.0 + 42 = 365.042
        민법의 종류         :  365.1-.9        / 세분지시 (민법)
        상속법            :  365.6           / 본표
        ∴  365.042 + 0 + 6 = 365.04206      / 미국상속법
```

분류연습

배구용어사전	: 695.2+03	=
정형외과 진료 편람	:	=
일본 동북지방 대지진	: 451.32+09+1321	=
핀란드의 중등교육	:	=

4) 본표 내의 분류기호의 조합

분류기호의 조합은 반드시 '주분류기호+보조기호'의 공식으로만 이루어지는 것은 아니며, 주분류기호에서 하위주제 등으로 세분할 필요가 있을 경우에 다른 분류기호를 참조하여 '주분류기호+주분류기호' 또는 '주분류기호+주분류기호의 일부 기호'를 조합하도록 하는 경우도 있습니다.

첫째, 주분류기호에 본표상의 주분류기호를 첨가하는 경우입니다. 『간호사 노동조합』이라는 주제의 자료를 분류한다고 가정해보겠습니다. 산업별 노동조합은 다음과 같이 321.571에 분류할 수 있습니다.

```
321    경제각론
  .5    노동경제
  .57   노동조합
  .571  산업별 노동조합
        001-999와 같이 주제구분한다. 예: 철도노동조합 321.571535
```

"001-999와 같이 주제구분한다"라는 전개지시와 그것의 예시를 잘 살펴봅시다. 예시된

'321.571535'은 철도노동조합을 나타내는 분류기호로, 기본기호 '321.571' 다음에 '535'가 첨가된 것임을 짐작할 수 있습니다. 이 '535'의 출처는 어디일까요? "001-999와 같이 주제구분한다" 라는 지시는 본표상의 모든 분류기호를 갖고 와서 기본기호에 첨가하라는 의미입니다. 즉, KDC 본표에서 철도공학을 나타내는 '535'라는 분류기호를 노동조합을 뜻하는 '321.571' 다음에 첨가한 것입니다. 같은 방법으로, KDC 본표에서 간호학은 '512.8'이므로 이것을 '321.571' 다음에 첨가하면 '321.5715128'이 됩니다. 참고로 KDC 분류기호에서 소수점은 한번만 사용되므로 두 번째 소수점은 생략합니다. 또한 『전국화학노동조합』을 분류하기 위해 KDC 본표에서 화학공학인 '570'을 첨가할 때에는 마지막의 '0'을 생략하여 '321.57157'이 되는데, 이는 분류기호의 소수점 아랫자리는-수학의 소수법처럼-'0'으로 끝나지 않기 때문입니다.

성서 속의 식물들 : 233.088+480 = 233.08848
임을 위한 행진곡 : 673.66+911.0745 = 673.669110745

둘째, 주분류기호에 본표에 열거된 다른 주분류기호의 일부 기호를 첨가하는 경우입니다. 『생명보험배당』이란 자료를 분류하기 위해서는 다음과 같이 다른 주분류기호의 일부 기호를 조합해야 합니다.

    328   보험 Insurance
      .1   보험이론 및 실무
      .11 보험정책 및 행정
      .12 보험료 배당
      .13 보험가입약관
           집단가입, 집단보험 일반 등을 포함한다.
      .14 보험수리 [전 보험경리]
      .16 보험회사
      .3   생명보험
      .31 이론 및 실무
           328.311-.316은 328.11-.16과 같이 세분한다. 예: 집단생명보험 328.313
      .33 질병보험
      .34 상해보험
      .35 노령보험

즉, "328.311-.316은 328.11-.16과 같이 세분한다" 라는 지시주는 기본기호 '328.31'에 '328.1' 다음의 기호를 첨가한다는 의미로 해석하면 됩니다.

생명보험　　　　　　　　: 328.3
보험료 배당　　　　　　: 328.12
생명보험배당　　　　　　: 328.31+(318.1)2　　　　= 328.312

생명보험	: 328.3	/ *주분류기호*
	: 328.311-.316	/ *세분지시*
보험료 배당	: 328.12	/ *타분류기호*
∴ 생명보험배당	= 328.31 + 2 = 328.312	

따로 설명하지 않더라도 왜 '328.312'로 조합되었는지 이해할 수 있겠지요?

2010년에 개봉한 영화 『인셉션』은 꿈속에서 다시 꿈을 꾸고 그 꿈속에서 다시 꿈을 꾼다는 다단계 꿈의 설정으로 많은 화제를 모았는데요. 극히 드문 사례이긴 하나 분류기호도 다단계(?)로 조합되는 경우가 있답니다. 가령 『박테리아에 의한 종자식물의 질병』이란 자료를 분류하기 위해서는 다음과 같이 두 번의 조합이 필요합니다.

```
485     현화식물, 종자식물  Spermatophyta, Seed-bearing plants
   .01-.03  종자식물 생리학, 병리학 및 성숙
            481.1-.3과 같이 세분한다. 예: 종자식물의 성장과정 485.0136

481     일반 식물학
   .1   식물생리학  Physiology of plant
   .2   식물병리학  Plant pathology
   .21  병리생리학  Pathological physiology
   .22  병리해부학 및 병리형태학  Pathological anatomy and Morphology
   .23-.24  질병
            472.23-.24와 같이 세분한다. 예: 기생동물에 의한 병 481.233
   .3   식물의 성숙  Plant maturation
```

472 생물학 Biology
.1 생물생리학 Biophysiology
.2 병리학 Pathology
.21 병리생리학 Pathological physiology
.22 병리해부학 및 병리형태학 Pathological anatomy and Morphology
.23 생명체에 의한 질병
.232 기생식물에 의한 질병
.2322 세균성질병 Bacterial diseases
.2326 균성질병 Fungal diseases
.233 기생동물에 의한 질병 Parasitic diseases
.234 바이러스·리케차에 의한 질병
.24 물리·화학적 요인에 의한 질병
　　　날씨, 방사선, 오염 등에 의한 질병을 포함한다.
.29 면역 Immunity

```
종자식물             : 485              / 주분류기호
                    : 485.01-.03       / 세분지시
식물병리학           : 481.2            / 타분류기호 (식물학)
  ∴ 종자식물의 질병 = 485.02
식물의 질병          : 481.23-.24       / 세분지시 (생물학)
병리학               : 472.2            / 타분류기호
  생명체에 의한 질병 : 472.23
  생물의 세균성질병  : 472.2322
  ∴ 식물의 세균성질병 = 481.2322
  ∴ 종자식물의 세균성질병 = 485.0 + 2 + 322 = 485.02322
```

🗂 분류연습

한국민족심리학	: 182.67+710	=
현대자동차노동조합	:	=
초등학교 운동회	: 375.2+372.36	=
충수절제수술	:	=
한의산부인과	:	=
유기농법 채소재배	:	=
고대의 곤충류	:	=
공군신병훈련	:	=

5.3 문학자료는 어떻게 분류하는가

문학은 도서관 장서에서 가장 많은 비중을 차지하는 주제입니다. KDC의 10개 주류별로 국내 도서관의 주제별 소장자료를 분석하면 공공도서관의 경우 문학(800) 분야의 자료는 전체 장서의 40.3%로 나타나며,129) 대학도서관에서는 4년제 대학은 사회과학(20.8%), 문학(14.3%), 기술과학(13.22%) 등의 순으로, 전문대학은 문학(18.6%), 사회과학(18.5%), 기술과학(16.4%) 등의 순으로 나타납니다.130) 그만큼 다른 주제보다 문학 분야의 자료를 분류할 기회가 훨씬 많음을 의미합니다.

KDC는 기본적으로 열거식분류표이지만 문학 주제의 분류방법은 분석합성식분류 원리에 가깝습니다. 문학은 다른 주류와는 달리 주제로 분류하는 것이 아니라 언어131)로 분류하고 형식으로 세분하기 때문입니다. 여기서 언어라 함은 본문에 기술된 문자가 아니라 원작에 기술된 문자를 기준으로 합니다. KDC에서 문학류의 분류는 대체로 다음과 같은 공식에 따라 기호를 조합하게 됩니다.

8 + 언어(language) + 문학형식(literary form) + 시대구분(period) + 하위형식(specific kinds)

위 공식에 따라 문학자료의 분류 유형은 다음과 같이 나눌 수 있습니다.

- 문학일반, 복수 언어(세계문학)
- 단일 언어 + 표준구분
- 단일 언어 + 문학형식 (+ 표준구분)
- 단일 언어 + 문학형식 + 시대구분
- 단일 언어 + 문학형식 + 시대구분 + 하위형식

---

129) 국가도서관통계시스템. https://www.libsta.go.kr
130) 학술정보통계시스템. http://www.rinfo.kr
131) 원작의 언어로 분류한다는 원칙에 따라 다른 언어를 사용하는 작가들의 공동작업물, 이를테면 정이현과 알랭 드 보통의 『사랑의 기초』나 공지영과 츠지 히토나리의 『사랑 후에 오는 것들』은 서로 다른 언어의 문학으로 분류될 수밖에 없습니다.

1) 문학일반, 복수 언어(세계문학)

```
복수 언어
           +    문학형식    +    시대구분
단일 언어
```

개별 문학작품이 아닌 학문으로서의 문학을 취급한 자료는 80X 아래에 분류하며, 필요에 따라 표준구분합니다. 여러 개의 언어로 이루어진 문학작품집은 언어가 2개일 경우에는 강조된 분야 또는 분량이 많은 언어의 문학으로 분류하거나, 분량이 비슷한 때에는 선행규칙을 적용하여 분류표상에 선행하는 언어의 문학으로 분류합니다. 언어가 3개 이상인 세계문학전집 등이나 세계문학사, 세계문학평론은 각각 808과 809 아래에 분류합니다.

```
801 문학이론
802 문장작법
803 사전
805 연속간행물
806 학회, 단체, 기관, 회의
807 지도법 및 연구법, 교육, 교육자료
808 전집, 총서
  .9    특수분야의 문학전집 (여성문학, 해양문학, 전쟁문학, 추리문학 등)
  .91     아동문학
809 문학사, 평론
```

세계문학전집	: 808
세계여성문학전집	: 808.9
세계아동문학전집	: 808.91
세계문학사	: 809
19세기 세계문학사	: 809.05

808과 809는 한 가지 문학형식만 취급되었을 경우 문학형식구분표에 따라 세분할 수 있습니다.[132]

---

[132] 809의 표목이 '문학사(文學史), 평론'임을 근거로 800 문학 내의 모든 주제에서는 표준구분표의 -09를 '역사 및 지역구분'뿐만 아니라 해당 문학의 '평론'을 분류하기 위한 목적으로도 사용할 수 있습니다.

세계소설평론	: 809+3	= 809.3 / *세계소설사와 동일*
한국문학비평론	: 810.9	= 810.9 / *한국문학사와 동일*
영미시문학평론	: 841.09	= 841.09 / *영미시문학사와 동일*

세계문학전집	: 808	/ 소설, 시, 희곡 등 다양한 작품을 수록한 전집	
세계희곡전집	: 808+2	= 808.2	
세계소설전집	: 808+3	= 808.3	
세계소설사	: 809+3	= 809.3	

2) 단일 언어

주로 한 가지 언어로만 이루어진 문학 주제의 자료로서 문학연구서일 경우에는 해당 국가의 언어에, 문학작품일 경우에는 원작의 언어에 따라 아래와 같이 해당 강목에 일차적으로 배정합니다. 원작에 기술된 문자에 따르며 작가의 국적이나 거주지의 국가문학에 분류하지 않도록 유의해야 합니다.

```
810 한국문학
820 중국문학
830 일본문학 및 기타 아시아문학
840 영미문학
850 독일문학
860 프랑스문학
870 스페인문학 및 포르투갈문학
880 이탈리아문학
890 기타 제문학
```

빨강머리 앤 / 루시 M. 몽고메리	: 843.5	/ *캐나다 작가의 영어소설*
매달린 집 / 미셸 트랑블레	: 862	/ *캐나다 작가의 프랑스어희곡*
남아 있는 나날 / 가즈오 이시구로	: 843.5	/ *일본인 작가의 영어소설*
Please Look After Mom / Kyung-Sook Shin	: 813.7	/ *한국작가의 영어소설(원작: 한국어)*

◆ ◆ ◆

여기서 잠깐, KOLIS-NET[133])을 통해 이미륵의 『압록강은 흐른다』가 국내 도서관에서 어떻게 분류되었는지 살펴보겠습니다. 본래 이 소설은 1946년에 『Der Yalu fließt』란 원표제로 독일에서 독일어로 발간되었다가 나중에 『압록강은 흐른다』란 번역표제로 한국에서 한국어로 발간되었기 때문에 원작의 언어인 독일문학(85X)으로 분류해야 함에도 불구하고, 상당수의 도서관에서 본문에 기술된 언어인 한국문학(81X)으

---

133) http://www.nl.go.kr/kolisnet/

로 오분류하였음을 목도할 수 있습니다.

그렇다면 1995년에 『Native Speaker』란 원표제로 미국에서 영어로 발간된 후 2003년에 『영원한 이방인』으로 번역된 이창래의 저작은 어떨까요? 대부분의 도서관에서 영미문학(84X)으로 분류하였으나 일부 도서관은—책임표시사항의 '옮김'이라는 저작역할어를 간과했는지—본문에 기술된 언어인 한국문학(81X)으로 분류하는 우를 범했습니다.

KDC에 사용된 '한국문학', '중국문학', '영미문학', '독일문학', '스페인문학'과 같은 분류명사가 '국명+문학'의 합성어이기 때문에 이것을 작가의 출생지나 거주지로 오인하기 십상입니다만, 한국인이라고 반드시 한국어로 문학작품을 써야한다는 법은 없습니다. 문학자료의 분류에서 제일 중요한 건 언어입니다. 그 원칙에 따라 브라질 작가 조제 마우루 지 바스콘셀루스의 『나의 라임오렌지나무』는 포르투갈문학, 아르헨티나 작가 호르헤 루이스 보르헤스의 『바벨의 도서관』은 스페인문학으로 분류됩니다. 따라서 분류명사를 '한국어문학', '중국어문학', '영어문학', '독일어문학', '스페인어문학'과 같이 '언어+문학'의 합성어로 외워두면 혼동이 줄어들 것입니다.

① 단일 언어 + 표준구분

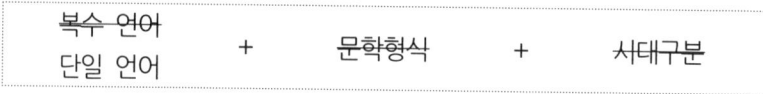

대상자료가 한국문학이라고 가정하고, 세 가지 이상의 문학형식을 취급하고 있는 경우에는 810 아래에 분류하며 필요에 따라 표준구분합니다.

```
810 한국문학
    .8 전집, 총서
    .81 개인전집
    .82 2인 이상의 전집, 총서
    .9 문학사, 평론
    .906 20세기, 1910-1999
    .91-.99 지방문학사
            방언문학을 포함한다.
            지역구분표 111-1199와 같이 세분한다. 예: 호남문학사 810.99
```

한국문학사전	: 810+3	= 810.3
창작과 비평	: 810+5	= 810.5
한국문학전집	: 810.82	/ 소설, 시, 희곡 등 다양한 작품을 수록한 전집
李箱 全集	: 810.81	/ 시와 소설을 남긴 이상의 작품집
한국문학통사	: 810.9	

② 단일 언어 + 문학형식 (+표준구분)

| 복수 언어
단일 언어 | + | 문학형식 | + | 시대구분 |

한 종류의 문학형식일 경우에는 8X1-8X8 아래에 분류하며, 필요에 따라 표준구분합니다. 두 종류의 문학형식으로 이루어진 작품집일 때에는 강조된 분야 또는 분량이 많은 문학형식으로 분류하거나, 분량이 비슷한 경우에는 선행규칙을 적용하여 문학형식구분표상에 선행하는 시(8X1), 희곡(8X2), 소설(8X3), 수필(8X4) 등의 순으로 우선순위를 두어 분류합니다. 세 종류 이상의 문학형식으로 이루어진 작품집은 문학형식들을 포섭하는 8X0 아래에 분류합니다.

```
810 한국문학
811 시
812 희곡
813 소설
814 수필
815 연설, 웅변
816 일기, 서간, 기행
817 풍자
818 르포르타주 및 기타
```

한국 희곡의 미학	: 812
한국시나리오선집	: 812.64
한국 소설의 이해와 감상	: 813

단, 표준구분할 때에는 하위 주제에 시대구분이 이미 열거되어 있으므로 반드시 0을 첨가해야 합니다.

월간 시문학	: 811+05	= 811.05	
한국희곡전집	: 812+08	= 812.08	
한국희곡사연표	: 812+09	= 812.09	≠ 812.025

③ 단일 언어 + 문학형식 + 시대구분

```
복수 언어
         + 문학형식 + 시대구분
단일 언어
```

특정 시기에 발표된 작품이라면 해당 문학형식에서 시대구분합니다. 다만 모든 강목을 시대구분할 수 있는 것은 아닙니다. 가령 한국문학(810)에서는 시(811), 희곡(812), 소설(813), 수필(814), 일기/서간/기행(816)만 가능하며, 다른 문학형식은 시대구분이 불가능합니다.

예컨대 한국문학 아래에는 다음과 같이 열거되어 있습니다. 단, 동화일 경우에는 시대구분 하지 않고 813.8에 군집합니다.

```
810   한국문학(韓國文學) Korean literature
        .9 문학사, 평론
        .903 삼국시대
        .904 고려시대
        .905 조선시대
        .906 20세기 1910-1999
        .9061 1910-1945
        .9062 1945-1999
        .907 21세기 2000-
813   소설 Fiction
        .4 고려시대
        .5 조선시대
        .6 20세기, 1910-1999
        .61 1910-1945
        .62 1945-1999
        .7 21세기, 2000-
        .8 동화
814   수필 Essay
        814.3-.7은 810.903-.907과 같이 세분한다.  예: 20세기수필 814.6
815   연설, 웅변 Oratory
        담화, 연설, 축사, 조사, 대화집, 낭송 등을 포함한다.
816   일기, 서간(書簡), 기행(紀行) Diaries, letters, travels
        816.3-.7은 810.903-.907과 같이 세분한다.  예: 조선시대의 일기 816.5
817   풍자 및 유머 Satire and humor
        만담, 만담연설 → 689.1
818   르포르타주 및 기타 Reportage and miscellany
        인용구, 경구, 표어, 일화집, 회상록, 수기, 콩트 등으로 문학적인 잡저는 여기에 분류한다.
              구비문학(口碑文學) → 388.1
```

홍길동전	: 813.5
소설 동의보감	: 813.6
마당을 나온 암탉	: 813.8

    살아온 기적 살아갈 기적 - 장영희 에세이   : 814.7
    열하일기   : 816.5
    2메가를 어따 써! - 2008 풍자 유머집   : 817   / *817은 시대구분의 근거가 없음*
    의자놀이   : 818   / *818은 시대구분의 근거가 없음*

본표에 시대구분의 근거가 없는 경우에는 임의로 시대구분할 수 없습니다. 예를 들어 21세기 일본수필의 분류기호는 834이며 834.6이 될 수 없습니다.

◆ ◆ ◆

그런데, 시대구분이라는 기준은 개별 작품의 발행연도를 뜻하는 것인지, 작가의 데뷔연도를 뜻하는 것인지 또는 다른 무엇을 뜻하는 것인지 KDC에서는 명확한 지침을 규정하고 있지는 않습니다. DDC의 경우 작가의 작품활동 시기를 뜻하는 문헌적 연대(literary period)로 분류할 것을 규정하고 있지만, 신경숙이나 은희경처럼 20세기와 21세기의 경계에서 활발하게 작품을 발표한 작가들의 경우 작품활동 시기를 명확하게 규정하기 어렵습니다. 다만 DDC에서는 동일 작가의 작품이 서가상에서 분산되는 결과를 방지하기 위해 한 작가에 대해서 하나의 시대구분만을 사용할 것(use only one literary period for an author and all of the author's works)을 권고하고 있습니다. 예를 들어 20세기라는 시대구분이 부여된 작가가 있다고 가정할 경우 21세기에 동일 문학형식의 작품을 발표하더라도 21세기로 시대구분하지 말고 20세기로 시대구분한 기존 분류기호를 부여하라는 의미입니다. DDC의 규정을 준용한다면 20세기의 신경숙 소설에 이미 813.6이라는 분류기호를 부여한 도서관에서는 앞으로 입수될 모든 신경숙의 소설에 동일하게 813.6을 부여해야 한다는 말입니다.134) 그럼에도 불구하고 KDC를 채용한 일부 도서관에서는 포화상태의 813.6과 구별하기 위해 특정 시점-예컨대 제5판으로 개정된 2009년-을 기준으로 그 이후에 발행된 소설은 21세기로 시대구분하고 있기도 합니다. 따라서 문학의 시대구분 방법에 대해서는 도서관마다 일관성 있는 지침, 즉 특별규정을 마련해야 할 것입니다. 장기적으로는 OCLC의 WorldCat Identities[135]처럼 저자에 대한 학구적 합의(scholarly consensus)의 준거가 되는 활동이 필요합니다.

---

134) 만약 813.7을 부여한다면 한 저자의 저작들이 서가상에서 분산되는 결과를 가져옵니다.
135) http://www.worldcat.org/identities/

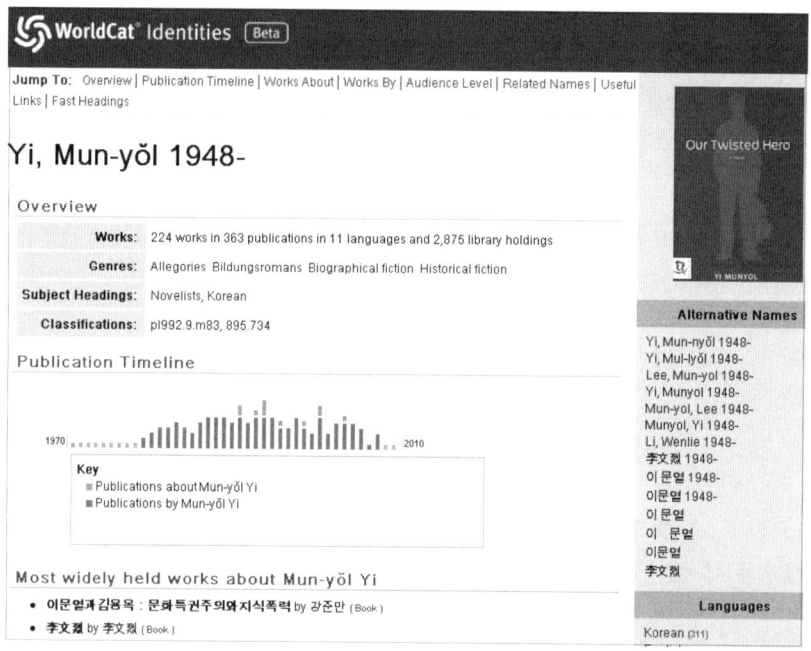

④ 단일 언어 + 문학형식 + 시대구분 + 하위형식

KDC 6에서는 한국소설(813), 중국소설(823), 일본소설(833), 영미소설(843)에서 하위형식을 세분할 수 있습니다. 다만 김성종(추리소설), 스티븐 킹(공포소설), 김탁환(역사소설), 줄리아 퀸(로맨스소설) 등 대다수의 소설가들은 대체로 한 장르의 소설을 전문적으로 쓰기 때문에 분류에 큰 어려움이 없지만, 온다 리쿠처럼 다양한 장르의 소설을 쓰는 작가의 경우 동일 저자의 작품이 분산됨으로써 '같은 저자의 작품을 서가상에 군집한다'는 분류의 원칙이 흔들리게 됩니다. 또한 최근에 발표되는 소설은 무라카미 하루키의 『1Q84』처럼 어느 한 장르로 규정짓기 어려운 것들이 많으므로 이러한 소설의 경우 특정 장르로 분류하기 곤란한 면이 있기도 합니다.

810 한국문학(韓國文學) Korean literature
813 소설 Fiction
  .6 20세기, 1910-1999
    신소설을 포함한다.
    별법: 도서관에 따라 다음과 같이 추가 세분할 수 있다.
      .602 단편소설
      .603 역사, 전기 소설
      .604 정치, 사회 소설 [전 .603]
      .605 로맨스, 연애, 애정소설 [전 .604]
      .607 추리, 탐정, 모험 소설 [전 .605] 괴기, 유령, 공포소설 [전 .606]
      .608 과학(SF), 공상, 판타지 소설 [전 .607]
      .609 기타 소설
  .61 1910-1945
  .62 1945-1999
  .7 21세기, 2000-
    별법: 도서관에 따라 813.6과 같이 세분한다.
  .8 동화
    우화를 포함한다.

820 중국문학(中國文學) Chinese literature
823 소설 Fiction
  .7 현대
    별법: 도서관에 따라 813.6과 같이 추가 세분할 수 있다. 예: 중국현대단편소설 823.702
830 일본문학(日本文學) 및 기타 아시아 제문학(諸文學) Japanese literature and Other Asian literature
833 소설 Fiction
  .6 현대
    별법: 도서관에 따라 813.6과 같이 추가 세분할 수 있다. 예: 일본현대단편소설 833.602
840 영미문학(英美文學) English and American literature
843 소설 Fiction
  .5 20세기
    별법: 도서관에 따라 813.6과 같이 추가 세분할 수 있다. 예: 20세기 영미단편소설 843.502
  .6 21세기
    별법: 도서관에 따라 813.6과 같이 추가 세분할 수 있다. 예: 21세기 영미단편소설 843.602

봄봄 - 김유정 단편집	: 813.602
1930년대 한국 추리소설 연구	: 813.607
미실 / 김별아	: 813.703
소년이 온다 / 한강	: 813.704
나미야 잡화점의 기적 / 히가시노 게이고	: 833.607
마션 / 앤디 위어	: 843.608

단 20세기 한국소설일 경우에는 시대로 세분(813.61~813.62)하든 하위형식으로 세분(813.602~813.608)로 세분하든 어느 한 가지 방법으로 통일할 필요가 있습니다.

지금까지 살펴본 문학자료의 분류를 흐름도로 나타내면 다음과 같습니다.

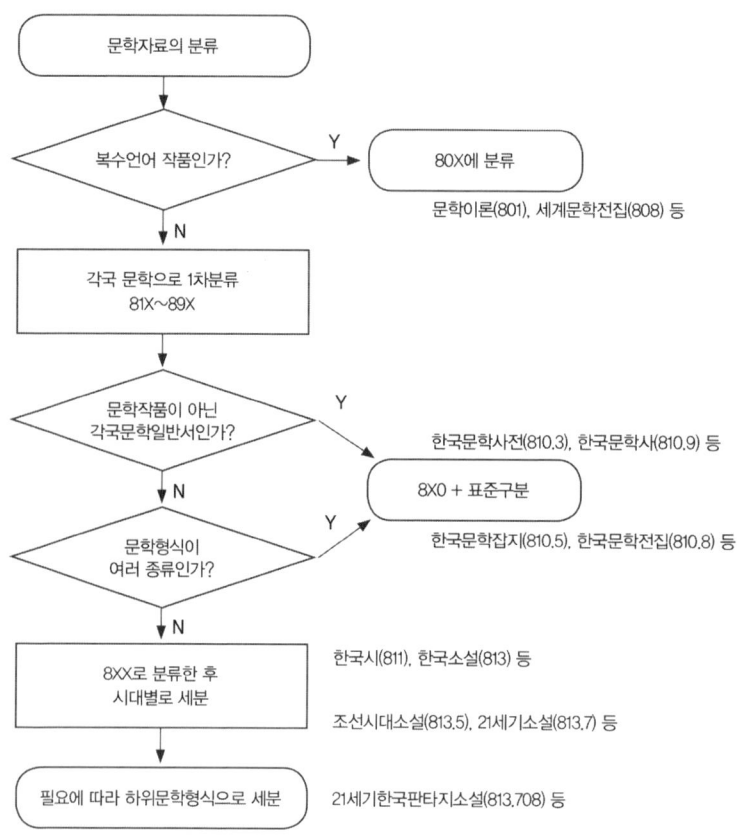

📚 분류연습

냉정과 열정 사이 / 에쿠니 가오리　　　　　：
다빈치 코드 / 댄 브라운　　　　　　　　　：
서부전선 이상없다 / 에리히 마리아 레마르크　：
춘희 / 알렉상드르 뒤마 필스　　　　　　　：
내 이름은 삐삐 롱스타킹 / 아스트리드 린드그렌　：
로미오와 줄리엣 / 윌리엄 셰익스피어　　　：
신곡 / 단테 알리기에리　　　　　　　　　：
어머니께 드리는 편지 / 생텍쥐페리　　　　　　　：

DDC와 NDC를 버린(?) 도서관

　DDC, LCC로 대표되는 현대의 주요 자료분류법들은 본디 공공도서관이 아닌 대학도서관이나 전문도서관에서 전통적인 학문분류를 바탕으로 고안된 것입니다. 그래서 학문적 성과물이 장서의 대부분을 차지하는 대학도서관과 전문도서관의 자료를 분류하는 데에는 적합할지 몰라도 일반 이용자가 공공도서관에서 교양서 읽기를 목적으로 자료를 찾을 때에는 큰 도움이 되지 않는다는 비판을 받곤 합니다.

　기실 현재의 도서관 환경에서는, 목록검색을 건너뛰고 서가에서 직접 책을 찾으려 하는 이용자는 사서들 못지않게 분류법에 통달해야 한다고 해도 과언이 아닙니다. 가령 인간관계에 대한 책을 찾는 이용자는 사회에서의 인간관계(KDC 331.18)인지 조직 내에서의 인간관계(325.3)인지를 개념적으로 구별할 수 있어야 하고, 넬레 노이하우스의 『백설공주에게 죽음을』이라는 소설(853)을 서가에서 직접 찾으려는 이용자는 이 작품의 원작이 독일어임을 알고 있어야 합니다. 자기계발서를 찾는 이용자는 그 책들이 194.2(사교, 처세술), 199.1(인생훈), 325.211(개인적 성공) 등으로 흩어졌음을 미리 알고 있어야 합니다. 그 정도로 자료분류법에 통달한 이용자가 도대체 몇 명이나 될까요? 모르긴 몰라도 아마 대다수의 이용자는 복잡다단한 분류기호 대신 '인간관계', '외국미스터리·추리소설', '자기계발'이라는 익숙한 제목이 붙은 서가에서 그 책들을 찾고 싶어할 것입니다. 오경은과 김기영의 연구[136]에서 밝혔듯이 일반적인 "이용자들은 대형서점의 분류방식이 도서탐색에 더 편리하다고 생각하고" 있으니까요.

　멀리 미국의 일부 공공도서관에서는 이용자들의 요구에 부응하기 위해 서점의 BISAC Subject Headings 등을 응용한 장르 분류(genrefication)를 시도하고 있습니다. 백지원은 "DDC가 브라우징 방식의 검색이 많이 쓰이는 공공도서관의 대중장서에는 적합하지 않은 분류법"이라는 사유로 분류법을 BISAC 주제명으로 변경한 도서관의 사례를 제시하고, 더 이상 DDC를 채용하지 않는다는 의미의 듀이 프리(Dewey free) 분류가 "여가 활동의 일환으로 대중서를 이용하고자 하는 요구가 많은 공공도서관 및 그 이용자에게 적합한 분류법으로 여겨지고" 있는 현상을 소개하였습니다.[137]

　DDC의 대안으로 거론되는 BISAC(Book Industry Standards and Communications)[138] Subject Headings는 출판산업 분야의 분류표준화를 위해 1995년에 제정된 일종의 주제명표입니다. BISAC Subject Headings 2015년판은 다음과 같은 주류로 구성됩니다.

---

136) 오경은, 김기영. 2008. 문헌분류방식에 따른 도서탐색용이성에 관한 연구 : 공공도서관과 대형서점의 분류방식을 중심으로. 정보관리학회지, 25(4) : 25-42.
137) 백지원. 2010. 주제어 기반 분류에 관한 연구 : 미국 공공도서관의 사례를 중심으로. 한국문헌정보학회지, 44(4) : 179-201.
138) http://www.bisg.org

ANTIQUES & COLLECTIBLES	LITERARY COLLECTIONS
ARCHITECTURE	LITERARY CRITICISM
ART	MATHEMATICS
BIBLES	MEDICAL
BIOGRAPHY & AUTOBIOGRAPHY	MUSIC
BODY, MIND & SPIRIT	NATURE
BUSINESS & ECONOMICS	PERFORMING ARTS
COMICS & GRAPHIC NOVELS	PETS
COMPUTERS	PHILOSOPHY
COOKING	PHOTOGRAPHY
CRAFTS & HOBBIES	POETRY
DESIGN	POLITICAL SCIENCE
DRAMA	PSYCHOLOGY
EDUCATION	REFERENCE
FAMILY & RELATIONSHIPS	RELIGION
FICTION	SCIENCE
FOREIGN LANGUAGE STUDY	SELF-HELP
GAMES	SOCIAL SCIENCE
GARDENING	SPORTS & RECREATION
HEALTH & FITNESS	STUDY AIDS
HISTORY	TECHNOLOGY & ENGINEERING
HOUSE & HOME	TRANSPORTATION
HUMOR	TRAVEL
JUVENILE FICTION	TRUE CRIME
JUVENILE NONFICTION	YOUNG ADULT FICTION
LANGUAGE ARTS & DISCIPLINES	YOUNG ADULT NONFICTION
LAW	

BISAC 주제명으로 분류법을 변경한 도서관과 비교하기 위해, DDC로 분류하는 전통적인 도서관의 사례를 먼저 살펴보겠습니다. 가령 New York Public Library에서 『Men explain things to me』를 검색하면 아래와 같이 '305.42'라는 분류기호를 부여하였음을 알 수 있습니다.

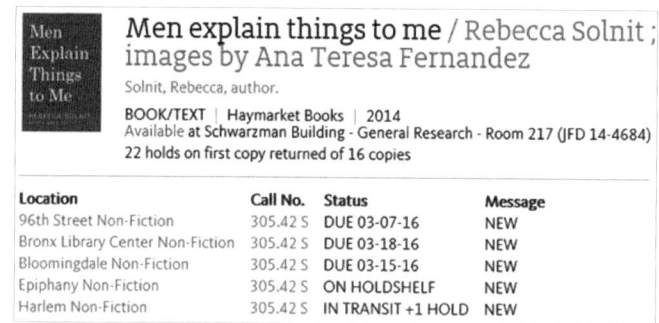

또한 Los Angeles Public Library에서 『Freakonomics』를 검색하면 '330.1915'라는 분류기호를 확인할 수 있습니다.

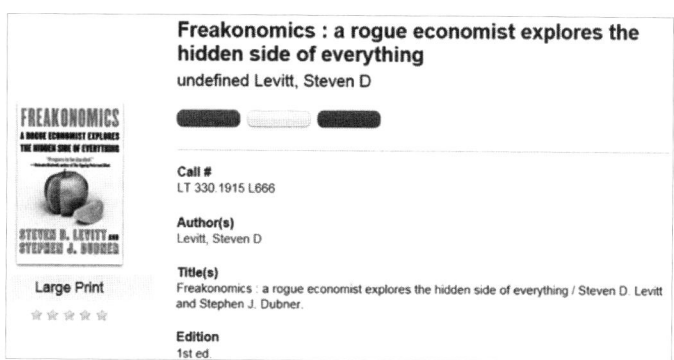

그런데, BISAC 주제명으로 분류한 도서관인 Maricopa County Library District에서 『Men explain things to me』를 검색하면 DDC 분류기호가 아닌 'SOCSCI DISCRIM'이라는 주제명을 청구기호로 사용함을 알 수 있습니다.

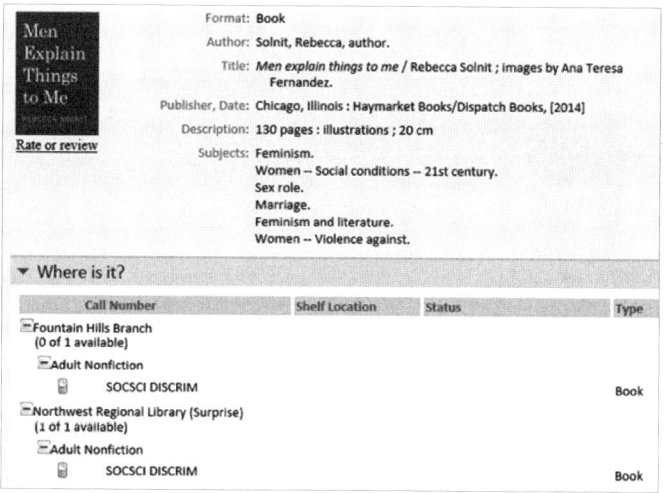

또 다른 도서관인 Rangeview Library District에서 『Freakonomics』을 검색하면 'BUSINESS'라는 주제명으로 분류하였음을 확인할 수 있습니다.

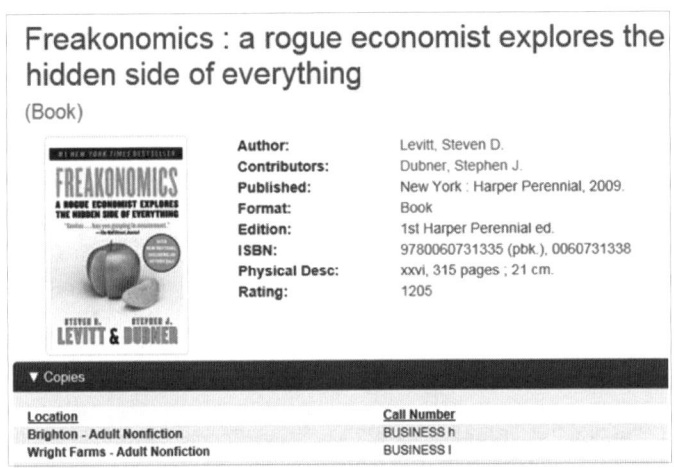

한편, DDC로 분류기호를 부여하되 BISAC 주제명에 따라 배가하는 방식의 하이브리드(?) 분류를 시행하는 도서관도 있습니다. 가령 Darien Library에서 위 2책을 검색하면 아래의 화면처럼 'BODY & SOUL 814.54', 'WORK 330' 등으로 DDC와 BISAC 주제명을 조합한 청구기호가 눈에 띕니다.

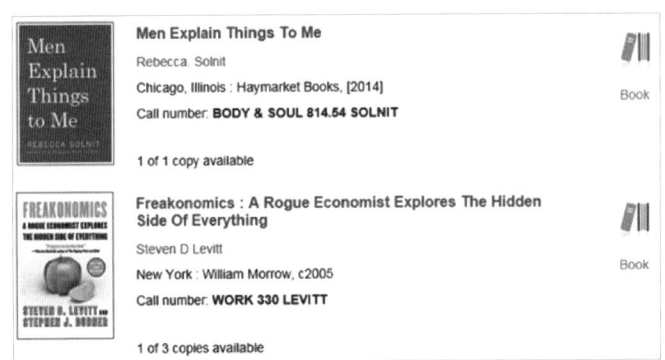

Darien Library에서 1차적으로 'Work', 'Play'와 같은 BISAC 주제명으로 서가에 나누어 배열하고 2차적으로 한 주제명 내에서는 DDC 분류기호의 순에 따라 배열하는데, 이런 방식으로 변경한지 1년 만에 대출책수가 전년대비 47% 늘어났다고 합니다.

학교도서관계에서도 DDC의 대안을 모색하기 위한 움직임이 엿보입니다. 뉴욕 필드스톤학교(Ethical Culture Fieldston School)의 4명의 사서들은 초등학생의 사고, 흥미, 정보요구 및 정보추구행태를 반영한 듀이 프리 분류법을 개발하여 도서관 이용률을 높이는 데 기여했다고 합니다. 'Metis'라 명명한 이 분류법은 십진식분류를 과감히 탈피하고 알파벳 26자를 기호로 사용한 점이 특징입니다.

```
A. Facts/Concepts              N. Languages
B. Machines                    O. Traditions
C. Science                     P. Tales
D. Nature                      Q. Verse
E. Animals                     R. Humor
F. Pets                        S. Mystery
G. MakingStuff                 T. Adventure
H. Arts                        U. Scary
I. Sports                      V. Graphic Novel
J. Ourselves                   W. Memoir
K. Community                   X. Fiction/Picture stories
L. USA (Then & Now)            Y. Beginning fiction
M. Countries (Then & Now)      Z. Middle level fiction
```

이외에도 Maricopa County Library District의 'ShelfLogic', Rangeview Library District의 'WordThink Classification System', St. Vrain Valley School District의 'Buchter Classification System' 등의 대안적 분류법이 시도되고 있습니다.

이처럼 전통적인 자료분류법을 폐기(?)하고 새로운 분류를 적극 도입하는 현상은 미국뿐만 아니라 이웃 나라인 일본에서도 목도됩니다. 대표적인 곳이 2013년부터 컬처컨비니언스클럽(CCC)이라는 회사가 위탁 운영하여 도서관계에 센세이션을 일으켰던 다케오시립도서관(武雄市図書館)입니다. 이 도서관은 츠타야서점의 '22종 분류법'을 응용하여 18만 권의 기존 장서를 재분류하였습니다.

```
01 PC                  12 자연과학
02 코믹스              13 사회
03 디자인·예술         14 인문
04 비즈니스            15 정치·국제
05 의료·간호복지       16 생활·취미실용
06 기술                17 문학·문예서
07 교육                18 법률
08 경제                19 여행
09 건축                20 요리
10 어학·참고서         21 역사·향토
11 산업                22 아동서
```

CCC의 대표 마스다 무네아키는 『지적자본론』이란 저서를 통해 일본십진분류법(NDC)을 과감히 포기한 이유를 다음과 같이 설명합니다.

"일본의 도서관은 장서를 '일본십진분류법'(日本十進分類法)에 기준하여 관리하고 있다. 예를 들면, '2'는 역사, '7'은 예술이라는 식으로 숫자를 이용해 분류한 다음, 역사 중에서도 일본 역사엔 '1'을 붙여 '21', 예술 중에서 회화와 서예는 '72', 더 나아가 홋카이도의 역사는 '211', 서양화라면 '723'이라는 식

으로 2차 구분, 3차 구분으로 가지를 뻗어 나간다. 수많은 서적을 하나의 법칙을 바탕으로 체계화하기 위해 이런 분류 방법을 도입한 열의에는 감탄하지 않을 수 없다. 대학도서관의 92퍼센트, 공공도서관의 무려 99퍼센트가 이 방법을 채용하고 있다는 통계를 보아도 이것에 대한 도서관 관계자들의 깊은 신뢰를 충분히 유추해 볼 수 있다. 단, 이 도서분류법이 최초로 발표된 때는 1928년이다. 따라서 현대 사회의 라이프스타일과는 동떨어진 부분도 나타나기 시작했다. 예를 들어, 원예 관련 서적은 1차 구분으로 말하면 '산업' 항목에, 낚시 관련 서적이라면 '예술·미술' 항목으로 분류된다. 주택의 베란다에서 원예를 즐기는 주부들 중에 자신의 행동을 산업 활동의 일환이라고 생각하는 사람은 많지 않을 것이고, 휴일에 그런 아내를 집에 남겨 두고 낚시를 가는 남성들 중에서 자신이 예술 활동을 하고 있다고 자각하고 있는 사람 역시 매우 드물 것이다. 이 분류법을 그대로 지켜 나가는 것이 과연 도서관 이용자들의 가치 증대에 기여할 수 있을까."

한국의 KDC나 일본의 NDC는 주지하다시피 미국의 DDC를 모태로 한 분류법입니다. '19세기 후반'이라는 시기에, '미국'이라는 나라에서, '대학도서관'을 위해 고안된 자료분류법이 '21세기' '동양'의 '공공도서관' 환경에 적합할 리 만무합니다. DDC 초판이 나온 1876년은 미국에서 남북전쟁이 종료된 지 얼마 지나지 않은 시점이었으며 우리나라에서는 강화도조약이 체결된 해(고종 13년)였습니다. 강산이 변해도 수십 번은 변했을 세월이 흘렀지요.

앞에서 살펴본 바와 같이 DDC의 고향인 미국에서조차 공공도서관과 학교도서관을 중심으로 전통적 분류법의 효용성에 대한 의구심을 갖기 시작했습니다. 그 대안으로 도입한 새로운 분류법이 과연 최선의 선택일지 서둘러 판단하기는 어렵더라도, 이용자의 불편을 초래한다고 여겨지는 기존의 방법을 고집하지 않고 이를 개선하고자 새로운 방법을 모색하고 적극 실천했다는 점은 긍정적으로 평가해야 할 것입니다.

노지현은 "해리포터 시리즈를 '영미문학'에서, 인어공주를 '덴마크 문학'에서 찾아야" 하는 현실에 대해 "공공도서관을 찾는 이용자의 입장에서 자료를 이용하기 위한 접근 경로로 과연 적절한지…… 근본적인 의문이 든다"면서, "분류업무에서 보다 우선적으로 고려해야 할 사항은 바로 '이용자'와 그들의 직접적인 '요구사항'"임에도 불구하고 "엄격한 분류규정의 준수만을 강조하다보니, 우리의 분류업무에서 정작 중요한 가치를 추구하려는 노력은 실종되고 형식에만 매달리는 악순환이 반복"되고 있음을 지적하였습니다.[139] 혹 '신주단지 모시듯' 전통적 분류법을 고수하려는 틀에 박힌 생각이 이용자를 뒷전으로 둔 우리 스스로의 아집에서 비롯된 것은 아닌지, 지난 세기의 박제화된 지식이 낳은 고정관념에 불과한 것은 아닌지 근원에서부터 고민해볼 필요가 있지 않을까요?

---

139) 노지현. 2010. 장르 분류의 사례를 통해 본 도서관 분류의 의미 : 북미 공공도서관을 중심으로. 한국도서관·정보학회지, 41(4) : 151-170.

6
청구기호 익히기

1) 청구기호의 개념과 기능

청구기호(請求記號; call number)란 각각의 도서관 장서를 식별하고 그것의 배가위치를 표시해주기 위해 부여하는 기호의 집합을 뜻합니다. 청구기호라는 용어 자체는 과거 폐가제 환경에서 목록을 검색해 자신이 원하는 자료가 소장되어 있음을 확인한 이용자가 서고에 배가된 그 자료를 사서에게 청구(call)하여 열람한 데서 유래한 것으로 추정됩니다.

그러나 오늘날 청구기호는 대출보다는 장서관리의 필수적 요소로 사용되고 있습니다. 도서관에서 각각의 자료는 유일한(unique) 청구기호를 가지는데, 이것은 서가상에서 그 자료가 어디에 위치하는가를 나타내주므로 일종의 주소지(address)와 같은 역할 즉, 목록에서 소재지시기능을 수행하는 요소입니다.

도서관자료가 갖는 또 다른 유일한 기호는 등록번호(accession number)이나, 이것은 말 그대로 도서관에 등록된 순서대로 부여하는 일련번호입니다. 이에 반해 청구기호에는 분류기호가 포함되어 있습니다. 따라서 등록번호로는 그 자료의 입수시기를 파악할 수 있지만, 청구기호로는 그 자료의 주제를 파악할 수 있으므로 서가상의 배가위치도 알 수 있게 됩니다.

청구기호가 갖추어야 할 요건은 배열성과 상호배타성을 들 수 있습니다. 배열성이란 효율적인 배가를 위한 서수적 가치를 가져야 한다는 것이며, 개별성이란 다른 자료와 식별될 수 있는 고유한 특징을 가져야 한다는 의미입니다. 분류기호만으로는 단지 소재지시기호로서의 배열성만 충족시키므로, 이를 개별화하기 위한 수단으로 도서기호를 부가하게 된 것이지요.

등록번호와 청구기호를 다시 한번 정리하면, 등록번호는 도서관자료를 하나의 재산으로 관리하기 위하여 자료마다 순서대로 부여하는 일련번호로서 사람으로 치면 주민등록번호에 해당합니다. 이용자는 표지(cover)의 앞면이나 뒷면에 부착된 바코드 레이블을 통해 그 자료의 등록번호를 확인할 수 있습니다.

청구기호는 도서관자료를 서가에 배열하기 위하여 부여하는 기호로서 사람으로 치면 주소에 해당합니다. 단, 사람은 한 가족이 같은 주소를 사용하지만 도서관자료는 1인 1가구로 취급하여 모든 자료는 서로 다른 청구기호를 가져야 합니다. 다시 말해, 한 도서관에서 자료별로 부여하는 청구기호는 원칙적으로 중복되지 않아야 합니다. 물론 청구기호가 중복된다고 해서 당장 큰일(?)이 나는 건 아닙니다. 예를 들어 A, B, C 라는 3책이 동일한 청구기호를 가질 경우 어느 날에는 A,B,C의 순으로, 다음 날에는 B, C, A의 순으로 배열한다고 해서 크게 불편하지는 않겠지요. 그런데 만약 100책 모두 동일한 청구기호를 갖게 된다면, 극단적인 가정이겠지만, 매우 혼란스러울 겁니다. 한번 예외를 인정하기 시작하면 걷잡을 수 없이 확산될 수 있기 때문에 '원칙적'으로 청구기호는 중복되게 만들지 말라는 의미입니다. 이를 위해 대부분의 도서관 자동화 프로그램에는 목록을 입력·저장할 때 청구기호 중복여부를 자동으로 검사하는 기능이 있습니다.

2) 청구기호의 구성요소

청구기호는 일반적으로 별치기호, 분류기호, 도서기호, 부차적 기호의 4가지 요소로 구성됩니다. 별치기호와 부차적 기호는 해당하는 자료에만 부여하는 기호이기 때문에 실제로 청구기호라 함은 분류기호와 도서기호의 집합을 지칭합니다. 다시 말해 분류기호와 도서기호는 청구기호를 구성하기 위한 최소 단위이며, 기타 기호는 자료의 성격에 따라 부가되는 기호입니다.

① 별치기호(location symbol) : 소재기호라고도 하며 자료의 성격이나 형태, 이용목적을 고려하여 별도의 서고에 배가할 경우 그 장소를 기호로 표현하는 것을 말합니다.

② 분류기호(class number) : 자료분류표에 근거하여 분류업무를 통해 자료의 주제를 기호로 변환한 것을 말합니다. 분류기호는 청구기호의 핵심을 이루는 요소입니다.

③ 도서기호(book number) : 동일한 주제의 자료는 동일한 분류기호를 부여할 수밖에 없습니다. 도서기호는 동일한 분류번호를 가진 자료를 서로 식별하기 위한 즉, 주제별로 군집된 자료를 개별화시킴으로써 한 도서관 내에서 동일한 청구기호를 가지는 자료가 없도록 해주는

분류의 보완책입니다. 어떤 기준으로 개별화하느냐에 따라 수입순기호법, 연대순기호법, 저자기호법으로 나눌 수 있으며, 저자기호법은 다시 아래 그림과 같이 세분할 수 있습니다.

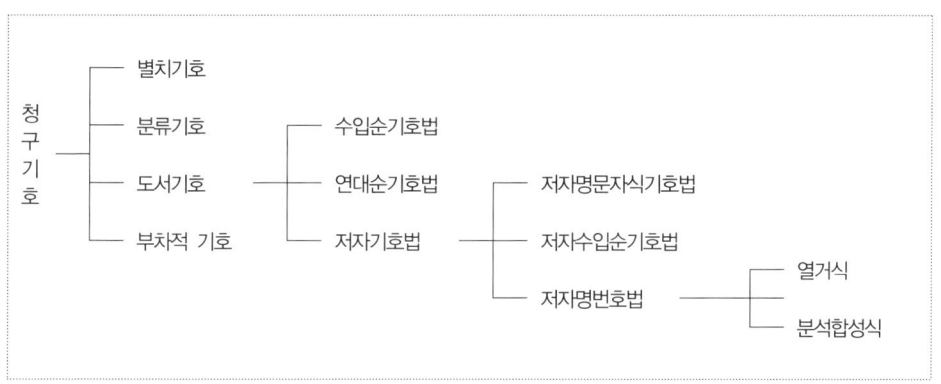

④ 부차적 기호(additional number) : 자료의 형태적 또는 내용적 속성을 표현하기 위한 기호로서 다음과 같은 것들이 있습니다.

- 복본기호 : 동일한 자료를 각각 식별하기 위해 부여하는 기호로 '=' 또는 'c.' 부호를 사용
- 권호기호 : 다권본이나 연속간행물의 권호를 표시하는 기호로 기호법에 따라 '-' 또는 'v.' 부호를 사용하기도 함
- 연도기호 : 연감, 연보, 백서, 연차보고서, 연차회의 등 연차적으로 발간되는 자료의 발행년 또는 개최년을 표시하는 기호
- 판차기호 : 개정, 수정, 증보 등 자료의 내용이나 형태가 변이되었을 경우 전판과 구별하기 위해 판의 변화를 숫자로 표시하는 기호
- 역자기호 : 번역서의 경우 원저작과 식별하기 위해 번역자를 부가하는 기호
- 색인·부록기호 : 형태가 색인이나 부록인 자료를 그것의 모체자료와 구별하기 위하여 부여하는 기호

DDC나 KDC에서 기술되는 청구기호의 구성요소를 그림으로 나타내면 다음과 같습니다(왼쪽은 저자기호법을, 오른쪽은 수입순기호법을 적용한 예시입니다).

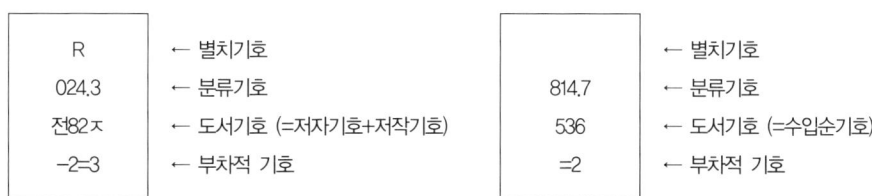

6.1 별치기호란 무엇인가

도서관은 대개 소장자료를 첫째, 관리의 목적으로 본관과 분관, 개가서고와 보존서고, 귀중자료, 문고 등으로 둘째, 이용의 편의를 위해 참고도서, 연속간행물, 지정도서, 향토자료, 아동도서 등으로 셋째, 자료의 형태를 고려하여 대형본, 소형본, 시청각자료 등으로 구분하여 배가하고 있습니다. **별치기호**란 관리나 이용의 목적, 자료의 성격이나 형태를 고려하여 자료의 일부를 별도의 서고에 배치, 즉 별치(別置)할 경우 그 장소를 기호로 표현하는 것을 말합니다. 이것을 부여하는 근본적인 목적은 목록의 소재지시기능을 위한 것이며 부차적으로는 자료의 유형을 식별해주는 기능을 합니다. 대개 도서관에서는 주(主; main)가 되는 자료실 이외의 부(附; sub)가 되는 자료실에 비치되는 자료에 별치기호를 부여하여 그 자료의 배가위치를 나타내주고 있습니다.

별치기호는 모든 자료에 부여하는 것은 아닙니다. 예를 들어, 아래 그림과 같은 자료실을 가진 4층 구조의 도서관이 있다고 가정해보겠습니다.

종합자료실	
종합자료실	
연속간행물실	디지털자료실
어린이자료실	점자도서실

어느 이용자가 『어린 왕자』라는 자료의 소장 여부를 확인하기 위해 검색한 결과 '863-1318'이라는 청구기호를 확보했습니다. 그런데 이 청구기호만으로는 이 자료가 종합자료실에 있는지 어린이자료실에 있는지 쉽게 확인하기 어렵습니다. 모든 자료실에 들어가 일일이 찾기 힘드니까요. 별치기호는 이런 경우를 대비하라고 만든 수단입니다.

도서관마다 가장 많은 장서를 차지하는 유형의 자료실이 있게 마련입니다. 방송사의 음반자료실과 같은 특수한 사례를 제외한다면 대부분의 도서관에서는 단행본을 비치한 자료실이 가장 장서량이 많은 곳입니다. 공공도서관을 예로 든다면 '종합자료실'이니 '일반자료실'이니 하는 명칭이 붙은 곳을 말합니다. 이처럼 가장 많은 양의 자료가 소장된 자료실에 비치되는 자료에는 별치기호를 부여하지 않습니다. 대신, 그 밖의 자료실에 비치되는 자료에만 별치기호를 부여합니다. 쉽게 말해, '별'도의 공간에 비'치'한다고 해서 별치(別置)라고 부르는 것이랍니다.

위 그림에 예시한 도서관으로 설명하면, 종합자료실에 비치되는 자료에는 별치기호를 부여하지 않고, 나머지 자료실(즉, 연속간행물실, 디지털자료실, 어린이자료실, 점자도서실)에 비치되는 자료에는 예컨대 'S', 'D', 'J', 'B'라는 별치기호를 부여합니다. 이에 따라, 어린이자료실에 비치할 '어린 왕자'라는 자료에는 별치기호가 포함된 'J 863-1318=2'이라는 청구기호를, 그리고 종합자료실에 비치할 동일한 자료에는 별치기호가 포함되지 않은 '863-1318'이라는 청구기호를 부여하면 됩니다. 이용자는 청구기호에 기재된 별치기호를 식별하여 검색한 자료가 어느 자료실에 비치되어 있는지를 쉽게 확인할 수 있습니다. 'J 863-1318=2'이라는 청구기호를 보고 "이 책은 어린이자료실에 있구나!", '863-1318'이라는 청구기호를 보고 "이 책은 종합자료실에서 찾아야겠구나!" 라고 금방 깨닫는단 말이지요. 별치기호라는 것을 도대체 왜 붙이는지 이제 이해가 되시겠지요?

청구기호에서는 별치기호를 가장 첫 자리에 배열하며, 숫자기호법의 십진식분류표를 채용한 도서관에서는 알파벳 대문자 한 자리를, LCC와 같은 문자기호법의 비십진식분류표를 채용한 도서관에서는 약어를 주로 씁니다. 통상적으로 별치기호를 부여하는 자료의 유형은 아래와 같습니다. 그러나, 아래와 같은 유형의 자료라 할지라도 반드시 별치기호를 부여해야 하는 것은 아닙니다. 공간의 구조, 열람제도 등을 고려하여 각 도서관의 판단에 따라 어떤 유형의 자료들에 별치기호를 부여할지를 결정해야 합니다. 또한 별치기호를 부여한 자료의 경우 대개 관외대출을 허용하지 않는 경우도 있지만, 별치기호를 부여한다고 해서 모두 관외대출을 금할 필요는 전혀 없습니다. 별치기호와 관외대출 여부는 별개의 관점으로 판단해야 합니다.

1) 소재기호의 기능을 겸하는 별치기호

① 참고자료 : 참고자료(reference material)란 단편적인 지식 또는 정보를 수록한 사전, 용어사전, 백과사전, 연감, 색인, 목록, 지도 등과 같은 유형의 자료로서, 전주제 또는 특정 주제분야의 지식을 망라적이고 단편적으로 수록하고 있으므로 짧은 시간 내에 이용이 이루어

지는 특성이 있습니다. 따라서 대부분의 도서관에서는 참고자료의 관외대출을 허용하지 않고, 참고자료실과 같은 별도의 공간에 별치하고 있습니다. 통상적으로 알파벳 문자를 사용하여 분류기호 상단에 십진식분류표일 경우에는 두문자어인 'R'(Reference), 비십진식분류표일 경우에는 약어인 'Ref'를 가장 많이 씁니다. 학교도서관처럼 이용자의 지적 수준이 성숙하는 단계에 있는 도서관에서는 '참고', '참고도서'와 같이 한글로 표시해도 무방합니다.

② 연속간행물 : 연속간행물(serial)이란 종간을 예정하지 않고 정기적 또는 부정기적으로 계속해서 발행하는 간행물로서, 내용의 연속성이 핵심이기 때문에 대출될 경우 연속성이 단절되므로 대부분의 도서관에서는 연속간행물의 관외대출을 허용하지 않고 연속간행물실과 같은 별도의 공간에 별치하고 있습니다. 통상적으로 알파벳 문자를 사용하여 분류기호 상단에 십진식분류표일 경우에는 두문자어인 'P'(Periodicals) 또는 'S'(Serials), 비십진식분류표일 경우에는 약어인 'Per' 또는 'Ser'로 표시합니다.

③ 고서 : 고서에 대한 기준은 도서관에 따라 다양하나 통상적으로 국내에서는 1910년 이전에 발간된 자료를 대상으로 합니다. 주로 'O'(Old materials) 또는 '고'를 사용하며, 귀중서의 경우는 'R'(Rare books) 또는 'C'(Curiosity)를 씁니다.

④ 학위논문 : 많은 도서관에서는 학위논문을 논문자료실, 학위논문실 등과 같은 별도의 공간에 별치하며, 관외대출 여부는 도서관에 따라 다르게 적용하고 있습니다. 모든 학위논문을 'TD' 또는 '학'으로 표시할 수도 있으며 종류별로 구분하여 석사학위논문은 'T'(Thesis), 박사학위논문은 'D'(Dissertation)로 표시할 수도 있습니다. 다만 2000년대 이후 학위논문은 인쇄형에서 dCollection[140] 등을 통한 전자형으로 유통환경이 변화함에 따라 학위논문실을 별도로 운영하지 않는 추세입니다.

⑤ 향토자료 : 공공도서관이나 대학도서관에서 당해 지역에 관한 자료를 군집할 목적으로 향토자료를 별도로 관리할 경우에는 'L'(Local collections) 또는 '향토' 등의 별치기호를 부여하면 됩니다.

---

140) http://www.dcollection.net

⑥ 아동도서 : 공공도서관에서 어린이열람실과 같은 별도의 공간에 아동도서를 별치할 경우 'J'(Juvenile) 또는 'C'(Children), '유', '유아' 등의 기호를 부여하면 됩니다.

⑦ 대형자료 : 자료의 세로 크기가 서가의 표준적인 단의 높이 30cm를 초과하는 경우는 별도의 서가에 배열하는 것이 관리면에서 바람직합니다. 이럴 때에 'L'(Large) 등을 부여하며, 소형자료를 별치할 경우에는 'S'(Smll) 또는 'M'(Miniature) 등을 부여합니다. 또는 대형자료인 경우 '+' 기호, 표준 크기의 2배가 넘는 자료는 '++'를 부여하는 방법도 있습니다.

⑧ 정부간행물 : 정부기관이나 관공서에서 발행하는 간행물을 별치하고자 할 때에는 'G'(Government) 또는 '정' 등을 부여합니다.

⑨ 점자도서 : 시각장애인을 위한 점자도서나 녹음도서는 별도의 공간에 배가할 필요가 있으며, 'B'(Braille or Blind) 또는 '점', '녹' 등의 기호를 부여합니다.

⑩ 지정도서 : 대학도서관에서 학생들의 과제 지원을 위해 지정도서제도를 운영할 경우 해당 자료에 'Res'(Reserve) 또는 '지정' 등을 부여합니다.

⑪ 기증문고 : 도서관의 문고설치 기준에 따라 특정 개인 또는 기관의 기증자료를 별도의 공간에 별치할 경우 기증자의 이름이나 호를 따서 별치기호를 부여합니다.

⑫ 비도서자료 : 많은 도서관에서는 비도서자료를 정리할 때 형태적인 특성상 별도로 분류를 하지 않고 자료의 유형을 나타내는 소정의 별치기호를 부여한 후 수입순으로 배가하고 있습니다. 비도서자료란 지도, 필름, 슬라이드, 마이크로필름, 영상자료, 녹음자료, 실물자료, 모형 등 도서의 형태가 아닌 모든 자료를 말하며, 도서와는 다른 방식의 관리가 요구될 뿐만 아니라 이를 열람하기 위해서는 부대장비가 필요하기 때문에 대부분의 도서관은 비도서자료실과 같은 별도의 공간에 별치하고 있습니다. 실제 서가에 배열할 필요가 없는 즉, 물리적 형태가 없는 전자책과 같은 경우에도 목록상에는 'ebk' 등의 기호를 부여하는 것이 바람직합니다. 비도서자료의 경우 종류가 다양하기 때문에 신중하게 별치기호를 부여할 필요가 있습니다.

2) 분류기호의 기능을 겸하는 별치기호

자료분류표는 원래 성인용 자료를 대상으로 개발된 것이므로 어린이를 위한 자료가 갖는 특징을 분류체계에서 반영하기 어려운 문제점이 있습니다. 따라서 서양의 공공도서관과 학교도서관에서는 기존의 DDC와 같은 분류체계를 바탕으로 컬렉션코드(collection codes)를 이용해 청구기호를 간략하게 구성함으로써 어린이들의 접근성을 높이고 있습니다. 특히 이용자의 정신능력이 성숙단계에 있는 학교도서관 등에서 이용자에게 사실자료(non-fiction)와 허구자료(fiction)를 구분해주기 위해 허구를 바탕으로 한 문학류 등에 분류기호 대신 'F'라는 문자를 부여하는데, 이 경우 자료의 내용이 허구라는 것을 알려주는 것이 주된 목적이며 관외대출 여부와는 무관하게 사용됩니다. 가령 아래 그림은 시카고공공도서관이 그림책에 대해 'Fiction'이라는 기호만으로 분류를 대신하였음을 나타냅니다.

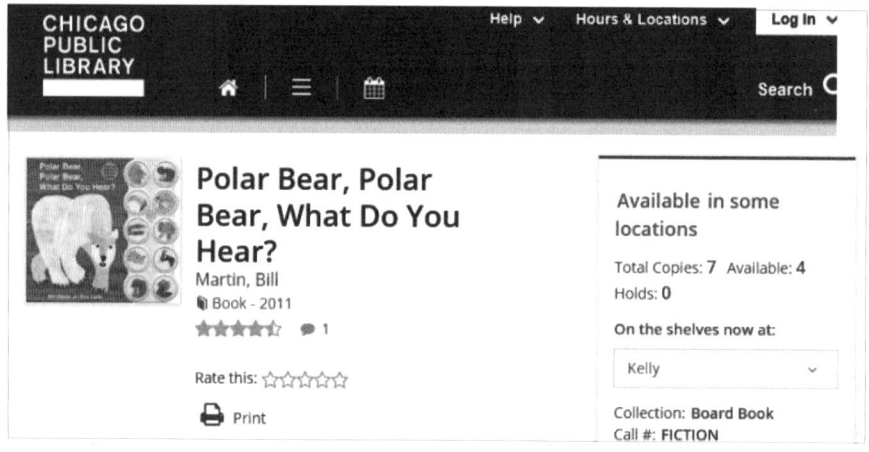

참고로, 미국도서관협회에서 채택한 『Guidelines for Standardized Cataloging for Children』에서는 픽션에 따라 분류기호를 부여하지 말고 8세 이하를 위한 그림책에는 'E', 9세 이상을 위한 픽션은 'F' 또는 'Fic', 전기는 'B'라는 간략한 기호만 줄 것을 권장하고 있습니다. 이 컬렉션코드는 독자적인 별치기호로 사용할 수도 있으며, 또는 별치기호와 조합하여 가령 'JF'(어린이를 위한 픽션), 'JB'(어린이용 위인전) 등으로 사용할 수도 있습니다. 한편, 서양에서는 픽션뿐만 아니라 오락적 DVD도 분류를 하지 않고 컬렉션코드만 부여하는 도서관이 더 많습니다.

6.2 도서기호란 무엇인가

별치기호는 필요에 따라 선택적으로 부여하는 기호인데 반해 분류기호는 모든 도서관자료에 반드시 부여해야 하는 기호입니다. 그런데 가령 한국문학처럼 주제가 동일한 자료는 모두 동일한 분류기호를 갖게 되므로 각 자료의 식별은 물론 어떤 순서에 따라 배가해야 할지 혼란스러울 때가 잦아집니다.

주지하다시피 도서관에서 자료의 배가 순서를 결정하는 수단은 일차적으로 분류기호입니다. 예를 들어 2000년대에 한국어로 발표된 판타지소설을 KDC 제6판으로 분류하면 전부 813.708이라는 동일한 분류기호가 부여되겠지요. 이렇게 분류기호가 동일한 자료가 여러 책 있다면 그 자료들은 다시 어떤 순서로 배가해야 할까요? 그 이차적인 배가 순서를 결정하기 위해 도서기호라는 수단이 나타나게 되었답니다. 도서관에 입수된 순서대로 배열할 것인가, 자료가 발행된 순서대로 배열할 것인가, 저자명의 순서대로 배열할 것인가 라는 기준에 따라 각각 수입순기호법, 연대순기호법, 저자기호법이 만들어진 것이지요.

도서기호(book number)는 이처럼 동일한 분류기호를 가진 자료를 개별화(individualizing)하고, 배열과 검색의 편의를 위해 배가 순서를 결정할 목적으로 이차적으로 부여하는 기호를 말합니다. 분류기호에 도서기호를 부가하는 목적은 청구기호의 중복을 예방하여 자료의 배열을 용이하게 하는 데 있습니다.

도서기호를 부여하는 방법은 기호선정의 기준요소를 중심으로 크기순, 등록번호순, 수입순, 표제순, 저자명순, 연대순 등으로 나눌 수 있습니다. 또한 수입순기호법처럼 순차적으로 일련번호를 부여하는 고정식기호법(fixed location)과 저자기호법이나 연대순기호법처럼 상호관계에 따라 기호를 부여하는 상관식기호법(relative location)으로 구분할 수도 있습니다. 그러나 통상적으로 도서기호는 입수순으로 기호를 부여하는 **수입순기호법**, 발행연도를 기호화하는 **연대순기호법**, 목록에서 표목으로 채택된 저자명이나 표제를 기호화하는 **저자기호법**으로 구분합니다.

저자기호법의 도서기호는 저자기호와 저작기호로 구성됩니다. **저자기호**(author number)는 동일한 분류번호를 가진 다수의 자료를 개별화할 목적으로 저자명순으로 배열하기 위해 저자명을 기호로 표현하는 것입니다. **저작기호**(work mark)란 동일한 분류기호와 동일한 저자의 자료를 개별화할 목적으로 저자기호 다음에 표제의 첫글자를 부가하는 것을 말합니다.

물론 저자기호법이 아닌 수입순기호법이나 연대순기호법을 사용하는 도서관은 수입순기호 또는 연대기호만 부여합니다.

1) 수입순기호법

수입순기호법(accession number system)은 자관에 입수되어 장서로 등록되는 순서대로 일련번호를 부여하는 방법을 말합니다. 일명 도착순기호법, 입수순기호법, 또는 고정식기호법이라고도 합니다. 기호의 결정이 가장 간단하고 배가나 장서점검이 용이하여 기술보고서 등을 주로 수집하는 도서관에서 주로 사용됩니다. 고정식배가법이기 때문에 이미 배열된 자료의 이동이 적고 서가의 공간을 절약할 수 있으므로 폐가제의 보존도서관이나 마이크로필름, 음반 등 특수자료를 다루는 전문도서관에 적합한 방법이라 할 수 있습니다. 그러나 동일 분류기호 내에서 한 저자의 저작이 군집되지 않기 때문에 자료의

군집화라는 분류의 원칙에 부합하지 않으므로 전 주제 분야의 자료를 취급하는 일반 도서관에서는 잘 사용하지 않습니다.

다만 부산 지역의 다수 공공도서관에서는 오른쪽 그림과 같이 수입순기호법을 사용하고 있습니다. 가령 김진명의 『글자 전쟁』은 이 도서관에서 813.7이라는 분류기호를 가진 2379번째 자료임을 뜻합니다. 동일 분류기호 내에서 입수된 순서대로 배열되기 때문에 동일 주제 내의 동일 저자의 저작들이 분산되는 결과를 가져오게 됩니다.

별법으로 수입순기호법과 연대순기호법을 혼합해서 사용할 수도 있습니다. 예컨대 국립중앙도서관에서는 1945년부터 1983년까지 동양서에 수입순기호를 부여하다가 1984년부터 저자기호법인 '국립중앙도서관 동양서저자기호표'로 변경하였으나, 매년 30만책 이상의 장서를 등록하면서 드러난 저자기호 전개의 한계성을 해소하기 위해 2001년부터 '연대별 수입순기호'

로 다시 변경하여 사용하고 있습니다. 국립중앙도서관의 연대별 수입순기호는 연대순기호법과 수입순기호법을 조합한 기호법으로서, 숫자로 구성된 '수입연도-수입순일련번호'로 비교적 간단하게 부여할 수 있습니다. 즉, 수입연도의 마지막 숫자를 앞세워 사용하고 수입순 일련번호는 연도별로 동일한 분류기호가 부여되는 자료의 입수순번호를 부여합니다. 이를테면 2001년에 분류기호가 813.6으로 5번째 등록된 자료의 청구기호는 '813.6-1-5', 2010년에 분류기호가 320으로 1번째 등록된 자료의 청구기호는 '320-10-1'이 됩니다.

표제/책임표시사항	엄마를 부탁해 : 신경숙 장편소설 / 지은이: 신경숙
발행사항	파주 : 창비, 2008
형태사항	299 p. ; 23 cm
표준번호/부호	ISBN: 978-89-364-3367-303810 ; ₩10000
분류기호	한국십진분류법->813.6 듀이십진분류법->895.735

전체	편/권차	편제	저작자	발행년도	ISBN	청구기호	자료이용하는곳	매체구분	비치상태	원문
☐			지은이: 신경숙	2008	9788936433673	813.6-9-104=2	문학실	인쇄자료(책자형)	대출	

위 그림의 청구기호 '813.6-9-104'는, 2009년에 813.6이라는 분류기호가 부여된 104번째 자료임을 뜻합니다. 즉, 2008년에 발간된 『엄마를 부탁해』는 국립중앙도서관에서 2009년에 입수되었다는 사실을 알 수 있습니다.

2) 연대순기호법

연대순기호법(chronological system)은 자료가 발행된 연도를 숫자 또는 문자로 기호로 표현하는 것입니다. 동일한 분류기호 내의 자료들을 발행연도에 따라 구분하여 그 순서대로 배가하는 방법이므로, 학문의 발전속도가 빠른 과학기술 분야의 자료를 발행된 순서대로 배열하는 데 효율적인 기호법이라 할 수 있습니다.

이 기호법의 장점은 기호의 결정이 간단하고 배가도 용이하며 무엇보다도 동일 주제의 최신자료를 군집할 수 있다는 것입니다. 그러나 동일 분류기호 내에서 한 저자의 저작이 군집되지 않고, 한 해에 동일 분류기호를 가진 자료가 많이 발행될 경우 각각의 자료를 개별화하기 쉽지 않다는 단점이 있습니다. 요컨대 이 기호법은 분류기호가 동일한, 다시 말해 주제가 동일한 자료들이 발행연도의 올림차순으로 배열되므로 서가상의 배열이 학문 또는 지식의 발전 양상을 나타내주고 있으며, 따라서 이용자는 필요에 따라 특정 기간에 발행된 자료를 선택적으로 찾을 수 있습니다. 그런 점에서 과학기술자료를 중점적으로 취급하는 도서관에서 채택할 경우 효용성이 높은 기호법이라 하겠습니다.

연대순기호법의 종류로는 미국의 비스코(Walter Stanley Biscoe, 1853-1933)가 1885년에 DDC 13판의 부록으로 발표한 비스코연대기호표(Biscoe date table), 영국의 브라운이 1906년에 편찬한 SC에 포함된 브라운연대기호표, 랑가나단이 1933년에 창안한 CC에 포함된 랑가나단연대기호표 등이 대표적입니다.

국내에서는 연세대학교 리재철 교수가 1983년에 창안한 '새연대순 도서기호법'이 널리 알려져 있습니다. 이 기호법은 발행연도를 도서기호로 채기하거나 주제에 따라서는 저자기호법에 의한 도서기호에 연대기호를 부가하며, 사용법을 간략하게 살펴보면 다음과 같습니다.

① 1900년대의 발행자료는 발행년의 마지막 두 자리 숫자, 2000년대의 자료는 마지막 세 자리 숫자, 고서는 전체 숫자를 연대기호로 채기하고, 동서와 양서의 구분을 위해 양서에는 'a'를 부기합니다.

```
83            : 1983년 발행 (동서)
91a           : 1991년 발행 (양서)
009           : 2009년 발행 (동서)
010a          : 2010년 발행 (양서)
755           : 755년 발행 (고서)
1592          : 1592년 발행 (고서)
320  81       : 경제학원론 / 김옥근 - 1981
```

② 부차적 기호로서 수입순기호, 권차기호, 판기호, 복본기호를 부기합니다. 동일한 분류 내에서 동일한 연대기호를 부여받은 자료가 2책 이상일 경우 2번째 자료부터 수입순표시로 동서는 '가', 양서는 'b'부터 연대기호에 덧붙이거나 또는 작품의 저자표시를 덧붙입니다.

```
320  81              : 경제학원론 / 김옥근 - 1981
320  81가 (or) 81홍   : 경제학원론 / 홍종인 - 1981
320  81갸 (or) 81최   : 경제학원리 / 최환열 - 1981
320  81a (or) 81b    : Centural economics / Richard L. Brinkman - 1981
```

```
320  81b (or) 81c    : Development economics / Gunning Collier - 1981
320  81c (or) 81a    : Readings in economics / American Institute - 1981
```

③ 권차기호는 아라비아숫자로 통일하여 연대기호 다음줄에 부여합니다. 그리고 도서관에 이미 등록된 자료와 동일한 복본이 입수될 경우에는 동서는 '=', 양서는 'c'를 앞세워 복본기호를 연대기호 다음줄에 부기합니다.

```
78      78가     82        83
=2      =2      16=3      2-2=2
```

④ 전기, 단체에 관한 도서, 개인의 문학 및 예술작품, 무저자명 고전 및 경전, 철학 논저, 1900년 이전의 도서와 그것의 영인본 및 주해서, 연속간행물 등은 인물명이나 단체명, 표제를 대상으로 자모순 도서기호를 부여한 후 다음줄에 연대기호를 부기합니다.

```
990    이' 56   72        : 성웅 이순신 / 강철원 - 1972
990    L736   52a        : Abraham Lincoln: a biography / Benjamin Thomas - 1952
022.622 국29   73        : 국립중앙도서관사 / 국립중앙도서관 - 1973
813    이' 15무 56        : 무정 / 이광수 - 1956
243.823 금12   55        : 금강반야바라밀경 / 이먹진 역해강술 - 1955
020.5  도54              : 도서관학 / 한국도서관학회 - 제1집(1970)
```

연세대학교 도서관이 1983년부터 사용하고 있는 새연대순 도서기호법의 용례를 살펴보겠습니다. 아래 그림과 같이 '320.08'이라는 동일한 분류기호를 가진 자료들이 연대기호인 '98겨'부터 '99겨'의 순으로 배열되었음을 알 수 있습니다.

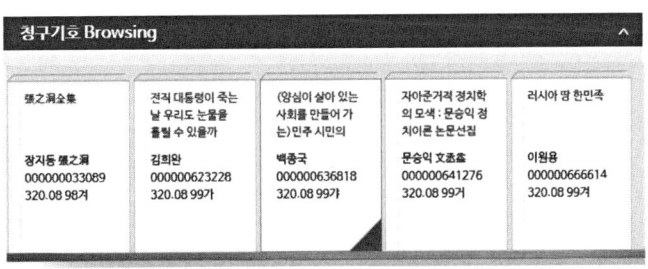

다만 문학류에 대해서는 과거에 사용하던 저자명문자식기호법(엘러드 저자기호법)을 병행합니다. 아래 그림에서 '한강여', '한강채', '한강회'는 저자명문자식기호이며, '95가', '007가', '015a', '013가'는 연대순기호입니다. '95'는 발행년이 1995년, '007'은 발행년이 2007년인 자료임을 뜻합니다.

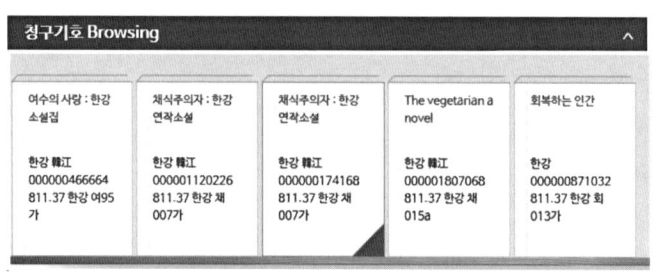

3) 저자기호법

저자기호법은 자료의 저자명(또는 표제)을 숫자 또는 문자로 기호화하는 방법을 말합니다. 동일 분류기호를 지닌 자료를 저자별로 구분하고 저자명의 순서대로 배열함으로써 결과적으로 동일 주제의 동일 저자의 저작을 서가상에서 군집할 수 있습니다. 1871년에 슈왈츠(Jacob Schwartz)가 처음으로 분류기호에 저자명을 나타내는 숫자기호를 조합한 혼합식 기호법을 고안한 이래 커터, 듀이, 메릴 등의 많은 학자들이 저자기호법을 발전시켜왔습니다.

이 기호법의 장점은 저자명의 자모순으로 배열하기 때문에 동일한 저자의 저작이 군집되는 동시에 개별화되며, 기호의 조직이 논리적이고 전개방법이 무한하다는 데 있습니다. 반면에 반드시 저자기호표를 두어 편목시마다 이를 참고하여 기호를 생성해야 하며, 기호가 복잡해져서 배가 및 장서점검이 어려워질 수 있고, 동일한 분류기호 아래의 저자기호가 중복될 경우 이를 개별화하는 방법이 비논리적이라는 단점이 있습니다. 또한 수입순기호법이나 연대순기호법은 자료의 본문에 기술된 문자와 관계없이 적용할 수 있지만 저자기호법은 저자의 성명을 기호로 표현하므로 국내서와 국외서, 또는 동양서와 서양서를 분리하여 배가하는 도서관에서는 서로 다른 기호법을 사용해야 하는 불편함이 있습니다. 그럼에도 저자기호법은 다른 기호법보다 자료의 서지적 특징을 가장 잘 살릴 수 있기 때문에 도서기호법 중에서 가장 널리 사용됩니다.

저자기호법은 기호화 대상이 편목규칙의 기본표목과 거의 일치하기 때문에 저자의 개인명이나 단체명뿐만 아니라 회의명, 표제 등이 함께 포함됩니다. 저자기호법이라 명명된 것은 파니치 이후 편목규칙이 저자명기본저록의 원칙을 근간으로 하기 때문입니다. 다만 저자기호법을 채용하기 위해서는 자료의 저자명을 어떻게 채기할 것인가 하는 문제가 생깁니다. 모든 자료에 반드시 저자명이 존재하는 것은 아니며, 저자불명의 자료가 있을 수 있고 저자가 여러 명일 때 누구를 저자로 보아야 하는지도 문제가 됩니다. 또한 번역서인 경우 원저자명을 기호화할 것인지 아니면 번자하여 기호로 변환할 것인지도 판단해야 합니다. 저자기호법을 채택할 때에는 저자를 선정하는 기준과 일관성을 유지하는 것이 중요한데, 대부분의 도서관에서는 편목규칙의 기본표목 선정원칙을 준용하고 있는 실정입니다. 따라서 저자기호법이란 용어보다는 기본표목기호법이라고 칭하는 것이 정확한 표현이라 할 수 있습니다. 참고로 한국목록규칙(KCR)을 적용하는 도서관의 경우에는 제3판부터 기본표목에 대한 개념이 존재하지 않기 때문에 통상적으로 다음과 같은 AACR2의 기본표목 선정원칙을 준용하고 있는 형편입니다.[141]

표목대상		자료유형		기본표목	부출표목
저자명	개인명	개인저서		개인저자	
		공저서(3인 이하)		대표저자 또는 최초 기술된 저자	공저자
		개작·각색한 자료		개작자, 각색자	원저자
		원문과 주석을 수록한 자료	주석이 강조된 자료	주석자, 해석자	원저자
			원문이 강조된 자료	원저자	주석자
		번역서		원저자	역자
		전기서·비평서	책임저자	저자	피전자
			단순편찬	피전자	편자
	단체명	단체의 행정적 성격을 다룬 자료		단체명	
		법률자료, 정부간행물, 종교자료		단체명	
		단체의 집단적 사상을 기술한 자료		단체명	
		회의, 탐험, 회합		회의명	
표제	표제	무저자, 저자불명 도서		표제	
		저자책임이 분산된 자료(4인 이상)		표제	대표저자
		합집이나 편집자 주관 하의 저작		표제, 종합표제	공저자
		연속간행물		표제	
	통일표제	무저자, 저자불명의 고전작품		춘향전, Arabian Nights	
		종교경전(성서, 불전, 코란, 탈무드 등)		불전. 천수경 성서. 신약. 한국어	

---

[141] 단, 대부분의 저자기호법에서는 전기서의 경우 피전자를 저자기호의 대상으로 합니다

저자기호법은 구조원리에 따라 저자명문자식기호법, 저자수입순기호법, 저자명번호법으로 나눌 수 있습니다.

① 저자명문자식기호법 : 저자명의 머리글자나 저자명의 일부 또는 전체를 그대로 도서기호로 채기하는 방법입니다. 별도의 도서기호표를 두지 않고도 손쉽게 사용할 수 있는 장점이 있지만 각각의 자료를 개별화하는 고유기호의 성격은 희박합니다. 그럼에도 이용자들이 어떤 도서기호보다 가장 쉽게 이해할 수 있기 때문에 학교도서관과 같은 소규모도서관에서 사용하기에 편리합니다. 널리 알려진 저자명문자식기호법으로는 엘러드 저자기호법, DDC 간략 저자기호법 등이 있습니다.

② 저자수입순기호법 : 저자 성(姓)의 첫 한 글자를 한글 또는 영문으로 표시하고 이 첫 글자가 동일한 저자는 도서관에 그 저자의 저작이 입수되는 순서대로 저자별로 일련번호를 부여하는 방법입니다. 동일 저자는 동일 분류기호 내에서는 동일한 번호로 고정됩니다. 동일 저자의 저작이 여러 책일 경우에는 수입순번호를 다음 줄에 부여하여 개별화합니다. 별도의 도서기호표를 두지 않고도 손쉽게 저자별로 저작을 군집할 수 있는 장점이 있으나, 완전한 저자명순 배열이 되지 않는 등 단점이 많으므로 국내의 경우 거의 사용되지 않습니다.

③ 저자명번호법 : 저자 성의 문자순에 따라 미리 번호를 부여해놓은 표를 이용하는 방법을 말합니다. 저자명번호법은 다시 구성원리에 따라 열거식기호법과 분석합성식기호법으로 구분할 수 있습니다. 열거식이란 표출하고자 하는 대상을 사전에 일일이 늘어놓는 방법을 말하며, 분석합성식은 주어진 요소를 분석하여 기설정된 조합공식에 따라 합성하여 표출하는 것을 뜻합니다.142) 널리 알려진 저자명번호법으로는 커터-샌본 저자기호표, LC커터기호표, 장일세 동양서저자기호표, 리재철 한글순도서기호법 등이 있습니다.

---

142) 열거식은 이미 기호가 조합되어 있다는 점에서 전조합식, 분석합성식은 기호가 조합되기 전이라는 점에서 후조합식으로 칭할 수 있습니다.

6.3 저자명문자식기호법 : 엘러드 저자기호법, DDC 간략 저자기호법

저자명문자식기호법은 저자명의 머리글자나 저자명의 일부 또는 전체를 그대로 도서기호로 채기하는 방법입니다.

1) 엘러드 저자기호법

저자명문자식기호법 중에서 국내에서 널리 사용되는 것은 엘러드 저자기호법입니다. 이것은 피바디사범대학(Peabody college) 교육사절단으로 파견되어 5년간 연세대학교 도서관 사서와 도서관학과 교수를 역임했던 엘러드(J. McRee Elord, 1932-2016)가 고안한 방법입니다. 엘러드는 1954년부터 연세대학교 도서관에 이 기호법을 최초로 적용하였습니다.[143]

동양서에 대해 저자명 2~3자와 표제 첫 글자를 조합하는 비교적 간단한 기호법으로서 장점으로는 첫째, 별도의 기호표가 없어도 기본원리만 알면 쉽게 저자기호를 조합할 수 있고 둘째, 따라서 일일이 기호표를 찾는 번거로움이 없어 시간이 절약되며 셋째, 문자만을 사용함으로써 숫자나 알파벳을 잘못 기재할 우려가 없고 넷째, 기호 자체가 서지적인 특성을 내포하고 있기 때문에 저자의 문자순 배열이 용이하며 다섯째, 저자명을 그대로 기호로 사용함으로써 이용자들이 청구기호를 활용하기 좋습니다. 이러한 장점을 바탕으로 엘러드 저자기호법은 현재 중앙대, 숙명여대, 상명대, 백석대 등의 일부 대학도서관과 인천 지역의 공공도서관, 그리고 다수 학교도서관에서 사용되고 있습니다. 아래 그림은 엘러드 저자기호법을 사용하는 공공도서관의 간략목록화면 예시입니다.

---

[143] 참고로 연세대학교는 1983년에 연대순기호법으로 변경했으며, 문학류는 엘러드 저자기호법을 병행합니다.

표제	저자	출판사	발행년도	자료실	자료형태	자료상태	청구기호
영화 속 경제학	박병률 지음	원앤원북스	2014	일반실	일반자료	배가자료(소장자료)	320.4-박병률영
시네마노믹 = Cinemanomics	조일훈 [등] 지음	한국경제신문	2014	일반실	일반자료	배가자료(소장자료)	320.04-시네마한
법정에 선 경제학자들	조원경 글	책밭	2015	일반실	일반자료	배가자료(소장자료)	320.1-조원경법
우울한 경제학의 귀환	류동민, 주상영 [공] 지음	한길사	2015	일반실	일반자료	배가자료(소장자료)	320.1-류동민우
환동해 경제학 : 힘의 대륙 부의 바다	최재선 엮음 ; 권세은 [등] 저	블루&노트	2015	일반실	일반자료	배가자료(소장자료)	322.83-최재선환
인문학의 성찰이 없는 경제학은 허망하다	심영섭 지음	책과나무	2015	일반실	일반자료	배가자료(소장자료)	304-심영섭인
(오설리반의) 도시경제학	O'Sullivan 저 ; 이번송, 홍성효, 김석영 [공]역	박영사	2015	일반실	일반자료	배가자료(소장자료)	320.98-오설리도
시선	정운영 지음	생각의힘	2015	일반실	일반자료	배가자료(소장자료)	320.4-정운영시
시간 벌기 : 민주적 자본주의의 유예된 위기	볼프강 슈트렉 지음 ; 김희상 옮김	돌베개	2015	일반실	일반자료	배가자료(소장자료)	322.01-슈트렉시
경제학이 필요한 시간 = Economics for everyone	한진수 지음	비즈니스북스	2015	일반실	일반자료	배가자료(소장자료)	320-한진수경

엘러드 저자기호법의 사용법을 간략하게 살펴보면 다음과 같습니다.

① 저자의 성명을 한글로 채기하고 표제의 첫 글자의 자음을 분철하여 조합합니다. 참고로, 최초 고안 당시에는 표제의 두문자를 조합하였으며, 다수 도서관에서는 이렇게 사용하고 있기도 합니다.

<자음 채기 방식>
도서관네트웍 구조론 / 이두영 저 : 이두영ㄷ
<두문자 채기 방식>
도서관네트웍 구조론 / 이두영 저 : 이두영도

② 자음만을 채기할 경우 도서기호가 중복되면 모음만 결합한 음절을 채기합니다. 다시 도서기호가 중복될 때에는 중모음 받침을 첨가하여 채기합니다. 또 다시 청구기호의 중복이 발생하면 임의의 문자(한글 자음 14자, 알파벳 소문자 26자, 아라비아숫자 중 택일)를 부기하여 구별합니다. 엘러드 저자기호법을 채용한 도서관에서는 아라비아숫자를 부기하여 청구기호 중복을 해결하는 곳이 많습니다.

```
<자음 채기 방식>
경제원론 / 정운찬            : 320 정운찬ㄱ
경제란 무엇인가 / 정운찬      : 320 정운찬겨
경제학개론 / 정운찬           : 320 정운찬경
경제학연구 / 정운찬           : 320 정운찬경1    (아라비아숫자를 부기할 경우)
경제학연구 / 정운찬           : 320 정운찬경a    (알파벳 소문자를 부기할 경우)
경제정책론 / 정운찬           : 322 정운찬ㄱ
<두문자 채기 방식>
경제원론 / 정운찬            : 320 정운찬경
경제란 무엇인가 / 정운찬      : 320 정운찬경1    (이하, 아라비아숫자를 부기할 경우)
경제학개론 / 정운찬           : 320 정운찬경2
경제정책론 / 정운찬           : 322 정운찬경
```

자음 채기 방식을 중심으로 상세히 설명하면, 정운찬의 『경제원론』이란 자료를 정리할 경우 분류기호가 '320', 도서기호는 저자명을 그대로 채기하고 표제의 첫 번째 자음(초성)을 가져와 '정운찬ㄱ'으로 조합할 수 있습니다. 그런데, 1주일 후에 같은 저자의 『경제란 무엇인가』라는 자료를 입수하였다고 가정해봅시다. 분류기호는 '320', 도서기호는 '정운찬ㄱ'으로서 1주일 전에 부여한 『경제원론』의 청구기호가 중복될 수밖에 없습니다. 이 때 표제의 첫 번째 모음(중성), 즉 '경'의 'ㅕ'를 가져와 '정운찬겨'로 결합하면 『경제원론』의 청구기호와 중복되지 않습니다. 그런데…. 1개월 후에 같은 저자의 『경제학개론』이란 자료를 입수하였습니다. 분류하면 '320', 도서기호는 '정운찬ㄱ'으로서 『경제원론』과 청구기호가 중복됩니다. 여기에 첫 모음 'ㅕ'를 가져와 '정운찬겨'로 결합하면 『경제란 무엇인가』의 청구기호와 중복됩니다. 이 때 표제의 두 번째 자음(종성), 즉 첫 번째 글자의 받침이나 두 번째 글자의 첫 자음을 부가하기 위해 '경'의 'ㅇ'을 가져와 '정운찬경'으로 결합하면 『경제란 무엇인가』의 청구기호와 중복되지 않습니다. 그리고 2개월 후에 같은 저자의 『경제학연구』라는 자료가 입수되었다면 앞의 3책의 자료에 부여된 청구기호와 중복을 피하기 위해 지금부터는 알파벳 소문자나 아라비아숫자를 저작기호로 부기합니다. 가령 아라비아숫사를 부기하기로 결정했다면 '정운찬경1'로 결합합니다. 3개월 후에 같은 저자의 『경제란 도대체 무엇인가』라는 자료를 입수하였다면? '정운찬경2'라는 도서기호를 부여하면 되겠지요. 만약 분류기호가 '322'로 배정되는 동일 저자의 새로운 저작이 도착한 경우에는 저자기호가 초기화(?)되어 '정운찬ㄱ'을 부여합니다.

③ 4인 이상 공저자, 저자표시가 없는 종합표제, 총서표제 또는 저자가 불명확한 경우는 표제의 3자와 출판사의 첫음절을 분철결합방식에 의해 채기합니다.

```
디지털시대의 장서관리 / 송영희 외 공저. -- 한국도서관협회 : 디지털ㅎ
현대문학전집. -- 을유문화사                        : 현대문ㅇ
현대한국단편문학전집. -- 삼성문화사                 : 현대한ㅅ
```

④ 전기서인 경우 피전자를 기호화하고 저자명의 첫 글자를 채기합니다. 번역서는 원저자를 기호화하고 역자명의 첫 글자를 채기합니다.

   몽양 여운형 평전 / 김삼웅   : 여운형ㄱ
   삼국지 / 나관중 [지음] ; 장정일 글 : 나관중ㅅㅈ
   삼국지 / 나관중 지음 ; 황석영 옮김 : 나관중ㅅㅎ

⑤ 동일 저자의 판차가 다른 경우에 저자기호 다음에 판수를 아라비아숫자로 통일해서 부기합니다. 판차가 불명확하거나 애매할 때는 판차표시 대신 출판연도를 채기할 수 있습니다

   지방행정학 / 정세욱 저. -- 개정판 : 정세욱ㅈ2

⑥ 저자명이 2자일 때는 2자는 2자로 채택하며, 4자일 경우는 3자만 채택하고 표제의 첫 자음을 채기합니다.

   경제학개론 / 조순 저   : 조순ㄱ
   교육철학 및 교육사 / 남궁용권 저 : 남궁용ㄱ

  표제의 두문자를 조합할 경우에는 2자의 성명을 가진 저자와 3자의 성명을 가진 저자들이 혼합되어 동일 저자의 저작이 서가상에서 분산될 수 있으므로, 저자명이 2자일 때는 2자 다음에 컴마를 친 후 표제의 두문자를 부기하거나 저자기호 다음줄에 표제의 두문자를 부기합니다.

   조순,경   조순
         경

⑦ 표제의 첫 자가 된소리(ㄲㄸㅃㅆㅉ)인 경우는 예사소리(ㄱㄴㄷㅂㅅㅈ)로 동일시하여 채기합니다.

   까치소리 / 최기훈 저 : 최기훈ㄱ
   꿈 / 이광수 저   : 이광수ㄱ

⑧ 권호표시는 모두 아라비아숫자로 통일하여 도서기호 다음줄에 기재합니다. 복본표시는 'c'로 도서기호 다음줄에 부기합니다.

    강풀ㅇ   박완서ㄱ
      2   c. 3

2) DDC 간략 저자기호법

서양서에 대한 간단한 저자명문자식기호법으로는 DDC 간략 저자기호법이 있습니다. 이것은 저자명의 첫 3자리 철자(first 3 letters of the author's last name)를 기호화하는 방법입니다. 저자불명이나 저자가 없는 자료의 경우 기본표목이 되는 표제의 첫 세 자리를 기호화합니다. 장서량이 많은 도서관에서는 4자리까지 기호화할 수 있습니다.

    When a storm comes up / by Allan Fowler :   551.55
                                                        FOW   (또는 Fow)

이 기호법은 DDC를 채택한 북미의 공공도서관이나 학교도서관에서 주로 사용하고 있습니다. 그런데 이들 중 규모가 작은 도서관에서는 소설이나 그림책과 같은 픽션(fiction)은 별도로 분류를 하지 않는 곳이 많습니다. 분류기호 대신 소설인 경우 'F', 누구나 볼 수 있는 그림책 등은 'E'(Easy books)로 간략하게 표기하며, 복본기호나 권차기호도 부여하지 않습니다. 넌픽션 즉, 정보 전달이 목적인 자료는 DDC 분류기호를 부여하거나 장서량이 많지 않은 곳은 'I'(Information)를 주기도 합니다.

6.4 열거식 저자명번호법 : 커터-샌본 저자기호표, 장일세 동양서저자기호표

열거식 저자기호법(enumerative system)이란 저자명을 미리 숫자로 기호로 변환해놓은 일람표에서 적정한 번호를 선택하는 방법을 말합니다. 이 기호법의 장점으로는 첫째, 기호가 단순하고 간결하며 둘째, 기호표를 신축적으로 전개할 수 있기 때문에 빈도가 높은 성명에서는 상세하게 전개함으로써 구분능력이 뛰어나고 셋째, 기호의 배열기준이 대부분의 분류표의 배열기준과 합치되므로 배가와 검색이 편리합니다. 이러한 장점에 따라 LCC를 사용하는 도서관들을 제외하고는 커터-샌본과 같은 열거식기호표가 가장 널리 사용되어 왔습니다. 단점으로는 기호표가 방대하여 기호를 찾는 데 시간이 오래 걸린다는 것을 들 수 있습니다만, 오늘날 모든 도서관 자동화 프로그램에서 자동으로 기호를 생성해주기 때문에 더 이상 단점으로 보기는 어렵습니다.

열거식 저자기호법 중에서 가장 널리 사용되는 것은 커터가 만든 저자기호표(Cutter two figure author table)를 샌본(Kate Emery Sanborn Jones, 1860-1951)이 수정한 커터-샌본 저자기호표(Cutter-Sanborn three figure author table)입니다. 보스턴애서니엄과 머캔타일도서관의 편목사서를 거쳐 맨체스터공공도서관의 관장을 역임한 샌본은 1896년에 커터의 승인을 얻어 커터-샌본을 발표했습니다.

듀이가 DDC의 저자기호법으로 커터의 기호법을 적극 추천하면서 DDC를 채용한 도서관들을 중심으로 커터-샌본의 사용이 급속도로 확산되었을 뿐만 아니라 세계 각국의 저자기호법 편찬의 근간이 되었습니다. 다만 장서량이 급격하게 증가한 현대에 이르러 기존의 3자리로는 도서기호의 변별력이 떨어진다고 판단한 OCLC는 4자리로 확장한 OCLC Four-Figure Cutter Tables을 펴냈고, 이를 프로그램으로도 제작하여 무상배포하고 있습니다.[144]

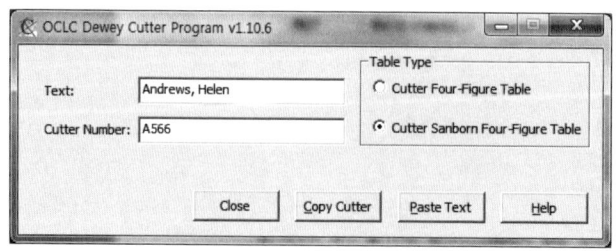

---

144) http://www.oclc.org/support/services/dewey/program/license.en.html

국내의 경우 박봉석이 1947년에 편찬한 조선십진분류표의 권말에 수록된 성별기호표(姓別記號表)가 최초의 저자기호법으로 평가됩니다. 이후 커터-샌본의 영향을 받아 1960년에 이춘희가 동서저자기호표(東西著者記號表), 1964년에 장일세가 동양서저자기호표(東洋著者記號表)를 각각 발표하였으며, 1972년에 정필모가 발표한 한국문헌기호표(韓國文獻記號表), 1984년에 편찬된 국립중앙도서관 동양서저자기호표 등도 각각 열거식 저자기호법에 속합니다.

1) 커터-샌본 저자기호표

세계적으로 가장 널리 쓰이는 열거식 저자기호법인 세 자리 커터-샌본의 사용법을 간략하게 살펴보면 다음과 같습니다.

① 저자의 성을 대문자 한 글자로 기재한 다음 기호표에서 저자의 성에 해당하는 숫자를 찾아 채기합니다. 표제를 기본표목으로 채택할 경우에는 관사를 제외한 표제를 기호화합니다.

Bac	116	Garci	216	Holly	746
Bacci	117	Gard	217	Holm	747
Bach	118	Garde	218	Holme	748
Bache	119	Gardi	21	Holmes	749

<저자명이 기본표목인 경우>
Bach : B118
Garden : G218
Holmes : H749

<표제가 기본표목인 경우>
The Story of Wise Men : S887
World Almanac : W927

② 저자의 성에 일치하는 문자가 기호표에 없는 경우는 알파벳순으로 바로 앞에 해당하는 성명의 숫자를 채기합니다.

Wordsworth,S.	926	Andrews	565	Smith,J.	651
Worl	927	Andrews,E.	566	Smith,John	652
Worm	928	Andrews,J.	567	Smith,Jos	653
Woro	929	Andrews,M.	568	Smith,L.	654

  Andrews, Helen : A566
  John A. Smith   : S652

위 예시의 'A566'은 Andrews, E에 해당되는 기호입니다.

③ 조합된 저자기호 다음에 저작기호를 부기합니다. 표제에서 관사를 제외한 첫 단어의 두 문자를 알파벳 소문자로 기재하되, 연대나 연도일 경우에는 영어 발음으로 첫 글자를 부여합니다. 개정판일 때에는 저작기호 뒤에 판차기호를 숫자로 부기하여 구별합니다.

  T644t   : The third wave / by Alvin Toffler
  U56n   : 1999's World population / UNESCO
  B128s7   : Social Work / Allyn Bacon - 7th ed.

위 예시 'T644t'의 't'는 'third'의 첫 글자, 'U56n'의 'n'은 '1999'를 영어로 발음한 'Nineteen ninety nine'의 첫 글자를 각각 채기한 것입니다.

④ 한 저자의 복수 저작이 동일한 분류기호와 저자기호를 갖게 될 경우는 구별을 위하여 첫 단어의 둘째 문자 또는 두 번째 단어의 두문자를 부기하여 조정합니다. 만일 알파벳 소문자 'l'을 사용해야 할 경우에는 숫자 '1'과 혼동을 피하기 위해 필기체 'ℓ'을 씁니다.

  <분류기호가 모두 DDC 372.21로 동일할 경우>
  D921c   : Childhood Education / Linda L. Dunlap
  D921ch : Childhood Education in the 20th century / Linda L. Dunlap
  D921ce : Childhood Education for the 21st century / Linda L. Dunlap

⑤ 동성이명(同姓異名)으로 서로 다른 저자의 저작이 동일한 분류기호와 저자기호를 갖게 될 경우는 구별을 위하여 중간 숫자인 '5'를 부기하여 조정합니다.

  <분류기호가 모두 DDC 372.21로 동일할 경우>
  D921i   : An Introduction to Childhood Education / Linda L. Dunlap
  D9215i : An Issues in Childhood Education / Mary Dunlap
  D9213i : An Introduction to Early Childhood Education / Kelly Dunlap
  D9217i : Introduction to Early Childhood Education / Nancy Dunlap

자세히 설명하면, Linda L. Dunlap의 『An Introduction to Childhood Education』이라는 자료를 입수하였을 경우 저자의 성(姓)인 Dunlap을 저자기호로 채기하여 'D921', 관사를 제외한 표제의 'Introduction'의 첫 글자 'I'를 소문자의 저작기호로 채기하여 'D921i'라는 도서기호를 조합할 수 있습니다. 1주일 후에 Mary Dunlap의 『An Issues in Childhood Education』이라는 같은 주제의(즉, 동일한 분류기호가 주어지는) 자료를 입수했다고 가정합시다. 그런데 Mary Dunlap의 저자기호를 채기하면 'D921'이지만 이미 동일한 분류기호를 부여했던 Linda L. Dunlap의 저자기호와 중복됩니다. 이 때 중복을 피하기 위해 1~9 사이의 중간 숫자인 '5'를 부기하여 'D9215'를 Mary Dunlap의 저자기호로 부여하면 Linda L. Dunlap의 저자기호와는 중복되지 않는 것입니다. 그러다 1개월 후에 Kelly Dunlap의 『An Introduction to Early Childhood Education』이라는 같은 주제의 자료를 입수했다고 가정합시다. 이 때 Mary Dunlap에게 부여된 저자기호와 중복을 피하기 위해서는 저자명의 자모순으로 Kelly Dunlap이 Mary Dunlap 앞에 배열될 수 있게끔 1~5 사이의 중간 숫자인 '3'을 부기하여 'D9213'을 Kelly Dunlap의 저자기호로 부여합니다. '5' 바로 앞의 '4'를 쓰지 않고 하나 건너뛰어(?) '3'을 부기하는 이유는 나중에 가령 Kitty Dunlap처럼 그 사이에 배열되어야 할 저자의 자료가 입수될 수도 있다는 점을 대비하기 위해서입니다. 만약 3개월 후에 같은 주제를 다룬 Kitty Dunlap의 자료를 입수했다면? 일부러 남겨두었던 'D9214'를 부기하면 됩니다.[145] 참고로 커터-샌본뿐만 아니라 아라비아숫자를 사용하는 다른 저자기호법에서도 이러한 방법으로 도서기호의 중복을 해결한답니다.

⑥ 번역서일 경우에는 번역언어의 두문자를 저작기호 다음에 대문자로 부기하며, 2명 이상이 동일한 자료를 번역한 경우는 번역기호 다음에 번역자 성의 두문자를 소문자로 부기합니다.

    G554f   : Faust / Johann Wolfgang von Goethe
    G554fa   : Faust / Johann Wolfgang von Goethe ; translated by James Austin

⑦ 개인의 전기는 다루어진 인물 아래에 자료를 군집하기 위하여 피전자를 저자기호의 대상으로 삼은 후 저자는 성의 두문자를 부기합니다. 자서전은 해당 전기의 맨 앞에 배가하기 위해 저작기호로 'a'를 기재합니다.

    G195w   : A Biography of Mahatma Gandhi / Helen Wessel
    G195a   : The Story of My Experiments With Truth / Mahatma Gandhi

---

145) 혹시라도 같은 주제를 다룬 Kate Dunlap의 자료를 입수했다면 어떻게 해야 할까요? 이미 부여된 'D9214'와 'D9215' 사이에 빈 숫자가 없기 때문에 다시 '5'를 부기하여 'D92145'와 같이 조정하면 되겠지만 이렇게까지 중복이 발생할 가능성은 드뭅니다.

⑧ 필요시에는 별법으로 복본을 구분해주려면 'c' 또는 '=' 기호로 복본기호를, 권호나 회차 또는 연차를 나타내야 할 때에는 'v.'와 'n.' 또는 '–' 기호로 표기합니다.

```
E58=2      E58       E58-2=3      E58         C357-4-2    C357        U56n
           =2                     v.2 c.3                 v.4 n.2     -2004
```

2) 장일세 동양서저자기호표

국내에서 가장 널리 사용되는 열거식 저자기호법은 장일세 동양서저자기호표를 들 수 있습니다. 이 기호법은 한국인명 10만여 명, 서양인명과 일본인명 2만 5천여 명을 조사하여 저자명으로 사용되는 빈도를 중심으로 4천여 항목을 선정하여 문자순으로 나열한 기호표입니다. 커터–샌본 3자리 저자기호표와 동일한 형식으로 대상어에 111~999까지의 3자리 숫자(단 ㄴ, ㄷ, ㅌ, ㅍ은 11-99까지의 2자리 숫자)를 배정하였습니다.

장일세 동양서저자기호표의 사용법을 간략하게 살펴보면 다음과 같습니다.

① 저자명이나 표제의 첫 자음(초성)을 첫째 기호로 삼고 이름에 해당되는 숫자를 기호표에서 채기하여 저자기호를 기재한 후, 표제의 첫 자음을 저작기호로 부기합니다.

```
이광       665        김정지      918        헤루바      495
이광수     666        김정한      919        헤루크      497
이광유     667        김정홍      921        헤릭        499
이교       668        김제        922        헤스        511
```

동백꽃 / 이광수   : ㅇ666ㄷ
무정 / 이광수   : ㅇ666ㅁ

② 기호표에 똑같은 저자명이 없을 때에는 가장 유사한 바로 앞의 숫자를 채기합니다.

새 완벽 독일어 / 김정진   : ㄱ918ㅅ

③ 외국인명은 한글로 번자하여 작성하고, 단체명은 인명과 동일한 방법으로 기호화합니다. 표제가 표목이 되는 경우에도 동일한 방법으로 기호화합니다.

Hemingway	: ㅎ499	한국도서관협회	: ㅎ245
춘향전	: ㅊ788	사상계(잡지)	: ㅅ144

④ 동일 분류기호 내에서 저자기호와 표제의 첫 자음만으로 구별되지 않을 때에는 중성, 종성 등을 계속 부기합니다.

그해 겨울은 따뜻했네 / 박완서	: 813.6 ㅂ398ㄱ
그 가을의 사흘동안 / 박완서	: 813.6 ㅂ398그
그 많던 싱아는 누가 다 먹었을까 / 박완서	: 813.6 ㅂ398금
그 산이 정말 거기 있었을까 / 박완서	: 813.6 ㅂ398긋
욕망의 응달 / 박완서	: 813.6 ㅂ398ㅇ
엄마의 말뚝 / 박완서	: 813.6 ㅂ398어
아주 오래된 농담 / 박완서	: 813.6 ㅂ398아
여자와 남자가 있는 풍경 / 박완서	: 814.6 ㅂ398ㅇ
어른 노릇 사람 노릇 / 박완서	: 814.6 ㅂ398어

자세히 설명하면, 박완서의 『그해 겨울은 따뜻했네』를 입수하였다면 저자기호 'ㅂ398'에 표제의 첫 글자 '그'의 초성 'ㄱ'을 저작기호로 결합하여 'ㅂ398ㄱ'이라는 도서기호가 완성됩니다. 1년 후 같은 저자의 같은 주제의 『그 가을의 사흘동안』을 입수하였다면 'ㅂ398ㄱ'이라는 도서기호는 『그해 겨울은 따뜻했네』에 부여한 도서기호와 중복됩니다. 이를 피하기 위해 『그 가을의 사흘동안』의 첫 글자의 초성 'ㄱ'에 중성 'ㅡ'를 결합한 '그'라는 저작기호로 'ㅂ398그'를 만들면 기존의 'ㅂ398ㄱ'와 중복되지 않겠지요. 2년 후 같은 저자의 같은 주제의 『그 많던 싱아는 누가 다 먹었을까』라는 자료를 입수했다고 가정해봅시다. 같은 방법으로 조합할 'ㅂ398ㄱ', 'ㅂ398그'는 동일 분류기호 내에 이미 부여된 도서기호이기 때문에 이 경우에는 종성을 부기합니다. 『그 많던 싱아는 누가 다 먹었을까』의 첫 글자 '그'는 종성이 없으므로 두 번째 글자 '많'의 초성 'ㅁ'을 가져와 'ㅂ398금'으로 부기하면 중복을 피할 수 있습니다. '금'이라는 글자가 뜬금없이 보일 수 있는데, 도서기호는 그 자료의 서지적 특성의 표현보다는 동일 분류기호 내에서의 개별화 및 순서화의 기능이 우선이므로 '금'이라는 저작기호의 결과값(?)에 대해 진지하게 해석할 필요는 없습니다. 도서기호는 서가에 자료를 배열하기 위한 분류기호의 부수적 장치에 불과하며 그 자체로 무슨 특별한 의미를 담은 데이터가 아니라는 점을 유념해야 합니다. 그리고, 저자기호는 동일 분류기호 내에서 구별되어야 하므로 예컨대 분류기호 '814.6' 내의 저자기호는 '813.6'에서 조정했던 저자기호를 무시하고 새로 부여합니다.

⑤ 전기서는 피전자를 기준으로 부여하고 저자의 성 첫 자음을 부기합니다.

    몽양 여운형 평전 / 정병준 : ㅇ337ㅈ
    여운형 평전 / 이기형   : ㅇ337ㅇ
    몽양 여운형 평전 / 김삼웅 : ㅇ337ㄱ

⑥ 판차표시는 저자기호 다음에 아라비아 숫자로 부기합니다.

    시학입문 / 김용호   : ㄱ856ㅅ
    시학입문 / 김용호. -- 제2판 : ㄱ856ㅅ2

⑦ 권차표시는 저자기호 다음 줄에 부여합니다.

    카라마조프가의 형제. 2 / 도스토에프스키   : ㄷ74ㅋ   ㄷ74ㅋ
                                                       -2   -2=2

위 예시는 '카라마조프가의 형제'2권(서지적 권차)을 도서관이 2책(물리적 책수) 소장하고 있음을 나타냅니다.

⑧ 복본기호는 저자기호 다음 줄에 부여합니다.

    김약국의 딸들 / 박경리   : ㅂ172ㄱ   ㅂ172ㄱ   ㅂ172ㄱ
                                                 =2   =3

위 예시는 『김약국의 딸들』을 도서관이 3책 소장하고 있음을 나타냅니다.

6.5 분석합성식 저자명번호법 : LC커터기호표, 리재철 한글순도서기호법

    분석합성식 저자기호법(analytical-synthetic system)은 저자명(또는 표제)에 해당하는 문자 또는 숫자를 미리 배분된 기호표에서 찾아 이를 조합하는 방법을 말합니다. 이 기호법의 장점은 첫째, 기호가 단순하고 간결하며 둘째, 기호표 자체가 간단하여 모든 기호를 외울 수 있기 때문에 저자기호를 부여할 때 표를 일일이 찾을 필요가 없으므로 시간이 절약되고 셋째, 배열기준이 분류기호와 합치되므로 배가와 검색이 편리합니다. 그러나 단점으로는 열거식에 비해 구분능력이 떨어지므로 동일 분류기호 내에서 비슷한 성명의 저자들의 저작이 많을 경우에는 도서기호의 중복을 조정하는 데 오히려 열거식보다 시간이 더 많이 소요될 뿐만 아니라 기호도 길어질 수 있습니다.

1) LC커터기호표

    분석합성식 저자기호법의 가장 대표적인 것으로는 미국의회도서관에서 1917년부터 사용하기 시작한 LC커터기호표(LC Cutter Table)를 들 수 있습니다. 이 기호법은 기본표목이 되는 서지요소의 두문자를 알파벳 대문자로 채기하고, 나머지 글자를 아라비아숫자로 변환하여 기호를 조합하는 방법입니다. LC커터기호표의 기본표(basic table)는 다음과 같습니다. 이 기호표에 따라 저자의 성을 다음과 같은 기호로 조합할 수 있습니다.

```
Adams     : A33
Sadron    : S23
Quinn     : Q56
Clark     : C53
IBM       : I26
Schreiber : S37
Morris    : M67
```

① 두문자가 모음일 경우							
두 번째 문자의 변환 숫자	b 2	d 3	l-m 4	n 5	p 6	r 7	s-t 8	u-y 9

② 두문자가 S일 경우							
두 번째 문자의 변환 숫자	a 2	ch 3	e 4	h-i 5	m-p 6	t 7	u 8	w-z 9

③ 두문자가 Qu일 경우 (두문자가 Qa-Qt일 경우는 2-29를 사용)						
Qu 다음의 세 번째 문자의 변환 숫자	a 3	e 4	i 5	o 6	r 7	t 8	y 9

④ 두문자가 그 밖의 자음일 경우						
두 번째 문자의 변환 숫자	a 3	e 4	i 5	o 6	r 7	u 8	y 9

⑤ 위 1~4를 적용하여 기호를 조합한 후에 더 전개할 때						
세 번째 문자의 변환 숫자	a-d 3	e-h 4	i-l 5	m-o 6	p-s 7	t-v 8	w-z 9

⑥ 위 1~5에서 포함되지 않은 문자는 특정 분류기호 내에서 이미 주어진 저자기호에 따라 상위 숫자나 하위 숫자를 부여하여 조정한다.

자세히 설명하면, Adams는 두문자 'A'를 채기하고 이것이 모음이기 때문에 ①에서 두 번째 문자 'd'에 해당하는 '3', ⑤에서 세 번째 문자 'a'에 해당하는 '3'을 가져와 'A33'으로 조합합니다. Sadron은 두문자 'S'를 채기하고 ②에서 두 번째 문자 'a'에 해당하는 '2', ⑤에서 세 번째 문자 'd'에 해당하는 '3'을 가져와 'S23'으로 조합합니다. Quinn은 두문자 'Q'를 채기하고 ③에서 Qu 다음의 두 번째 문자 'i'에 해당하는 '5', ⑤에서 세 번째 문자 'n'에 해당하는 '6'을 가져와 'Q56'으로 조합합니다. Clark은 두문자 'C'를 채기하고 ④에서 두 번째 문자 'l'가 5(i)와 6(o) 사이에 위치하므로 앞의 숫자인 '5', ⑤에서 세 번째 문자 'a'에 해당하는 '3'을 가져와 'Q53'으로 조합합니다.

이와 같이 LC커터기호표는 단순하기 때문에 사용하기 쉬운 장점이 있지만 기호의 중복에 따라 정확한 알파벳순 배열이 곤란할 경우가 발생할 수 있으며 기존에 부여된 저자기호를 일일이 확인하면서 기호를 부여해야 하는 불편함이 있습니다. 또한 기호표 자체의 구분능력이 열거식에 비해 낮다는 이유로 LCC를 채용한 도서관에서만 사용되고 있는 실정입니다. LCC 자체가 매우 상세한 분류법이기 때문에 분류만으로 개별 자료의 구분능력을 갖고 있는 바, LC 커터기호는 명목상으로는 도서기호이지만 실제로는 분류기호의 확장이라는 성격이 강합니다.

다만 기호표의 전개능력을 강화하기 위해 장서량이 많은 도서관에서는 아래와 같이 저자의 성 전체를 기호화하기도 합니다.

```
Adams     : A3367
Sadron    : S23766
Quinn     : Q566
Clark     : C5375
Schreiber : S3745347
Morris    : M67757
```

자세히 설명하면, Adams의 저자기호 'A33'에, 기호표의 ⑤에서 세 번째 문자 'm'에 해당하는 '6'과 네 번째 문자 's'에 해당하는 '7'을 가져와 'A3367'로 조합합니다.

2) 리재철 한글순도서기호법

국내의 분석합성식 저자기호법으로는 리재철의 한글순도서기호법이 대표적입니다. 리재철은 1958년에 동서저자기호표 제1표와 제2표를, 1970년에 제3~6표를, 1973년에 제7~8표를 발표하였으며, 1982년에 제7표와 제8표를 수정하고 이를 종합하여 『한글순도서기호법』이라는 새로운 표제로 발표하였습니다. 이 기호법은 한글을 자음과 모음으로 나누어 각각의 자음과 모음에 1부터 9까지 하나 또는 두 자리의 숫자를 배정하고, 저자의 성의 문자 한 자리와 저자 이름의 첫 글자의 자음과 모음을 기호로 조합하는 방법으로 구성됩니다. 8개의 표 중 제3~8표까지는 제2표를 기초로 개정한 것이며, 도서관의 특성에 따라 표를 선택하면 됩니다. 저자의 설명에 따르면 제2표를 각각 제3~8표까지 개정함으로써 제2표는 자동적으로 폐기되었기 때문에 새로 이 기호법을 도입하려는 도서관은 가급적 제3~8표 중에서 선택을 권장하고 있으며 특히 제5표의 선택을 추천하고 있습니다.146)

한글순도서기호법의 사용법을 약술하면 다음과 같습니다.

---

146) 제7표와 제8표의 경우는 자음을 "ㄱㄴㄷ…ㅎㄲㄸ…"의 순으로, 모음을 "ㅏㅑㅓㅕㅗㅛㅜㅠㅡㅣㅐㅒㅔㅖㅘㅝㅟㅢㅚㅙㅞ"의 순으로 배열하고 있으므로 1988년에 개정된 한글맞춤법에 위배되기 때문에 사용을 자제해야 할 것입니다. 현행 한글맞춤법에 따르면 한글 자음은 "ㄱㄲㄴㄷㄸㄹ…ㅎ"의 순으로, 모음은 "ㅏㅐㅑㅒㅓㅔㅕㅖㅗㅘㅙㅚㅛㅜㅝㅞㅟㅠㅡㅢㅣ"의 순으로 배열해야 하기 때문입니다.

[리재철 한글순도서기호법 제5표]

자음기호		모음기호			
		초성이 ㅊ이 아닌 글자		초성이 ㅊ인 글자	
ㄱ ㄲ	1	ㅏ	2	ㅏ(ㅐ ㅑ ㅒ)	2
ㄴ	19	ㅐ(ㅑ ㅒ)	3	ㅓ(ㅔ ㅕ ㅖ)	3
ㄷ ㄸ	2	ㅓ(ㅔ ㅕ ㅖ)	4	ㅗ(ㅘ ㅙ ㅚ ㅛ)	4
ㄹ	29	ㅗ(ㅘ ㅙ ㅚ ㅛ)	5	ㅜ(ㅝ ㅞ ㅟ ㅠ ㅡ ㅢ)	5
ㅁ	3	ㅜ(ㅝ ㅞ ㅟ ㅠ)	6	ㅣ	6
ㅂ ㅃ	4	ㅡ(ㅢ)	7		
ㅅ ㅆ	5	ㅣ	8		
ㅇ	6				
ㅈ ㅉ	7				
ㅊ	8				
ㅋ	87				
ㅌ	88				
ㅍ	89				
ㅎ	9				

[리재철 한글순도서기호법 제2표]

자음기호		모음기호	
ㄱ ㄲ	1	ㅏ	1
ㄴ	21	ㅐ (ㅑ ㅒ)	2
ㄷ ㄸ	22	ㅓ (ㅔ)	3
ㄹ	23	ㅕ (ㅖ)	4
ㅁ	3	ㅗ	5
ㅂ ㅃ	4	ㅘ (ㅙ ㅚ ㅛ)	6
ㅅ ㅆ	5	ㅜ (ㅝ ㅞ ㅟ ㅠ)	7
ㅇ	6	ㅡ (ㅢ)	8
ㅈ ㅉ	7	ㅣ	9
ㅊ	81		
ㅋ	82		
ㅌ	83		
ㅍ	84		
ㅎ	9		

① 저자기호는 문자기호와 숫자기호로 이루어집니다. 문자기호는 대상어의 첫 글자(음절)를 그대로 채기하고, 숫자기호는 그 대상어의 두 번째 글자(음절)를 자음(초성)과 모음(중성)으로 분리하여 기호화한 다음 이를 조합합니다.

```
              <제5표>   <제2표>
김종길        : 김75    김75
한국도서관협회 : 한16    한17
조선일보      : 조54    조53
```

자세히 설명하면, 제5표를 채용한 도서관에서는 개인명 김철수의 첫 글자 '김'을 그대로 채기하고 두 번째 글자 '철'은 '초성이 ㅊ인 글자'이므로 자음 'ㅊ'에 해당하는 자음기호 '8'과 오른쪽 표의 모음 'ㅓ'에 해당하는 모음기호 '3'을 가져와 '김83'으로 조합합니다. 단체명인 한국도서관협회는 첫 글자 '한'을 채기하고 두 번째 글자 '국'은 '초성이 ㅊ이 아닌 글자'이므로 자음 'ㄱ'에 해당하는 자음기호 '1'과 왼쪽 표의 모음 'ㅜ'에 해당하는 모음기호 '6'을 가져와 '한16'으로 조합합니다. 제2표를 채용한 도서관에서는 개인명 김철수의 첫 글자 '김'을 채기하고 자음 'ㅊ'에 해당하는 자음기호 '81'과 오른쪽 표의 모음 'ㅓ'에 해당하는 모음기호 '3'을 가져와 '김813'으로 조합합니다. 단체명인 한국도서관협회는 첫 글자 '한'을 채기하고 두 번째 글자 '국'은 'ㄱ'에 해당하는 자음기호 '1'과 모음 'ㅜ'에 해당하는 모음기호 '7'을 가져와 '한17'로 조합합니다.

② 기호표에 대표모음으로 나와 있지 않은 모음은, 모음의 전체 순위를 ㅏㅐㅑㅒㅓㅔㅕㅖㅗㅘㅙㅚㅛㅜㅝㅞㅟㅠㅡㅢㅣ로 보아 그 위에 있는 대표모음에 대한 기호를 채기합니다.[147]

	<제5표>	<제2표>
김규식	: 김16	김17

밀집도가 심하지 않을 것으로 예상되는 대상에 대해서는 두 번째 글자의 자음만 기호화하고 모음은 일단 보류하는 것이 좋습니다.

	<제5표>	<제2표>
추식	: 추5	추5
피천득	: 피8	피81

③ 기호를 부여한 결과, 다른 저자인데 동일한 저자기호를 동일 분류기호 내에서 갖게 될 경우에는, 나중에 입수되는 자료의 저자에 대하여 임의의 숫자를 하나 또는 그 이상 덧붙여 이를 개별화합니다. 이 임의의 숫자는 가급적 1자리 숫자만의 추가로 자모순의 구별이 될 수 있도록 우선 중간 숫자인 '5'부터 부기하고 나중에 입수되는 자료의 저자에 대하여 한 번호 이상의 번호를 건너뛰게 하여 기호 삽입의 여지를 남겨두면서 부기하되, '1'과 '9'의 숫자는 가급적 끝까지 아껴 두었다가 막바지에 가서 사용하도록 합니다.

<제5표>   <제2표>

---

[147] 한글순도서기호법 원본의 제5표에는 본디 ㅏ(2), ㅐ(3), ㅓ(4), ㅗ(5), ㅜ(6), ㅡ(7), ㅣ(8)만 기재되어 있으며, 위 기호표의 괄호 안에 표기된 모음들은 사용자의 편의를 위해 병기한 것입니다.

김도희	: 김25	김225
김동리	: 김255	김2255
김동진	: 김257	김2257
김동리	: 김255	김2255 / *동일 저자에 대해 이미 저자기호를 부여한 경우*

그러나 나중에 입수된 자료의 저자가 자모순 배열에서 앞서야 하는 경우에는 제5표를 채용한 도서관에서는 상위의 모음기호를 차용하되 '7'보다 하위의 숫자를 부기합니다.

<제5표>
김동리	: 김25
김도희	: 김247
김동진	: 김255

임의의 숫자를 추가하여 그 숫자의 앞뒤에 더 이상 숫자를 추가할 수 없을 경우에는 또 한 자리의 숫자를 임의로 첨가하면서 구분합니다. 이러한 방식으로 필요에 따라 무한히 전개해 나갑니다.

	<제5표>	<제2표>	
김도희	: 김25	김225	
김동리	: 김255	김2255	
김동진	: 김257	김2257	
김동길	: 김254	김2254	
김동래	: 김2545	김22545	/ *김254와 김255가 이미 사용된 경우*

'1'이나 '2'는 의 숫자는 동명이인 또는 동명이단체에 부기하는 것이 바람직합니다.

	<제5표>	<제2표>
김윤식(金允植)	: 김66	김67
김윤식(金潤植)	: 김661	김671
한국도서관학회	: 한16	한17
한국도서관협회	: 한161	한171

④ 기호의 대상어가 외자(단음절)로 이루어진 것은 문자기호 다음에 컴마(,)를 기술한 다음 그 대상어의 부차적 요소를 숫자로 기호화하여 조합합니다. 이때 컴마가 포함된 도서기호를

다른 것들보다 앞세워 배열합니다.

	<제5표>	<제2표>
멘, 마가레트	: 멘,3	멘,3
맨, 헨리	: 맨,9	맨,9
맨스필드, 칼	: 맨57	맨58

자세히 설명하면, 마가레트 멘의 성 '멘'을 그대로 채기하고 이것이 1음절이기 때문에 컴마를 기술한 다음 이름 '마가레트'의 첫 자음 'ㅁ'에 해당하는 자음기호 '3'을 가져와 '멘,3'으로 조합합니다. 헨리 맨은 성 '맨'을 그대로 채기하고 이것이 1음절이기 때문에 컴마를 기술한 다음 이름 '헨리'의 첫 자음 'ㅎ'에 해당하는 자음기호 '9'를 가져와 '맨,9'로 조합합니다. 이렇게 컴마가 포함된 도서기호를 배열할 때에는 컴마가 없는 일반 도서기호보다 우선시합니다.

⑤ 동일 분류기호 내에서 같은 저자의 다른 저작이 2개 이상 모여 구분이 필요할 경우에는, 2번째 이하로 입수되는 자료부터 저자기호 다음에 표제의 첫 자를 저작기호로 부기하여 개별화합니다.

괴소소설 / 히가시노 게이고 : 833.607 히12
가면산장 살인사건 / 히가시노 게이고 : 833.607 히12가
교통경찰의 밤 / 히가시노 게이고 : 833.607 히12교

⑥ 저작기호는 표제 등의 대상어를 가기 한음절로 압축하되, 저자기호의 문자기호처럼 그 음절의 전체 자형을 채기하지 말고, 우선 초성 자음에 기본 모음 ㅏㅑㅓㅕㅗㅛㅜㅠㅡㅣ만을 결합한 기본 음절만을 채기하고,

게임의 이름은 유괴 / 히가시노 게이고 : 833.607 히12거
공허한 십자가 / 히가시노 게이고 : 833.607 히12고

그럼에도 다시 중복될 경우에는 중모음, 받침, 두 번째 글자의 자음 등을 단계적으로 첨가하여 개별화합니다.

가면산장 살인사건 / 히가시노 게이고 : 833.607 히12가
게임의 이름은 유괴 / 히가시노 게이고 : 833.607 히12거

갈릴레오의 고뇌 / 히가시노 게이고   : 833.607 히12갈
거짓말, 딱 한 개만 더 / 히가시노 게이고 : 833.607 히12것

별법으로, 도서관에 따라서는 표제 첫 자의 자음만을 저작기호로 채기할 수 있습니다. 첫 자음만으로 구별되지 않을 때에는 중성, 종성을 계속 부기[별법1]하거나 또는 표제 두 번째, 세 번째 글자의 자음을 계속 부기[별법2]하여 개별화합니다.

		<별법1>	<별법2>
가면산장 살인사건 / 히가시노 게이고	:	833.607 히12ㄱ	833.607 히12ㄱ
교통경찰의 밤 / 히가시노 게이고	:	833.607 히12교	833.607 히12ㄱㅌ
게임의 이름은 유괴 / 히가시노 게이고	:	833.607 히12거	833.607 히12ㄱㅇ
공허한 십자가 / 히가시노 게이고	:	833.607 히12고	833.607 히12ㄱㅎ
갈릴레오의 고뇌 / 히가시노 게이고	:	833.607 히12가	833.607 히12ㄱㄹ
거짓말, 딱 한 개만 더 / 히가시노 게이고	:	833.607 히12것	833.607 히12ㄱㅈ

⑦ 개인의 전기서 또는 비평서 등은 피전자명 또는 피비평자명을 저작기호의 대상어로 삼아 기호화하고, 한 피전자에 대해 두 사람 이상의 저작이 있을 경우에는 표제 대신 그 저작의 저자명의 첫 자를 저작기호로 채기합니다.

	<제5표>	<제2표>
李舜臣傳 / 장도빈 저 :	이56자	이57자
이광수 연구 / 김동인 :	이15기	이16기

⑧ 판차는 숫자로 변환하여 저작기호 다음에 부기합니다.

최95겨2   최95겨3

앞서 들어온 판의 자료에 저작기호가 부여되지 않은 경우에는, 차후에 입수되는 새판에 대하여 저자기호 다음에 '가'라는 저작기호를 삽입하여 판차기호를 부여합니다.

최95   최95가2   최95가3

판차보다는 발행연도로 표기하는 것이 유용하다고 판단되는 경우에는 판차 대신 발행년을 도서기호의 다음줄에 기재합니다.

```
         최95겨    최95겨    최95겨
         1957     1964     1972
```

⑨ 권차는 숫자로 변환하여 도서기호의 다음줄에 기재합니다.

```
         한17크    한17크    한17크
           1        2        3
```

⑩ 복본은 그 두 번째 이하로 입수되는 자료에 대하여 '2'부터의 숫자 앞에 등호(=)를 관기(冠記)하여 도서기호의 다음줄에 기재합니다.

<동일한 자료가 3책일 때>
```
         전82ㅇ    전82ㅇ    전82ㅇ
                    =2       =3
```
<권차기호와 복본기호를 동시에 부여할 때>
```
         한17크    한17크    한17크
           1       1=2      1=3
```

⑪ 저자명이 외국어로 기재된 경우에는 현지식 발음에 충실하게 한글로 번자하여 기호화합니다.

```
동물간호학 / Victoria Aspinall 저   : 아57
1Q84 / 村上春樹                    : 무292
```

저자의 성 Aspinall과 村上을 현지식 발음에 가까운 한글식 표기 '아스피널'과 '무라카미'로 바꾸어 기호로 변환합니다.

분석합성식인 한글순도서기호법은 사용법이 간단하다는 이유로 국내에서 열거식기호법보다 더 널리 사용되고 있습니다. 그러나 열거식에 비해 상대적으로 전개능력이 떨어져 도서기호의 중복이 자주 발생하는 편입니다. 한글순도서기호법의 경우 둘째 음절의 중성까지만 기호화하기 때문에 특히 국내 인구의 63.9%를 차지하는 김(金), 이(李), 박(朴), 최(崔), 정(鄭), 강(姜), 조(趙), 윤(尹), 장(張), 임(林)의 10대 성씨에서 저자기호의 중복률이 제법 높습니다.

이를 해결하기 위해 한글순도서기호법에서는 커터-샌본처럼 아라비아숫자를 부기하는 방식으로 도서기호의 중복을 조정하는 방법을 제시하고 있습니다.

◆ ◆ ◆

왜 리재철 제5표에는 초성이 ㅊ인 모음기호표가 따로 있을까요? 그 이유를 알기 위해서는 한글순도서기호법의 발달과정을 살펴보아야 합니다.

한글은 14개(ㄱㄴㄷㄹㅁㅂㅅㅇㅈㅊㅋㅌㅍㅎ)의 자음과 5개(ㄲㄸㅃㅆㅉ)의 쌍자음이 존재합니다. 반면에 아라비아숫자는 0을 제외한 9개(1~9)입니다. 모든 한글 자음에 아라비아숫자를 대응시키기 위해서는 쌍자음을 자음에 포함하더라도 14개를 9가지로 인위적으로 나눠야 합니다. 이는 십진분류법의 단점이기도 하지요. 리재철 교수는 'ㅋ', 'ㅌ', 'ㅍ', 'ㅊ'이 'ㄱ', 'ㄷ', 'ㅂ', 'ㅈ'의 거센소리로, 쌍자음이 된소리로 자주 사용된다는 점에 착안하여 1958년에 만든 제1표에서 다음과 같이 자음기호를 9가지로 세분하였습니다.

[리재철 한글순도서기호법 제1표]

자음기호		모음기호	
ㄱ ㄲ ㅋ	1	ㅏ	1
ㄴ ㄹ	2	ㅐ (ㅑ ㅒ)	2
ㄷ ㄸ (ㅌ)	3	ㅓ (ㅔ)	3
ㅁ	4	ㅕ (ㅖ)	4
ㅂ ㅃ ㅍ	5	ㅗ (ㅘ ㅙ ㅚ)	5
ㅅ ㅆ	6	ㅛ	6
ㅇ	7	ㅜ (ㅝ ㅞ ㅟ ㅠ)	7
ㅈ ㅉ ㅊ	8	ㅡ (ㅢ)	8
ㅎ	9	ㅣ	9

제1표는 유음식기호법(soundex coding)의 원리에 합치되는 기호법으로 [k], [p], [t], [tʃ]음을 갖는 외래어의 다양한 표기법에 의한 저자를 군집할 수 있는 장점이 있습니다. 예를 들어 'Stalin'에 대한 '스탈린', '스딸린', '스달린'의 다양한 표기들이 모두 '스31'로, 'サトウ'에 대해 '사토', '사또오', '사도오'가 모두 '사35'로 동일한 기호를 갖게 됩니다. 그러나 한국인명의 경우 '김병호', '김영준', '김평식'이 각각 '김54', '김74', '김54'가 되어 저자명의 자모순과 저자기호의 순서가 뒤틀리는 문제가 생길 수 있습니다. 요컨대 제1표는 외래어표기법이 통일되지 않았던 시절의 국외서나 번역서를 배열하는 데는 유용하지만 국내서 배열에는 불합리하다고 평가되었습니다.

[리재철 한글순도서기호법 제2표]

자음기호		모음기호	
ㄱ ㄲ	1	ㅏ	1
ㄴ	21	ㅐ (ㅑㅒ)	2
ㄷ ㄸ	22	ㅓ (ㅔ)	3
ㄹ	23	ㅕ (ㅖ)	4
ㅁ	3	ㅗ	5
ㅂ ㅃ	4	ㅘ (ㅙ ㅚ ㅛ)	6
ㅅ ㅆ	5	ㅜ (ㅝ ㅞ ㅟ ㅠ)	7
ㅇ	6	ㅡ (ㅢ)	8
ㅈ ㅉ	7	ㅣ	9
ㅊ	81		
ㅋ	82		
ㅌ	83		
ㅍ	84		
ㅎ	9		

제2표는 자모순으로 배열하기 위해 제1표를 개량한 것으로 '김병호', '김영준', '김평식'이 각각 '김43', '김63', '김843'으로 기호화되어 대상어의 자모순과 일치하게 됩니다. 그러나 국외서나 번역서의 경우 다양한 표기에 따른 '스탈린', '스딸린', '스달린'이 각각 '스831', '스221'이 되어 중간에 가령 '스미스'의 저작이 있을 경우 '스39'가 중간에 끼어들어(?) 동일 저자의 동일 주제의 저작들이 서가상에 분산될 수 있습니다. 또한, 자음과 모음을 합성하였을 때 '24'부터 '29'까지와 '85'부터 '89'까지의 기호는 영원히 유휴기호로 만드는 결과를 초래하며, 저자명에서 사용빈도가 비교적 높은 자음인 'ㄷ'과 'ㅊ'이 2자리의 기호이기 때문에 여기에 모음기호를 붙일 경우 3자리 기호를 갖게 되는 흠이 있습니다.

1970년 이후 만든 제3표부터 제8표까지의 표는 각각 동등하게 제2표를 개정한 표입니다. 다시 말해 제2표는 제1표의 개정표이지만, 제3표부터 제8표까지의 표는 각각 제2표를 개량한 독립된 표입니다. 제3표를 제4표로 개정한 것이 아닌 제3표부터 제8표까지는 대등한 관계의 표입니다.

제3표 이후의 개정표가 달라진 점은, 유휴기호 '24'부터 '29'까지와 '85'부터 '89'까지를 활용하기 위해 자음기호를 재조정하고, 2자리 기호였던 'ㄷ'과 'ㅊ'을 1자리 기호로 배정하였으며, 모음기호표를 두 벌(5,8표) 또는 세 벌(3,4,6,7표)로 늘려 기호를 더 짧게 만들 수 있게 하였습니다. 그 결과 다음의 예와 같이 동일한 대상어에 대한 제5표의 기호가 제2표보다 단순해졌음을 알 수 있습니다.

		<제5표>	<제2표>
김대희	:	김23	김222
대동복지관	:	대25	대225
손채영	:	손82	손812
이철규	:	이83	이813

제5표의 경우 다른 자음에 비해 사용빈도가 비교적 낮은 'ㄴ'과 'ㄹ'을 각각 'ㄱ'과 'ㄷ' 내에 두면서 '19'

와 '29'를 배정하였으며, 'ㅋ', 'ㅌ', 'ㅍ'은 'ㅊ' 내에 두고 '87', '88', '89'를 배정하였습니다. 모음기호는 7구분하여 '2'부터 '8'까지 기호를 부여하되, 'ㅊ'에 붙는 모음기호는 5구분하여 '2'부터 '6'까지 배정하였습니다. 여기서 한 가지 의문이 들 것입니다. (가장 많이 사용하는) 제5표에는 왜 하필 초성이 'ㅊ'에 붙는 모음기호만 다른 숫자를 배정하였을까요?

[리재철 한글순도서기호법 제5표]

자음기호		모음기호			
		초성이 ㅊ이 아닌 글자		초성이 ㅊ인 글자	
ㄱ ㄲ	1	ㅏ	2	ㅏ(ㅐ ㅑ ㅒ)	2
ㄴ	19	ㅐ(ㅑ ㅒ)	3	ㅓ(ㅔ ㅕ ㅖ)	3
ㄷ ㄸ	2	ㅓ(ㅔ ㅕ ㅖ)	4	ㅗ(ㅘ ㅙ ㅚ ㅛ)	4
ㄹ	29	ㅗ(ㅘ ㅙ ㅚ ㅛ)	5	ㅜ(ㅝ ㅞ ㅟ ㅠ ㅡ ㅢ)	5
ㅁ	3	ㅜ(ㅝ ㅞ ㅟ ㅠ)	6	ㅣ	6
ㅂ ㅃ	4	ㅡ(ㅢ)	7		
ㅅ ㅆ	5	ㅣ	8		
ㅇ	6				
ㅈ ㅉ	7				
ㅊ	8				
ㅋ	87				
ㅌ	88				
ㅍ	89				
ㅎ	9				

그 이유는 'ㅋ'과 'ㅌ' 때문입니다. 모음기호는 '2'부터 '8'까지이므로 'ㄴ'의 '19'와 'ㄹ'의 '29'가 겹칠 일이 없는데, 'ㅋ', 'ㅌ'의 기호는 각각 '87', '88'이어서 2번째 자리가 'ㅡ', 'ㅣ'의 기호 '7', '8'과 교착될 가능성이 있습니다. 예를 들어 모음기호 한 벌만 있다면 다음과 같은 대상어를 기호화하였을 때 자모순과 기호순이 뒤틀리게 됩니다.

스치야   : 스88
스크림   : 스877
스티븐슨   : 스888

자모순과 기호순이 일치하지 않는 문제점을 해결하기 위해 'ㅋ', 'ㅌ'의 기호 뒷자리에 사용된 '7', '8'을 제거하고 재조정한 'ㅊ에 붙는 모음기호'를 별도로 만든 것이며, 그 결과 다음과 같이 자모순과 기호순이 일치하게 됩니다.

스치야   : 스86
스크림   : 스877
스티븐슨   : 스888

제1표와 제2표, 그리고 제5표를 비교하면 다음과 같습니다.

제1표				제2표				제5표					
자음기호		모음기호		자음기호		모음기호		자음기호		모음기호			
										초성이 ㅊ아님		초성이 ㅊ	
ㄱㄲㅋ	1	ㅏ	1	ㄱㄲ	1	ㅏ	1	ㄱㄲ	1	ㅏ	2	ㅏ	2
ㄴㄹ	2	ㅐ(ㅑㅒ)	2	ㄴ	21	ㅐ(ㅑㅒ)	2	ㄴ	19				
ㄷㄸ(ㅌ)	3	ㅓ(ㅔ)	3	ㄷㄸ	22			ㄷㄸ	2				
				ㄹ	23			ㄹ	29				
ㅁ	4	ㅕ(ㅖ)	4	ㅁ	3	ㅓ(ㅔ)	3	ㅁ	3	ㅐ	3	ㅓ	3
ㅂㅃㅍ	5	ㅗ(ㅘㅙㅚ)	5	ㅂㅃ	4	ㅕ(ㅖ)	4	ㅂㅃ	4	ㅓ	4	ㅗ	4
ㅅㅆ	6	ㅛ	6	ㅅㅆ	5	ㅗ	5	ㅅㅆ	5	ㅗ	5	ㅜ	5
ㅇ	7	ㅜ(ㅝㅞㅟㅠ)	7	ㅇ	6	ㅘ(ㅙㅚㅛ)	6	ㅇ	6	ㅜ	6		
ㅈㅉㅊ	8	ㅡ(ㅢ)	8	ㅈㅉ	7	ㅜ(ㅝㅞㅟㅠ)	7	ㅈㅉ	7	ㅡ	7		
				ㅊ	81			ㅊ	8			ㅣ	6
				ㅋ	82	ㅡ(ㅢ)	8	ㅋ	87	ㅣ	8		
ㅎ	9	ㅣ	9	ㅌ	83			ㅌ	88				
				ㅍ	84			ㅍ	89				
				ㅎ	9	ㅣ	9	ㅎ	9				

6.6 도서기호의 중복은 어떻게 조정하는가

저자기호법은 동일한 주제를 가진 복수의 저작을 약속된 저자별 기호로써 구별하는 방법입니다. 이에 따라 분류기호가 같은 저작들을 저자명의 순으로 정렬하게 되며, 동일한 저자의 동일한 주제를 가진 복수의 저작은 저작의 명칭(표제의 첫 글자)의 순으로 정렬하게 됩니다. 그러나 동일한 저자의 동일한 주제를 가진 복수 저작의 명칭들마저 유사하다면 도서기호의 중복이 불가피합니다.

1) 유사한 이름을 가진 저자들

분석합성식 저자기호법에서는 저자의 이름이 비슷할 경우 기호법에 따르면 동일한 저자기호를 줄 수밖에 없습니다. 그러나, 한 저자의 동일 주제 저작들을 서가상에서 군집해야 한다는 저자기호법의 목적상 원칙적으로 한 저자에 대해서는 반드시 하나의 저자기호만을 부여해야 합니다. 예컨대 리재철 한글순도서기호법의 경우 '브라운'이라는 동일한 성을 가진 서로 다른 저자의 저작들이 순차적으로 입수되었다고 가정할 경우, 커터-샌본처럼 아라비아숫자를 부기하는 방식으로 도서기호의 중복을 해결하는 방안을 제시하고 있습니다.

아래의 그림은 동일한 분류기호 내에서 ①부터 ⑮까지의 순서대로 도서관에 입수되었다는 것을 나타냅니다. 먼저, 한글순도서기호법에서 **표제의 첫 글자를 저작기호로 부기하는 방식**으로 조정해보겠습니다. 적용할 기호표는 제5표입니다.

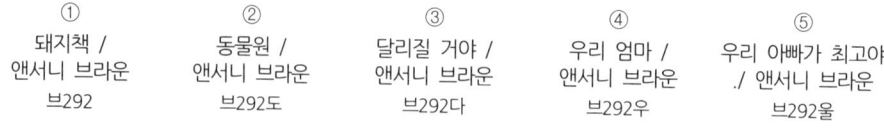

첫 번째로 입수된 앤서니 브라운의 『돼지책』에 저자의 성을 기호화하여 '브292'라는 저자기호를 부여합니다. 두 번째로, 같은 저자의 『동물원』을 입수하였다면 『돼지책』에 부여한 도서기호와 중복을 피하기 위해 표제의 첫 글자를 채기하면서 첫 자음과 첫 대표모음만 가져와 '브292도'라는 도서기호를 조합합니다. 세 번째와 네 번째로 입수된 같은 저자의 자료에 동일한 방법으로 '브292다'와 '브292우'라는 도서기호를 부여합니다. 다섯 번째로, 같은 저자의『우리 아빠가 최고야』를 입수하였다면『우리 엄마』에 부여한 도서기호와 중복을 피하기 위해 표제 두 번째 글자 '리'의 초성 'ㄹ'을 가져와 '브292울'이라는 도서기호를 조합합니다.

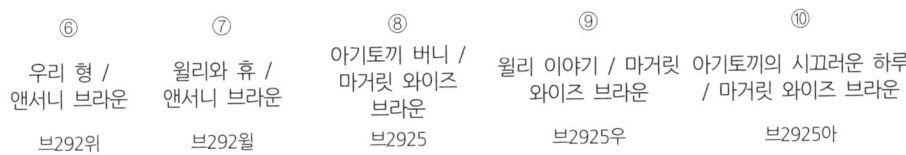

여섯 번째로, 같은 저자의『우리 형』이라는 자료에 대해서는『우리 엄마』와『우리 아빠가 최고야』에 이미 부여된 도서기호와 중복을 피하기 위해 표제 두 번째 글자 '리'의 모음을 가져와 '브292위'라는 도서기호를 조합합니다. 일곱 번째로 입수된 같은 저자의『윌리와 휴』에 대해 부여할 수 있는 '브292', '브292우', '브292위'는 이미 소진되었으므로 표제 첫 글자의 종성을 가져와 '브292월'로 조합합니다. 여덟 번째로, 마거릿 와이즈 브라운의『아기토끼 버니』를 입수하였다면 저자의 성을 기호화한 '브292'라는 저자기호는 이미 앤서니 브라운에게 부여되었기 때문에 2명의 저자에게 동일한 저자기호를 줄 수 없으므로 중간 숫자인 '5'를 부기하여 '브2925'라는 저자기호를 부여합니다. 아홉 번째로, 마거릿 와이즈 브라운의『윌리 이야기』를 입수하였다면 이 저자에게 부여한 저자기호 '브2925'에 저작기호 '우'를 결합하여 '브2925우'로 조합합니다. 열 번째로, 마거릿 와이즈 브라운의『아기토끼의 시끄러운 하루』가 입수되었다면 '브2925아'를 부여합니다.

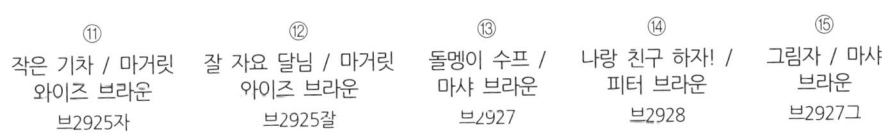

열한 번째로, 마거릿 와이즈 브라운의『작은 기차』를 입수하였다면 '브2925자'를 부여합니다. 열두 번째로, 마거릿 와이즈 브라운의『잘 자요, 달님』을 입수하였다면 '브2925자'는『작은 기차』에 부여된 도서기호와 중복되므로 표제 첫 글자의 종성을 결합하여 '브2925잘'로 조합합니다. 열세 번째로, 마샤 브라운의『돌멩이 수프』를 입수하였다면 마거릿 와이즈 브라운(브2925)보다 뒤에 배열될 수 있도록 5~9 사이의 중간 숫자 '7'을 결합하여 '브2927'이라는 저자기호를 부여합니다. 열네 번째로, 피터 브라운의『나랑 친구하자!』를 입수하였다면 마샤 브라운(브2927)보다 뒤에 배열될 수 있도록 7~9 사이의 중간 숫자인 '8'을 결합하여 '브2928'이라는 저자기호를 부여합니다. 열다섯 번째로, 마샤 브라운의『그림자』를 입수하였다면 이 저자에 대해 이미 부여한 '브2927'에 표제 첫 글자의 첫 자음 'ㄱ'과 대표모음 'ㅡ'를 가져와 '브2927그'로 조합합니다.

15책의 자료에 대한 분류기호가 모두 843이라고 가정하고, 위와 같은 방법으로 도서기호를 조정하여 완성한 청구기호의 순으로 자료를 배열하면 다음의 그림과 같이 동일 저자의 저작이 서가상에 군집되었음을 알 수 있습니다.

843 브292	843 브292다	843 브292도	843 브292우	843 브292울
앤서니 브라운	앤서니 브라운	앤서니 브라운	앤서니 브라운	앤서니 브라운

843 브292위	843 브292월	843 브2925	843 브2925아	843 브2925우
앤서니 브라운	앤서니 브라운	마거릿 와이즈 브라운	마거릿 와이즈 브라운	마거릿 와이즈 브라운

843 브2925자	843 브2925잘	843 브2927	843 브2927그	843 브2928
마거릿 와이즈 브라운	마거릿 와이즈 브라운	마샤 브라운	마샤 브라운	피터 브라운

다음으로 **별법**, 즉 표제의 첫 자음을 저작기호로 부기하는 방식으로 조합해보겠습니다.

①	②	③	④	⑤
돼지책 / 앤서니 브라운 브292	동물원 / 앤서니 브라운 브292ㄷ	달리질 거야 / 앤서니 브라운 브292다	우리 엄마 / 앤서니 브라운 브292ㅇ	우리 아빠가 최고야 . / 앤서니 브라운 브292우

첫 번째로 입수된 앤서니 브라운의 『돼지책』에 저자의 성을 기호화하여 '브292'라는 저자기호를 부여합니다. 두 번째로, 같은 저자의 『동물원』을 입수하였다면 앞서 『돼지책』에 부여한 도서기호와 중복을 피하기 위해 표제 첫 글자 '달'의 초성 'ㄷ'을 채기하여 '브292ㄷ'이라는 도서기호를 조합합니다. 세 번째로, 같은 저자의 『달라질 거야』를 입수하였다면 '브292ㄷ'을 부여할 경우 『동물원』에 부여한 기호와 중복되므로 표제 첫 글자 '달'의 중성 'ㅏ'를 가져와 '브292다'로 조합합니다. 네 번째로 입수된 같은 저자의 『우리 엄마』에 대해서는 '브292ㅇ'이라는 도서기호를 부여할 수 있습니다. 다섯 번째로, 같은 저자의 『우리 아빠가 최고야』를 입수하였다면 『우리 엄마』에 부여한 도서기호와 중복을 피하기 위해 표제 첫 글자 '우'의 중성 'ㅜ'를 가져와 '브292우'라는 도서기호를 조합합니다.

⑥	⑦	⑧	⑨	⑩
우리 형 / 앤서니 브라운	윌리와 휴 / 앤서니 브라운	아기토끼 버니 / 마거릿 와이즈 브라운	윌리 이야기 / 마거릿 와이즈 브라운	아기토끼의 시끄러운 하루 / 마거릿 와이즈 브라운
브292울	브292위	브2925	브2925ㅇ	브2925아

여섯 번째로, 같은 저자의 『우리 형』이라는 자료에 대해서는 『우리 엄마』와 『우리 아빠가 최고야』에 이미 부여된 도서기호와 중복을 피하기 위해 표제 첫 글자 '우'에 표제 두 번째 글자 '리'의 초성 'ㄹ'을 결합해 '브292울'이라는 도서기호를 부여합니다. 일곱 번째로 입수된 같은 저자의 『윌리와 휴』에 대해서도 마찬가지로 중복을 피하기 위해 표제 첫 글자의 이중모음을 결합해 '브292위'로 조합합니다. 여덟 번째로, 마거릿 와이즈 브라운의 『아기토끼 버니』를 입수하였다면 저자의 성을 기호화한 '브292'라는 저자기호는 이미 앤서니 브라운에게 부여되었기 때문에 2명의 저자에게 동일한 저자기호를 줄 수 없으므로 중간 숫자인 '5'를 부기하여 '브2925'라는 저자기호를 부여합니다. 아홉 번째로, 마거릿 와이즈 브라운의 『윌리 이야기』를 입수하였다면 이 저자에게 부여한 저자기호 '브2925'에 저작기호 'ㅇ'을 결합하여 '브2925ㅇ'으로 조합합니다. 열 번째로, 마거릿 와이즈 브라운의 『아기토끼의 시끄러운 하루』가 입수되었다면 『윌리 이야기』와 중복되지 않도록 '브2925아'를 부여합니다.

⑪	⑫	⑬	⑭	⑮
작은 기차 / 마거릿 와이즈 브라운	잘 자요 달님 / 마거릿 와이즈 브라운	돌멩이 수프 / 마샤 브라운	나랑 친구 하자! / 피터 브라운	그림자 / 마샤 브라운
브2925ㅈ	브2925자	브2927	브2928	브2927ㄱ

열한 번째로, 마거릿 와이즈 브라운의 『작은 기차』를 입수하였다면 '브2925ㅈ'을 부여합니다. 열두 번째로, 마거릿 와이즈 브라운의 『잘 자요, 달님』을 입수하였다면 '브2925ㅈ'는 『작은 기차』에 부여된 도서기호와 중복되므로 표제 첫 글자의 중성을 결합하여 '브2925자'로 조합합니다. 열세 번째로, 마샤 브라운의 『돌멩이 수프』를 입수하였다면 마거릿 와이즈 브라운(브2925)보다 뒤에 배열될 수 있도록 5~9 사이의 중간 숫자 '7'을 결합하여 '브2927'이라는 저자기호를 부여합니다. 열네 번째로, 피터 브라운의 『나랑 친구하자!』를 입수하였다면 마샤 브라운(브2927)보다 뒤에 배열될 수 있도록 7~9 사이의 중간 숫자인 '8'을 결합하여 '브2928'이라는 저자기호를 부여합니다. 열다섯 번째로, 마샤 브라운의 『그림자』를 입수하였다면 이 저자에 대해 이미 부여한 '브2927'에 표제 첫 글자의 초성을 가져와 '브2927ㄱ'으로 조합합니다.

15책의 자료에 대한 분류기호가 모두 843이라고 가정하고, 위와 같은 방법으로 도서기호를 조정하여 완성한 청구기호의 순으로 자료를 배열하면 다음의 그림과 같이 동일 저자의 저작이 서가상에 군집되었음을 알 수 있습니다.

843 브292	843 브292ㄷ	843 브292다	843 브292ㅇ	843 브292우
앤서니 브라운	앤서니 브라운	앤서니 브라운	앤서니 브라운	앤서니 브라운

843 브292울	843 브292위	843 브2925	843 브2925ㅇ	843 브2925아
앤서니 브라운	앤서니 브라운	마거릿 와이즈 브라운	마거릿 와이즈 브라운	마거릿 와이즈 브라운

843 브2925ㅈ	843 브2925자	843 브2927	843 브2927ㄱ	843 브2928
마거릿 와이즈 브라운	마거릿 와이즈 브라운	마샤 브라운	마샤 브라운	피터 브라운

이렇듯 한글순도서기호법에서는 도서관에 입수된 순서대로 저자기호와 저작기호를 조정하기 때문에 동일한 자료일지라도 도서관에 따라 도서기호의 형태는 달라질 수 있습니다. 예를 들어, 위의 예시와는 반대로 마샤 브라운의 저작을 앤서니 브라운보다 하루라도 먼저 입수한 도서관에서는 마샤 브라운은 '브292', 앤서니 브라운은 '브2925'라는 저자기호가 부여되기 때문입니다.

주어진 아래 예시에 대해 한글순도서기호법으로 표제 첫 글자를 부기하는 방식과 표제 첫 글자의 자음을 부기하는 방식을 따로 적용해 도서기호의 중복을 직접 해결하는 연습을 해보시기 바랍니다.

① 친구도서관 / 김하늬
② 나의 보물1호는 바로 나야! / 김하늬
③ 나의 아름다운 늪 / 김하늬
④ 부엉이 아파트 / 김하늬
⑤ 네 소원은 뭐야? / 김하은

⑥ 달려라, 별! / 김하은
⑦ 물싸움 / 김하늘
⑧ 큰애기 복순이 / 김하늘
⑨ 무서운 손님 / 김하늘
⑩ 티라노 주식회사 / 김한나

⑪ 엄마의 뜰에는 / 김학선
⑫ 화장실에서 자는 아이 / 김학선
⑬ 숲에서 쫓겨난 난쟁이들 / 김학선
⑭ 행복파이 / 김학진
⑮ 공룡 신발 / 김하늬

끝으로, 입수되는 순서가 달라질 경우 도서기호도 달라지게 된다는 사실을 아래 연습문제를 통해 직접 확인해보시기 바랍니다.

① 엄마의 뜰에는 / 김학선
② 화장실에서 자는 아이 / 김학선
③ 숲에서 쫓겨난 난쟁이들 / 김학선
④ 행복파이 / 김학진
⑤ 공룡 신발 / 김하늬

⑥ 달려라, 별! / 김하은
⑦ 물싸움 / 김하늘
⑧ 큰애기 복순이 / 김하늘
⑨ 무서운 손님 / 김하늘
⑩ 티라노 주식회사 / 김한나

⑪ 친구도서관 / 김하늬
⑫ 나의 보물1호는 바로 나야! / 김하늬
⑬ 나의 아름다운 늪 / 김하늬
⑭ 부엉이 아파트 / 김하늬
⑮ 네 소원은 뭐야? / 김하은

2) 동일 저작의 다양한 판본

동일한 저자의 동일한 저작이지만 다양한 판본이 존재할 경우 도서기호의 중복은 필연적입니다. 예를 들어, 루이스 캐럴이 지은 『이상한 나라의 앨리스』는 국내에서만 수십 곳의 출판사에서 간행하였는데, 일부만 나열하면 다음과 같습니다.

① 존 테니엘 그림, 김경미 옮김, 비룡소
② 존 테니엘 그림, 손영미 옮김, 시공주니어
③ 존 테니엘 그림, 최인자 옮김, 북풀리오
④ 앤서니 브라운 그림, 김서정 옮김, 살림어린이
⑤ 헬렌 옥슨버리 그림, 김석희 옮김, 웅진주니어
⑥ 리스베트 츠베르거 그림, 한상남 옮김, 어린이작가정신
⑦ 남기헌 옮김, 책세상
⑧ 이소연 옮김, 펭귄클래식코리아
⑨ 이승수 옮김, 대교출판
⑩ 권혁 옮김, 돋을새김

위 책들은 서지적으로는 동일한 저작으로 간주되기 때문에 자동으로 도서기호들이 중복될 수밖에 없습니다. 하지만 물리적인 단위는 별개로 취급해야 하므로 도서기호의 조정이 불가피합니다. 이처럼 다양한 판본이 존재하는 저작들이 위 순서대로 입수된다고 가정할 경우, 별

법으로 역할이 다른 저자(삽화가, 역자)나 발행자명을 부가적인 저작기호로 조정함으로써 다음과 같이 도서기호를 개별화할 수 있습니다.

① 캐294ㅇ : *필명을 저자기호, 표제의 첫 자음을 저작기호로 채기*
② 캐294ㅇㅌ : *삽화가의 첫 자음을 부기*
③ 캐294ㅇㅊ : *②와 삽화가도 동일하므로 역자의 첫 자음을 부기*
④ 캐294ㅇㅂ : *삽화가의 첫 자음을 부기*
⑤ 캐294ㅇㅇ : *삽화가의 첫 자음을 부기*
⑥ 캐294ㅇㅎ : *삽화가의 첫 자음이 ③과 중복되므로 역자의 첫 자음을 부기*
⑦ 캐294ㅇㄴ : *역자의 첫 자음을 부기*
⑧ 캐294ㅇㅍ : *역자의 첫 자음이 ⑤와 중복되므로 발행처의 첫 자음을 부기*
⑨ 캐294ㅇㄷ : *역자의 첫 자음이 ⑤와 중복되므로 발행처의 첫 자음을 부기*
⑩ 캐294ㅇㄱ : *역자의 첫 자음을 부기*

3) 전집, 총서, 다권본

전집이나 총서인 경우 전집으로 분류할 수도 있고 개별 저작을 개별적으로 분류할 수도 있습니다. 성인을 이용대상으로 하는 전집은 개별 저작을 개별적으로 분류하는 것이 유용하고, 어린이를 이용대상으로 하는 전집은 해당 주제의 전집으로 분류하는 것이 바람직합니다. 이를테면 성인을 위한 세계문학전집에 포함된 영미소설, 한국소설, 일본소설 등은 각국어 문학으로 1차 구분한 후 문학형식으로 분류하는 것이 이용자가 접근하기에 좋고,148) 어린이 전집은 각국어 문학의 전집으로 분류하는 것이 자료관리 측면에서 유리합니다. 후자의 방법으로 분류할 경우에는 저자기호는 발행처명을, 저작기호는 시리즈(총서표제)명을 채기하여 권차기호로 구분하면 됩니다.

겁쟁이 윌리 (마술피리 그림책; 53) / 웅진다책	: 808.91 웅79ㅁ 53
뱅자맹에게 동생이 생겼어요 (세계창작동화 앙뜨북; 11) / 웅진다책	: 808.91 웅79ㅅ 11

---

148) 물론 도서관에 따라 전집으로 분류할 수도 있습니다.

예를 들어 『앗, 이렇게 재미있는 과학이!』 총서에 대해 대표저자를 기호화하면 다음과 같이 저자기호가 분산될 수밖에 없습니다.

   수학이 수군수군 / 샤르탄 포스키트 지음 : 408 포57
   물리가 물렁물렁 / 닉 아놀드 지음   : 408 아195
   화학이 화끈 화끈 / 닉 아놀드 지음   : 408 아195호
   수학이 또 수군수군 / 샤르탄 포스키트 지음 : 408 포57수
   우주가 우왕좌왕 / 샤르탄 포스키트 지음 : 408 포57우
   구석구석 인체 탐험 / 닉 아놀드 지음 : 408 아195구

이러한 총서의 경우 저자기호는 발행처명(김영사)을, 저작기호는 총서표제를 채기하여 권차기호로 구분하면 서가상에 총서번호순으로 배열할 수 있게 됩니다.

   수학이 수군수군 / 샤르탄 포스키트 지음 : 408 김64 1
   물리가 물렁물렁 / 닉 아놀드 지음   : 408 김64 2
   화학이 화끈 화끈 / 닉 아놀드 지음   : 408 김64 3
   수학이 또 수군수군 / 샤르탄 포스키트 지음 : 408 김64 4
   우주가 우왕좌왕 / 샤르탄 포스키트 지음 : 408 김64 5
   구석구석 인체 탐험 / 닉 아놀드 지음 : 408 김64 6

문학자료 등 내용의 연속성이 있는 다권본으로서 서가상에 분산될 우려가 있는 경우에도 저자기호의 조징이 필요합니다. 자관에 소장된 자료의 속편(續篇)에 해당하는 자료이면서 전편과 상이한 표제를 가질 때에는 서가상의 군집을 위해 전편에 부여된 지작기호를 연달아 사용하는 것이 바람직합니다. 아래 예시는 각권의 본표제를 기호화할 경우 '대58ㅁ', '대58ㅅ', '대58ㄷ'으로 분산될 수 있기 때문에, 다권본으로 판단하지 않았던 『메이즈 러너』를 정리한 후 나중에 입수된 속편인 『스코치 트라이얼』과 『데스 큐어』에 대해 전편의 저작기호를 부여하였음을 나타냅니다.

   메이즈 러너 / 제임스 대시너 지음   : 843.6 대58ㅁ
   스코치 트라이얼 / 제임스 대시너 지음 : 843.6 대58ㅁ 2
   데스 큐어 / 제임스 대시너 지음   : 843.6 대58ㅁ 3

내용의 연속성이 있으면서 각권의 저자가 다른 다권본도 마찬가지입니다. 예컨대 스티그 라르손(Stieg Larsson)의 『밀레니엄』 시리즈는 각권의 본표제 대신 총서표제를 저작기호로 사용하여 군집할 수 있으나, 2004년 라르손이 사망하고 2015년부터 시리즈를 맡게 된 다비드 라게르크란츠(David Lagercrantz)의 속편을 저자기호로 채기하면 '라14'가 되어 라르손의 저자기호 '라297'과 상이하여 서가상에서 분산되므로, 아래 예시처럼 속편의 저자를 기호화하지 말고 전편에 부여된 도서기호를 연달아 사용하는 것이 바람직합니다.

여자를 증오한 남자들 / 스티그 라르손 지음	: 859.7 라297ㅁ 1
불을 가지고 노는 소녀 / 스티그 라르손 지음	: 859.7 라297ㅁ 2
벌집을 발로 찬 소녀 / 스티그 라르손 지음	: 859.7 라297ㅁ 3
거미줄에 걸린 소녀 / 다비드 라게르크란츠 지음	: 859.7 라297ㅁ 4
받은 만큼 복수하는 소녀 / 다비드 라게르크란츠 지음	: 859.7 라297ㅁ 5

6.7 신규 도서관에서는 어떤 도서기호법을 사용할 것인가

국내에서는 1950년대 이전까지는 대부분의 도서관이 수입순도서기호법을 사용하였으나 1950년대 초반부터 저자기호법의 채택이 급속히 증가했습니다.

이양숙이 우리나라 479개 도서관을 대상으로 한 조사[149]에 의하면 동양서용 도서기호법으로 가장 많이 사용되고 있는 것은 한글순도서기호법으로, 학교도서관의 73.5%, 공공도서관의 70.3%, 전문도서관의 66.7%, 대학도서관의 62.8%로 총 323개관(67.4%)에서 사용하는 것으로 나타났습니다. 다음으로 장일세의 동양서저자기호표가 14.2%(68개관), 이춘희 동서저자기호표 3.1%(15개관), 수입순도서기호법 2.7%, 정필모 한국문헌기호법 1.9%(9개관), 새연대순도서기호법 0.6%(3개관) 등의 순으로 조사되었습니다. 그리고 서양서용 도서기호법으로 가장 많이 사용되고 있는 것은 커터-샌본으로, 이며 대학도서관의 84.1%, 전문도서관의 51.6%, 공공도서관의 38.6%로 총 254개관(53%)에서 사용하는 것으로 나타났습니다. 다음으로 리재철의 한글순도서기호법 8.4%(40개관), LC커터기호법 4.6%(22개관) 등의 순으로 조사되었습니다.

요컨대 우리나라에서는 도서기호법으로 주로 저자기호법이 사용되며, 동양서용 도서기호법으로는 분석합성식인 리재철의 한글순도서기호법이, 서양서용 도서기호법으로는 열거식인 커터-샌본이 가장 널리 사용되고 있음을 알 수 있습니다.

참고로 북미의 경우 저자기호법은 자관에서 채용한 분류법에 따라 결정되는데 즉, DDC를 사용하는 도서관은 커터-샌본을, LCC를 쓰는 도서관은 LC커터기호표를 적용합니다.

동대문도서관	813.6-ㅅ784ㅇ
용산도서관	813.6-ㅅ784어
마포평생학습관아현분관	813.6-ㅅ784어
금천구립정보도서관	813.6-신14어
부산광역시립연산도서관	813.6-2954
연수도서관	813.6-신경숙엄
대전평생학습관	813.6-신14ㅇ
구즉도서관	813.6-신5410어
대전광역시동구판암도서관	813.6-신5410아
경기도립중앙도서관포천분관	813.6-신14ㅇ
안양시립만안도서관	813.6-신14600
경기도립녹양도서관	813.6-신14ㅇ
강릉평생교육정보관	813.6-ㅅ784ㅇ
명주도서관	813.6-ㅅ784ㅇ
문막도서관	813.6-ㅅ784어
속초평생교육정보관	813.6-신14ㅇ
영월도서관	813.6-신14어
영동도서관	813.6-신14ㅇ
고성도서관 (경남)	813.6-신14엄

---
149) 이양숙. 1995. 우리나라 도서관에서 사용하고 있는 도서기호법에 관한 실태조사연구. 한국문헌정보학회지, 28: 23-70.

위의 그림은 동일한 자료에 대해 각 도서관에서 서로 다른 도서기호를 부여하였음을 나타냅니다. 부산광역시립연산도서관은 수입순기호법, 연수도서관은 엘러드 저자기호법, 그 밖에 'ㅅ784'는 장일세 동양서저자기호표, '신14'나 '신541'은 리재철 한글순도서기호법으로 부여한 저자기호임을 알 수 있겠지요?

2) 도서기호법의 선정

지금까지 살펴본 바와 같이 도서기호법은 입수순으로 기호를 부여하는 수입순기호법, 발행년순으로 기호를 부여하는 연대순기호법, 저자명을 기호화하는 저자기호법으로 나눌 수 있습니다.

만약 새로운 도서관을 개관할 경우 어떤 기호법을 채택하는 것이 적절할까요? 도서기호법을 선정하기 위해서는 해당 도서관의 관종과 대상 이용자의 유형, 분류법의 종류, 장서의 규모 및 공간배치, 별치기호의 종류, 수집자료의 특성, 열람방식 등의 여러 가지 측면을 고려해야 합니다. 이에 따라, 폐가제의 보존도서관이나 납본도서관, 마이크로필름이나 음반 등 특수한 형태의 자료를 취급하는 전문도서관, 기술보고서처럼 연속적인 성격의 간행물 등을 주로 수집하는 도서관 등은 수입순기호법을 채택하는 것이 바람직합니다. 과학기술 등 학문의 발전속도가 빠른 주제의 자료를 주로 다루는 전문도서관에서는 연대순기호법이 유용할 것입니다. 그 외의 도서관에서는 동일 분류기호 내에서 한 저자의 저작들을 군집할 수 있는 저자기호법을 채택하는 것이 무난하다고 하겠습니다.

그렇다면 저자기호법에서는 열거식과 분석합성식 중 어느 방법이 좋을까요? 각각의 장단점이 있어서 어느 방법이 더 우월하다고 단정하기는 어렵습니다. 분석합성식 저자기호법은 기호를 쉽게 조합할 수 있어서 일일이 표를 찾아야 하는 불편을 감수하지 않아도 되고, 간편성과 기억성, 능률성에서 우수합니다. 그러나 저자기호의 기본 목적인 개별화의 능력과 기호 부여에 소요되는 시간, 단순성과 간결성 등의 측면에서는 세분화된 열거식 저자기호법이 유용성이 더 높습니다.

전개능력을 위주로 비교하면, 열거식은 기호표의 분량이 방대해지는 반면에 전개내용이 상세하고, 분석합성식은 기호표 자체는 간략하지만 전개능력은 상대적으로 떨어집니다. 그런 점에서 분류의 원칙인 '군집화된 자료의 개별화'를 위해서는, LCC처럼 전개능력이 크고 상세한 분류표를 쓰는 도서관이라면 분석합성식 저자기호법을, 그보다 간략한 분류표를 사용하는

도서관의 경우는 기호의 전개가 상세한 열거식 저자기호법을 채용하는 것이 바람직합니다.150)

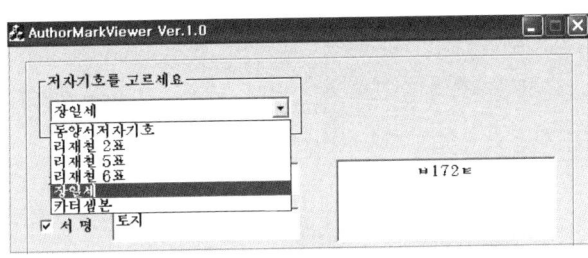

특히 도서관 전산화 프로그램의 편목 모듈에서 자동으로 저자기호를 생성시키는 기능을 지원하기 때문에 열거식 저자기호법의 최대 단점인 시간의 소모를 해결할 수 있으므로, 새롭게 개관하는 도서관의 경우 미래를 대비하여 열거식을 선택하는 것이 낫다고 볼 수 있습니다. 다만 작은도서관이나 학교도서관처럼 장서량이 그리 많지 않은 도서관이라면 분석합성식 저자기호법이나 또는 저자명문자식기호법인 엘러드 저자기호법을 도입해도 무방합니다.

그러나, 도서기호법을 새로이 채용해야 할 경우라면 반드시 한 가지 도서기호법으로 고정할 필요는 없습니다. 많은 도서관에서 동양서와 서양서에 대해 서로 다른 분류법을 적용하는 것처럼, 도서기호법도 자료의 주제에 따라 서로 다르게 적용해도 좋을 것입니다. 동일 저자의 저작을 군집함으로써 효과가 극대화되는 문학, 전기, 철학, 예술 등의 주제는 저자기호법을, 그 밖의 주제는 학문의 발달과정에 의해 배열되는 연대순기호법을 사용하는 이원화 정책도 고려해볼만 합니다.151)

---

150) 그런데 국내에서는 분류법은 전개능력이 크지 않은 KDC를 가장 많이 채용하면서 도서기호법으로는 분석합성식인 리재철 한글순도서기호법을 가장 많이 사용하는 이율배반적인 현상을 보이고 있습니다. 이는 도서관의 개관 초기에 장서량이 많음에 따라 사용법이 비교적 간단한 분석합성식 저자기호법을 채택한 것으로 짐작되며, 분류법의 변경이 현실적으로 어려운 것과 마찬가지로 도서기호법도 중도에 변경하기 어렵기 때문에 개관 당시 채용한 기호법을 지금까지 유지하고 있는 것으로 판단됩니다.

151) 예를 들어 고려대와 연세대 도서관에서는 일반 주제의 자료는 연대순기호를, 문학자료는 저자기호를 부여하고 있습니다.

6.8 자료는 어떤 방법으로 배가하는가

분류와 편목이 끝난 자료는 장비작업을 거쳐 해당 자료실로 인계되어 서가에 배열됩니다. 모든 도서관의 자료는 청구기호의 순으로 배열되며, 저자기호법을 채택한 경우 배열 과정을 세부적으로 분석하면 다음과 같습니다.

① 같은 주제의 자료들이 서가상에서 군집됩니다. [← 분류기호]
② 한 주제를 일반적으로 다룬 자료가 먼저 배열되고, 특수하게 다룬 자료 다음에 배열됩니다. [← 자료분류표]
③ 한 주제 내에서는 저자명순으로 배열됩니다. [←저자기호]
④ 같은 주제 내에서 한 저자의 저작들은 표제순으로 배열됩니다. [← 저작기호]
⑤ 표제 다음으로는 권호수, 복본수, 판차 또는 연대순으로 배열됩니다. [← 부차적 기호]
⑥ 번역서는 원서와 함께 배가됩니다. [← 분류기호, 저자기호]
⑦ 한 저작에 관한 비평서는 비평의 대상이 된 원작과 나란히 배가됩니다. [← 분류기호, 저자기호]

배가(排架; shelving)란 정리가 완료된 자료를 이용자들이 곧바로 이용할 수 있도록 서가에 배열하는 일을 말합니다. 고대부터 19세기 후반까지는 동서양을 막론하고 서지분류를 적용하여 언어, 색깔, 크기, 장정, 발행연대순, 입수순 등 다양한 기준에 따라 자료를 배가하였습니다. 그러나 현대의 자료분류는 서가분류이기 때문에 모든 도서관들은 자료의 주제 또는 형식에 따라 배열합니다.

신규 도서관을 개관한다면, 제일 먼저 국내서와 국외서(또는 동양서와 서양서)를 분리하여 배가할 것인지 혼합하여 배가할 것인지를 결정해야 합니다. 만약 혼합하여 배가한다면 동일한 분류법을 채택해야 합니다.

1) 배가법의 유형

서가분류에 따라 서가에 자료를 배가하는 방법은 다음과 같은 여러 유형으로 나눌 수 있습니다. 과거의 도서관들은 자료의 주제와 상관없는 고정식 배가법을 채용하였으나, 멜빌 듀이가 DDC를 통해 상대적 위치라는 개념을 제안하면서 주제에 따라 자료의 위치가 결정되는 상관식 배가법이 대세를 이루게 되었습니다.

① 고정식 배가법(fixed location on shelves) : 주제와 관계없이 자료의 형태(크기, 장정 등)나 수입순, 언어, 출판연대 등의 기준에 따라 배가하는 것으로 순차적 배가법이라고도 합니다. 한번 배가되면 자료의 위치가 고정·불변하는 방법입니다. 이 배가법은 서가를 비워두는 상태(open entry) 없이 순차적으로 배열하게 되므로 서고의 공간을 절약할 수 있고, 또한 최근에 입수된 자료들이 한 장소에 모일 수 있게 되는 장점이 있지만, 개가제 서고로 운영될 경우에는 주제별로 자료를 브라우징하는 것이 사실상 불가능합니다. 그러므로 고정식 배가법을 채용할 때에는 자료의 검색을 위해 별도의 서지분류 즉, 목록을 반드시 필요로 합니다. 고정식 배가법은 폐가제 도서관이나 또는 시청각자료를 주로 소장하는 전문도서관에서 일부 운영하고 있으며, 특히 공간활용을 극대화해야 하는 보존도서관(deposit library)에 유용한 방법입니다.

② 상관식 배가법(relative location on shelves) : 같은 주제의 자료들을 한 곳에 모이도록 서가상의 자료의 위치를 부단히 이동시키면서 배가하는 방법을 말합니다. 새로운 자료가 입수되면 자료의 위치가 조금씩 이동하게 되므로 이동식 배가법(movable location)이라고도 합니다. 이 배가법은 개가제 방식으로 운영되는 일반 도서관에서 필수적으로 채용하고 있습니다.

③ 파순식 배가법(broken order location on shelves) : 상관식 배가법을 변형한 방법으로, 이용률이 높은 주제의 자료를 임의로 위치를 변경하여 접근하기 쉬운 서가에 배열하는 것입니다. 이를테면 자료실 출입구 근처에 신착도서(recent acquisition) 코너를 따로 두는 것은 이 방법에 속한다고 볼 수 있습니다.

④ 별치식 배가법(separate location on shelves) : 보존이나 이용상의 이유로 특정한 유형의 자료를 서가에서 이탈시켜 별도로 배가하는 방법입니다. 이를테면 보존의 목적으로 귀중본, 대형본 등을, 이용제한의 목적으로 성인용도서, 대외비자료 등을 별도의 장소에 보관하는 것이지요. 넓은 의미에서 상당수 도서관이 대출제한의 목적으로 참고도서, 연속간행물 등을 별치하는 것은 이 방법에 속합니다.

⑤ 이용자 흥미중심 배가법(reader interest arrangement) : 말 그대로 이용자의 흥미를 중심으로 관련 주제를 연결시켜 배가하는 방법입니다. 분류기호순을 무시하고 관련 주제의 자료를 모으기 때문에 주제 군집 배가법(subject grouping)이라 칭하기도 합니다.152) 예를 들어 일본의 아사카시립도서관에서는 부모들이 주로 찾는 자료인 495(산부인과, 이하 NDC), 593(유아복), 596(임산부의 식사와 영양), 148.3(신생아 작명법), 599(육아), 598(가정의학), 493.9(소아과), 143(아동심리학)의 자료를 한 곳에 모아두고 있습니다. 비유컨대 대형마트에서 상품의 전통적인 분류방법을 탈피하여 맥주 옆에 안주, 라면 옆에 김치, 식품매장에 요리책, 자동차용품코너에 졸음방지 껌을 진열하는 것과 비슷한 맥락입니다. 홍보나 안내가 부족할 경우 이용자들이 혼란스러워할 수도 있습니다만, 장서수가 그리 많지 않은 문고나 이동도서관(bookmobile) 등 소규모 도서관에서 도입해볼만한 배가법입니다.

⑥ 리본식 배가법(ribbon arrangement) : 단을 바꾸어 배열하는 전통적인 방법을 따르지 않고 마치 리본처럼 줄이 끊이지 않게 연이어 배가하는 방법입니다. 본디 서가에 자료를 배열할 때 한 단의 배열이 끝나면 아랫단으로 이동해 배열해야 하나, 이 배가법은 이용빈도가 높은 주제 또는 특정 이용자 대상의 자료를 오른쪽 서가의 동일한 단으로 연이어 배열함으로써 서고의 특정 위치에 이용자들이 몰려 혼잡해지는 현상을 예방하기 위해 고안되었습니다.

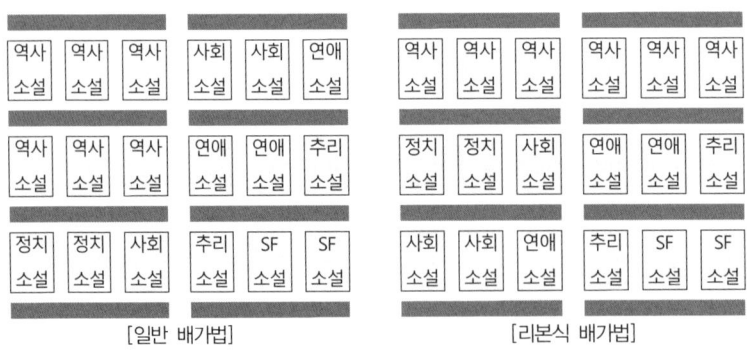

[일반 배가법] [리본식 배가법]

만약 역사소설에 관심을 둔 이용자가 유난히 많은 도서관에서 위 그림과 같이 리본식으로 배가할 경우 혼잡을 줄일 수 있습니다. 제한된 짧은 시간에 이용자가 집중되는 학교도서관 등

---
152) 한편으로 북미의 일부 공공도서관을 중심으로 이용자들에게 친숙한 용어로 자료에 접근하고 싶어 하는 요구에 부응하기 위해 서점 분류방식인 BISAC Subject Headings 등을 도입한 이용자 흥미중심의 분류를 하는 곳도 있습니다.

에 효과적인 방법이지만, 이용자들이 배가법에 익숙하지 않으면 오히려 혼란스러울 수 있기 때문에 실제로는 거의 사용되지 않습니다.

다만 학교도서관에서 어린이들의 손이 닿지 않는 서가의 최상단에 학부모용 도서를 연이어 배열하거나 공공도서관에서 거동이 불편한 노인 이용자의 눈높이에 맞는 위치에 큰활자도서를 연이어 배열하는 것처럼 특정 이용자 대상의 자료를 배가할 때에는 여전히 유용한 방법이라 하겠습니다.

⑦ 읽기능력수준별 배가법 : 자료를 읽기능력수준별로 대별한 후 같은 수준의 자료에 대해 청구기호별로 배가하는 방법으로, 어린이도서관이나 모국어가 아닌 자료를 배가하는 데 적용할 수 있습니다. 예를 들어, 부산영어도서관에서 렉사일(lexile) 지수[153]를 별치기호로 쓰고 도서기호는 수입순기호법을 채용하고 있는데, 그림으로 나타내면 다음과 같습니다.

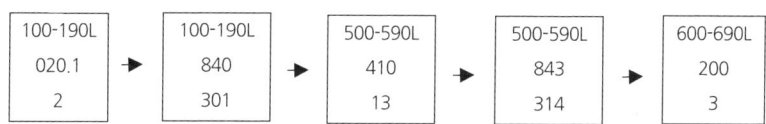

2) 배열 방법

---

[153] 미국의 MetaMetrics사에서 개발한 렉사일은 책의 난이도와 독자의 읽기능력수준을 결정하는 독서표준지표입니다. 부산영어도서관에서는 이용자 스스로 SRI(Scholastic Reading Inventory) 테스트를 통해 20분 내에 측정할 수 있다고 합니다. 만일 렉사일 스코어가 820L로 측정되었다면 820L에 해당하는 책을 75% 이해할 수 있음을 의미하며, 상위 50L에서 하위 100L에 이르는 범위의 책을 선택할 것을 권장하고 있습니다. 즉, 자신의 렉사일 스코어가 820L인 이용자는 720L에서 870L에 해당하는 책을 고르면 됩니다.

청구기호를 이용한 상관식 배가법의 일반적인 배열 방법은 다음과 같습니다.

① 자료는 청구기호 순서대로 배열합니다. 한글 저자기호법을 채택한 도서관의 경우 자모순은 현행 한글맞춤법에 따라 자음은 'ㄱㄲㄴㄷㄸㄹ…ㅎ'의 순으로, 모음은 'ㅏㅐㅑㅒㅓㅔㅕㅖㅗㅘㅙㅚㅛㅜㅝㅞㅟㅠㅡㅢㅣ'의 순으로 배열합니다.

② 자료는 왼쪽에서 오른쪽으로, 2련 이상의 서가일 경우 연(連)154) 단위로 서가의 상단에서 하단으로 배열합니다. 가로쓰기 책의 본문을 읽는 순서와 마찬가지라고 생각하면 쉽습니다.

③ 서가의 각 단은 향후 배가될 자료를 대비하여 가급적 ⅓ 이상의 여유를 둡니다. 통상적

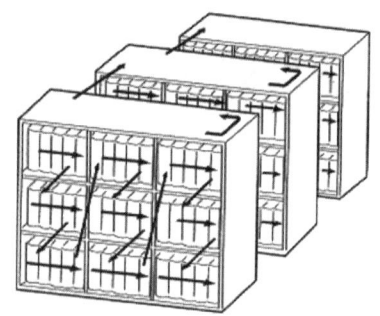

으로 학술서 위주의 서가는 한 단에 평균 18책, 대중서 중심의 서가는 평균 24책 정도를 배열하면 됩니다. 다만 여러 책으로 이루어진 다권본은 강제로(?) 단을 나누지 말고 시각적으로 한눈에 띌 수 있도록 연이어 배열하는 것이 바람직합니다.

④ 각 단마다 북엔드(book-end; 책버티개)로 책이 넘어지지 않도록 고정시켜 줍니다. 느슨하게 배열할 경우 무게가 쏠려 바닥으로 떨어질 우려뿐만 아니라 장시간 비스듬하게 방치되면 몸체가 뒤틀려 책이 손상될 가능성이 높아지기 때문입니다. 북엔드를 활용하여 최대한 수직 상태로 유지하는 것이 바람직합니다.

⑤ 하나의 주제에 관한 자료의 배열이 끝나고 새로운 주제의 자료를 이어서 배가할 경우에는, 요목 이상의 주제는 가급적 새로운 단 또는 연으로 나누는 것이 바람직합니다. 이를테면

---

154) 단(段)과 연(連)은 서가의 구성단위를 나타내는 명칭입니다. 쉽게 설명하자면, 단은 세로로 몇 칸인지, 연은 가로로 몇 칸인지를 의미합니다.

아래의 그림은 청구기호 '523'으로 시작하는 자료에 대해 새로운 단으로 나누어 배열함을 나타냅니다.

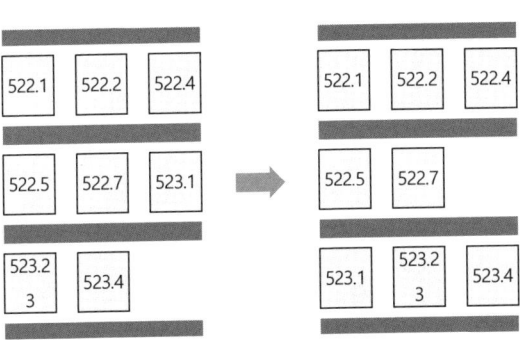

| 제1권을 마무리하며 |

　인류는 지적 유산을 축적하고 후대에 전승할 목적으로 도서관이라는 장치를 고안하였습니다. 문헌의 수집·보존·제공 임무를 충실히 수행하기 위해 선대의 도서관인들은 자료를 체계적으로 조직하는 이론과 기법을 꾸준히 발전시켜왔습니다. 지금 우리가 마주하게 된 AACR, KCR, FRBR, RDA, DDC, KDC 등은 그러한 노력의 소산입니다.
　하지만 오늘날 자료조직의 위상은 과거에 비해 점점 약화되고 있는 실정입니다. 도서관 업무의 핵심이라고 간주되던 정리업무는 아웃소싱으로 전락한 지 오래입니다. 목록데이터란 으레 외부에서 납품하는 것으로 여겨지는 지경에 이르렀습니다. 카피편목이나 아웃소싱이 무조건 나쁘다는 말이 아닙니다. 아무리 외부에서 잘 만든 서지데이터와 분류기호가 있더라도 '기본'을 모르고는 자관에서 제대로 활용하기 어렵습니다. 아무런 검토 없이 목록데이터를 무작정 반입하는 일은, 몸에 전혀 맞지 않은 기성복을 구입하여 수선하지 않은 채 불편하게 입고 다니는 꼴이나 마찬가지이기 때문입니다.
　이 책은 문헌정보학을 공부하는 학생과 정리업무를 맡게 된 초보사서에게 자료조직에 대한 기본적 이해를 돕기 위해 저술하였습니다. 기본만 다루려 하였음에도 집필을 마치고보니 분량이 방대해져 부득이하게 이론편과 실제편으로 나누게 되었습니다. 다만 제1권 이론편에서 분류 실무를 충분히 다루었으므로, 곧이어 펴낼 제2권 실제편은 편목에 치중될 것입니다. 현장에서 사용하는 KCR, KORMARC 등을 혼자서도 쉽게 익힐 수 있도록 자세히 해설하겠습니다.
　이제 제1권을 세상에 내보내면서, 그동안 제 블로그를 즐겨 찾고 성원해주신 분들에 대한 부채감을 덜게 되어 약간의 홀가분함을 느낍니다. 그럼에도 기능(skill)적인 면에 치우친 나머지 본질을 깨우치는 데 소홀하지 않았나 하는 점은 못내 아쉬움이 남습니다. 위대한 선대 도서관인들이 추구해왔던 자료조직의 사명과 가치를 말미에라도 짧게 전하며 끝맺고자 합니다.

일체유심조(一切唯心造)라는 경구가 있습니다. 세상의 모든 일은 마음가짐에 달려 있다는 뜻으로, 자타가 전문직이라고 인정하는 모든 직업종사자들이 새겨야 할 금언이기도 합니다. 무릇 변호사는 자신의 변론이 의뢰인의 운명을 바꿔놓을 수 있다는 자세로 재판을 준비해야 할 것입니다. 의사는 자신의 처방이 환자의 생명을 좌우할 수 있다는 마음으로 진료해야 할 것입니다. 기자는 자신의 보도가 세상을 뒤집을 수 있다는 심정으로 기사를 써야 할 것입니다. 전문직으로서 사서도 응당 그러한 마음가짐으로 매사에 임해야 마땅합니다. 설령 자료조직의 결과물이 그만한 무게에는 덜 미칠지언정 나의 업무가 무엇을 단순히 베끼거나 적절한 것을 골라내는 수준의 일이 결코 아니라고 생각할 줄 알아야 합니다. 나아가, 내가 만든 한 건의 목록이 개인과 사회의 미래를 변화시킬 수 있다고 헤아릴 줄 알아야 합니다. 모두가 그런 마음가짐으로 조금씩 실천해 나갈 때 사서의 위상이 한 걸음 더, 도서관의 경쟁력이 두 걸음 더 전진할 수 있을 것입니다. 부디 여러모로 부족한 이 책이 사서가 갖추어야 할 자료조직의 철학을 다지고 기본기를 익히는 데 조금이나마 도움이 될 수 있기를 염원합니다.

| 참고문헌 |

구체적 데이터 제시 등의 특별한 경우를 제외하고는 본문의 가독성을 위해 각주를 생략한 대신, 주로 인용한 문헌 및 자료조직에 대한 이해를 넓히는 데 도움이 될 만한 국내 주요 단행본을 다음과 같이 제시합니다. 이 책에서 다루지 않은 AACR, MARC21, DDC 등에 관한 내용은 아래의 단행본을 참조하시기 바랍니다.

- 편목개론서, 목록의 이론 및 역사

김남석. 2008. 자료목록학. 제4개정증보판. 대구: 계명대학교 출판부.
김태수. 2008. 목록의 이해. 개정증보판. 서울: 한국도서관협회.
김태수, 이재선 공역. 2005. 저록작성원칙규범. 서울: 문헌정보처리연구회.
남태우, 김창하. 2007. 목록법이론. 대구: 태일사.
노지현. 2009. 도서관목록의 이상과 우리의 현실. 서울: 한울.
도태현. 2003. 한국의 목록규칙 변천사. 서울: 한국도서관협회.
오동근 역. 2016. 정보 자원의 조직화와 제공. 대구: 태일사.
이창수. 2018. 정보자원목록론. 대구: 태일사.
정옥경 외. 2009. 목록조직의 이해. 대구: 태일사.
정필모. 1993. 목록조직론. 개정증보판. 서울: 구미무역 출판부.
최정태, 양재한, 도태현. 1999. 목록조직의 이론과 실제. 부산: 부산대학교 출판부.

- 서지기술, 편목규칙

김정현. 2017. RDA 이론과 실제 : MARC 환경을 중심으로. 대구: 태일사.
김정현, 문지현, 김효숙. 2013. RDA의 이해 : AACR2에서 RDA로. 광주: 전남대학교 출판부.
김정현, 문지현, 김효숙 공역. 2006. 국제표준서지기술법 : 계속자료용. 대구: 태일사.
오동근 외 공역. 2003. 국제표준서지기술법 : 단행본용 2002년판. 대구: 태일사.
오동근 역. 2005. 영미편목규칙 제2판 핸드북. 대구: 태일사.
오동근 역. 2006. 영미편목규칙 제2판 간략판 제4판. 대구: 태일사.
이경호, 김정현. 2016. 자료목록법. 제6판. 대구: 인쇄마당.
한국도서관협회. 2003. 한국목록규칙. 제4판. 서울: 한국도서관협회.
한국도서관협회. 2013. 한국목록규칙 : 전자책·전자저널 기술규칙. 제4판 보유편. 서울: 한국도서관협회.

- FRBR, 메타데이터

남태우, 이승민. 2018. 정보자원의 기술과 메타데이터. 개정판. 서울: 한국도서관협회.
노영희. 2014. 메타데이터 이론과 실제. 서울: 조은글터.
문헌정보처리연구회. 1998. 메타데이터의 형식과 구조. 서울: 문헌정보처리연구회.
오동근 역. 2004. 메타데이터의 이해. 대구: 태일사.
오동근 외 공역. 2010. FRBR의 이해. 대구: 태일사.
최석두, 한상길 공역. 2011. 지식자원의 메타데이터. 서울: 한울.

- 비도서자료의 정리

김남석, 조도희. 2007. 비도서자료의 조직이론. 대구: 계명대학교 출판부.
김남석. 2002. 비도서자료편목법. 대구: 계명대학교 출판부.
김정현. 2002. 전자자료조직론. 대구: 태일사.
김정현, 문지현, 김효숙. 2010. 비도서자료의 이해. 광주: 전남대학교 출판부.
이창수. 2014. 비도서자료관리론. 대구: 경북대학교 출판부.

- MARC 입력의 실제

김남석, 조도희. 2007. KORMARC(통합서지용)과 목록규칙 : 도서 및 비도서자료 별책. 대구: 계명대학교 출판부.
김남석. 2007. 도서편목법. 제3개정증보판. 대구: 계명대학교 출판부.
김정현. 2018. 목록조직의 실제. 제4판. 대구: 태일사.
박재혁. 2015. 자동화목록연습. 서울: 북스홀릭.
오동근 외. 2016. KORMARC의 이해. 개정판. 대구: 태일사.
오동근 역. 2001. MARC의 이해. 대구: 태일사.
오동근 역. 2006. MARC 21 전거 레코드의 이해. 대구: 태일사.

- 분류개론서, 분류의 실제

구본영 편. 1998. 분류의 이론과 실제. 서울: 서울여자대학교 출판부.
김명옥. 1986. 자료분류법. 서울: 구미무역.
김자후. 1999. 문헌분류법. 광주: 광주대학교 출판부.
김정소. 1983. 자료분류론. 대구: 계명대학교 출판부.
김정현. 2018. 문헌분류의 실제. 3판. 대구: 태일사.
김태수. 2005. 분류의 이해. 서울: 문헌정보처리연구회.
김포옥, 백항기. 2011. 문헌분류론. 개정판. 서울: 조은글터.
양재한, 한상길. 2014. 문헌분류의 이해와 실제. 개정판. 대구: 태일사.

오동근. 2015. 최신분류론. 대구: 태일사.

오동근, 여지숙, 배영활. 2014. 한국십진분류법 제6판의 이해와 적용. 대구: 태일사.

이창수. 2014. 자료분류론. 서울: 한국도서관협회.

윤희윤. 2015. 정보자료분류론. 개정증보 제5판. 대구: 태일사.

정연경. 2017. 지식 정보 분류론. 서울: 이화여자대학교 출판문화원.

정필모. 1991. 문헌분류론. 서울: 구미무역 출판부.

최정태, 양재한, 도태현. 1999. 문헌분류의 이론과 실제. 개정판. 부산: 부산대학교 출판부.

− **분류이론서**

남태우. 2015. 지식구조론. 서울: 한국도서관협회.

박지영 역. 2015. 분류란 무엇인가. 서울: 한울.

정필모, 오동근 공역. 1989. 문헌분류이론. 서울: 구미무역 출판부.

| 도판출처 |

3, 4, 20
　Pixabay/public domain
3, 189
　Pxhere/public domain
앞표지, 7, 9, 34, 53, 71, 82, 91-95, 192, 196, 271-273, 277, 279, 282, 283, 285, 290, 293, 295
　Wikimedia commons/public domain
21-22
　IFLA/Creative Commons BY 4.0/
　https://www.ifla.org/files/assets/cataloguing/isbd/isbd-examples_2013.pdf
53, 57
　James Duff Brown and W.C. Berwick Sayers. 1920. Manual of Library Economy. 3rd ed. London : Grafton & Co./public domain
58
　Arbitrarily0/Creative Commons BY-SA 3.0/
　https://en.wikipedia.org/wiki/File:Library_microfiche_reader.jpg
147
　National Library of Medicine/public domain

* 일부 저작권자가 불분명한 도판의 경우 저작권자가 확인되는 대로 별도의 허락을 받도록 하겠습니다.